Friedrich Wilhelm Schuster

Siebenbürgisch-sächsische Volkslieder, Sprichwörter, Rätsel, Zauberformeln und Kinder-Dichtungen

Friedrich Wilhelm Schuster

Siebenbürgisch-sächsische Volkslieder, Sprichwörter, Rätsel, Zauberformeln und Kinder-Dichtungen

ISBN/EAN: 9783742895752

Hergestellt in Europa, USA, Kanada, Australien, Japan

Cover: Foto ©Thomas Meinert / pixelio.de

Manufactured and distributed by brebook publishing software (www.brebook.com)

Friedrich Wilhelm Schuster

Siebenbürgisch-sächsische Volkslieder, Sprichwörter, Rätsel,

Zauberformeln und Kinder-Dichtungen

Siebenbürgisch-sächsische

Volkslieder,

Sprichwörter, Räthsel, Zauberformeln.

und

Kinder-Dichtungen.

Mit

Anmerkungen und Abhandlungen

herausgegeben von

Fried. Wilhelm Schuster.

Mit Unterstützung des Vereins für siebenbürgische Landeskunde herausgegeben.

Hermannstadt,

Verlag von Theodor Steinhaussen.

1865.

Den mitstrebenden Freunden

Joseph Haltrich

und

Friederich Müller

gewidmet

vom Verfasser.

Vorrede.

Nur wenig Worte sind es, die mir in dieser Vorrede zu sagen übrig bleiben, nachdem, was zur Beleuchtung und Erläuterung des Textes und zur Erkenntniss der Tendenz meiner Arbeit dienen soll, seinen Platz in den Anmerkungen und in den Abhandlungen gefunden hat. Dasz diese auch lesen wird, wer sich berufen fühlt, ein Urtheil über das Buch abzugeben, darf ich billig erwarten. Seit mehr als sechszehn Jahren sammle ich an dem, was nun hier doch nur in bescheidener Ausdehnung vorliegt. Wäre ich allseitiger unterstützt worden, die Sammlung könnte zwar stärker sein, aber, so wie ich nun das Terrain kenne, kaum um ein Bedeutendes; nur die Gattungen der Segen- und Zauberformeln und etwa der Räthsel dürften vielleicht reichere Vermehrungen von der Zukunft erwarten; neue Gattungen werden kaum mehr auftauchen. Als ich den Plan zu der Sammlung zuerst faszte, hoffte ich nur auf noch geringeren Fund; Sagen, Märchen und Volkslieder glaubte ich im Raume Eines Bandes umfassen zu können. Bald ward ich gewahr, dasz noch nicht so Vieles verloren sei, als ich gewähnt hatte, und dasz gesondert werden müsse. Gleichstrebende Freunde nahmen mir einen Theil der Arbeit ab, zum groszen Vortheil der Sache, der ich in solchem Umfange nicht einmal völlig gewachsen sein konnte. Wir theilten uns in die Aufgabe

in der Weise, wie es die Vorrede zu Haltrich's Märchen
bekennt. Jeder der Freunde hat seitdem der übernom-
menen Pflicht genügt: Müller's Sagen und Haltrich's
Märchen sind seit Jahren in den Händen des Publi-
kums; mich drückte das Bewusztsein, noch in der Schuld
zu sein, und fing bereits an mir die Arbeit zu verleiden.
Indessen hat ihr die lange Zögerung schwerlich geschadet:
ich bin kühler, meine Pläne sind enger geworden, und
Manches ist dadurch besonders von den Abhandlungen
weggeblieben, was ohnehin nicht strenge hingehörte, und
zu anderer Zeit an einem andern Orte mit mehr Berech-
tigung und in gröszerer Breite ausgeführt werden mag.

Auch so werden diese Abhandlungen noch manchen
Widerspruch finden, und namentlich dürfte die zweite an-
gefochten werden. Für wen es keine geschichtliche Er-
kenntnisz gibt, als die aus Urkunden und speciell schrift-
lichen geschöpft wird, der wird von vornherein läugnen,
dasz sich irgendwie historische Betrachtungen über die in
meiner Sammlung enthaltenen sächsischen Volksdichtungen
anstellen lassen; er wird nicht mehr zugeben, als dasz
etwa jene Zauberformeln und Segen, die Teutsch *) aus
Kirchenvisitationen entnommen, jedenfalls vor 1650, Nro.
181 desselben vierten Buchs vor 1749, das Zaidner Lied von
Rakozi vor 1747 und der Bienensegen im vierten Buch
wohl nicht nach dem 16. Jahrhundert entstanden sein
müsse, oder dasz Türken und Tartaren nicht vor der
groszen Türkennoth in unsere Kinderlieder gekommen, das
Sprichwort „wat frecht der wulf nô de statuten" nicht vor
Abfassung der Statuten erfunden sein könne u. s. w. Ich

---

*) Durch ein Versehen ist Teutsch Seite 409, da wo von den unterstüz-
zenden Freunden gesprochen wird, nicht genannt worden; und doch
hat er allein, wie an andern Stellen erwähnt ist, den einen Theil des
vierten Buchs möglich gemacht.

darf indessen versichern, dasz die Ansichten, welche jene
Abhandlung enthält, nicht willkührliche Phantasien, noch
vorgefaszte Meinungen und über Nacht gekommene Gedan-
ken sind, vielmehr in langjähriger Beschäftigung mit Volks-
dichtungen durch vielfaches Vergleichen und Erwägen sich
allmählich gebildet haben, und in nicht wenig Stücken im
Widerspruch stehen mit früher gehegtem, liebgewordenem
Wahne. Manche meiner Behauptungen ist so wenig blosze
Wahrscheinlichkeit, dasz sie sich bei einer bis in's Kleinste
gehenden Behandlung auch dem Unkundigsten anschaulich
genug beweisen liesze. Wahre Kenner — davon bin ich
überzeugt — werden in den meisten Stücken mit mir über-
einstimmen. Die werden, auch ohne dasz ich's hervor-
hebe, sehen, worauf es ankommt, und Hauptsachen von
Nebendingen zu unterscheiden wissen. Ich kann mich
z. B. über das Alter einzelner Stücke (das doch gröszten-
theils nur in Form der Hypothese angeführt ist) geirrt, es
überschätzt oder unterschätzt haben; dadurch wird mein
Raisonnement im Groszen nicht umgestoszen.

Ob der Aufnahme so manches Bruchstücks und mancher
oft nur scheinbaren Unbedeutendheit in die Sammlung werde
ich wohl eher Dank als Tadel verdient haben; wir sind
nicht so reich an Ganzem um Bruchstücke verschmähen
zu dürfen, die überdies oft gerade die schönsten und alt-
ehrwürdigsten Perlen enthielten. Vieles ist übrigens nur
da, um ein möglichst vollständiges Bild unserer Volksdich-
tung zu liefern, die nun bis auf die *dramatischen und
mimischen Spiele, Tänze und Mummereien*, welche eine eigene
Bearbeitung erfordern, in den Händen des Publicums ist.
Das Bedeutungslose konnte ich, wo es auch nur zur Er-
läuterung des Bedeutendern diente, nicht liegen lassen.
Auszerdem sind nur solche Bruchstücke aufgenommen, die
werth schienen zu weiterer Nachforschung anzureizen. Was
noch sonst zu ihrer Aufnahme bestimmte, ist in den An-
merkungen und Abhandlungen angedeutet.

Mit der Anordnung des Ganzen wird man, hoffe ich, zufrieden sein. Sie ist durchsichtig genug und geeignet sich selbst zu erklären. Dasz ich es verschmäht habe, Worterklärungen in die Anmerkungen aufzunehmen, wie es Joh. Karl Schuller bei seinen Ausgaben zu thun liebt, werden Manche vielleicht bedauern. Aber das endliche Erscheinen eines siebenb. sächs. Idiotikons wird ja immer sicherer und in dessen Spalten gehören Worterklärungen. Ueber meine Lautzeichen im sächsischen Text ist das Nothwendigste in der ersten Abhandlung gesagt, weitere Erläuterungen sind überflüszig. Fachmänner und wissenschaftlich Gebildete unter meinen Lesern werden die Grundsätze, nach welchen ich vorgehe, bald und leicht erfassen, und über die Bedeutung der von mir gebrauchten Zeichen kaum im Zweifel bleiben; die Andern gehören wohl meistens zu meinen Stammgenossen, und diese werden ihr Idiom auch in meiner Orthographie nicht verkennen.

Dasz ich es übrigens selbst mitstrebenden Genossen und Freunden nicht in Allem recht gemacht haben werde, kann ich wohl voraussehen; hätte ich doch auch in ihren Arbeiten hie und da Etwas anders gewünscht. . Da weisz ich nun keinen andern Rath, als abzuwarten, bis entweder ich ihrer oder sie meiner Meinung geworden. Es liegt mir wie ihnen zu viel an der Wahrheit, als dasz wir nicht überzeugenden Gründen gegenüber uns freudig von einem gehegten Wahne lossagen sollten. Manches möchte ich selbst schon jetzt ändern, namentlich in den Abhandlungen klarer und breiter ausführen, dasz fast alle Gattungen unserer Volksdichtung als solche bis in die Karolingerzeit und oft noch viel weiter zurückreichen. Vielleicht kann ich mich einmal an anderm Orte mit ganzem Behagen in diesem Stoff auslegen.

Noch bedarf das reiche Druckfehlerverzeichnisz einer

Entschuldigung. Mein oder des Verlegers Sündenregister
darin zu sehen, wäre unbillig. Die Ursachen waren fast
·unabwendbar und lagen in den leidigen Verhältnissen; in
der 200 Meilen weiten Entfernung zwischen dem Druckort
und mir, der ich nur die letzte Correctur besorgen konnte,
in der Unbekanntschaft der Setzer mit dem siebenb. sächs.
Dialect. Das liesz sich nicht ändern. Die Wahl des Druck-
ortes war einmal vollzogen, und bot neben manchen von
dem Verleger nicht vorausgesehenen Schwierigkeiten auch
unläugbare Vortheile, die Unkunde der Setzer war nicht
wegzuzaubern, und eine mehrmalige Correctur verbot die
Rücksicht auf die groszen Postauslagen und die Besorgnisz
vor allzulanger Verschleppung der Druckvollendung, die
ohnehin lange genug auf sich hat warten lassen.

Ich schliesze den Geleitsbrief meines Buches, indem
ich ihm den besten Empfang namentlich bei meinen Volks-
genossen aller Stände wünsche — ich darf dies mit gutem
Gewissen, da, was es enthält, nur zum geringsten Theil
mein Werk ist. Auch dieser geringe Theil ist ja nur Bei-
werk; alles Uebrige hab' ich vom Volke genommen, und
gebe es reinlich gesäubert und geordnet dem Volke wieder
zurück.

Mühlbach, im December 1864.

Der Verfasser.

Inhalt.

Nro.	Ueberschriften und Anfänge	Seite

B*

XIX

<table>
<tr><td>Nro.</td><td>Ueberschriften und Anfänge</td><td>Seite</td></tr>
<tr><td>50</td><td>Mètche nêt nâm en zümermân!</td><td>117</td></tr>
<tr><td></td><td>**Die Bauernknechte.**</td><td></td></tr>
<tr><td>51</td><td>De gebairesch knêicht sai frenwiert</td><td>117</td></tr>
<tr><td></td><td>**Gut Mann.**</td><td></td></tr>
<tr><td>52</td><td>Frâche, frâchen ïnijet frâchen!</td><td>118</td></tr>
<tr><td></td><td>**Tanzreime.**</td><td></td></tr>
<tr><td>53 bis 56</td><td></td><td>118 bis 120</td></tr>
<tr><td></td><td>**Die Knechte.**</td><td></td></tr>
<tr><td>57</td><td>Î rôzich knêcht krêcht anjder den dasch</td><td>120</td></tr>
<tr><td>58</td><td>Un em bûmtchen hêng en prom</td><td>120</td></tr>
<tr><td>59</td><td>Blader am basch</td><td>121</td></tr>
<tr><td></td><td>**Johann.**</td><td></td></tr>
<tr><td>60</td><td>Johanesz kukt durj ê geschäz</td><td>121</td></tr>
<tr><td></td><td>**Jungfrauentagslieder.**</td><td></td></tr>
<tr><td>61</td><td>Siwe kruoden durch den zâng (mit Melodie)</td><td>122</td></tr>
<tr><td>62</td><td>Ich fârt drâi ârbeszker äm ruirchi</td><td>124</td></tr>
<tr><td>63</td><td>De brälft wôr gât</td><td>125</td></tr>
<tr><td></td><td>**Hochzeitreden.**</td><td></td></tr>
<tr><td>64</td><td>Tâ klâger ferâtânt</td><td>125</td></tr>
<tr><td>65</td><td>Ir mèinj lâf huowergarwen</td><td>131</td></tr>
<tr><td>66</td><td>Hïher, hécherer, alerhéchster — schlïnestroch!</td><td>132</td></tr>
<tr><td></td><td>**Guckuck.**</td><td></td></tr>
<tr><td>67</td><td>A. Kukuk dî af dem naszbûm sûsz</td><td>133</td></tr>
<tr><td></td><td>B. Der kukuk af dem naszbûm sûsz</td><td>134</td></tr>
<tr><td></td><td>**Spinnerin.**</td><td></td></tr>
<tr><td>68</td><td>Spän, spän, mèinj dïchterche spän</td><td>135</td></tr>
<tr><td></td><td>**Schnur und Schwieger.**</td><td></td></tr>
<tr><td>69</td><td>Wält ta mèinje san hun</td><td>135</td></tr>
<tr><td></td><td>**Das Essen.**</td><td></td></tr>
<tr><td>70</td><td>Et fèr e gât moûn än de bäsch (mit Melodie)</td><td>137</td></tr>
</table>

Drittes Buch.

Sprichwörter.

Fünftes Buch.

Kinderdichtung.

XXIV

Nro.	Ueberschriften	Seite

Erstes Buch.

Erste Abthellung.

Vöglein.

1.

A.

(Mühlbach.)

Et sâs e klî wält fi-jelt-chen aw ê-nem grûne'

nâsztchen; et sâng dâ gânz wäinjternôcht, de stäm dâ

moszt em kläinjen Säinj.

---

1. Et sâs e klî wält fijeltchen
   aw èuem grûne nâsztchen;
   et sâng de gânz wäinjternôcht,
   de stäm dâ moszt em kläinjen.

2. Säinj tâ mer mî, säinj tâ mer mî,
   tû klénet, wäldet fijeltchen!
   êch wäl der schréiwen af dèinje' flijel
   mät gielem gûld néh grûner sékt.

1*

3. Hält tâ dé gûlt, hält tâ dèinj sekt!
   èch wäl dir nèmi säinjen,
   èch bän e klî wält fijeltchen,
   unt nèmeszt kâ mich zwäinjen.

4. Gånk tâ eruow äm défen duof,
   der rèif wirt dèj uch dräken.
   „Dräkt méch der reif, der rèiw äsz kûlt,
   frå San wirt mèj erkwäken.“

[4. Säinj tâ eruow äm défen duof,
   der rèif wirt dèj uch dräken.
   „Dräkt méch der rèif, der reiw äsz kûlt,
   frå Sane wirt méch dréjen.“

5. Håszt tâ meft gesòt fir ein jôr fir zwie'n —
   då had èch nôch méinj îreñ,
   awer nana, awer nana
   hun ich se ferlîren.]

B.

(Weiszkirch bei Bistritz.)

1. Et saz e klî wält féjeltchi
   aw ènem graene zwaich.
   „O sang, o sang, walt féjeltchi
   wuor lautet dir dai stäm?

2. Mir wä'n dir dai walt fèdercher
   mat ruidem gûld änbä'n.
   flaich iber'n wält, kom widerem bâlt!
   wat brangst tau mir geschrib'n?

Schwalbe.

2.

(Mühlbach.)

1. Wun ij ewêch, wun ij ewêch,
   loszen ich schèiren uch käszté fôl;
   won ich kun, won ich wèder kun,
   äs alesz wèder lèr.

3.

1. Et flug e schwélfken iwer't dâch,
   et fluch die gânze' lâwen dâch.

2. Et fluch die gânze, lâwen dûch,
   bäsz dad et die giwel némi sâch.

3. Éch mé's ewêj, éch mész derfun
   wisz Got wunî ich weder kun.

4. Wun ale bîm wéder blädcr hun,
   än't frâjór wärdeu ich wéder kun.

5. Wun ale blô blome wéder blân,
   dernô wärden ich wéder méiuj hîmet sân.

6. Wun de fléiszich geboure frâ afstôn,
   unt frâ af't fielt mät de pläje gôu;

7. Wun de knêcht um sangtich gôn af den dânz,
   uch de hisch mêde' mät dem krânz.

8. Ir mêden, ir mêde mät gielem hôr
   bewôrd ij ir îre bäs iwert jôr!

Guckuck.

4.

1. Et säs e kukuk af em zong,
   et kâm e rên unt mâcht e nasz.

2. Na äprit hie sich de flijel ousz,
   unt fluch dem gûldschmid än det housz,

3. Unt fluch dier schênster af det fénster;
   na sâch dâ schénst zeu fénster erousz,

4. „Bäszt ta dier janger î gesäl,
   dier méch fillécht fersäke wäl?

5. Tä huoszt fersakt mät muncher mêt,
te huoszt gedriwen det gespêt.

6. Wä tä ed alsi huoszt gedriwen,
esi büszt te na wêder gebliwen."

Nachtigal.

5.

A.

(Mühlbach.)

1. Ze Krînen, ze Krîne fir em borjerdîr,
dô stând en hîsch grän läinjt derfîr.

2. Se wôr iwe brid uǵ angde schmuol;
„Duor afen, duor afe frå nôêhteguol!"

3. Säinj, fijeltche klîn, wå tä esi schîn
af't jôr sålt tä mêinj fjë sên!" . .

4. „Wä sûl éch na dêinj ijä sêinj?
éch bän e kli wält fijelêinj.

5. Ech schäke mêinj fädre se fläjen derfun
se fläjen dier schênster af det fênster:

6. Ai schênst, ai schênst! wat sål éch dir sôn?
wat dir e mân e räter empîr.

7. Hie békt dir jô dier gåder dåch,
tä silt dich schäken zer somerzêkt.

8. Ai då der somer erbå kåm
se såch då schênst, dat némeszt kåm;

9. Ai af dem frithof ktit e bûm
duor em de knêcht uknäpe sûl'.

B.

(Dortsmundart aus der Umgegend von Hermannstadt.)

Ze Krûnen ze Krûne für em borjerdûr,
dô stiaujd inj schin grâin lainjt derfûr,
så wòr uiwe brid uġ ainjde schmôl
draf sâs înj schìn nòchtegòl.

5. „Wält tiå mir nêd o fråche seinj?
„Wò sål êch dir e fråche seinj?
êch bän inj schin fijcléinj.“

Sai fluêh der schénster af det fênster:
„Giåden dåch, giåden dåch tiå shin jangfer!
10. wat dir dê gelaifster entboden hôt:
hic hôt dir entboden en giåden dåch,
hic wil ån de wainjter kun,
en wil dich hun (andre Relation hat: nun.“]

Der somer fergéng, der wainjter kûm,
15. der gelaéfst di wûl nor nêmi kun:
„Gung ewêch, gung ewêch tiå wéiszer schni!
méinj duoêh bedrêcht mich nicher mî,
méinj duoêh hôt mêeh nor êner bedriugen
uêh dî hôt sij ed än hålz geliuġen.

***

C.

(Petersdorf bei Mühlbach.)

1. Ze Kruinen, ze Kruine fiôr em borjerduir
dô ståånd en hisch lainjt derfuir;
dô såszen drå nôchteguolen derfuir.

2. Dai irscht dai språng, dai ånder sång
dai drat dai schlnêh en ziter gor féinj:

3. „Di'er fainjer, dier domen, dier iclebuijen
huot mêch méiuj duoêh nor êner bedruijon,

4. Huot mêch méinj duoêh nor êner bedruijen
uêh di huot sej ed än hålz geluijen
(wai dier î lichter î schntertzegun)

***

D.

(Mühlbach.)

1. Ze Krînen, zo Krîne fîr em borjerdîr
  . . . .

2. Dô sâs ich fil môl af em stüntchen,
  und erwârt mer mê léfken.

3. Der somer fergéng, der wäinjter kâm,
  nor der geláft wûl némi kun:

4. „Gáng ewéch, gáng ewéch, tâ wéiszer schnî!
  ménij duoch bedrécht méch nicher mî;

5. Méinj duoch huot méch nor éner bedrîjen;
  dier huot sich de strânk un hâlz gelijen."

E.

(Georgsdorf.)

1. Ze Krûnen, ze Krûne fûr em borjerdûr,
  dô stainjd en grâin lainjt derfûr.

2. Üwen ouszgespréid uḡ angde schméul,
  dô houszt dai frâ dâi nóchtegéul.

3. Sai plakt dai fäderu, unt fluch derfun,
  unt fluch der schénster af det fénster:

4. „Dier fäinjer, dier domen, dier ielebûjen,
  et huot mich méinj duch nor éner bedrûjen.

F.

(Kaisd.)

1. Ze Krînen, ze Krîne fuir der borjern ärem diur,
  diu stîd en gräszgrân laiut derfiur,

2. Ai iûwen äsz sâ brîd, ai ain äsz sâ schmôl,
  draf sâint séch frâ nóchtegôl.

3. „Frå nóċhtegöl, wärlt fijelnin!
wå sål eċh dai gelůftche sain?"

4. E'ch géng aw en hie bärch (ŝtôn)
éch såċh gråszgråne kli afgön:

5. „Gung åf, gung åf gråszgråner kli!
bedréċht méch niche räter mî;

6. Et hôt méch nôċh nor éner bedriŋgen
oċh die hôd ed å såino hålz geliŋgen."

___

Bäumchen.

6.

A.

1. Et ŝtånd e bîmtchen åm défen duof,
et héngen dier rîder åpeltcher drun.

2. Et kåm e wåinjtchen unt wêt se uof
ům defen duol

3. Et kåm e mètchen unt klouft se af
ån e schnîweisz duċh ;

4. Unt draċh se hînen ådlerweisz
unt schlusz se ån můt allem fleisz.

5. Et nåm dien héschten unt schnid en ån zwie
unt gåf séiujem härzgelåften en dîl.

6. E kårche ŝpråzt em für det dîr,
dô wosz gor bůld e bimtchen derfir.

___

B.

(Agnethlen.)

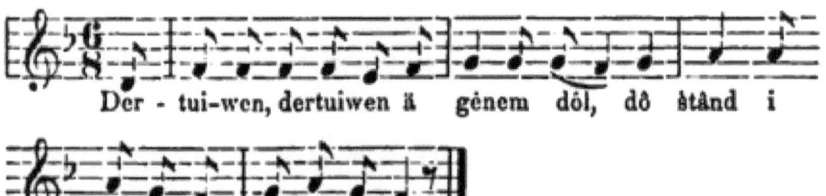

Der - tui-wen, dertuiwen ä génem dôl, dô ätånd i

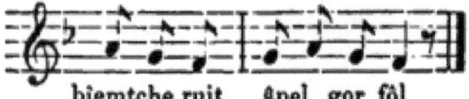

biemtche ruit åpel gor föl

---

1. Dertuiwen, dertuiwen ä génem dôl
dô ätånd i boimtche ruit âpel gor föl.

2. Et kûm e wänd, unt wêt se uoi
unt wêt se än en defen doil.

3. Et kûm e schnîweisz mêdelén
unt klüüft se än e schnétzeldach fén.

4. Unt dêt se än en nâ ladegefoch,
büsz dat det gôr erammer wôr.

5. Dâ det gûor crammer wôr
zerschnit se en âpel af drôi dûl.

6. . . . .
Det bêszt gâf se ärem léfken derfun.

[7. Än dém âpel wôr en kär —
de knêcht hun uch de mêjd gor gärn.

8. Än dém âpel wôr en kîrsch —
de mejd sén uch gor hîsch gebirscht.

9. Än dém âpel dô wôr en prom
de knêcht sén hiq unt dénich nét from.

10. Em hât de mejden an e fäderä hât
de knêchten an en dornenhâk.

11. Em bât de mojden alle gor hui
    de knëcht réden aw er geräinjelder flui.]

Rosenbrechen.

7.

A.

(Mühlbach.)

1. Ôwend äs et worden
   hime séle mer gòn
   grån nåsztcher brêchen
   de düre losze åtòn

2. Brêche mer då déren
   fîr de gråuen uof,
   se äs et nòćh gefûlijer,
   se äs et em jède gerêcht.

B.

(Bistritz.)

1. Obend wûl et wieren
   hémen sin mer gô,
   raif rûsen brûichen,
   grainen loszen åtô. —

2. Et kâm e mêtchi obends,
   et brûćh se uof;
   [et åtålt se dem Hanzi af den hat,
   dåt åtånt im wåndergåt.]

C.

(Lasslen.)

1. Ôwend äs et wården,
   hime séle mer gòn,
   de rêif nåsztle brêchen
   fuer de gråuen öf,

2. Brëche mer do raiwen
fuer de grûuen ôf
[âf dad în înich Fréinztchen
fun donnen erôwer feûrt.

3. Wî feûrd et, wî feûrd et?
Honnes hész dier knîecht,
Got dunk et séne sännen!
et wôr séinj uch wol wiert.]

D.
(Minarken.)

1. Eubend äs et weur'n
héme si'n mer gen,
raif ruisen brâich'n,
de graine losz'n âteu.

2. Braich'n mer de grainé
for dier dir hin uof —
[et käm e éinzich Riszken
fun dâñen hier gefaurt.

3 Âch här, âch här, wier holt et?
der Andrisch wôr e knéicht —
Saiden, saiden haub'n,
gêil saiden schnûr —
mer kän et Got bezsign
än wänter si'n mer't änlaidn.]

[3. Âch här, âch här wier holt et?
der Andrisch wôr e knêicht —
weur et im gefällich
geschâch et im gerêicht.

4. Schwarz iwer de gâsz,
méinj härz nét ferlosz!
for îren hausz âtänd e stängel däl —
o wî! wor âtît der säszter Mari är kräl!]

E.

(Georgsdorf.)

1. Ôwend its et worden,
   héime séle mer gôn,
   grain nösztle brêchen,
   dère' losze' åtên.

2. Brêche mer de grainjen,
   dai raiwen fålen uie. —
   [Et wôr en înich Träinjo,
   fun daðe géng ed uie.

3. Wi sûl ed uéh fåren?
   dier ëi Hénzo, dier oi knieehtehen

   . . . .
   . . . .

   ----

4. E kíft em ug en kîrsen,
   uu orme wôr et wêisz,
   doroinjder géng et schöklo'
   wai e güldä réisz.

5. unt kíft em ug en månkel
   a åtal des kröuse rók;
   doroinjder géng et döunzen
   wai eu somerdók.]

Kleiderfreude.

8.

(Weingarten.)

Em   kíft mer ug en   mân-kel   zâ er mor·je   gôf

drangder gôn éch schó-ke-len   drangder gôn éch   schô-ke-len

wå en gäl-dän   dôk,   wå en gäl-dän   dôk.

---

1. Em kûft mer uģ en månkel
zå er morjegóf;
drangder géng éch schôkelen,
drangder géng éch schôkelen
wå en gäldän dôk. ./.

2. Em kûft mer uģ en kîrşen
zå em îrepréisz:
drangder géng éch schôkelen,
drangder géng éch schôkelen
wå e gäldä réisz. ./.

Blumenhaus.

9.

(Bootsch.)

1. Ich geu an ménes fueters guerten
niderlôn ont schliûfe' —
ja! ja; niderlôn ont schliûfe;
ich drême mer a drêmeléinj,
at schnuat üwer mêch,
ja! ja! et schnuat iwer mêch.

2. Et bláten ôk drâ ruiseléinj
daü hangen üwer mech,
ja! ja! dåe hangen üwer mêch,
Deü num ich dåe dräe ruiseleinj
unt bûnt mer éne krûnz,
ja! ja! unt bûnt mer éne krûnz.

3. Unt dau der krûnz na firtich wôr
deu wôr der reum schu aus,
ja! ja! dô wôr der reum schu aus;
Aich wolt uch gärn hëme gaun,
aich hat kêi êjen hausz,
ja! ja! aich hat kêi êjen hausz.

4. A hêiszke' wäl ich mer bû
ausz pitersilenk,
ja! ja! ausz pitersilenk;
mät wot sol ij et dieken?
mät wêiszc' litenk,
ja! ja! mät wêisze litenk.

5. Mät wot sol ij et wêisz mûke?
mät wêiszcm, wêiszem krait
ja! ja! mät wêiszcm, wêiszem krait,
unt deniu drän wunne
mir zwie gang lait,
ja! ja! mir zwie gang lait.

Gärtnerin.

10.

(Saxonisirendes Hochdeutsch.)

Wo sollst du denn ge-hen, her-ze lie-bo mein?

In den gurten, in den gurten, her-ze-lie-ber mein!

1. Wo solt.du denn gehen
herzeliebe mein?
Iu den gurten, in den gurten
herzelieber mein.

2. Was solt tu da machen
herzeliebe mein?
Sträuszker binden, sträuszker binden
herzelieber mein!

3. Wem solt tu sie geben
herzeliebe mein?
Meinem schutzken, meinem schutzken
herzelieber mein!

4. Wer ist den dein schutzken,
herzeliebe mein?
O! du selber, o! du selber
herzelieber mein!

[4. Wie ist den der name
herzeliebe mein?
N. N. Hones, N. N. Hones,
herzelieber mein!]

11.

(Mühlbach.)

Et géng e mëtchen, e mëtchen
zä enrm kåle' brüntchen
mät seinjem wasserkäntchen.
„Wat sält tä hä Katreinjtchen?
5. Ech säl mer wasser schäpen,
ä méinje' guorte schläpen,
de risekték begeazen,
dat sä mir wuosze mëszen.

„Ech wäl dir wasser schäpen
10. uk än de guorte schläpen;
wält tä mer néd e léfke sén?
e löfken, e schazken,
unt gäf mer uk e mazken."

E léfken, e schazken
15. dät wäl ech dir nét sén;
mè schaz dier läd äm guorten,
e lät bä die roseinjtchen;
„Gäden däch Katreinjtchen!"
dém wäl ech schin e mäzke gien,
20. wun hie mich wird än arme' nien.

Liebesweg.

12.

(Georgsdorf.)

Häinjder äusem gourten
wôr e ätîgeltchen;
ich wîs uéh wî et néder trut:
en Honzo trud et néder,
e Maio mächt et wéder.

Bestellung.

13.

(Georgsdorf.)

[1. Schazke bäszt to zornich,
cha zornij üwer mèch?
et liewen nôéh drâ äundern,
wat schieren ich mij äm déch?]

2. Kam enzôwend än âsz häusz
ich kun af de gas eräus,
se fäinjst tau mèinjes fuoters häusz.

3. „Wâ sâl ich zâ dem dûr änen? —"
Kam nor äm det dûr geschwäinjt!
se dinkt mè fuoter, et wèr der wäinjt.

4. „Wâ sâl ich bâ dem hangt ferbâi?"
Schnègd em nor e wènich brût,
se wit hie schwèje' wâ der dût.

5. „Wâ sâl ich zâ der dir änen?"
Kam nor un de dir en kraz!
se dinkt mè fuoter et wèr de kaz.

6. „Wâ kun ich af de bânk bâ dèch?"
Dâ nor en härzesprâng!
se bäszt to bâ mer af der bânk.

14.

(Mühlbach.)

I - ni-jet schaz - ken gåf mer uģ e maz-ken! mé

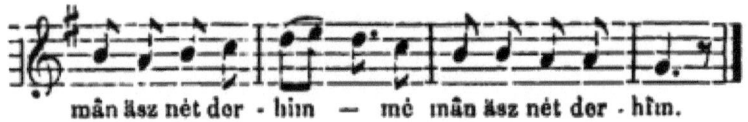

mån äsz nét der - hiin — mé mån äsz nét der - hîm.

1. Înijet schazken
   gäf mer uģ e mazken!
   mé mån äsz nét derhîm. ·/·

2. Kam un âsz dirchen!
   éch gien der uģ e birchen —
   mé mån äsz nét derhîm. ·/·

3. Kam un âsz bräutchen!
   duor kid uģ âsz fräinjtchen, —
   mé mån äsz nét derhîm. ·/·

[3. Kam un âsz bräutchen!
   duor kid uģ âs Träinjtchen:
   mé mån äsz nét derhîm.]

4. Kam än åse guorten!
   dô wäl éj af dich wuorden,
   mé mån äsz nét derhîn. ·/·

[5. Kam mät dem käntchen',
   éch wuorde mät dem fäinjtchen,
   mé mån äsz nét derhîm. ·/·]

19

Der Freier.

15.

(Mühlbach.)

„Spän, mêtche, spän!"
Der frâer kid eräu,
et schméiszt de rôken un de wânt,
et nit de frâer un der hânt.
5. [Hie bräinjd Äm blomen,
hie bräinjd Äm en krânz,
hie nid et um armen,
unt gîd af den dânz.]

Drei Mädchen.

16.

(Schäszburg.)

Et géngen drâ mêtcher aw énen dânz,
dâ în, dâ hâd en pärläne krânz,
de pärle' lichten uewen erausz,
de änder, dâ hâd en rîseâtrausz,
5. de rîsen, dâ gâwen en geâde' geräch;
de drät, dâ hât nor e rîn wéisz däch;
det däch wôr waisz, det däch wôr rîn,
de ôrem wîsz wôr de héscht än der gemîn.

Schätzchen.

17.

(Schäszburg.)

1. An eâsem gôrte blâd en hiesch rîsz —
mé schäzken äs en ôrem wîsz.

2. Än eâsem gôrte blâd rosmarin —
mëinj înich schäzke' nét gänk bâbin!

2*

3. Än câsem gôrte' blât majerâm —
méinj lenich schâzke nét wärt mer greâm!

4. Än câsem gôrte' blât pisemkrookt —
teû fenijet schâzke bûlt wiràt te méinj brookt.

Liebesqualen.

18.

(Marpod.)

1. Ich hat méinj härzgelûftchen
än âcht duogen nét gesûn;
ich sûg et gèsztre morjen
än der kirch gor frû.

2. Ich tûrft et nèt geâprèchen:
„Härzgelaift ich bän uéh hâ!“
det härz wûl mer zebrêchen
dad ich nét plâdern tûrft.

[2. Êch koinjd oéh nèt geâprêchen:
„Härzg'lâw! éch bän uéh hâ.“
éch duoéht méinj härz sîl brêchen,
wél ich nét glêch kanjt âprêchen:
„Härzg'lâw! éch bän uéh hâ.“[

Ungewissheit.

19.

(Halvelagen.)

1. Alerloû bleâmeléinj
fuir e wiejes (?) ruit!
ai! éch wîsz nét, lieft mö löfken,
âwer äs et duit.

2. Alerloâ bleâmeléinj
fuir e wiejes blô!
ai! éch wîsz nét, lieft mö löfken
hâ âwer diô.

3. Alerloâ bleâmeléinj
fuir e wiejes wêisz!
ai! éch wéil méinj ícnich löfken
mâze mät flôisz.

Sehnsucht.
20.
(Halvelajen.)

1. Wol flâje', wol flâjen de wûlken!
Wôr séld ir flâjen hin, bin, hin?
Kên Drâs iwer de mauren
for éner Schän ir dür, dür, dür.

2. De Schän dâ sûl zer kirch gôen,
det Honeszke' kanjt nét nô, nô gôen;
det harz wûl ém zebrêchen,
dat hî nét mäd er kânjt sprêchen.

Die Liebe.
21.
(Marpod.)

1. Näszt av ierde
kûn héscher sén
âlz wun zwô härzen
mäd enûnder schärzen,
und ân enûnder ferlâift sén.

2. Hîszgleanjich kiûlen
se jeu nét hîsz,
âwer de lûif
âwer de lûif
fun dier nêmeszt e âtarwenswiurt wîsz.

3. Ir schwuarz üijeléinj
   sêt mér gor fèinj;
   éch wäl éch lâewen,
   unt nâ bedrâewen
   wêrt er nor mèinj, oéh wêrt er nor mèinj!

22.

(Bolkatsch.)

1. Sô mer härzke'
   sô mer schmärzke,
   wat hun éch ferschûlt,
   dad éch esi fil mosz légden
   fil mosz légden
   mät gedûlt.

2. Riéchte lâf huot fil ze schafen,
   riechte lâf huot fil ze dân,
   riecht lâf, dai kû nét schlôfen ·/.
   riecht lâf, dâi kû nét rân. —

3. Rosmarin mät nâjelblomen
   étâéh ich âm af sèinjen hot —
   . . . . . .

Tagelied.

23.

(Marpod.)

Sie.

1. Tâ étîszt aw unt gîszt derfun
   wonî wirèt tâ weder kun?

2. tâ ferlészt méch, zéchst fu mir,
   alle mèinj fruit schäken éch mät dir.

3. Kîr äm, kîr äm, schwuarz fijeléinj,
   wiesch mer uof de trêne' mèinj!

4. Tâ giszt ewèch, tâ zéchst derfun,
wunî weràt tâ wéder kun?

E r.

5. Zâ nicher ândrer wäl èch giûn,
nor déch ä méinjem härzen driûn.

S i e.

6. Ferfleaċht suol sèn do sûel dèinj
won tâ fergäszt de lâef méinj!

E r.

7. Ferfleaċh mèch nèt tâ geanget bleât!
ich wäl dir bleúwen trui aċh geût.

8. Ferfleaċh mèch néd', èch zân derfun,
wier wîsz wunî ich wéder kun ;

9. Êch zân ewôch, èch zân derfun,
méinj treorich härz mész mät mor kun.

S i e.

10. Wun ale ruawe' wèisz fâdern driûn
daun wirât tâ wéder niu Zuide kun.

E r.

11. Det Zuidner rêch wirt ruisen driûn
bäs ich wéder nô Zuide kan.

Scheiden und Meiden.

24.

(Umgegend von Hermannstadt.)

· 1. Wor fil sè mor madenûnder gegângen,
aċh! îniget harzke méinj!
en sèn es uġ am den hâlz gehangen —
geschîde mos et sèinj
aċh înijet harzke méinj!

2. Wor fil sé mer madenûnder geliejen,
aċh! înijet harzke méinj!
ån trâ uċh îrewiejen —
geschîde mos et séinj
aċh înijet harzke méinj!

3. Wor fil só mer mad enûnder gesêszon,
aċh! înijet harzke mèinj!
gor munch éne schlôf hu mer uċh fergêszen —
geschîde mos et séinj
aċh înijet harzke méinj!

4. Wat giszt tû mer na fûr mëinjen dainst alîn,
aċh! înijet harzke méinj?
De millèstîn zestûszû klîn —
geschîde mos et séinj
aċh înijet harzke méinj!

|5 Unt lief na wûl fergnächt,
aċh! inijet harzke méinj!
mi barbes wâ geschächt —
geschîde mos et séiuj
aċh înijet harzke méinj!

25.

A.

(Georgsdorf.)

Ech gèng of gaszen, éch gèng of strôszen méinj

härz-ge - lûf-ter hat mich fer - los-sen.

Wô   sâl ij   e   sä-ken, wô   sâl ij   e   fäinjden angder

é-nem rî-de   rôk angder   é-nem wéinjmreétôk·

(Die Melodie der ersten Strophe gilt auch für die zweite, die der dritten für alle
übrigen.)

1. Éch gôn af gaszen, éch gôn af étrôszen,
ménj härzgelaifter huot mich ferloszen.

2. Wun hie mich sâg af gasze gôn
étiangt e unt sâch mer fräinjtlich nô.

3. Wô sâl ij e sake, wô sâl ij o fainjden?
angder de böûmen, angder de wainjden?

[3. Wô sâl ij e sake, wô sâl ij e fainjden
angderm rûde rôk, anjderm wäînjmereétôk?]

4. Wô äsz e mät säinjem gielkröusen hôr?
Mer haden es laif siwe jôr.

5. Mer wöulen esz nien, de frainjt wöulen néf,
mer wöulen esz schéiden, und kainjden nét.

6. Aéh schéiden, aéh schéideu! wî huot déj erduoéht,
dât tû méinj härz än tröuren huoszt bruoéht?

7. Ai tröuren! ni tröuren! wuni niszt tau en oinjt?
wun âsz birebûm rût rûse broinjt.

8. Ai rûse rût! ai löljé blô!
éch had en härzgelaifte' — nor Got wéisz wô!

9. Ai lölje blô! ai rûse rût!
   òch had on härzgelaiftcn, dier äsz na dût.

B.

(Minarken.)

1. Ich geh auf gassen, ich àteh auf àtrassen
   der schönste hat seine geliebte verlassen.

2. Det brau mèitchi huot gèil krausz hour,
   mer bad'n âns gelaift e gânz jeur.

3. Mer wo'n âns nêi, âns fränt wo'n nät
   mer wo'n âns schèiden, mer kon'n oèh nät.

4. Àèh schèiden! àch schèiden, wier buet daich erdueèht ;
   dat dau mir mêinj jang lêib'n än trauer huest bruoèht ?

5. Àèh trauren! àèh trauren! wonî niszt tau en and?
   wän dier biernbûm ruit ruisen brangt.

6. Af diem Nìsner turn às en schâlmâi —
   af diem duidesbegrêfnesz lâid alle mai trâi.

C.

(Nieder Eidisch.)

. . . .
Dai lès èch mer wôszen det giel hôr,
mir ho'n es oèh giern zwô gônzer jôr,

Mir wol'n es oèh nien, de frainjt lâiszen esz nét,
mir wol'n es oèh schè'n, mir konten ed oèh nèt.

Oèh schèn! oèh schèn! wier huet dij erduoèht?
oèh lîd! oèh lîd! wier huot dej än âsz härz gebruoèht?

De ruise ruit, de faule' blô —
èch had en härzlaift — nor Got wîsz wô.

26.

(Mühlbach.)

1. Ir härren, ir härre, mät krousem hôr!
   mer haden eŝ lâf siwe jôr.

2. Aĉh schîden! aĉh schîde' nit nichen äinjt —
   bäsz dat der birebûm rîso bräinjt.

3. Ai rîsen! ai rîsen! dier bräinjt hie nêt,
   hie bräinjt dier wéiszer blome gor fil.

4. Dier weiszer blomeu hu mer genaĉh,
   dier janger gesälen hŭ mer gebraĉh.

_____

[5. Ir gesälle' kud, ir fräsch gesälen!
   unt pläkt diŏ frîliche mêden de ŝpälen!

6. Wŏ er nêt wält krêcht angder den hiert!
   se sêgd er dier kramer späle nêt wiert.

_____

27.

(Mühlbach.)

1. Af dem Kakelrêch
   dânzen dŭ schnêgderknêcht
   äm dât hîder
   wéktchen cräm:
   Wor schéinjt der môn!
   wor lichten de ŝtärn!
   bŭ méinjem bärzgelâfte'
   bän ich gor gärn.

2. Ai iwer e waszer!
   ai iwer en sî!
   ai! schîde' fun härzen
   ai dât dît wî!
   aĉh schîden! aĉh schîden!
   wier huot dêj erdôĉht,
   dat tŭ mer mê liewen
   än trouren huoszt brôĉht?

3. Ađh trouren! ađh trouren!
woni niszt tâ en äinjt?
ai! wun âsz birebûm
rît rîse bräinjt.
Ai rîszker bräinjt jô
dier birebûm nêt,
hie bräinjt jo dier wêiszer
blome gor fil.

4. Dier wêiszer blomen,
dier wêiszer blâ,
dier êtô gor fil
un de wiejen hâ.
Dier wêiszer blomen
hu mer genađh,
dier janger gesälen
hu mer gebrađh.

28.

(Mühlbach.)

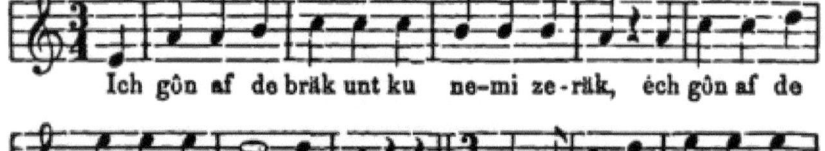

Ich gôn af de bräk unt ku ne-mi ze-räk, êch gôn af de

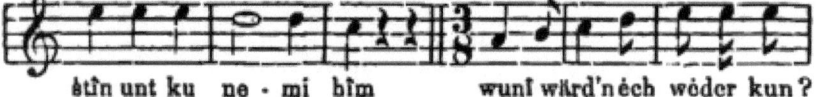

êtîn unt ku ne - mi bîm wunî wärd'n êch wêder kun?

wun de schwarz ruowe wêisz fä-dern hun.

---

1. Ich gôn af de bräk
unt ku nêmi zeräk,
êch gôn af de êtîn
unt kun nêmi hîin.
Wunî wärden ich wêder kun?
Wun de schwarz ruowe' wêisz fädern hun.

29.

(Schonen.)

1. Éch soul emôl ûiwer gèn gâsz gôn,
se sâǵ ich mèinj léfke' bâ'm ândre åtiôn.

2. Så riete, wat so wûlen, dât gofûl mer nèt,
ich dèt en schîne grosz, så dânkte mer nèt,
so wise mer en apel unt gâwe mer en nèt.

3. Gedink doĉh, schaz, déinjer fâltscher trâ,
gedink âwer dad et dich nèt gerâ!

4. Et wirt dich gerân, et wirt der wârde lît;
hèkt bän ich bâ, more bän ich dît.

5. Ai bâszt te gewûld, esi wèrèt tâ mèinj
esi wèr déinj mottor mèinj schwîjer mèsze sèinj.

6. Te buoszt nèt gewûlt, na mès et sèinj,
dad înich härzlâfker geschîde sèinj.

7. Ai, schîde fun der lâw, ai dât dît wî;
em fäinjt nichen grészere jômer mî.

8. Ai schîden, ai schîde, wuni niszt ta en ainjt?
Ai wun dier birebûm rîse brainjt.

30.

A.

(Marpod.)

1. Schîden, ai schîde, wî hôt dij erduoĉht,
dat tâ mèinj härz än trouer gebrôĉht?
èch giôn derfun, èch ziân derfun,
nor Ĝot wîs, ôw ich wéder kun.

2. Ich suazt mèinjem fôter en rûis af den däsch:
„Mèinj härzer fôter, bléift gesangd uĉh frûsch!
ich giôn derfun, ich ziân derfun,
nor Ĝot wîsz ôw ich wéder kun.

3. Ich sazt méinjer moter en rûis än ieren;
„Ir gûldich méinj moter, wâ lang wid et wieren?
ich giôn derfun, ich ziän derfun,
nor Got wîsz, ôw ich wéder kun.

4. Ich suazt méinjer säszter en rûis af de wuant:
„Tâ lôef méinj säszter, gäf tâ mer de huant!
ich giôn derfun, ich zeân derfun,
nor Got wîs, ôw ich wéder kun.

5. Schîden, oéh schîden, wonî niszt tâ en öinjt?
won uâsz birebûm wéisz rûise bröinjt.
Rûise bröinjt hî némermî,
schîden dît dem härze' wî.

B.

(Girtlen.)

[1. Aéh schîden! aéh schîde! wier hôt déj erdôéht,
dat tâ méinj härz än trâuren huaszt brôéht?
aéh trouren! aéh troure wonî niszt tâ en oinjt?
won ûserî birebûm riûse broinjt.
aéh riûse broinjt hie némermî,
hie broinjt nor blömtcher waisz wâ schnî.]

2. Ech sazt méinjem föeter zwô riûsen af den däsch:
Ir harzer méinjer föeter, hält ir éch nor fräsch!
éch säl ewêj unt mész derfun,
nor Got wit wäsze, won ich wéder kun.

3. Éch sazt méinjer moter zwô riûsen än ieren:
„Ir härz méinj moter, wî säl ich nâ kieren?
éch säl ewêj, éch mész derfun,
nor Got wit wäsze', won ich wéder kun.

4. Tâ härzer méinjer brâder, wol lichten déinj schéiwen!
wal gäre wîl éch nôéh bâ dir bléiwen!
éch säl ewêj, éch mesz derfun,
nor Got wit wäsze', won ich wéder kun.

δ. Tâ hârz môinj sâszter, wol wais âsz dèinj wount?
   gäf tâ mér nâ zem lèztemôl dèinj hount!
   èch sâl ewêj, èch mèsz derfun,
   nor Got wit wäsze' won ich wèder kun.

[6. Dô èch na kun af't hiû birkerêch,
   wôr al mé triûszt uch moud ewêch:
   èch sâl ewêj, èch mèsz derfun,
   nor Got wit wäsze, won ich wèder kun.

7. Dô ich na kûm bâ de âtader âtrêch:
   „lf härz mêinj moter, gedinkt oĝ u mèch?
   èch sâl ewêj, èch mèsz derfun,
   nor Got wit wäsze' won ich wèder kun.

8. Gedinkt u mêch, wâ éj un èch,
   csi wid èch Got gicn det hèmelrêch!
   det hèmolrêch, dâ wiert stât,
   wô al mêinj trâuren âs ouszgeklôt.]

C.

(Mühlbach.)

1. Ich snzt drâ rîsen, drâ rîsen
   mêinjer frâ moter angder dc wânt:

2. Frâ moter, giet mer na de hânt:
   aôh hârz frâ moter, na kun ich nét bâlt.

3. Ich mès ewêj, ich mèsz derfun
   mêinj frâ moter wäl mich nèmi hun.

4. Ich mès ewêj, ich mèsz derfun,
   wîsz Got, wunî ich wèder kun.

5. Wun de schwarz ruowe wèisz fâdern hun,
   dernô wärdcn èch wèder kun.

6. Wohènen ich gôn uch âtäl âtôn,
   dô lâszen ich munch în wîsenzôr.

Heimath und Fremde.

31.

A.

1. Êch snzt drä rîsen un der moter är woânt:
„dû hârz mèinj moter lâng teû mer dèinj hoûnt!“

2. Dâ ich kâm fuer der frèmden är dir,
se sôdo se: „teâ gehîrèt nòt mir.“

3. Dâ ich kâm fuer der frèmden är faüer,
se sôdo se: „det hülz äsz daüer.“

4. Dâ èch kâm fuer der frèmden ären däsch,
se ûsze se dier grûner füsch.

5. Ech bât se äm' e kräsztche brît,
se sôde so: „et dît der nèt nît.“

6. Ech drèt mij äm, unt blif stäl stôn,
unt lèsz gor munch ônen hîszen zôr.

[7. Aéh trauern! aéh trauern wuni niszt tâ en anjt?
wun âsz birebîmtche' rîszker branjt.

8. Rîszker branjt âsz birebîmtche nèt,
et branjt dier waiszer blome' gor fil.

9. Aéh schîden! aéh schîden! wî hôt dij erdôéht,
dî âsz läft än trauern hôt brôéht.]

B.

1. Êch gèng, èch gèng bå des frèmdo sèinj dir,
se sôt dier frèmd, ich wèr ze fil.
Ich drèt mij äm, unt sûéh zeräk:
„O ir låf fräinjt, kud uéh mät!“

2. Éch gèng, éch gèng bå des frèmde séinjen hiert,
se sôt dier frémd, ich wèr nét wiert,
Ich drêt mij äm, unt sâċh zerük:
„O ir låf fräinjt, kud uċh müt!"

3. Éch gèng, éch gèng bå des frèmde séinjen däsch,
se rakt dier frèmt det brît fum däsch.
Ich ḋrêt mij äm unt sâċh zeräk:
„O ir låf fräinjt kud uċh mät!"

4. Ech gèng, éch gèng bè mèinjer moter ären däsch,
se sôt mèinj moter: „kam hier und äsz!"
Ich drêt mij äm unt sâċh zerük: .
„O ir låf fräinjt, kud uċh mät!"

C.

[1. Éch sazt zwô rûsen än de moterbunk:
„ir hårz mèinj moter, ich sôn ich dunk!
ich zän ewèj ich zän derfun,
wî wîsz wuni ich wéder kun."

2. Éch sazt zwô rûsen än de fôterbunk:
„ir bårzer, mèinjer fôter, ich sôn ich dunk!
wun de schwnrz ruowe' wéisz fädern drôn,
nor däun war'n ich wéder kun.]

3. Däun ich gèng für des frömde säinj dir,
gor bäält ätusz hie de rijel derfür.
Éch drêt mij am, en blif ätal ätôn,
en lész gor munch öin wöïsenzôr.

4. Däun ich kôûm für des frömde säinjen ieren,
gor bäult sôt hie, éch kanjt nét kieren.
Éch drêt mij am, en blif ätal ätôn,
er lész gor munch öin wöïsenzôr.

5. Däun ich kôûm für des frömde säinjen hiert,
se sôt dèer frömd, éch wèr näszt wiert.
Ech drêt mij am, en blif ätal ätôn,
en lész gor munch öin wöïsenzôr.

6. Dåun ich käûm fûr des frömde säinjen däsch,
   gor bäult sôt hie, ich wêr e licht fäsch.
   E·h drèt mij äm en blif ätnl ätôn,
   en lèsz gor munch öin wöîsenzôr.

D.

(Girtleu.)

1. Wun ich no ku bå der frömden åren däsch,
   wol bält wid em sprèchen: stäund af, némi äsz!"

2. Wun ich na ku bå der frömden åren hiert,
   wol bält wid em sprêcheu: „uch dât bäszt te nét wiert."

3. Des frömde säinj mêd, äs uch gor grôf,
   wô säl ich bléiwen än dësem hôf?

32.

(Aguethlen.)

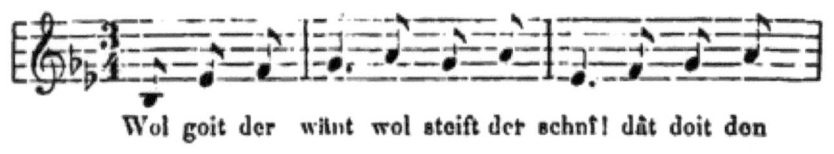

Wol goit der wänt wol steift der schnî! dât doit den

oir·men woi-sen wî. Wol goit der wänt, wol steift der

schnî! dât doit den oir-me woi-so wî.

---

1. Wol goit der wänt, wol stéift der schnî!
   dât doit den oirme woise wî.

2. Wol goit der wänt, wol schôkelt der ruir,
wol kun de oirem woisen erfuir!

3. Wol goit der wänt, wol schôkeln de öichen.
wol fil wären esz de frömde âtröichon!

4. Wol goit der wänt, wol schôkeln de bâchen,
wol fil wären esz de frömde flachen

5. Wol goit der wänt, wol schôkeln de wéden,
wor fil hun de oirem woisen ze léden!

6. Wol goit der wänt, wol schôkeln de birken,
wor fil wären esz de frömde âtirzen!

[7. Wol goit der wänt, wol schépeln de garwen,
wor fil wären esz de frömden erbarmen!]

8. Wol goit der wänt, wol schôkeln de hoijen,
wor fil wären esz de frömde ploijen!

.

33.

(Schäszburg.)

Dâ ich röz uch brîd âsz,
unt môinjer moter af'em schîsz sâsz,
deâ wôr et geât fuer mêch,
deâ wôr et geât.

W a i s e n.

34.

(Schäszburg.)

Méinj schäjeltcher sén zeräszen,
méinj hémtchen âsz zerschläszen,
méinj hôr ferknudert gôr,
méinj ûge wî fun der zôr.

3*

5. Fléch hieschet fijeltche fléch
Ăn't gäldăn hémelréch,
bräinj méinjer (härzer) moter en grÄden dÄch,
en sô mer dernô, wat mâĉht se nôĉh?

35.

Husch! husch! ed ăsz mer kált,
néinj jôr băn ij ált,
mé geát fôter ăs ăn der wărlt dertausz;
méinj bîsz moter pîzt mich nor ăinjden ausz;
5. se wäl jang uĉh hiescb sen,
en schlészt méj ăn de kászten ăn.

36.

Hieschet métche băn ich,
wiesche, bake kân ich,
fliderfronsen drôn ich,
af der gász gôn ich,
5. wier mich sékt, e wîl mich
âwer nichen datlwel nit mich,
dăn en (ôrem) wîszke băn ich.

Einstige Liebe und Wahl.

37.

A.

Dă ij e klinzich mătche wăr,
spild ich măt de gangen,
dă ij e kizke gröszer wăr,
kûme să gesprangen,

5. wå ich gèng zem åbendriecht
åpild ich mät dem hèschte kniecht.

B.

(Mühlbach.)

Då ij e klinzich mètche wôr
åpild ich mät do gangen,
då ij e kizke grèszer wôr,
kâme se grèprangen,
5. då ich schin zem fräinjdere wôr
kâmen uch lasztich purschen duor;
ich nåm mer dènij en âlden;
do hôr wôren em grô,
det mèl wôr em blô,
10. do ûge fèngen em un ze ränen.
Wier der dèiwel wid em se gewänen? —
Wuort! wuort! de zèkt wirt kun,
te wiråt mich nèmermî bekun.

C.

(Halvelajen.)

Diå èj e klinzich mètche wôr,
gèng ij ån de blåmen,
diå èj e kizke grèszer wôr,
se låfte mèch de gangen,
5. schliecht unt riecht
låfte mèch då fräinjder kniecht.

38.

(Mühlbach.)

Dîråt had ij en âlde mân,
dô had ich dier gåder dåch;
nana hun ij en junge genin,
dô hun ich dier filer kläpelschlåch.

39.

Håd ich gewaszt wå't fräinjdern äs.
su bliw ich mèinjem fuoter af em hiert,
en håt mer nichen mân genîn;
der bieszt mån äsz nèd en haszpel wiert,
der dèiwel får se hîm!

T o d.

40.

(Nieder Eldisch.)

1. Wåe kåum dier duit? — hie bråch mèch nider,
hie zebråch mir alle mène glider;
wåe kåum dier duit ont haûf mèch of?

. . . .

2. Sai draug'n mèch aus aus fuoters haus;
wuor ferschuorn sai mèch? — an de kail iert;
do lauch der laif schnèwòis ont giel —

. . . .

Wån dai klôken fren schaul ferluoren,
esu fergòsz èch mòn fraut mild allem flaisz.

Ir ingeltcher bräingt hier den wåinj for mèinj dûr!
schè'n wal èj ausz der wält,
fäuren wal èch zau den froien.

Liebchens Grab.

41.

A.

(Agnethlen.)

Ich schmîsz zwô ä - del rui - sen zem hui - e

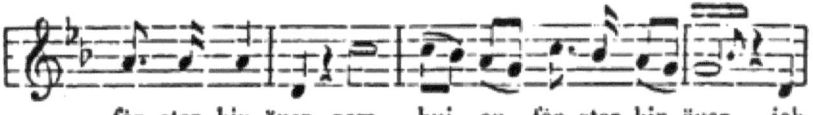

fên-ster hin-öusz, zem hui - en fên-ster hin-öusz ich

hat mèinj härzge läf-terchen tro - fen dad et jô

ätär - we moszt dad et jâ ätär - we moszt.

---

1. Ich schmîsz zwô ädel ruisen
   zem huie fênster hinöusz,
   ich hat mèinj härzgeläfterchen trôfen,
   dad et jô ätürwe moszt.

2. Wôr sâl em et nû begrôwen?
   Ä sèinjes gruiszfôter sê grâf.
   Wat sâl af sèinjem grâf wôszen?
   Wol däszteln uêh ruisekrokt.

3. Wat ätîd ze sèinje lâwen hîwden?
   Dô ätîd en gäldä schräft.
   Wat ätît dorä geschriwen?
   „De gröszt trâ îlm hôusz.“

4. Wat àtît ze sëinje lâwe sèkten?
Dô àtôn zwê bimtcher zòrt,
dâd în, dât drît de maschket,
dâd ânder de nâjeltscher.

5. Wat àtît za sëinje lâwe fôszen?
Dô àprainjd e bräntche kâl;
dât dîlt sij än zwê flèszker,
dâ drëiwen zwê millerât.

6. Dâd în, dât mêlt de maschket,
dâd ânder de nâjeltscher,
dâ maschket dôċht sich sèszer,
de nâjeltscher nôċh fil gâts,

B.

(Mühlbach.)

Ich wurf zwô ädel rî - sen zem hî - e fèn-ster e-
en hat mé lèfken tro - fen dat et jô atär-we

ruof, zem hî - e fèn - ster e - ruof.
moszt dat et jô àtär - we moszt,

1. Ich wurf zwö ädel rîsen
fun em hîe fènster eruof,
en hat mé lèfken tröfen,
dad et àtärwe moszt.

2. Wuor sâl em sé grâf mâċhen?
Ä sëinjes fuoters bûmguorten.
Wat àtît za sëinje lâwe sèkten?
Dô àtôn zwîn bîm alîn.

3. Wat ètĭt za sèinje låwen hĭwden?
Dŏ ètĭd en gäldä schräft.
Wat ètĭd än dier geschriwen?
de Inich trâ äm housz.

4. Wat ètĭt za sèinje låwe fèszen?
Dŏ äs e bräntche kål,
dât bräntche spräzt zwê flêszker,
då drèiwen e millcråt.

5. Dåd ĭn, dât mielt de maschket,
dåd änder de nåjeltcher.
Det maschket hült sich bieszer
[Det maschket mål sich bieszer]
de nåjeltcher sèn uch gât.

[6. De san schèingt gedrangen,
mäd ärem klôre schèing,
se schèingt de léfker zesummen,
då får fun enânder sèn.]

———

Hüth dich!

42.

(Mühlbach.)

1. Håt icht, håt icht ûgen,
sonst wird em ich berûdhen!
et äsz nèt gât wun em nles sèkt.
wad af der lichter wält geschèkt.

2. Håt icht, håt icht iren!
em mèsz néd alles hiren;
em hîrt gor fil af dèser wält,
wat fromen îre nèt gefält.

3. Håt icht, håt icht zangen,
sonst nid em ich gefangen!
em riet sich Inder nôdh ze dît,
als em sich fält ze dît.

———

Zweite Abtheilung.

Verwaiste Kinder.

43.

A.

(Mühlbach.)

Et wôr emôl e mêtchen,
et sâs äm lëchendirchen,
unt schrî sij än det schîrzken.
Mêtche woräm schräszt tâ?
5. „Am mêinj gûldich moter,
dâ mich hîsch gewieschen huot
unt mich hîsch gekämt huot,
wâ en rîs äm guorten,
dâ des morjeszt afblât,
10. unt des ôwest zâblât.

B.

(Mühlbach.)

Et sâs e mêtchen
äm gassendirchen,
hat drâ gäldä bircher.
Mêtche, woräm schräszt te?
5. „Am mêinj gûldich motor,
dâ mich hîsch gewieschen
uëh mich hîsch gekämt huot,
wâ en blom äm guorten,
des morjest gît se af,
10. des ôwest gît se zâ."

---

xxxx

ffx

ffff

ffff

ffx

„unt sâl mich dât nét krinken
wun ich dru gedinken,
unt sâl mich dât nét schmärzen
ä méinjem jangen härzen?"

C.

(Mühlbach.)

Ét sâs e métchen
äm gassefénster,
et nét mät schwarz uch gieler sékt.
Ta hârzet métche' woräm schrâszt tä?
5. „Ach äm méinj gûldich moter
dâ mij alle morjen
esi hîsch gewieschen,
esi hîsch geklämt huot,
unt mich hîsch geklît huot,
10. wâ en rîs äm guorten,
dâ des morjest afgît
unt des ôweszt zâgît.

„Wôr éj e klî wält fijeltchen,
esi kli wâ mé fäinjerchen,
15. se flij éch ze méinjen (hârze) fuoter
unt klôpt em undet fénster:
„Kuk! fuoter, lieft er nôch,
än irem âlde lupeslôch?
[.Cha, mé käinjd! ich liewe nôch
20. ä méinjem âlde lupeslôch.]

D.

(Schäszburg.)

1. Et sâs e métche fuer em gâssendirchen,
en hât zwê gäldä bircher;
et fluszen em de bäter zêren,
dad ed en étin moszt râren.

2. „Teâ înijet mêtche woräm schrâszt te?"
„Âm mèinj gûldich moter.
dâ mij csi hîsch hôt gekämd uǒh gewieschen
wâ en ries äm gôrten.

3. Säch! se wakt mij âle mârjen,
wâkt mij âf zem bieden:
nôm esz Härgod än dèinj sorgen,
los csz rèdlich liewen!

4. Sâǒh mig u mäd ären ûgen
wâ zwîn härzich êtärn,
näm mich zârtlich än är ârmen
hat mich jô gor gärn.

5. Âǒh neâ hôt se mèsze êtärwen.
äs äm hèmel schîn,
zug ewèch fun dèser ierden
lèsz mich hâ elîn.

———

[6. Wâ sûl mèch dât nèt krinken
wun ich dru gedinken?
wâ sûl mèch dât nèt schmärzen
ä mèinjem jângen härzen?]

———

[7. Kuk fuoter! lieft er nôǒh
än irem âlde lupeslôǒh?
„Cha mè kâinjd! ich liewe nôǒh
ä mèinjem âlde lupeslôǒh.]

———

44.

1. Wat mâǒhst ta ôrmet mêtchen! hôrsêlij alîn?
„Na ich wärme mer jô mèinj erfruorän zîn."

2. Brât niche' wôrem faûer aw irem hiert?
„Se êtèsze mich jô auszen, ich wêr sèinj nèt wiert."

3. Teä lètjst, wå ich så, grånen heanger uch nît?
se så mer îszt dö schwèr härzelît!"

4. „Wå se nóch lieft, då bekâm ich wîch brît,
neä schlêft mèinj hårz moter, en låt äündît."

Der erschlagene Vater.

45.

1. Klå, Tarkå, klå!
dé (lèiwich) fuoter äsz geätorwen;
de kläpel hun en erschlôn,
de klåke' sèlen e klón.

2. Unt wier sâl mèch bewînen?
de fijel af de bîmen,
Unt wier sâl mèch bedouren?
de fijel af de mouren.

Das hungernde Kind.

46.

1. „Moter! gäf mer brît!
moter gäf mer brît!"
„Wuort nor, wuort, mèinj hårzet käinjt,
bäsz det lånt geakerd äsz.

2. Då det lånt geakert wår,.
kåm det mètche wèder duor,
„Moter gäf mer brît!"
„Wuort nor, wuort mèinj hårzet käinjt,
bäsz de frucht gesêd äsz!"

3. Dån de frucht gesèt wår,
kåm det mètche wèder duor:
„Moter, gäf mer brît!"

„Wuort nor. wuort mëinj hårzet käinjt,
bäsz de fruĉht geschniden äsz!"

4. Dån de fruĉht geschnide wôr,
kåm det mëtche wéder duor!
„Moter, gäf mer brît!"
„Wuort nor, wuort mëinj hårzet käinjt,
bäsz de fruĉht gedrieschen äsz!"

5. Då de fruĉht gedriesche wôr,
kåm det mëtche wéder duor:
„Moter, gäf mer brît!"
„Wuort nor, wuort mëinj hårzet käinjt,
bäsz de fruĉht gemuolen äsz."

6. Dån de fruĉht gemuole' wôr,
kåm det mëtche wéder duor:
„Moter, gäf mer brît!"
„Wuort nor, wuort mëinj hårzet käinjt
bäsz der dîch gekniedon äsz!"

7. Dån der dîch gekniede' wôr,
kåm det mëtche wéder duor!
„Moter gäf mer brît!"
„Wuort na, wuort, mëinj hårzet käinjt,
bäsz nor uĉh gebaken äsz!"

8. Moter gäf mer brît!
moter gäf mer brît!
Då gebake wôr det brît,
låĉh det uorem mëtchen dît.

_____

Rosenlager.

47.

A.

(Marpod.)

1. Ät woul e måtche frå afåtôn
unt woal gor frå nô riûse gön.

2. Dô begênden zwîn gange wäis ugedôn
dier îrscht, dî hâsz et ŝtäl ŝtiôn.

3. Der zwèt begrèif et un der heûnt,
hie lîct et, dô at riûse fânt.

4. Hie liet ät ainjder'n lainjt ferêprêît,
dô wôr e bât mät riûsen iwerêprît.

5. Se leôgen dô de geûnz leunk nuoĉht,
nêd êint huod un de morje geduoĉht.

6. „Ai hâw ich de schläszel, dî den dâĝ afschlêszt,
èch wèil e wierfen, dô det mier um dèfste' flêszt!"

B.

(Halwelajen.)

1. Et sûl e mètche gor frâi äfätôn,
wol frâi sûl ät niô ruisê giôn.

2. Wat fând ät zwüschen de wieje ŝtôn?
Zwîn pursche, zwîn pursche gor hiesch ugedôn.

3. Dien ênen hêsz et ŝtâl ŝtiôn,
dien ânjdern hês et fuir sich giôn.

4. „Wat hîszt tâ mèch hâ ŝtal ŝtiôn?
èch hun der mèinj duoĉh niohe lîd's gediôn."

C.

(Minarken.)

1 Et sol e maitchi guer frai äfäteu
guer frâi sol et neu wasser geu,
et sâĉh zwi knueben um wieje steu,
guer wêisz woren sai wol ugedeu.

2. Dier êi, dier seud, et séil ätäl ätéu,
dier ânder, dier seud, et séil for sich geu,
dier êi begräf et u der häut,
änt lèt et bäs än't ruisenlânt.

3. Deu sei nau kûmen bai en kâile' brân,
deu wôr e waichken âfgebâut
mät énem schîne dâikeldâuĉh;
se luoĉhten sich nider allebêit
änt schlaif'n bäs u den hällen dâĉh.

[4. Steh auf! steh auf! es ist schon Zeit,
die Vöglein singen auf grüner hnid;
sie singen sich um, sie singen sich sehr,
von meinem herzliebchen scheid ich nimmmerehr.]

———————

Auf dem Friedhofe.

48.

A.

(Mühlbach.)

1. Frâ moter! frâ moter! wuor hud ert' geschakt
det härzgeläft meinj?
„Éch hun et geschakt änt bakhousz,
dâ sâl ät dân dât brîd erousz.“

2. Frâ moter! frâ moter! wuor hud er't geschakt,
det härzegeläft meinj?
„Éch hun et geschakt än det schinkhousz,
dâ sâl ät schinken die wéinj 'erousz.“

3. Frâ moter! frâ moter! wuor hud er't (nôĉh) geschakt
det härzgeläft meinj?
„Éch hun et geschakt än de rîseguorten,
dô sâl ät brêchen dâ rîsen eruof.“

4. Frâ moter! frâ moter wuor hud er't geschakt
det härzgeläft meinj?
„Éch hun et geschakt nf de frithôf,
dô sâl ät schlôfen die länke schlôf.“

———————

B.

(Carpod.)

1. E jang här seinjen ämschwânk nâm,
bäsz dat e zâ ürer frâ moter kâm.
‚Frâ moter lâf, frâ motter mêinj!
wô äsz, wô äsz de zórt riusz mêinj?‘
„Ich schakt se än det bakeszhöusz,
se sîl dô dän det brîd cröusz.“
Dô sakt hie sâ unt fänt sâ nêt,
dô wort seinj härz guor stark bedrâft.

2. E jang här wêder den ämschwânk nàm,
bäsz dat e zâ ürer frâ moter kâm.
‚Frâ moter lâf, frâ moter mêinj?
wô äsz, wô äsz de zórt riusz mêinj!
„Éch schakt se än det källerhöusz,
sâ sîl dô gien de wêinj cröusz.“
Dô sakt hie sâ, unt fänt se nêt.
dô wort seinj härz guor stark bedrâft.

3. E jang här wêder den ämschwânk nâm,
bäsz dat e zâ ürer frâ moter kâm.
‚Frâ moter, lâf frâ moter mêinj!
wô äsz, wô äsz de zórt riusz mêinj?‘
‗Ich schakt se af de frithôf,
se sîl dô dän den däke schlôf.“
Dô lêsz hie klôken uch bange schlôn,
unt lêsz sâ hîsch zer ierden drôn.

C.

(Aus Frommans „deutschen Mundarten.“)

1. (Hêgd e gôr, un dèsem dâch,
dô ij ä mêinjesz fôatersz gûarte lâch,
liszt sij e nàsztche' fun ènem bûm,
dât mir mêinj härzgelâftche nûm.)

---

2. E jang här den amschwung nûm,
bäsz dat hie bâ de frâ moter kûm;
„Frâ moter gelâft frâ moter mêinj!
wuor hu se gedôn det härzgelâft mêinj?“

4

3. „Frå moter geläſt, frå moter mêinj!
wuor hu se gedòn det härzgelätt mêinj!"
„Ech hun et gedòn ün't bakeshêusz,
wô üt sál dâu do sêmel crêusz..."

4. „Frå moter geläft, frå moter mêinj,
wuor hu so gedòn det härzgeläft mêinj?'
„Ech hun et gedòn ün't lêtebefhêusz,
wô üt sâl gien do wêinj crêusz."

5. „Frå moter geläſt, frå moter mêinj,
wuor hu se gedòn det härzgoläft mêinj?'
„Ech hun et gedòn ün't léchenhêusz,
(wô üt sâl stêchen den dîdo kêrper crêusz.)

[6. Dò fèngen de klôko' fun sich sälweszt un ze gôn
üt kangt se nèmeszt stal mäéhe stòn,
så gèngo gûnzer dâg nêh nuoêht,
ünu wort se läf nèmi gebruocht.

7. Ät waszt uêh nèmeszt, wat dò geschäêh,
dò gèng mê jaug här un dèsem dâêh,
unt nûm en hâchen ze bîder heûnt,
gräf, bäsz hie do geflnz ierd önuweûnt.

8. Bäsz dat hie kûm af e sêgdän denêh,
bäsz dad en zôr do cûnder schlenêh,
büs dat hie kûm aw en gehobelden dil —
„ni înijet härz, ai wêr ich bå dir!"]

D.
(Mluarken.)

[1. Et gèngen zweu, zweu spilgesaleno
dâi gèngen äf éne grâine nue,
dai so'n deu spilu guor wändergaut.

2. Se waszten äber nät, wåt der schinste geschäêh,
dåt sai sich irén riechten uerm zerbrâêh.

3. Ich gèng ün mainesz fueters guorten,
ich sel den ruiden apel erwuort'n.

4 Den schelt sij e näszt fu änserem bôm,
dier mir mé jáng lêb'n näm.]

5. Åćh mätter, gelaifsto mäter main!
wuer hud ir geschäkt do härzlaiwo mein?

6. ,Ich hun se geschäkt än't keućhes hinein,
dät sai diem hiern dät ûsz'n säl hol'n.'

7. Åćh mätter, gelaifsto mäter mein!
wuer hud ir geschäkt do härzlaiwe main?

8. ,Ich hun so geschäkt än käler hinain,
dät sai diem hier'n dien wai säl hol'n.'

* * *

9. Åch sån, gelaifster sånne main!
haid äsz schu der drät dåćh,
dåt dai härzlaiwe äm gråwe läit.

10. Hôi näm do hau än sai rêichte hänt,
änt grauf, bäsz hêi sai härzläiwe fänt. —

11. Den hêi nau kåm åf luidlain bluisz,
dåt im de zåir fu'n. wången fluisz

12. Den hêi nau kåm åf dåt schî snid'n daućh,
dåt im en zåir de änder schlaućh.

13. Den hêi nau kåm åf de gälden räng,
dåt hêi sai daućh fu'n żåiren bräng.

14. Ruid änt blêu hun aich mich gedreu,
än det kluiszter wäl ich geu;

15. Schwarzsnid'n wäl ich mich uklåid'n,
zau ênem trauern wol ûberêid'n.

(16. Ach trauern, ach trauern, wan wirst ein end haben?
wenn alle berge sich zusammen werden schlagen

17. Die berge schlagen sich zusammen nicht,
mein trauern hat ein ende nicht)

Bruchstücke.

49.

(Mühlbach.)

mînst tâ wâ ej et mînen?
dâ èch dèch hîrt wînen —

* * *

èch fèng et mir, unt gâw et dir,
nana wâ lïnzt tâ mir?

* * *

wu sich bärj uéh bâéh drüken,
unt de blüder zesumme schlôn,
unt de dîde schlôfe gôn,
drò kam zâ mir, drò lïnen èch dir.

* * *

Böse Schwieger.

50.

(Petersdorf — Mühlbacher Mundart.)

Moter besorcht mer nor méinj frâ!
èch sâl rïsen nëinj jòr uéh drâ dâch.

„Lâsz nor, lâsz, me lâwer san!
èch besorjen der se schîn."

5. Moter! èch biden ich nòg emòl,
wun ich kun, dat se mer nöszt klòt.

„Lâsz nor, èch fersorje se gât;
se wirt niche wuorem brîd ïeszen,
uéh niche kâlt wasser drüinjken,
10. uéh nichen san wirt sâ ferbrûn."

Dâ na der san ewèch rîszt,
stâéh sâ sèinj frâ ün de küler,
unt gâw er zwîn nâ dïlen zem bât,
unt gâw är nichen änder bât,
15. unt gâw är näszt zem kotschen.

Na lóċht sich de frå aw ènen zóp,
müt gènem dåkt se sich zå. —

Unt då der san na hime kåm,
unt fróċht nö sèinjer janger frå:
20. „Dèinj frå, då äsz bå ären äldern."

Et sòd: „èch bä schîn dò gewieszt,
då hu se langhär nęt gesån."

„So wäl èch dir de wôrhît sôn —
dèinj jang frå äsz gestorwen."

25. ‚Alsi äs et diem alsi,
esi zîcht mer nor är gråf,
dad ich mer mèinj härz lázen.‘

„Gor lang zègd äsz fergangen,
dåt gråf dåd äsz fersanken."

30. ‚So zîcht mer dènich nor de àtül',
dad ich mir mèinj härz kålen.‘

„Gor lang zègd äsz fergangen,
ich hun de àtül fergieszen."

Na hèsch hie är de kälerschläszel.
35. Så sòd: „èch hun nôċh käinjt gehuot,
då hun de schläszel ferlîren."

‚Alsi äs et diem alsi,
so wäl èch mir de schluoszer bräinjen,
dat hie mir det schluos afmåċht.‘

40. Na kit hie mät dem schluoszer,
unt måċht die käler af,
unt sèkt se dò lån,
mäd ènem zôp angden,
mäd ènem zägekotscht.

45. E kåm zå sèinjer moter;
esi sål em schnirche besorjen?
esi wäl èj uċh dèch fersorjen;

ich wäl der na det hift uofschlôn,
dad ale schwijere lîren
50. de schnirche bieszer fersorjen;
ich wäl der nóg äszt ärjeret dân,
ich wäl mer na e ruosz nien,
unt wäl déch dem ruos un de schwânz ubäinjden,
unt wäl dij än der stad eräm schléifen,
55. dad ale schwijere lîren
de schnirche bieszer fersorjen.

Werbung.

51.

(Marpod.)

1. Frâ Sunata! frâ Sunata!
wäld ir mer néd ir däüchter gin? —

* * *

ed äsz jô néd ir däüchter,
ed äsz des Hones ir . .

* * *

mir hu se jiô geziûgen,
mäd îr, müt sälwer uéh gült.

* * *

52.

(Minarken.)

1. Et säz e mäitchi änder dem schlämtchi,
et néit müt gêiler, gräiner séit.

2. Et riden zwî rider äf'n änd ueb'n,
so étäiszen diem méitchidät schläimtchi ueb'n.

[2. Et koumen zwî riter dô erof geriden,
sai riten do gossen wol äf ont ueb'n,
so étäszen dem mätchi det schlämchi ueb'n.]

3. Aĉh mâter, gelãifste mâter mai
wât sol doĉh dät mät mîr sai?

4. Et rêiden zwî rider âf'n ând ueb'n,
se ĕtuiszen mer âine det schlaimtchi ueb'n.

[4. Et koumen zwi riter dô erof geriden,
sai riten de gossen wol of ond ueb'n,
se ĕtäszen mir mai schlämchi ueb'n.]

5. „Aĉh deuĉhter, gelaifste deuĉhter mein,
et sai nät rider, et sei frâileût.“

6. Se hat dât weurt kum auszgerêt,
se trät'n de frâileût zer dir erän.

7 (Wält ir âsz'n;) wält ir âsz'n waisz sâmolbruit?
(wält ir dräuk'n;) wält ir dränk'n diesz kleuren wai?

[7. Sai but in u diesz waiszen bruit,
sai but in u diesz ruiden wai.]

8. Mir sai nät ku diesz âsz'n hâlb'n,
mir sai ku aires deuĉhtersz hâlb'n.

[8. Mer sai nêt ku aüres âszens holb'n,
mer sai nêt ku aüresz dränkens holb'n.
mer sai ku aürer döuĉhter holb'n.]

9. (Wält er esz se gêi) wält er esz se gêi mät gaudem
sânzt nêi mer ich se fort mät àler gewâlt. [weurt?

10. Se schlaug'n iren fâter ĕtĉineduit,
ând erscĉiften ir mâter äm blaud esu ruit.

11. Se begräfen de schinste u der hûnt,
ânt faurd'n se aus îresz fâtersz lânt.

[11. Se numen de döuĉhter u der waiszer hont.
se lêten se ausz fotterszlont.]

12. Se faurd'n se aus îres fâtersz lânt,
bäs än det ruiselâut.

———————

13. Deu sai nau nûnt ki hêimehi kâmen,
ånd ir mäter in enkê kûm.

14. „Ach sän gelaifster sänne mein,
weu huet ir dän disz schinste beku?‘

15. „(Ach motter, gelaifste mûter main)
mer hun se beku mät blaudijem schwiert,
er silt se häld'n än îren wiert.“

16. Deu sai nau dier hoéhzet neu son geu,
mauszten se oéh dier laich neugeu!

———

Die Verlassene.

53.

(Wallendorf.)

1. Et souz e mêitchi . . . . .
an sainesz fuetersz bêumeguert'n.

2. Deut mêitchi grin, deut mêitchi waint —
. . . .

3. Et kum e rider e stolzer gerid'n,
(hêi fröéht dåt mêitchi) wåt grainzt tau, wåt wainst tau?

4. Åber huet daich dai fuoter geschleu?
åber huet dir dai måtter öszt ze lêits gedeu?

5. „Mai fueter huet mig oéh näszt geschleu,
mai måter huet mer oéh nöszt ze lêits gedeu;

6. Aich hu mich ferspreuéhen mät em hischen knéicht,
. . . .

7. Hêi seut, hêi wêl oéh wider ku,
wän dier weult grûi leuf wêl dreu.

8 Dier weult huet oéh grûi leuf gedreu;
bêi äsz doéh nami ku.“

9. „Aćh schinste, wåt wält tan im entbâid'n?

. . . .

10. Aich wäl diem knêcht oćh näszt enthâid'n.
Got der hier sål in oćh näszt behâid'n —

___

[11. for sänt for schûnt, for kat'n ånt bûnt,
Got rêich im nät saine rêichte hûnt.
ånt faur in ausz sainesz fuetersz lûnt.)

11. Got såln in nät behâid'n for sönt, for schûnt,
ånt sål in nät behâid'n for katt'n ånt bûnt;

12 Got raich im nät seine rêichte hûnt,
ånt faur in ausz sainesz fuetersz lûnt!"

___

Brautmörder.

54.

A.

(Mühlbach.)

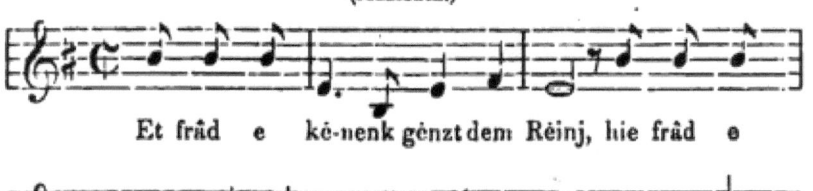

Et fråd e ke-nenk gênzt dem Rêinj, hie fråd e

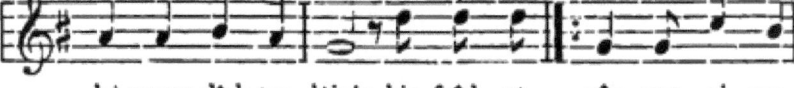

kê-nengs-dîch-ter - lêinj; hie fråd et gân-zer si - we

jör, äm åch-to wort så zå-ge, såt hie fråd et såt.

58

1. Et fråd o kénenk génzt dem Rèinj,
unt fråd e kénenksdichterléinj,
hie fråd et gânzer siwe jôr,
äm åchte wort så zågesôt.

[1. Dô der kénenk séinj dûôĉhter fråt,
se fråt hi såo gaunzer siwe jôr;
äm åchten wôr så zåegesôt,
äm néinjte' sûl hi så hûlen.]

2. ,Frå motter, geläft frå motter méinj!
nèt giet mich dem kénenk génzt dom Rèinj!
'èch hun et gesån äm sañeschéinj,
èch sâl nèt lang ir dûĉhter séinj..

[2. O fôter, geläfter fôter méinj!
nèt gäf mich än det kénengjerénj(?)
èch hun et gesån äm sañeschéing
èch sâl nèt lang ir dûôĉhter séinj.]

3. Frå moter geläft frå moter méinj!
nèt giet mich dem kénenk génzt dem Rèinj!
èch hun et gesån äm dråwe môn,
èch sâl et drüinjken î dem jôr.

4. Frå moter geläft frå moter méinj!
nèt giet mich dem kénenk génzt dem Rèinj!
èch hun et gesån äm hidere ètärn,
mé blôt sâl spräze wègd uĉh förn.

5. Hio begríf så u schnîwéi*zer hûnt
unt fårt så durch de gråne wûlt;
unt dô der wåld en äinjt hat,
dô wôr är schîn e gråf gemåĉht.

6. Hie ètèsz så rûkläing än det gråf
unt schlåg en pôl durj änir härz.
hie schwång sich häinjder sij af det ruosz,.
unt rânt zem Torembrich än det schluosz.

7. Här schwôger, geläfter här schwôger méinj!
wô hud er gelosse frå säszter méinj?'
„Èch hu so gelosze génzt dem Rèinj,
so dräinjkt duesz måle, kåle wéinj."

8. ,Här schwôger, geläfter här schwôger méinj
fu wat sên ich de giren esi fëinj?'
„Ech hu geschôszen en turteldouf,
en turdeldouw äm grâue wült.“

[8. Här schwôger geläfter här schwôger méinj,
fu wat sên ich de klîder esi fëinj?
„Ech hu geschôszen zwô urteldouwen
zwô urtoldouwe geschôszen.‘]

9. Dâ turteldouf, dâ turteldouf (fëinj)
dât wirt filécht méinj süszter séinj —
. . . .
. . . .

[9. Zwô urteldouwen, zwô urteldouwen —
unt sélen dât méinj zwô süsztro' sén?
. . . .
. . . .]

10. Se ätûéhen en un en glânijo äpäsz,
unt brâten e wâ en grâne fäsch,
„Lot flêsze, lot flêszen dâd üdel blât,
et dît jô nä uéh zémî gât!“

B.

1. Et fräd en këneng gënzt dem Rëinj,
unt· frâd o kënengsdîchtérlëinj.

2. Hio fräd e gânzer siwe jôr
(bäsz dat et séinj brokt wôr).

3. Mättich wôr et zâgesôt,
dañerätich wôr et kopulirt.

[3. Mättich word üt zâgesôt,
dañerätich wordo se ofgedôn]

4. Frêktich fär et durj en burch,
dô schin dât gûlt zâ de laden erdurch.

5. Då burch, då súl fersanke sèn,
dier adler súl erdranke sèn.

* * *

___

Die Rache.
55.
(Mühlbach.)

* *

1. Hie rit bärjaf, hie rit bärjuof,
bäsz e se uu em branen tràf.

2. „Gåden dåèh, gåden dåg. ir låf härn!
na wîl èch mäd èch riede gärn.

3. Wat huod èch mèinj frå uèh käinjt gedòn,
dad ir mer se jô huot nèdergeschlòn?

4. Wat huod èch då jang åschůlt gedòn,
dat så na štîndîd äm icre lân?

5. Dien ène štåèh hie fum ruos eruof,
diem ândre schlaèh o det hîft eruof.

6. Dien dråte špälte wå en fåsch:
dier fîrt lèw än de gråne bäsch.

7. Nèd èner wûl dò blèiwe ätôn,
nèd èner wûl en äntfert sôn.

8. Hie rit dohèñe mät fräschem måt!
esi bezuold em de fånde gůt.

___

Müllner Hans.
56.
(Mühlbach.)

1. Des ôwezt äm nèinj, äm håle mônschèinj
dân der Hanes Muoler zer nòberü gèug.

2. Dân hie kâm fir der lädrerän är dîr,
dô stànd en schîn grân kăinjt derfîr.

3. ‚Gûden ôwent, gâden ôwent! grèsz èch Got!
èch grèszen ich wúrhaftich ze nichem spôt.

4. Ir jang mân, ir jang mân äsz gewäsz nèt derhîm,
dad ir af der gass stôt gânz alîn.'

5. „Mè jang mân, me jang mân äsz frèlech nèt derhîm,
dad èj af der gasz stôn gänz alîn." —

6. Se begrîfe sèch mät schnîwèiszer hânt,
se gèngen dâ tráp die lisen gânk. — —

7. Et stânt nèd un en half firtelstangt,
dat der Hańes Muoler gefango stänt.

[8. Hie wort gefûrd . . . af det rôthousz,
e dôcht hie kèm nôch wèder crousz]

9. ‚Här borjermîszter, här kénengsrichter! èch biden äm
èch wäl ze schinke muolen dem gânze rôt.' [gnôt,

10. „Hańes Muoler, Hanes Muoler ir lasztijer kniecht,
dier sè puor schwarz gruńen häinjder d' îre liecht

11. Hańes Muoler, Hańes Muoler, et kâ jô nèt sèn,
et mèsz ejô nor gestorwe sèn."

12. Af der wisen, af der wisen af der kléner iert,
dô glänzt des Hanes Muoler sè blisz schwiert.

13. „Na hâ nâ hâ dâ zegânescher hangt!
nèt los et dich rân mè stûlzer mangt!"

Der Geist.

57.

(Mühlbach.)

Af der burj af der burch,
dô gid e glszt eräm,

Äs ed e schwarzer, äs ed e wéiszer,
äs ed e gâder, äs ed e bîser? —

* * *

___

Das vergiftete Kind.

58.

(Mühlbach.)

1. ‚Mé käinjt, wat huot déch trôfen?
mé käinjt sô mer mî!·
„Aéh fuoter! méinj härz wäl zéspräinjen,
o wî! o wî!‘

2. ‚Mé käinjt, wat huoszt tâ gieszen?
mé käinjt, sô mer mî!‘
„E fäschken af kîle gebrôden —
o wî! o wî!‘

3. ‚Mé käinjt, wier. huot dert gebrôden,
mé käinjt, sô mer mî!‘
„De moter huot mer't gebrôden —
o wî! o wî!‘

4. ‚Mé käinjt, wô huot se't gefangen?
mé käinjt sô mer mî!‘
„Äm podel häinjder dem guorten —
o wî! o wî!‘

5. ‚Mé käinjt, dât wôr néd e fäschken,
mé käinjt, sô mer mî!
dât wôr jô dâ gäftich nôter,
o wî! o wî!‘

6. Wat wäinjtscht tâ na déinjem fuoter?
mé käinjt sô mer mî!‘
„En güldäne étâl äm hémel —
o wî! o wî!‘

7. ‚Wat wäinjtscht tâ na déinjer moter?
mé käinjt sô mer mî!‘
„En glânije âtâl än der häl —
o wî! o wî!‘

___

Jesus.

59.

(Georgsdorf.)

1. Då Jesus un den ûlbärch trât,
zå sèinjem geläften här fuoter åpråch :

2. „Här fuoter, geläfter här fuoter mèinj!
dèt kaun ônen dai mårter nèt sèinj.“ —

3. Då Jesus än de guorte gèng (wôr gangen)
dô koumen dai Jude mät fokeln uch stången.

4. „Ir Juden, ir Juden, wät sakt ir hai?
dien ir sakt, dier äsz nèt hai
[dien ir sakt, dåt bän uǵ èch].“

5. Dai Juden, dai Juden erfèrde sèch
unt faulen ållo häinjder sèch.

6. Unt lâǵen dô drå halwer åtangt,
bäsz Jesus åpråch durch sèinje mangt :

7. „Ir Jude', åtôd åw, unt grèift mèj un!“
De Jude åtånden åw, unt grîfen un.

8. . . . .
unt fäurden en bå o krèze brèit.

9. Unt schlagen em nåjel durch häinjd uch fèsz,
bäsz sich der här Jèsus gäûnz erlèsz.

10. Unt schlågen än mät råden,
bäsz dåt sèinj hèlich laif moszt blåden,

11. Unt åtåchen än mät mèszern,
bäsz dåt sèinj hèlij ûǵe moszten zèren.

12. Sai schlagen än mät gèiszeln,
bäsz dåt sôinj hèlich laif moszt schwèiszen.

13. Wåt wos änsz Jesusz säinjem blåt?
dier ein wäinjåtôk, dier wôr gor gåt.

14. Wåt wos äusz Jesus säinjen zêren?
    dier allerhéschter kúrenêren.

15. Wåt wos åusz Jesus säinjem schwéiszen?
    dier filer wétwen uch wîsen.

Drei Jungfrauen.

60.

(Mühlbach.)

1. Et åtûrwen drâ jangfern än énem housz;
   då în, då åtûrf den ôwent gléch,

2. Då änder åtûrf de morjen draf,
   de drät, då åtûrf den ändern dåch.

3. Na rîse mer de schmuole wiech,
   unt kun zem Petrus un de dir.
   „O Petrus, mèïnj dåner mâg af de dir!"

4. „Då dir, då äsz schîn afgedôn,
   beläwen de jangfern erän ze gôn!"
   De drät då moszt dertousz åtôn.

5. Na rîsen ech die brîde wiech,
   unt kun zem Satan un de dir.
   „O Satan, mèinj dåner mâg af de dir!"

6. „Då dir, då äsz schîn afgedôn,
   belåf de jangfer erän ze gôn!

7 Belåf de jangfer néder zo säzen!"
   . . . .

8. Hie gåw är éne kålen drånk,
   dad är det blåt zen ûgen erouszäprång.

9. „Håt fuoter uch moter de råt genîn,
   unt håt mich gezwangen än de kirch!

16 Äsz fuoter uch moter zer kirch gegangen,
   se bün ech für dem åpäjel gestånden.

11. Éch hu mer mé gesicht geschmäkt,
uut hu mer mé giel hör geglätzt.

R a k o z i.

61.

(Zaiden.)

Et wôsz gäkt friden än ûsem lûnt;
dât dèt de Rakozi ferdreiszen;
hie säkt dieszwèje gor til tûlk,
sai sîlen de muoser ouszrèiszen.
5. Awer sai bestûnden mat schûnden.

Et koûm der Häntär af dem Zoideszwêch,
sai stûnden än de gedänken ewêch,
Dòn kûme se bai dem grûszo bachel crousz,
de Zäkel faszten anir schwierter blousz;
10. sai kûmen durt bai dem Raplerêch.

Doun dèden de muoser ène schasz,
dât dèt dèm Häntär Mihai ferdrasz.
Sai kûme basz bai den noie gruewen,
dò mauszt der Zäkel mat dem muoser cramtuowen,
15. dò mauszten de muoser anir gewier zäschaken,
und af de Zäkel rècht zâdraken.

Dò wôre gefalle fairhangdert man,
dò wort gemächt en hûfe grûsz,
sai lâgen alle nakt unt blûsz.
20. Sai rûnten an det Busenlôch,
dò hâlf auen ûser Harregôt.

Subâlt wôre sai wéder hai,
sai stûnden ä grûszen niden unt bedinken,
dä Rabutin wûl dem Rakozi nòg înto schinken.

5

Aus dem Aufstand von 1848.

62.

(Sächs. Regen.)

De Ruszen ku áf Sibenbirjen
de Koschuter ze erwürjen,
de Juden ze erschlô.
Aêh Härgôt, gäf, dat fil honef gerêt,
5. dad em desz Koschut sén känder guor ofhêt!
siben Honwêd u êne stränk!
de Koschud u de flischbänk
den Bem u den galjen,
dêt wirt in nêt gefallen.

63.

(Heimath unbekannt.)

1. Erousz de sarasz, wiks de grun!
wad ôdem huot, dät mêsz derfun
de Zäkel ze bezwäinjen;
så wilen ales länd änien,
dem kîser nêt sêinj îre gien —
et sâl eu nêt geläinjen.

2. De drumel gît fun housz ze housz,
na hîszt et: ir gardiszten crousz!

*   *   *

Zweites Buch.

———

5*

Erste Abtheilung.

Festlieder und Festreime.

Morgengesang

(womit die Mädchen und Frauen zum „Gänserupfen" und andern zur Zurichtung des
Hochzeitmales nöthigen Vorbereitungen und Arbeiten geweckt werden.)

1.

A.

(Petersdorf.)

Et sûl o mètche gor frâ afstôn, et sûl gor frâ nô

waszer gôn. Stand auf! stand auf! mein herr es ist ta-ge ja

tag! Es ta-get sich heut, es ta-get sich neu - vor

mei-nem herz-lieb-chen er - schein ich noch heut. Stand

schein ich noch heut.

1. Et sûl e mêtche gor frâi âfstôn,
   et sûl gor frâi nô wâsser gôn.
   Stand auf, stand auf, mein herr!
   es ist tage ja tag,
   es taget sich heut,
   es taget sich neu
   vor meinem herzliebchen erschein ich noch heut.

[1. Et sûl e mêtche gor frâi âfstôn,
   et sûl, gor frâi nô wâsser gôn.
   Stand auf, stand auf, mein herr!
   es ist tage ja tag,
   es taget sich heut
   es taget sich neu
   von meinem herzliebchen
   scheiden ich noch heut]

2. Hâi âtô mer aw énem nâe bieszem,
   mer wîle gor garre sösz wéinjbrôk ieszen.
   Stand auf etc.

3. Hâi âtô mer aw énem kûperuit,
   mer wîle gor garren diesz sösze bruit,
   Stand auf etc.

4. Hâi âtô mer an éner ködelkrousz,
   mer wîle gor garren dâî knödern crousz.
   Stand auf etc.

5. Hai âtô mer aw énem kâlde âtîn,
   mer wîle gor garren die wiech kèn hîm.
   Stand auf etc.

6. Hái hu mer en schlaszol, di den dâg áfschlészt,
mer wilen e schméiszen, duor't wasser hifleszt.
Stand auf etc.

7. Stód áw ir mêt, lât néder, ir knécht!
den siwegestère gît hainjder det rêch.
Stand auf, stand auf, mein herr,
es ist tage, ja tag,
es taget sich heut,
es taget sich neu —
vor meinem herzliebchen erschein ich noch heut.

B.

(Georgsdorf.)

1. Et wöul e mêtche gor frâi áfstòn,
et wöul gor frâi nô wasser gòn.
Stód of, stód ow, ir harn 't asz dûéh,
et dâcht sich hékt, et dûcht sich nâi.

2. Hái átô mer ɐn áûsen köidle krüusz,
mer wéile gor garen dâi knödern erilusz.
Stód of etc.

3. Hái átô mer än äusen gîpe rût,
mer wéile gor garen diesz wuorme brût.
Stód of etc.

4. Hái átô mer ow énem nâie bêiszem;
mer wéile gor garre sósz wäinjmer êiszen.
Stód of etc.

5 Hái átô mer ow énem brêide átîn —
mer wéile gor garn die wiech kên bêim.
Stód of etc.

6. De mêden, die bât em of faderä bât,
de knêchte bât em ow en átenerän trâp.
Stód of etc.

7. De mêden, die bât em mäd álem fleisz,
de knéchte bât em of hîneléisz.
Stód of etc.

8. Dâi ált lataren, dai râmple gor garen,
dâi jáng gesalen, dâi hopse garen.
Stôd of, stôd ow, ir harn 't asz dâch,
et dâget sich hèkt, et dâcht sich nâi,
fu mëinjem harzgelâften schèiden ich nâi.

Brautlieder.

2

(während die Braut von Freundinen gekleidet wird.)

A.

(Petersdorf.)

1Ousz wat sèlc mer esz wèschen?
ous em zinane schaszeltchen.
· Rúslèing gung âf!

2. U wat sèlo mer âsz drèjen?
un e ségden dacheltchen,
Rúslèinj gung âf!

3. Wât sâl em dier schönster nâ undân?
en hisch hèmt mat prèisen drâf.
Rîslèinj gung âf!

4. Wât sâl em dier schönster mî undân?
en hisch hiâllèinj âf de brâszt.
Rúslèinj gung âf!

5. Wât sâl em dier schönster mî undân?
en hische gîrkel uéh spángen drâf.
Rúslèinj gang âf!

6. Mat wât sèle mir sâ schajen?
mat hische schágen uéh (schnálen) drâf.
Rúslèinj gung âf!

B.

1. Äusz wåt sêle mer esz wieschen?
   äusz dem zinane schasseltchen.
   Rúsléinj gong of!

2. U wåt sêle mer esz drejen?
   un e schnîwéisz daebeltchen.
   Rúsléinj gong of!

3. Wåt sêle mer es undån?
   en hîsch himt rút préisen drof.
   Rúsléinj gong of!

4. Wåt sêle mer esz méi undån?
   en hîsche pändel fålden drof,
   Rúsléinj gong of!

5. Mät wåt sêle mer esz gîrken?
   mät hîschem girkel knúp drof.
   Rúsléinj gong of!

6. Wåt sêle mer ėsz für schürzen?
   hîsche schurz mät blumen drof.
   Rúsléinj gong of!

7. Mät wåt sêle mer esz schäjen?
   hîsch schage, kréiselu drof!
   Rúsléing gong of!

8. [Wåt sêle mer oft heîft dån?
   schnîwéisz daeh nölden drof.
   Rúsléinj gong of!]

3

(Seiburg — gesungen während dem Läuten zur Kirche.)

Ëch sûl mer e-môl en burj auszgôn, ëch sâch mëinj

hürz-lâf bâ ë-nem ân-dre stôn. Ëch grëszt et

iszt, et dânkt mer zwîr: na sô mer schînet lâf,

wâ ge-fâl'n ëch dir? Dâ ge-fâlst mer wuil, unt

ge-fâlst mir gât. Na sô mer schînet lâf woni

wält tâ mëch hun? En-zôwend en-zôwend awer

mo-ro frâ, gor frâ, won dâ bît fräinjt ze-sum-me

wär-de kun. Na stît de alerschënst an ë-nem

1. Éch sŭl mer emôl en burj ouszgôn,
   éch sâch méinj härzlâf bâ énem ŭundre ŝtôn.
   Éch grészt se îszt, et dânkt mer zwîr;
   „Na sô mer, schînet lâf, wâ gefallen éch dir?"

2. „Dä gefälst mer wuil, unt gefälst mer gât.“
„Na sò mer schînet lâf, woni wält tâ mêch hun?“
„Enzòwend, enzòwend, awer morro frâ gor frâ,
wun de bide fräinjt zesumo kun.

3. Na ¹tît de alerschénzt än éinem grûszo lît;
så ¹tît wâ dierîn dérerî bûm, (¹tît)
[dèm dât sommerlûw ôfgeriscld üsz,]
‘sâ ¹tît wâ dierîn dererin nâszt,
dèm dât somerlûw ôfgeriscld üsz.

4. Ai N'n, losz et dir ze härzo gôn!
dèinj fôter wirt dir gor en kli gôf nôdrôn;
ai N. n. losz et dir ze härze gôn!
dèinj moter wird dir gor en kli gôf nôdrôn.
[Ai N. n. los et der härze gôn!
de bråder wirt dir gor e kli gôf nôdrôn.]

5. Nèm urlef, nèm urlef fun déinjem, fôter déinj!
nèm urlef, nèm urlef fun déinjer motter déinj!
[nèm urlef, nèm urlef fun dènjem bråder déinj!
nèm urlef, nèm urlef fun déinjer säszter déinj!]
nèm urlef, nèm urlef fun déinjem fräsche mât!
nèm urlef, nèm urlef fun dèinjom ¹pile gât!

4.

(Kaisd. Am Vorabend der Hochzeit versammeln sich alle Gespielen der Braut;
diese nimmt weinend von ihnen Abschied, während sie ihr das folgende Lied „zum
Abschied“ singen.)

I.

1. Êch sûl emiûl de hurj amgiûn,
êch sâch main härzläfken äm wiech diu ¹tiûn!
öch gröszt üd îszt, ät dûnkt mer zwîr!
„Och îenich härzläwen wol äs ät mir!“
êch sâl ewêj, êch mosz derfun,
der lâf gôt wisz, won ich wéder kun;
ai woni warden ich wéder kun?
won de schwörz rowe waisz fädern hun.

2. Êch sazt zwiû rîsen ainder fôtersz weûnt (heûnt)
„Och îenich läwer fôter, longd ir mer ir heûnt!“

èch sazt zwiû rìsen ainder motternz weûnt (heûnt)
„Oèh ienich làf moter longd ir mer ir heûnt!"
èch sâl ewèj, èch mosz derfun,
der làf gôt wîsz, won ich wèder kun;
ai woni warden ich wèder kun?
won de schwôrz rôwe waisz fädern hun.

3. Èch sazt zwiû rìsen ainder breâdersz weûnt (heûnt)
„Oèh ienich làwer breâder long teâ mer dèiu heûnt."
èch sazt zwiû rìsen ainder säsztersz wâûnt (heûnt)
„Oèh ienich làf säszter, long teâ mer däin heûnt!
èch sâl ewèj, èch mosz derfun,
der làf gôt wîsz, won ich wèder kun;
ai woni wardeu ich wèder kun?
won de schwôrz rôwe waisz fädern hun."

4. Èch sazt zwiû rìsen ainder en bäsch:
„Oèh ienich làf gespilden, hàlt ir èch nor fräsch!
èch sâl ewèj, èch mosz derfun,
der làf gôt wîsz, won ich wèder kun;
ai woni warden èch wèder kun?
won de schwôrz rôwe waisz fädern hun."

II.

5. Ai deâ èch kûm bäsz fiûr de don,
se giûft mer mè làf fôter en kèszel uĝ en kon,
ai deâ èch kûm bäsz âf den dil,
se giûft mer meinj làf moter en schleôĝer uĝ en pil,
Owî! owî! teâ grîszet lit!
nor wî dèm et ze harze gît!

6. [Aj deâ èch kûm bäsz fiûr den däsch:
„Oèh ienich làf moter, hàlt ir èch nor fräsch!"]
Ai deâ èch kûm bäs of de bräk,
se drèd èch mij äm, en sâèh zeräk;
èch sâèh wèder fôter nôèh moter kun.
[ôèh! schîde fun hârzen, dât dìet gor wî!]
Owî! owî! teâ grîszet lit!
nor wî diin et ze hârze gît!

7. [Ai deâ èch kûm bäsz fiûr det diûr,
se schuszo se gor bàlt, de rìjel fiûr.]
Ai deâ èch kûm bäsz fiûr de dir,
esi siûde se gor bàlt: se äs esz ze fil.

Ai deâ ëch kûm bäsz fiûr det bët,
esi deóóht ëch gor bâlt: ai wêrát te nóg en mët!
„Owi! owî! deâ griszet lît!
nor wî dëm et ze härze gît!"

8. Ai deâ ëch kûm bäsz fiûr den hiert,
esi siûde se gor bâlt: so äs ûser nêt wiert!
Ai deâ ëch kûm bäsz fiûr de trun,
se siûde se gor bâlt; so äs esz ze grûm.
„Owî! owî! deâ griszet lît!
nor wî wëm et ze bârze gît!"

III.

[9. Ein wit dëch leiden än e äténerän heusz,
diû wist teâ sân mät freâden ereusz.
Ed äs en dájlich munkel är bëszt klîet,
ainder dëm sâ drît grîsz härzelit.
Wol blâszt der waint, wol stéift der schnî!
nëh schîde fun härzen dât dit gor wî!
Âf dem Schëszbrijer torn äs en grîsz schalmâ,
äf dem Kaisder frithuf äs älle trä.]

Brautrede.

5.

(Die Hochzeitgäste sind bis zur Trauung getrennt, die Verwandten des Bräutigams
bei diesem, die der Braut bei ihr versammelt. Mit dem Anklingen der Glocken be-
geben sich jene mit dem Brautknecht an der Spitze zur Braut, wo der Brautknecht
die folgende Rede hält.)

Got grësz ich hëkt
lâf hoêhzetlëkt,
al dâ er hâ bâsume sëkt!
fräş und geseangt!
5. ze dëser äteangt!
dät wäintschen ëj oêh ausz härzensgreangt.
Sëgd er wolaf, wâ ëj ëzt bän,
se frât sich dësz mëinj härz unt sân.
Éch bän e bâden ausz frëmdem lûnt,
10. mëinj här huot mëch zâ och gesûnt.
Ili lëd och grësze jangfer brojt!
wâ äs ir nume schîn oder ädel brojt?

Aćh! won ir än nor silt sân,
wå hieᶊ äm sèinj klider stien!

15. Hie äsz geklojt mät brömem unt blöem gewoûnt,
sé rôk äs äm csi hieᶊ unt lûnk,
unt rocht äm nor bäs af de knâ,
und äsz gefcâtert mät gangem lämerfël;
sèinj hüesen sèn äm fil ze onj,

20. sèinj schagen hu fil woszergonj,
wot schirt hï sèj äm giszäne schcaćh?
e pôr stiwel äs äm ućh nâ geneaćh.
Hi hôd uǵ en bojdel wol,
mät fuofhanjdert galde wirt e föl;

25. hât hï na nor en îgemôl,
tokate fanjt em üweräl.

Kut hier zâ mir, schîn jangfer brojt',
befüer em än de kirich lojt;
ćh wäl ćch fâren hin zeâ äm,

30. dô wärt ir hûre sèinj stäm;
hï wird och käsze wâ e käinjt,
ä sèinj Arme nien âlzbâlt geschwäinjt,
unt wän ir neâ zwê gang löjt,
e mûn unt wèif gewârde sejt,

35. Âlzdûn wird ed un e liewe gôn.

'Schîn mêt brojt,
sejder wûl gesêszen,
unt hôd ires irbere (purschen unt) brojems nèt fergêszen?
hâ äsz bi ućh fuerhoûnden

40. fûor iresz fuotersz woûnden
mät firthâlfhanjdert man
[mät fafzântäusent man]
unt sèinj nèt fil mî,
se sèinj doćh fil wènijer.

45. Se hu blüô hâegt af,
unt walle gärre stroisz draf;
se bun ućh blüô dalmûnen un,
unt hu fûer knîfel drun,
hanjde spûeren

50. anjde (nichen) sûelen,
wot fûer e fûlk wirt dât nèt sèinj?

Se begieren och craûsz
' aüs iresz fôtersz haüsz
än de hèlich, kräsztlich kirich ze güôn,

55. fûer de îrwirdich hâren unt prèszter ze stüôn,
iren îstoûnt ze bekrêftijen
und oïnjt dem oandern den ojt ôfzeliejen.

Nô ferrichter sâćh
wirt hî och fâren ä sé gemâćh,
60. dô wärt ir hun en geäden dâćh.
[wird et nét séinj e geät dâćh,
esi wird et sén e kläpelschlâćh —
ich hofen di wirt nét kun allen dâćh.]

['Schîn mêt brojt!
65. hî wird och lejden än e sténerän hnüsz
dô wärt ir sán mät héftijen trènen eraüsz
(dô wärt ir sán mät hîszen zéren eraüsz)
hî wird och lojden lanjst en streoćh birkä reâden
unt wird ij ir flisch schlüön, dad et wirt bleâden,
70. hî wird och fâren un en streoćh haszeln,
unt wird och de knôćhe schlüön, dat se brasseln;
hî wird och lojden üwer en brajk,
dô wärt ir hu fun äm al krojz und eâglajk;
hî wird och loiden lanjst e gloisz,
75. hî wird och lüöszè stiön wâ en örem woisz;
hî wird och lojden un en posztâ,
dô wärt er hun nichen trâ.]

Schîn mêt brojt!
séjd er wül gesészen,
80. unt hôd iresz purschen unt brojems nét fergèszen,
esi râkt eräm aw irer bounk,
unt rocht mer ir wéisz riecht hount!

(Hierauf nähert sich die Braut, reicht aber dem Brautknecht statt der rechten die
linke Hand, oder es reicht eine der Brautfrauen sie dem Sprecher, worauf dieser
Abschied nimmt und fortgeht. Ausserhalb der Thüre kehrt er aber wieder um, und
führt in seiner Rede fort.)

Got gâw och wéder en geâden dâćh!
Ich hun nôćh müölz getrüeden zerajk,
85. ich hôfen aw e bészer gläjk.
Ich stion af stüöl und éisen,
unt hôfen, er wärt mer de dir esi lêr nét wéisen;
ich stiön aw ènem stoin
unt woil garre wéder hoim
90. awor nicheszwiechsz eloin.

'Schîn mêt brojt!
do däsch sé gereakt.
de hiene sé gepleakt,
do końe sé gefaljt,

95. mät kájlem, aájszem wéinj,
    dobâ hôfe mer rêcht frîlich ze séinj.

'Schîn mêt brojt!
éch hu gesân en sêszel,
ich hôfen, ir fôter wird och güôwen en kêszel;
100. éch hu gesân en dil,
    ich hôfen, ir moter wird och güôwen e schlîejerdng uǵ en pil;
    ich hu gesân en trun —
    er wart zelêzt nor mâjsze kun.

'Schîn mêt brojt!
105. won ir neâ afâtüôt fun der baûnk,
    se éprêcht:
    „ir hârz méinj ajlder! neû sôn ij och dûnk!"
    Won ir neâ kut bäsz fûer det bât,
    se sprêcht:
110. ir hârz méinj ajlder! hat er mich gehâlden în mêt
    Won ir kut bäs än den ieren,
    se éprêcht:
    ir hârz méinj ajlder! wâ sâl ij och empieren?
    Won ir nea kut bäsz fûer den hiert,
115. se éprêcht:
    ir hârz méinj ajlder! wâ bän ij irer esi eâwiert!
    Won ir nea kut bäs än det hraüsz,
    esü wart ir nor mâjszen craüsz.
    Won ir nea kut büsz fûer de dir,
120. esü éprêcht:
    ir hârz méinj ajlder neâ bän ich nêt mî ir.
    Won ir neâ kut bäsz fûer det dûer,
    wart ir sân lojter frêmden derfûer,
    Won ir neâ sât de gas afen,
125. esü wirt och ir härz pafen.
    Won ir neû sât de gas uowen,
    esü wird oin trên de oûnder guôgen.
    Won ir kut bäsz fûer der schwijer är dûer,
    esü warde se schâszen de rijel derfûer.
130. Won ir kut bäsz fûer de dir,
    esü warde sâ éprêchen: zeräk mât dir!"
    Won ir neâ kut bäsz fûer det haü-z,
    esü warde se och schlôn mât bêszemen craüsz"
    Won ir nea kut bäsz fûer den hiert.
135. esü warde sâ éprêchen: zeräk mäd och!
    ir ségd âser nêt wiert!
    Won ir nea kut bäs än den ieren,
    esü warde sâ éprêchen: zeräk mäd och!
    mir känen irer gor laicht empieren.

140. Won ir nea kut bäsz füer den dåsch,
esü warde så sprêchen: zeräk mäd och!
néd êszt mäd åsz dész groånj fåsch!

Doéh mer liöszen uo fun désem onnäze geschwäz,
dün ed äs eôs und och nêt fil näz.

---

145. Got dräînij än dem wiesen,
dî aüsz zwênen oinjt gemächt,
teå höszt älle auszerliesen,
ynt gor wûl zesmmebrôéht.
Adermôn höt sîl unt laif
150. e jèt îstoûnt mån unt waif,
unt så wieszle mätt de jören
déser wält ze lojter pôren.

Teå kûszt än de sîle stéjen,
wô niche mänjtsch de schläszel hôt,
155. unt de hårzen alle boijen
wå en amgedrèt råt.
Doräm goid uéh hå unt düert
dè ferlongen änjde füert,
unt der mänjtsch mätt séinjem dinken
160. kün et doéh néd oundresch linken.

O teå güewer aler gåder,
séjen wot teå höszt gestäft!
kam ferbanjder der gemåter,
wel et déinje rom beträft!
165. zéj än åsz wunung än,
losz se dåjlij oinjt séinj,
unt ferlonjer är dåch,
dad em lüew unt donk dir süô!

Esü nit neå uofschojt
170. fu fôter unt moter,
fu bråder unt süszter
lun alle geåde franjden,
dat se och än e solen amstånjden
nêt mî môje fanjden!

175. 'Schîn mêt brojt!
sejd ir wûl gesöszen,

unt hòd iren îrseme purschen unt brojem nét fer-
gèszen,
esû râkt hârwärz of der boûnk
unt recht mer ir waisz riecht beûnt!

(Hierauf steht die Braut auf, reicht dem Brautknecht die rechte Hand, nimmt hier-
auf Abschied von Vater und Mutter, dankt für Erziehung etc. und dann wird unter
Absingen des Kirchenliedes: „Unsern Ausgang segne Gott!" oder „nun danket alle
Gott!" zur Kirche gegangen.)

Rockenlieder.

6.

(Seiburg.)

Am letzten Hochzeitabend bringen die Nachbarinnen und Freundinnen der jungen
Frau einen Rocken, d. i. an einem ziemlich starken jungen Eichstamme (früher wohl
nur recht starker Rocken) einen dicken „Hanfrocken" (koit), an dem an einigen
Orten Eierschalen und Blumen, an andern Spindeln und Aepfel, in Seiburg aber eine
Menge Werg, Spindeln, hölzerne Löffel etc. sich befinden, und singen dabei in der
Hausflur (housz) das folgende Lied:

Mer wä-le gòn, mer wä-le stòn, mer wäln er jan-
ger frâ en rò-ken dròn, è-no rò-ken dròn, è-ne
rò-ken dròn. Ai wat drò mer är kut housz? fil ir
unt gläk fil ir unt gläk: e-si fil der kui-re
kèg-der, e-si fil der gâ-der zègden, e-si fil der flòs:

6*

uinen, e - si fil der gå-der jör, e - si fil der kuiren

ê-ren, e - si fil der hiszer zê - rcn e - si fil der his-

zer zê-ren e - si fil der hî-szer zêren. Gid er god en

gan-ge san, se nit se än mät gläk, se nit se än mät gläk,

se nit se än mät gläk. Hirt hier ir mûn, der brédjem, wot
Hirt ir frå sèld er lå-wen, de

mir éch wä-le sèn. de jang mèt losze gön.
gang mèt losze stön!

Hirt hier, de frå de brötj wot mir éch wå le
den i-nûm sèld er lå - wen de jong kniecht losze

sôn. de jong kniecht lo - sze gön!
gön!

Nid en ze-brêcht en! känd er nêt ze-brè-chen, so ŝterft ij

ir jung frå ŝn dem al-ler - îr-ŝte jôr.

(Damit ergreifen die im Zimmer den Rocken, und ziehen ihn trotz dem Widerstande der Draussenstehenden hinein, worauf ihn der junge Mann mit der bereit gehaltenen Axt zerhaut (früher wohl über das Knie zerbrach). Darauf singen die in der Hausflur:

Mer travden af en bêszem, mer wůle gären êszen.u.s.w.

(Nach Beendigung des Gesanges werden sie hineingerufen und bewirthet.)

———

Mer wäle gôn,
mer wåle ŝtòn,
mer wäln ei janger frå en rôken drôn.
Ai wot drô mer år ŝnt hausz?
5. fil îr uĉh gläk:
Esi fil knirekêgder,
esi fil der gåder zegden,
esi fil flôsuinen,
esi fil der gåder jôr!
10. esi fil kuirenêren,
esi fil der hîszer zêren!
gid er god en jange san,
se nit se en mät gläk!

Hirt hier ir mån, der brêdjem,
15. wat mir êch wåle sôn!
ir frå, då sêld ir låwen,
de jang mêt losze gôn!
Hirt hier ir frå de brotj,
wot mir êch wåle sôn.
20. ire mån, die sêld ir låwen,
de jang knêcht losze gôn!

(Streit um den Rocken.)

Nid en, zebrêcht en!
känd er en nêt zebrêchen,
se stêrft ij ir jang frå
25. ån dem allerîrste jör!
[se stêrft ij ir gang
äm alerîrste jôr:]

Mer trauden af en bêszem,
mer wîle gärn êszen!
30. mer trauden af zwängken,
mer wîle gärn drängken
mer trauden of en uêwen,
mer wîle gärn brôden!
mer trauden af en botj,
35. mer wîle gärne krotj!
mer trauden af plûnzen,
mer wîle gärn dûnzen!
mer trauden af e schwêinj
mer wîle gärre wêinj!
40. mer trauden af en dil,
mer wîle gärre fil!
Gid ir es en lmer wêinj,
se gid ir esz wod ir fre sêinj.

Mer truden af de blånken,
45. mer wîle gärn dånken!
[mer truden af de kêrbesz,
äsz brégem gôn å wêrbesz;
mer truden af den zapen
åsz breokte gôn å lapen.
50. Der brégem hôt nor êuen hunen,
uêh dên frêszen em de zegunen;
de breokt, då hôt nor în hien
uêh då moszt se ån't däpe gien.
Nen mäêht ich frîlich!]

7.

A.

(Halweiajen.)

Das Lied wird — nach G. Schuller — einer Braut. die sich an einen Auswärtigen verheiratet. am Tage ihrer Trennung von der Heimat gesungen. Die Sängerinen treten in die Küche, welche zugleich das „Vorhaus" bildet, während im Zimmer die Gäste beim letzten Schmaus und zwar eben „beim Braten" sitzen, und beginnen:

> Genden dâġ ir kêchane! wâ gîd ed éch?
> „Wâ et got gefällij äs äm hémelréch."

(Die Sängerinen treten ins Zimmer und fahren an die Braut sich wendend fort.)

> Got grész dij în broit! got geséu der den dűsch!
> got grész dij în üdel schine!
> 5. desz broidem séinj fráinjt sén âle guer fräsch,
> der broid är fráinjt sén âle guer duit;
> sâ štîd än éner groiszer nuit,
> sâ štît wuil wâ e lainjdebûm,
> dô sich der gráinj lûw entrîre wûl,
> 10. sâ štît wuil wâ î lainjdenzwéch,
> nor got wîl är hälfen äm hémelréch.

> Mer wale giôn,
> mer wale štiôn,
> mer walen âser broit de riôken drôn.
> 15. Wât drô mir är ze hoisz?
> fil ir uch gläk, fil ir uch gläk,
> derzeâ en riôken honf.
> Wät fainjt sich drun, wât fainjt sich drun?
> e gráin wäinjterkrûnz.
> 20. Stunjd af deâ lâf broit
> unt fâir en än déinj hunjt!

(Der Rocken wird der Braut zugeneigt, sie steht auf und faszt ihn an.)

> Hir zeâ lâwer broidem,
> wât mir dir wale siôn!
> deai îfrâ sâlt teâ lâwen,
> 25. de gang mêt losze giôn!
> Hir zeâ deâ lâwe broit,
> wât mir dir wale siôn,
> déinjen îmûn sâlst teâ lâwen,
> de gang kniecht losze giôn!

30. Ai schénst! wun teâ än de schliöfbât gîszt,
dëinj dirre wêle sên ferschlöszen,
dâ gang kniecht, dâ âf der gâs erâm giôn,
dâ sëinj gor câferdrôszen.

Ai schénst! wun teâ än de kirich gîszt,
35. dëinj nake sâl dir nét blâken!
der schliujer sâl der en zendâken!
Ai schénst! wun teâ oisz der kirich kiszt,
ainjder ûnder loiden är woinjt
sâlt teâ dich nét sâzen,
40. nemunjden sâlt teâ ferschâzen!

(Wun) en hîsch mêt fuir dir hinûwergît,
nét schnéit är uo är îren!
sonzt wunî wirât teâ är se wéder gien?
nor wî dëinjer uormer sîl!

___

45. Esi munch în honfkêit,
esi fil geât zéit!
esi munch în kuirenêr,
si fil hîsz zêren!
esi munch în huowersnuit,
50. si fil geât bruit!

___

Mer âtion âf'm mêszer,
mer wîle garn êszen;
mer âtiôn âfm zängken,
wer wille garn drängken,
55. mer âtiôn afm lénenk,
mer wîle gare fönenk;
mer âtiôn afm dil,
mer wîle gare fil;
mer âtiên öf de wûngzen,
60. mer wîle garn dûngzen;
mer âtiôn âf der âtong,
mer wîle gare long;
mer âtiôn âfm rêch,
mer wîle garn ewêch;
65. mer âtiôn âfm âtîn,
mer wîle garn hîm.
Mer hun esz nét gezart,
mer hun esz nét geschliôn,
mer wale fräq uéh frîlich
70. zor dir oisze giôn.

Gied er esz néd en îmer wéinj,
se gied esz, wåd ir îre séinj,
en kliôtsch och briôden
esi sâl et séinj!

———————

B.

Gåden ôwend, ir kêchäne! wå gîd ed éch?
　Na wå et got gefùlij äs äm hémelréch.
Gåden ôwend în schîn!
　　Got dånk der härzlåf
unt schréif mer zem numensdåg en schîne bråf!
5. Gåden ôwend ir gieszt! got gesên ich den däsch!
got gesên ij ieszen uch dräinjke fräsch!

———————

Mer wîle gôn
mer wîle åtôn,
mer wîlen åser brokt en rôken drôn.
10 Mir drôn är än't housz fil îr uch glûk,
derzû en rôken honf.
Esi fil dier honefkêgder,
esi fil dier gåder zégden!
esi fil dier kîrenêren,
15. esi fil dier gåder mêren!
esi fil dier hîrsch schoden,
esi fil dier gåder bôten!

　Wat fäinjt sich draf?
fu grånem e krânz.
20. 'Stöd aw ir laszlich jangfrå
unt nied en än de hånt!—

　Wat fäinjt sich draf?
fu grånem e krânz;
dô åtîd en lasztich jangfrå,
25. unt huod en än der hånt.

　Na hîrd ir låwer brejum,
wat mir éch wäle sön!
ir îwéif séld ir låwen,
du jang mêt loszo gôn.

30. Na hîrd ir lâf brokt,
    wat mir éch wäle sôn,
    iren îmân séld ir lâwen,
    de jang kuêcht losze gôn!

    Ai wun în lasztij än de kirch gît
35. mät ândre lasztije jang fråen,
    är nake sûl er nét blâken,
    är-schlîjer sâl är en dâken!

    Ai wun în lasztij ousz der kirch wéder gît,
    mäd ândre lasztije jang fråen,
40. angder ândrer légden är wäinjt,
    sâl så sich nét sâzen,
    der uormer légden är käinjt
    net fershâzen!

    Ai wun în lasztich fun der hochzet gît,
45. mäd ândere lasztije fråen,
    är dir då sâl ferschluoszo stôn!
    wol fil jang gesälen af der gas erüm gôn!

    Ai wun în lasztich fîriwer gît,
    se schnégd er néd uow är îren!
50. Wäld er är se wéder gien? —
    wî irer uormer sîlen!

Jungfrauentagslieder (?)

8.

A.

(Weiszkirch bei Bistritz.)

    O ôinijer schåz!
    o fräntlicher måz!
    wåe sâl esu fier
    bäsz ginzt u det mier,
5. Wåe sâl esu wait
    bäsz ginzt u dae sait,
    Zwê rîslije wången
    enånder ämschlången,

dåt wôr dae bésch
10. dåe ugenêm,
mer wä'n er oćh gien
en N. N. féin.

Wåe sål dier N. N.
dien flegel umdrêi!
15. wåe sål dåt M. M.
dåt leim åfnêi!

Wåe sål dier N. N.,
dien kraućh zeschlu!
wåe sål dåt M. M.
20. dien tschok neudru!

Guer fil geret
ånt winich beduećht!
got geuf derzau
en geåde nuećht.

B.

(Mluarken.)

O êinijer schåz!
o fräntlicher måz!
weu sål ich dich tän'n?
esu, esu wait
5. båsz ginzt u dåi sait,
esu, esu fier
båsz ginzt u dåt mier.
Zwê rîslijo wången
dåi glaichn sich zesumen,
10. e Marichi nåm in,
e Hanzi bekåm ät. —

Johannisfeier.

(Von den Mägden in Streitfort bei den „Kränzen" am Johannistag gesungen.)

9.

I.

Et flug e klî wailt fi - je-léinj, kè Mébrich flug ed

öus cräusz, kè Mćbrich flug ed öusz.

---

1. Et flug e klî wailt fijeléinj,
ke Mèbrich flug ed öusz,
cröusz.
kè Mèbrich flug ed öusz.

2. Et zicht mèch mèinjem hürzgeläftchen,
dad ich folkomä bän
cha hän,
dad éch folkomä bän.

3. Et koum î luiser gebèirescher kniecht,
fu färre koum hie hier
dohier
fu färre koum hie hier.

4. Hie wûl dä ruisen ôfbrěchen,
dä löinjst dem wieje štiûn,
eriûn,
dä loinjst dem wieje ätiûn.

5. Liûsz ätiûn, liûsz ätiûn dä ruisen!
dä ruisen dä séinj mèinj,
cröinj
dä ruisen dä séinj mèinj.

6. Brècht ôf då bidernêsztlen,
   boinjt och î kriunzléinj dröusz,
   eröusz —
   bainjd och î kriunzléinj dröusz!

7. Mir käñe se nèd ôfbrêchen,
   så brån èåsz alzehôrt
   zehôrt,
   så brån iåsz alzehôrt.

8. Giåd ôszen uch geåt drüngken,
   dåd is iåsz wuel berît,
   berît —
   dåd äs iåsz wuel berît.

(Hierauf recitiren die Knechte.)

II.

1. Mer kiûme fuer de guerzen,
   då wôre ferschlôszen.
   Låwer kräszt fun hémelrèch,
   als wêre se ôfen!

2. Mer kiûme bå en kirich
   då wôr hûlz alzerûlt;
   mer sûle se båen,
   ûsz gråne ätêne båen.

3. Då ätên sèinj gebrôchen,
   då maurer sèinj duit —
   . . . .
   . . . .

4. Der låf sanct Johañesz
   hôd ås ûszgesûnt,
   usz sèinjem giådo walen
   hier änt fårn lûnt.

5. . . . .
   . . . .
   mer walen î dem lächten dåch
   fun dañe schiden.

6. Köngesz, köngeszmêtchen
an dêinjen körl kreusz,
bôszte de kêsz geschauen,
se long en iás criûsz,
[hôszte'n nêt geschauen,
se long en nor esiû !

7. Daord un dêm ainjt,
dô wund en fêl mêt;
won der hirt de kâ drêift,
se lât se af em bât.

8. Mer walen dêj afdêken,
bäs af de lazebuisz,
dat de san schêing
der fêler änj de schuisz!

____

W ü n s c h e.

10.

A.

(Mühlbach.)

Ech wäinjtschen ich
en shêier föl êren,
en kaszte föl kíren,
en käler föl wêinj,
5. en höf föl schwêinj,
en âtal föl räinjt,
en âtuf föl käinjt,
uĝ en frlich gesäinjt!

____

B.

(Sächs. Regen.)

Ech wäntschen ech zem nâu jor
aüren kaszten kûre föl,
aüren käler föl wên,
aüren höf föl schwên
5. [aüer kumer föl raze]

aller åtuf föl fraze,
aüren hiert föl kaze,
aüren höf föl fä,
gotesz sêjen uch derbå!

———————

C.

(Groszschenk.)

Êch wängtschen êch zem nåe jor
ire kaszte küre föl
ire käler föl wêinj,
iren höf föl schwêinj,
õ iren höf föl fä
uch den däke wålf derbå,
en åtuf föl möüsz
en pêlz föl löüsz.

———————

11.

(Mühlbach.)

Wå fil hôr
esi fil gläklich jôr!

———————

12.

(Des Burghüters Weihnachtsgrusz, den er in vielen Dörfern besonders des Altlandes
am frühen Morgen von der Burghöhe in das Dorf ruft.)

Kräsztwurscht mêinj,
(Brôtwurscht mêinj!)
ug en åchtel wêinj!
alerlêgden år Trêinj
5. säl hêkt friٖ uch gesangt sêinj!

———————

13.

(Trinkspruch aus Irmesch.)

Got rejår de jugent,
dat se lîren de tugent,
ir älder îren,
de jange fun den ålde lîren!

Fastnachtssprüche.

(Alle aus Georgsdorf.)

14.

Fuosnich åpråch
hégd uch more wêr e låsztich dåch,
wun de knêdel uch kletiten
kêimen af dem wäing geriden.
5. Denij ech wêisz, dêt wirt nêt sêu,
doräm fält mir åûnderd än;
wier naszt mî åm kaler huot,
hîr åf dêse gåde rôt!
Åf dem hôf båm blåzich Misch
10. äs e gaut wäinj, ond uch frasch,
der här lîrer lîft e sälweszt,
dåt hî gaut zem dräinjke wêr.
Nå mêinj luiw uch gaut mäuer
bräinjt nau glêj en åchtel hîmen,
15. dåt dai waiwer låszt beku
zau der hêgdijer bakeräi!

Nêt såt tröurich, mêinj laif moter,
wêl na nichen fäneok sêinj!
giet mer nor en mhrz kukruz —
20. såt nor wåi ich broinje wêinj

15.

Fuosnich åpråch:
„Hégd uch morn äs e luisztich dåch.
Wêl der wêinj nêd äsz geröden
äsz jô fruchit genåch derzå.

5. Mâćht ousz kukruz iren dráer,
unt sakt miel ućh schmâlz uǵ âr,
dât dâ wèiwer raudern än.

* * *

gôt hîmen, en ieszt!
âsen ôrmen här kânter nèt fergieszt!

16.

Der lâf fuosnich kid erun,
nana mèsz em bakelûtschen,
hîsz krápen, dak knödel,
brît funkij, ućh kletiten —
5. dât sè jô âs âlt siten —
kâlde bróde, lunk wursćht,
dât mer bun en geûd durscht.

Gôd ir mäner, hûlt de wäinj!
zwinzich krèzer äsz der prèisz,
10. bräinjd en äusz nor konewèisz!
dän bie glâtscht jô wâ der èisz;
unt kom sèn dèsz dâch derfun,
se mèsz muncher bosz dãun,
dän det schmâlzdäpen äsz lüdich
15. und em äszt det brît nor drèch.

17.

Bakenalia = fuosnich
friptus = funkich
sauret sâlz
fat = det schmâlz
5. lèngdaǵ = en daćh
âtiwel = der schnćh.
porkus = det schwèinj —
hräinjt âsem här kânter en âchtel wèinj!
dèd äsz det fuosnichlatèinj.

7

18.

Fuosnich sprâch:
„Hegd uch morn äs e losztich dâch;
âlesz wäl sich nor bestriewen
hegd uch more gât ze liewen,
5. unt bedinkt nét dirscht de zékt;
dän ed asz jô héier
ales, âlesz déier.
Mir zer îr unt séch zem schâden
bake sai kletite fladen
10. unt det Fiche sprächt fum hiert:
Mâtes, Machel, Honz uch Piz!
gôt nôr strâks zer Gromanän!
dô am graintchen ander'm wält
äs et hèkt gor gânt bestänlt;
15. für zwélwer äsz der préisz
unt hie glätscht jô wâ der éisz."

19.

Fuosnich sprâch:
„Hègd uch morn äs e lasztich dâch:
Sât nor wâ de knêcht
är gâserêcht
5. mät der gröszter frâud ouszfâren,
wâ se räne, wâ se kréischen,
bäsz se de gâsen de hîwder ouszréiszen.
Sât na kn se frâdich héimen
für dem hâne stô se stal;
10. dän dô wird ed ouszgemâcht,
wuor e jêt knêcht sâl régden.
Bâlt na hûrd em än de gascen:
funkij erousz!
knödel än't höusz!"

* * *

20.

(Aehnliche Reime aus Grosszschenk.)

Wälkome, wälkomen ir gûldich létj
geriden oder gegangen
oder wâ ir hâ sêtj!

mer sè kun ān hofnunk
5. ātwesz fun èch ze bekun. —

* * *

Ir lètj, dî ich hèdj înt wäl läjen,
dî säl sich mät dem foszdaćh schäjen.
der kërbesz säl nèt lädlich sèinj,
hî säl mät gädem wèinj
10. äinjde föl sèinj.

* * *

Freudenlieder.

21.

(Trinklied aus der Umgegend von Hermannstadt.)

1. Högd äs e lasztich däćh,
bèkt sèle mer lnsztich liäwen,
der wèinj flèszt wai de bäćh.
Ir gûtdich schnzich riäweu!
dier èch nèt nò wäl gòu
die säl der hôl zeschlôn.

2. Hie koszt jô frälèch fil,
alli wat sèle mer mäćhen?
wier nèt huod än der mil,
dier gîd unt schnèkt fum bäćhen.
Nèt wart desz brainje mat',
wat dèier esz, schmakt uèh giût.

3. Ir frainjd! en giâde nôćht!
niû mèsze mer mor hîmen;
dât fèier flèiszich ätôćht,
nor sorcht uǵ af de klîmen!
Nèt wart desz brainje mât!
wat sès äsz, schmakt uèh giât.

4 Ir säsztre giâde nôćht!
niû mèsze mer nor hîmen;
dât fèier flèiszich ätôćht,
nor sorcht uǵ af de klîmen!

Mer dräinjken dad et grèzt,
nòch îszt ze giâder lèzt.

22.

(Trinklied aus der Nösner Gegend.)

Frän-de unzt sén mir ze - sö-men, lod âsz lasz-tich

sén! dad em brâingd of on-sen nu-men och nur en

ê-mer-chi wén.

(Der zweite Theil hat auch folgende Melodie.)

dad em bräingd of on-sen numen och pur en ê-mer-chi

wén.

1. Fränle önzt sén mîr zesumen,
   lod âs lasztich sén!
   dad em bräingd ow onsen numen.
   och nur en êmerchi wén.

2. Leza! fò dij u ze schâjen!
   dat dau daurich bäszt!
   ném de köp müt zumt den krâjen!
   sonzt beku mer näszt.

3. Önzt äsz nóch der gåd um zapcu,
   lûf nur lûf behänt!
   sonzt kånt bålt der lēgl ofschnapen.
   Lûw, unt kam hehänt!

23.

(Schönen.)

1. Der Mierteszdåg äs uch fergangen
   de arbet hu mer bå sèkt gelóćht,
   de håen hu mer åfgehången,
   de muren' hu mer hîme bröćht,
   de kampeszt hu mer än der bit,
   na sè mer néd e kèkt bekrit.

2. Det fårkeltchen än åsem ǎtältchen,
   dèm kån em ainjden't mèszer gien,
   det trijeltchen än åsem schèrweszt,
   dohär kån em miel uġ åcher nien;
   e bäszke brîd, e glåszko wéinj,
   bå dèm kån em frîlich séinj.

* * *

24.

(Mühlbach.)

1. Ach da hårzer wöinjgeschmak!
   déinjentwieje gön ich nakt.

2. Déinjentwieje gön ich barbesz,
   déinjentwieje légden ich hanger.

3. Tå sålt mir uch néd entwéchen,
   mèr sîl ich der um kläpeltche nöschléchen.

25.

(Deutsch-Pein.)

Tön! dû baszt dier bläkich mainjtsch,
näm de köp mat zamt de kräjen,
gunk zâ âsem nôber Machel,
bid en am e kizke wëinj!

* * *

_____ __ ____

Rundreime.

26.

1. Tiri trita!
âsz knëcht kâ flët'n,
tiri tritu!

2. Flët'n kâ âsz kuëcht,
äm büsch sai de spëcht,
tiri tritu!

3. De spëcht sai äm büsch,
äm wâer sai de fäsch
tiri tritu!

4. De fäsch sai äm wâer,
der krëmer fräszt de äer,
tiri tritu!

5. Äer fräszt der krëmer,
· âsz wuogen huod en schëmel. tiri tritu!

6. En schëmel huot der wuogen,
âsz häszt, dî kän druegen. tiri tr.!

7. Druegen kâ âsz häszt,
äm silen, dô hî däszt. tiri tr.!

8. Däszt hio äm siln,
der fëifer dër schlët triln. tiri tr.!

9 Triln schlët der fëifer
der schmit dër äs e schlëifer tiri tr.!

10. Der schmid u en wét gehongen,
det dôr dot huct spongen. tiri tr.!

11. Spongen huet det dôr,
de jong härn trétn erfôr. tiri tr.!

12. Erfôr trétn de jong härn,
de pélz dâ huod en kärn. tiri tr.!

13. En kärn huet de pélz,
der bûm dier huot holz. tiri tr.!

14. En holz huot der bûm,
der fänenk huot de krûn. tiri tr.!

15. En krûn hüot der fänenk,
der zämermân brocht en lénenk. tiri tr.!

16 Hie bôrt dermäd e lôch,
es säs dorän e blôch. tiri tr.!

17. En blêchä wolt e gewänen,
se ståch e bêszer änen.
tiri, trita!

Faschingsseufzer.

27.

(Bintritz.)

Hârzer fuosnich kiszt te wider?
izt e jôr bliw ij iwer,
wô ich nôg e jôr de borte sâl drô,
sâl der däuer de knêcht erschlô!

28.

A.

(Mühlbach.)

Ich sâg en hîsch jang frâ âtôn,
se hat sich hiz ugedôn,
se wûl af den dânz gôn:
„Nôberä lât mer de rîsekrânz!
dad ich gôn af den dânz."

B.

(Schäszburg.)

Af der blomenâ
wund en jang frâ:
„Jang frâ nôberän!
lât mer îro rîsekrânz,
dad ich gôn af den dânz."

* * *

29.

(Mühlbach.)

1. Und ale wéisz blomen,
dâ blân uch wéisz —
ich had en înich schazken,
dâd äsz schnîwéisz.

2. Und ale rît blomen,
dâ blân uch rît —
ich hun en înich schazken,
dâd äsz gor hîsch.

3. Und ale blô blomen,
dâ blân uch blô —

ich hun en Inich schazken,
dèm gôn ich nô.

4. Und ale grån blomen,
då blån uéh grån, —
ich hun en înich schazken,
dåd ich gäre sån.

5 Und ale giel blomen,
då blån uéh giel —
ich hun en înich schazken,
dåt wäl ich nien.

30.

(Mühlbach.)

1. Tå mètche mät dem gielen hôr,
tå gûldijet mètche blèif trå bäs aft jôr!

2. Dèinj arme sèn dir schnîwèisz,
tå gûldijet mètche låf mèch mät flèisz!

3. Då bakeltcher sèn der rîserît —
tå gûldijet mètche blèif trå bäs ån dît!

4. Dèinj fèsz, då sèn der wå der wäinjt —
tå gûldijet mètche blèif trå bäs un't äinjt!

31.

(Bass.)

1. Mètche mat de giele schåchten,
wô äm wäder wôråt te nåchten?

2. Mètche mat de gielen opern,
gäre wîl ich mich lainjst dich zopern!

3. Mètche mat de gielen hôren —
garen hun ich dich sainjt gôren.

32.

(Buss.)

1. Kuku mat dem gielo schwûnz,
   rof de mètcher af den dûuz.

2. Kuku af dem birebûm
   säch nor, wâ de mètcher kun!

3. Kuku mat dem gielo schôp,
   mâg esz musik hop! hop! hop!

33.

A.

(Buss.)

Drê dich mêtchen am den hiert!
baszt mer täusent galdo wiert.

B.

(Mühlbach.)

Et schöpeld en dêderchen äm den hiert —
te bäszt mer tousent gälde wiert.

34.

(Marpod.)

Hopsa! haisa! diûnze giôn!
ait nor, wâ de katner ätäôn!
äid ir mât du starken Ilonz
mät der hîscher, brider frunz!

35.

(Marpod.)

Hop! me guzken!
zop! me nuzken!
drè dich schazken,
trid af d' iert!
hainjdert gáldc
bäszt de wiert,
beaugdert gálden
eône meokt
tâ mèinj schnzich
gûldich breokt.

36.

(Marpod.)

Hui! hui!
Lup de pui!
lop! lop! lop!
hop! hop! hop!
târ dich hîntche mät dem zôp!

37.

(Marpod.)

1. Ech had e lèfke fûr em gôr,
   dât hat dier hischer gieler hôr.

2. Nana hun ij înt bekun,
   dût huot giel séd uéb ziren drun.

3. Înt mät hîsche bronjen opern
   ai wor koun et sij u mich zopern.

4. Nana hun ij înte wèder
   dâd üsz gor e schazich lader.

38.

Honzo! Honzo! dét sén dâch!
nichen sûle nor do schâcht.

39.

A.

Pélse réiw .uċh wéinjmere sész
såt nor af méinj gûldich fèsz!
såt wol kân ich dânzen.
såt nor wå et gît,
5. såt nor, wå et àtît,
såt nor, wå `et hopt,
såt nor wå et àtopt,
såt wol kân ich dânzen!

B.

Pélse wîch, wéimern såsz!
såt der hierän of de fâsz!
såt, wå gît se,
såt, wå àtît se,
såt, wå kâ se dânzen!

40.

Hop saraka fûr der dir!
kam enzôwent schlôf mat mir!
pélselaiwent gien ich dir
(dernô wéisen ich der de dir.)

41.

„Et sâsze siwe mäßseltcher
än énem oinje kêrfken.
sêsz hûlz!
sauer bûlz!
deß ïenijet mêtchen drê dij äm!

42.

Éch bän déinj,
teß bäszt méinj,
ûnd esi sål et
äinjde séinj.

43.

Éch bän déinj,
tß bäszt méinj,
tß gûldijet mêtchen
drê dich féinj!

44.

Drâ âpel, sêsz näsz,
siwe fîrel hâszelnäsz!
dohär wirêt te nichen ieszen
bäsz te nét mê létke bäszt.

45.

A.

(Petersdorf.)

Ale birebîmtcher rëispere sich */.
tâ înijet Mai erhâlt tâ dich,
bäsz zâ dier zèkt, bäsz zâ dier zèkt,
dat sich dir e trâer bèkt.

———

B.

(Schäszburg.)

Å!e birebîmtcher raisperd éch!*/.
bäs un dâ zètj, bäs un dâ zétj
dát der dî Honesz de trâ ubetj.
Bétj e der se un, se nom se un;
5. Ålle morjen än orme genuen,
älen ôwend zwë mäzker gegien!

———

C.

(Georgsdorf.)

Ale birebûmtcher rëispere sèch
rëispere sèch;
tâ înijet Träinjô, schläk tâ dèch!
schäk tâ dèch bäsz zâ dier zétch,
5. wun der der Hûnz säi träi ubétch.
Bétch e der se un
unt ta wêïlt än hun —
älen ôwend än orme nien,
alle morjen o mäzke gien!

———

D.

(Kalsd.)

Ale birebîmtcher raisperd éch,
(raisperd éch) bäs am de zét .   .
bäsz der e geläfter de trâc ubét.

Bêt e der se un,
5. se wist teâ se hun
Alle morjen am ârfel driûn.
[Kâm mäd än de gôrten!
diu wäl éj ôf déch wôrden;
éch wäl der e mazke schinken.
10 mät dém wiszt teâ déch bedinken.]

———

Wêr hie lum âls wêr hie en Zegun,
wiszt teâ en nor lôf mészen huu.

———

46.

A.

(Buxz.)

Hopa!
zupa!
pierschekärn!
wier mich sékt, df huot mich gârn.

———

B.

(Urbach.)

Suia! suia! piârschekärn,
dî mich sékt, dî huot mich gärn,
dî mich sékt, dî wäl mich hun,
awer e wirt mich nét bekun.

———

47.

(Mühlbach.)

Hoi dudu Lêntchen!
gâden dâch Katréinjtchen!
drê dij äm den täkerämi!
gâden dâch frä nôberän!

———

Zweite Abtheilung.

Scherz und Spott.

Wahl.

48.

A.

(Mühlbach.)

Mètche wält te'n far nien? Nâi moter nâi! em hîszt mich

drô de fa-re-rän, uch de mê-de-schlô-e-rän nâi mo-ter

nâi!

---

1. Mètche wält te'n far nien?
   Nâi! moter nâi!
   em hîszt mich drô de farerän,
   uch de mêdeschlôeräu;
   nâi! moter nâi!

2. Mètche wält te'n prädijer nien?
   Nâi! moter, nâi!
   em hîszt mich drô de prädijeräu,
   uch de fanenzieleräu;
   nâi! moter, nâi!

3. Mètche wält te'n schîlmîsztor nien?.
Nåi! moter, nåi!
em hîszt mich drô de schîlmîszterän,
uch de louszknäkerän;
nåi! moter, nåi!

4. Mètche! wält te'n flischer nien?
Nåi! moter, nåi!
em hîszt mich drô de flischerän,
uch de bålcbrutschlerän;
nåi! moter, nåi!

5. Mètche! wält te'n schnègder nieu?
Nåi! moter, nåi!
em hîszt mich drô de schnègderän,
uch de hîsefläkerän;
nåi! moter, nåi!

6. Mètche! wält te'n däschler nien?
Nåi! moter, nåi!
em hîszt mich drô de däschlerän,
uch de hobelspènfrieszerän;
nåi! moter, nåi!

7. Mètche! wält te'n schoszter nien?
Nåi! moter, nåi!
em hîszt mich drô de schoszterän,
uch de tokefläkerän;
nåi! moter, nåi!

8. Mètche! wält te'n däpner nien?
Nåi! moter, nåi!
em hiszt mich drô de fîzerän,
uch de lômkniederän;
nåi! moter, nåi!

9. Mètche wält te'n kîrąner nien?
Nåi! moter, nåi!
em hîszt mich drô de kîrąnerän,
uch de zirmknäperän;
nåi! moter, nåi!

10. Mètche! wält te'n geboure nien?
Cha! moter, cha!
em hîst mich drô de gebôierän
uch de (flèiszich) kîreschnègderän;
cha! moter, cha!

B.

1. Mêtche! wêilt te de· pradijer nien?
„Nâi! moter, nâi!
em hîszt mich sonzt do pradijeran;
de kérnich kirchegninjerän;
nâi! moter, nâi!

2. Mêtche! wêilt te de schûler nien?
Nâi! moter, nâi!
em hîszt mich sonzt de schûleran
uch de húseflakeran;
nâi! moter, nâi!

3. Mêtche! wêilt te de konter nien?
nâi! moter, nâi!
em hîszt mich sonzt de konteran,
uch de lonszknakeran;
nâi! moter, nâi!

4. Mêtche! wêilt te den orjniszte nieu?
nâi! moter, nâi!
em hîszt mich sonzt orjnisztan
uch de wasserschlâperan;
nâi! moter, nâi!

5. Mêtche! wêilt te de for nien?
Nâi! moter, nâi!
em hîszt mich sonzt de fororan,
uch de fanenkzioleran;
nâi! moter, nâi!

6. Mêtche! wêilt te de· richter nien?
Nâi! moter, nâi!
em hîszt mich sonzt de richteran,
uch de kainjderbuoderan;
nâi! moter, nâi!

7. Mêtche! wêilt te de schoszter nien?
Nâi! moter, nâi!
em hîszt mich sonzt de schoszteran,
uch de fodemdrêeran;
nâi! moter, nâi!

8. Mêtchel wêilt te de gebŏure nicn?
Cha! moter, cha!
em hîszt mich drŏ gebŏŭeran,
de kérnich kúreschnêgderan;
cha! moter, cha!

49.

A.

(Georgsdorf.)

1. Et kŏûm öin daschler wŏûl angder dâi wŏûnt:
tau schinet gang frâche, gaf hier de hŏûnt!
„Éch wal dêch nêd, ech wal dêch nêt;
dau baszt der daschler, unt hobelst dâi dilen,
unt gîszt gor garn zer nŏberä äpilen.

2. Et kŏûm ŏi wuogner wŏûl angder dâi wäûnt:
dau hîschet gang frâche, gaf hier däinj häunt!
„Éch wal dêch nêd! êch wal dêch nêt!
dau baszt der wuogner, unt mäuéhst det rât
en léifszt gor garn zer nŏbrän oft bât.“

3. Et käûm dî flîscher wŏûl angder dai wäûnt:
tâu hischet gang frâche, gaf hier däinj häûnt!
„Éch wal dêch nêd! êch wal dêch nêt!
(dau äponst gor gare) . . . .
unt schléiszt gor garn dai uorem gêter.“

4. Et kŏûm öi schoszter wŏûl angder dâi wŏûnt:
tau hîschet gang frâche, gaf hier däinj häûnt!
„Éch wal dêch nêd! êch wal dêch nêt!
dau baszt dier schoszter, unt mäuéhst dai schagen,
unt breoéhst gor fil diesz dêire lader.“

5. Et kŏûm e gesal wŏûl angder dai wäûnt:
tau hîschet gang frâche, gaf hier däinj häûnt!
„Éch wal dêch nêd! êch wal dêch nêt!
dau baszt der gesal, unt mäuchst dai paputschen,
unt lêifst gor garn zer nobra lutschen.

6. Et käûm e schûler wäul angder dâi wäûnt:
tau hischet gang frâche, gaf hier däiuj häûnt!

8 *

„Ech wal dech néd! éch wal déch nèt!
dau baszt der schûler, en roinjst de löîder,
en breuchst gor fil dier dèirer klöider.

7. Et kääm e geböuer wääl angder dai wäänt:
tau hischet gang frâche, gaf hier dääinj hääënt!
„Ech wal dèch hun! éch wal déch hun!
dau baszt der geböuer, unt fierät zem plâch,
en huoszt diesz hische kûre genâch.

———

B.

1. Wöûl af dier bäänk
tau schînet gang frâche, gaf mir däinj hääënt!
„Ech wal dèch nèt!
dau baszt dier daschler unt hobelst dèn dasch
unt gèîszt gor garn zer nôbrä nô faach.“

2. Wöûl af dier bäänk
tan schînet gang frâche, gaf mir däing hääënt!
„Ech wal dèch nèt!
dau baszt der paputscher, en mäuchst de paputschen,
en gèîszt gor garn zer nôberä lutschen.“

* * *

———

C.

1. Et kûm mir e béndner wiul hönjder de wûnt:
„tiâ hischet ganget frâche, rîch tâ mer de hûnt!“
„Ech wäl dèch néd! éch wäl dèch nèt!
tiâ bäaszt e béndner, tiâ beanjst de kofen,
tiâ gîszt guor garn zer nôberä sofen.“

2. Et kûm mir en däschler wiûl hönjder de wûnt:
„tiâ hischet ganget frâche, rîch tâ mer de hûnt!“
„Ech wäl dich néd! ich wäl dich nèt!
tiâ bäaszt der däschler, tiâ hobelst de dilen,
unt gîszt guor garn zer nôberä spilen.“

3. Et kûm mir e kuirᵃner wiûl hönjder de wûnt:
„tiå hîschet gang fråche, rîch tå mer de hûnt!"
„Êch wäl dich nêd! ich wäl dich nêt!
tiå håszt der kuirsner, tiå måchst de armel,
unt brioĉhst guor fil der deûrer harmel."

4. Et kûm mir e schnêder wiûl hönjder de wûnt:
„tiå hîschet gang fråche, rîch tå mer de hûnt!"
„Êch wäl dêch nêd! êch wäl dich nêt!
tiå båszt der schneder, tiå schnêdst de gûiren,
tiå brioĉhst guor fil dêsz deûren zwîren.

5. Et kûm mir e schûler wiûl hönjder de wûnt:
„tiå hîschet, gang fråche, rîch tå mer de hûnt!"
„Êch wäl dich nêd! ich wäl dich nêt!
tiå båszt der schûler, tiå sἄinjst de lîder,
tiå brioĉhst guor fil der schwûorzer klîder."

6. Et kûm mir e gebeôer wiûl hönjder de wûnt:
„tᵗå hîschet, ganget fråche, rîch tå mir de hûnt!"
„Êch will dich hun! êch wäl dich hun!
tiå håszt der gebeôer, fierät zcin pliaĉh,
dêsz hîsche kiûren hôszt tå genaĉh."

50.

(Mühlbach.)

Mêtche nêt nåm en zämermån!
der mourer kân der uĉh nåszt bekun;
låwer en jange mourergesälen;
diêr wirt der dich dênij äszt bekun
måt der mouerkälen.

Die Bauernknechte.

51.

(Weinzkirch bei Bistritz.)

1. De gebairesch knêicht sai irenwiert,
se sai gor sîr beschôdn;
Ant wun se åf den tânze gû,
kän' se gor frantlich redn.

2. Wäc läe däe faul hàntrekorskneicht
àf iren bàter ànt schleûfn!
wäc gû däc frasch gebairesch kneicht
nen iren plääj ànt breuch'n!
wäo läe däe kli plauchdraiwercher
àf ir'n szircher ànt schleûfu!

Gut Mann.

52.

Fräche! frächen! Inijet frächen!
nêt, saj esi souer af dëinje màn!
hî braiujt dir jö munch în äéhen,
wun hie nor înt fainjde kàn;
5. fun der stuw ug ousz dem strî
brainjt hî dir nôg ainjde mî —
kiken dich de fadre, bëiszen dich de flî.

Tanzreime.

53.

Hopsa! Lêntchen,
uch Katrêinjtchen!
dâd ich de rît schagen un,
dat mer af den dänz gôn!
5. de Hêpentêp
äs uch dô,
de Krazewöz
Kid uch nô.

54.

1. Und ale wêisz blomen,
dâ blân uch wêisz,

ich hnd an înich schazken,
dât wôr fôl lèisz.

2. Und nle giel blomcn,
dâ blån uĉh giel, —
ich hnd en înich schazkcn,
dât wôr mer scbiel.

3. Und nle blô blomen,
dâ blån uĉh blô —
ich hnd en înich schazken,
dât wôr uĉh grô. ·

4. Und ale schwnrz blomen,
dâ blån uĉb schwarz —
ich hnd en înich schnken,
dât wôr gor schwarż. (garz)

5. Und ale grån blomen,
dâ blån uĉh grån —
ich hnd en înich schazken,
dât kangd ich nèmi sån.

6. Und ale rît blomen,
dâ blån uĉb rît —
ich hnd en înich schazken,
dât äsz na (got sâ dånk) dît

———————

55.

(Såchs. Pein.)

Zem Trèinjtsche ban ich gangen,
nor en hâlf åtangt;
dô hun ij uĝ en flî gefangen
wâ en flischerhûngt.

———————

56.
(Busz.)

Hopsarîka, äm de trun
drê dich mêtche mat der grun',
hop! hop! hop!
zopa zop!
drê dich mat dem älden zôp!

Die Knechte.
57.
(Petersdorf.)

1. Î rôzich knêcht krêcht anjder den dasch,
hie asz nèt wiârd en grêt fum faach.

2. Î rôzich knêcht krêcht anjder de bunk,
hie asz net wiârd en kram hûnt.

3. E rôzich knêcht krêcht an de kaszt,
hie asz nèt wiard en zernssa paszt.

4. Ir rôzich knêcht krêcht anjder den hiart',
ir sêgd uch nèd en krâm spol wiart.

5. Ir rôzich knêcht krêcht an det schlôsz!
ir sêkt nèt wiart de schwânz fum rôsz.

58.
(Petersdorf.)

1. Un em bûmtchen hêng en prom —
de mêt dai söden: „de knêcht sên nèt from.“

2. An dier prom wêr uß en kar —
de mêt dai söden: „de knêcht se far.“

3. An dier kar, dô wôr et wêisz —
de knêcht dai saken de mêt mat flêisz.

4. An dem wéiszc wôr et grain —
de mèt dai sòden: „de knêcht sén hai."

5. An diem grainjc wôr et blô —
de mèt dai sòden: „ai wère so dô."

6. An diem blôe wôr et giel —
de mèt dai sòden: „de knêcht sé schiel."

7. An diem giele wôr uch zwéiwel —
de mêt dai schakten de knêcht zem téiwel.

59.

(Urbach.)

1. Blader am basch!
de mède sè frasch.

2. Blader an der kol!
de kniecht sè fol.

3. Blader af em bûm!
de knêcht sè grûm.

4. Blàder af der iârt'.
de knêcht sè naszt wiârt.

J o h a n n.

60.

(Sächs. Regen.)

1. Johannesz kukt durj ê geschäz,
hie duêht sich nur disz läszt,
hie sîl än det mâresz gô,
e sîl et der frâ moter sô.

2. „Ach! moter mèn, frâ moter mèn!
ich hu gesân e fräelen

mät kôlschwarze ûgelein,
dad uch der dëiwel nêt kâ schwärzer sên."

3. „Ach Johanesz, nêmi mâz!
huf kuraji wai en raz!"
„Ai dat dêch der bläz eräschlît!
dät wêr fîr mêj en ätatlich grît."

4. Em râft den härre Johanes änen:
„Mai son! wat wält ta na begänen?
tû wält begäne bâ er janger frâ ze lôn,
unt dinkst ta, wâ kênst dâ se bedrôn?"

5. Ach! frâ moter! nêt âprêcht esi!
er sêkt doch niche knêcht namî;
se wit mich lîre, wad ich nêt kô,
wô se wäl hu êne rièchte mâ.

6. Unt sîl ich nakich bâ ir lân,
dät wirt mich nêmermî gerân,
unt sîle sâ dän mêch nur nien,
êch wêd er himder uch gatche gien.

— - - -

Jungfrauentagslieder.

61.

(Petersdorf.)

Si - we kruoden durch den zâng! freud und recht! de

si-went kaugt nêt   nô kun,   mûcht ich   frî-lich!

---

1. Siwe kruoden d'urch den zong,
freud und recht!

de siwent kangt nôt nôgôn.
mûćht ich frilich!

[1. Siwe kruoden durch den zong,
freud und recht!
der gèjer kangt nòt nôkun.
mûćht ich frilich!]

2. Der brejum drânk en bêcher wèinj,
freud und recht!
de brokt dai drânk en îmer wèinj:
mûćht ich frilich!

3. Basz de brokt den dasch godâkt,
freud und recht!
hat der brejum det dape gelâkt,
mûćht ich frilich!

4. Der brejum hat nor în ûćh,
freud und recht!
dât gewân de brokt äm ućh,
mûćht ich frilich!

5. De brokt dâi hat nor în hîn,
freud und recht!
ućh dâ wûl ûr der brejum nîn.
mûćht ich frilich!

[5. De brokt dâi hat nor în hîn,
freud und recht
ućh dâ moszt sai ant dape gien.
mûćht ich frilich!]

6. Dâ de brokt zer kirch gèng,
freud und recht!
nâm se sich det rôszfûl am.
mûćht ich frilich!

7. Der zijel wôr der nôschwûnz,
freud und recht!
det uir, dât wôr der ûwerkrûnz
mûćht ich frilich!

8. Der dûre wôr der brejumâtreusz
freud und recht!

. . . .
mûćht ich frilich!

9. Af der hoċhzet wîch brût
   freud und recht!
   nő der hochzet komer uċh nût.
   , můċht ich frîlich!

10. Siwe kaingder am den hiart,
    freud und recht!
    niche kûren an der iart.
    můċht ich frîlich!

11. Siwen hèmder an der trun,
    freud und recht!
    siwencsiwenzich flaken drun.
    můċht ich frîlich!

12. De brokt dai kiert de ǎtuw ousz,
    freud und recht!
    der brejum drach det kierschel ousz.
    můċht ich frîlich!

13. E wurf et wèder un de wûnt,
    freud und recht!
    et fǎl em en tǎler an do hûnt.
    můċht ich frîlich!

14. Wǎi mer hu gesangen
    csi sǎl èt sèinj!
    en ǎtrazel uġ en brôden
    uġ en îmer wèinj!

62.

(Minarken.)

Ich fǎnt drèi ǎrbeszker ǎm ruirҫhi;
icḫ kont se nǎt erhǎid'n
for diem lǎib'n ruguzkn.
Frǎi dich, hèschet Katichi!
huet dir et nǎt dai neuberen wol gescut,
de sèlzt dien Gjirku losz'n ǎtou?
e wǎl dij ǎf det knèipchi schleu,
et wǎl der guer ze wol ergô.

63.

(Mit diesem Liede schloss man früher in 8 Regen die Hochzeit, indem man dabei den Hochzeitheerd — kôchesz — zerstörte.)

1. De brülft wôr gât,
   äm gôw esz genâch.

2. Det kôches āsz zebrôche,
   äm gôw esz nur de knôcho.

3. Der brot än schîne schurz,
   dem brätigem en döken f —

4. Der kâ ir hûrn,
   der brot ir spûren.

5. Der âtî äs ofgerītszen,
   de brot huet sich besch — —

6. Of der hoćhzet wĭch bruit,
   nô der hoćhzet komer ućh nuit,

Hochzeitreden.

(Am Schluss der Hochzeit gesprochen.)

64.

Tâ klager ferâtânt!
wâ bléifst tâ nôg än dèsem lânt,
unt worüm zéhest tâ nêt wândern
fun énem irt zem ändern? Amen!

---

5. Frit, frâd ug inegot
   wäinjtschen ij ech zer hoćhzet!
   Äm ich bâ de zèkt se ferdréiwen
   moszt ich mer dèsz prädich schréiwen.
   Ich wäl ich gor munch äszt liren:
10. dā mir äsz gor fil üm kérbesz,
   wat der Blôch nêt huod üm wérbesz.
   Und ućh zâ dèsen zégden
   wird em kolâtsch ućh bânklich schnégden — —

Wier awer wâl lâwən de frân,
15. dier mêsz sij äm e špidôl ämsân:
de frâe mîne, se wêre schîn trâ
wu se êne lâwen uch nôg ênen deszâ,
Mät den häinjde bäinjt em îlêkt —
mât de fêsze lûfe se funenânder wěkt.
20. Jang lêkt sêle bâ den âlden
de îre broéhen unt det mêl hâlden!
Gäf der duéhter bâ zěgd en mân,
dâ se üs en obst, dât sich nêt hâlde kân. —

Na wâle mer zâ âsem täxt schrěgden!
25. ězt wärden är fil äm de bröde strěgden;
än dêse lasztijen dâjen
fâle sij är fil de mâjen.
Ai hâd ich dêt nor înder geroéhen!
dâ munch êner dinkt: „na fräs woéhen!"
30. O Marmorotodelne! wat kit mer na än?
ich sân dad ij af der hoéhzet bän :
ich bän der far nô dêser uort,
dât zîcht na hâ mê grô buort.
Ich wil gäre mäd ich schmousen,
35. dän ich kun hêkt fu Nêkthousen!
ich hîrd er hât krokt gekoéht.
dât de gisz nêt uofgekunoéht.
Wun ich sîl esi gläklich sêinj,
dad er hâd en gâde wêinj,
40. Ai wor wîl ich mij erkwäken!
mêr sîl ich driwer ug erstäken.
Hänklich, krokt uch fieferkächen —
wâ sîl mir âtwesz bieszer rächen!
se wîl ich nor bâ dêse blêiwen,
45. unt mir hâ de zêkt ferdrêiwen. — —

Mer wälen de brêjum aî de prôb sâzen!
ir môinj lâf hoéhzetgieszt
hâld ich nor de gatche fieszt! —
Ich doéht, ich sîl änt mâresz gôn,
50. unt wîl et mêinjer moter sôn :
„Moter, wu mich dâ wîl nien,
ich wîl er hêmt, blîse, gatche gien.
Ferwangdert ich nêd ir lâf zâhirer,
ir uch nêd ir schwêinjämkîrer"
55. dad ij esi en geférlichen täxt genun —
ich bä gor fu fârem kun,
nêmlij ousz dem blêsche lânt,
dô drakt der blôéh de blêschän un de wânt;

ich kâm uch durch Pretâ,
60. dô de frae gäre lân äm hâ;
ich kâm äm giszhirn ernt,
dohär bäs än't miltchen
und af de schwolwenzuogel
eraw af de zimbel;
65. de site wôren alle gestämt. — —

     Ich wil ich nôg liszt sôn,
     awer lot de kräch ftôn!
     I mer wékter gôn,
     wüle mer hâ stül ftôn
70. unt sälinjen den iräte wärschen ousz:

    „Wohär ségd ir ir lèkt?
    mir sé fu Kêrpénisch."

Ed äs ir kräsztliche lâwden ze mälden: frätens dad än de fer-
gangäne firzâo dâjen e kâlf ze Bodendurw äsz ferlire gangen.
75. et had en baszgêjefurf; besanjder känzïche: fun hainjden en
tabulatur, zwietens äsz bekänt ze mâchen: dat sich zwô pärszône
ferwällicht hun, än de ferätruwelden iätänt ze trieden. De pär-
szône sén dész: Pêtr Lurz, e ätruwelhïwdich, hîgeôcht liefel-
mâchermïszter nit zer I en häinjderloszä, wiertgeschäzt, rïtnäsich.
80. Anna, Maria, Fike bieszembäinjderadûchter. Wô emeszt liszt
derwéder änzewänden hnot, dier sâl kun unt sâl sich mälde
bâ der âlder mil. Zwietens uch Hans Schlâpzuogel, es frbere
man nesz san, fun hous ous e réch korfmâchergesäl. Fu sei-
njem schwijerfuoter äs em geworden äô de wirtschaft:

85. 1. E nä beschlôä wuogen, un dem néd en éiserä nuogel ze
     fäinjden äsz.
   2. un zingerêt: en ält bakîwen ug e wäinjerd äm hiejewâlt,
   3. u sègdestof: en ält puor wérbesz mäd em kälkdäpen,
   4. u bûnwelzéch: en zeräszä kôzen ug e schwêinjstrôch,
   5. zä em lange liewen äs em firäpan ze fosz gie worde bäs
50.   un't wäldäinjt.

Hie nit zer I de frber kontribution, dât hïszt af szaksesch: de
trépsnäsich muresä. -- Wéder nid es frbere manesz san en
wilhawend dûchter; dä fun ärem griszfuoter äs er geworden
   1. fum akerätänd: en ält grô ruos ug en bläinjt mûlt;
   2. u wiseniert: en zwijèrich krâm, mäd em kléne zwiejêrije
     färkeln
   3. un éisegerêt: zwie schlôfhèmder ug en ält gatch,
   4. un hélzeränem gerêt: zwin lènenk ug en ält bârde,
   5. u léinjäner wiesch: e wirkätâl ug en ält mältchschôchtert,
   6. u fä: en ält huowerkaszten, ug en ält ätal.

100. Fïr dêtmôl êprêcho mer e schluoszer âser, en wälen do häingt
    zesamen dân, unt êprêchen:
    Schluoszer âser, dier tå bäszt än der hil,
    mé åan wund än der mil,
    til kiszt nèt zâ âsz, mir ku nèt zâ dir.
105. Det ferdamt wéif kontribotion huot de monkel fersazt;
    så kân en nèt lïsen, år mân wäl e nèt lïsen;
    esi blcift e fersazt fu Mäkendurf bäsz kê Liewlonk. Amen!

_____

    Âs ewangelium beschreift esz der aposztel Stoika um ïrête
    åtalåk, um sieszzânte åpräinjbälken; de wirt lokten fum Hir-
110. scheldan gruowe, bäsz für de limbranen alsi: „Et wôr emôl
    e mäinjtsch, dier mâcht e grïsz hôchzctmôl, unt lät fil derzâ,
    unt schakt sèinj sluge" ousz de geladäne gicszten ze sôn:
    weniz la troake! (kud un den trôch!) den ed äs alesz berït:"
    Dèr ïrscht sôt: „ich hun mer nèinj jôch kaze gekûft, unt mêsz
115. gô, se ze besân: ich biden dij, entschâldich mich! der zwiet
    sôt: „de mèisz hu mer de kaze gefrieszen, doräm kân ich nèt
    kun: „Der drät sôt: 'am kumperat ô holde, ich biden dij,
    entschäldich mich." Dô gèng der knôcht, und sôd ed sèin-
    jen härn. Dô wort der houszhär zornich, unt schakt sèinj
120. sluge ousz: „mårsets linge kåle, orb schi ätirb, schi åtop
    sze umplé kåsza mä," af dat mèinj housz fôl wärt. Dô géng
    der houszhär änen de gieszt ze besân, unt såg en mäinjtschen,
    dier hat nichen hôchzetlich klïd un, unt sôt: bát te honnál
    Peter, Gabriel?" Dô wirt hélen uch zäingtklapere sèn; då fil
    sê berofen, awer wènij ouszerwielt. Esi fil sèn de wïrd âsesz
125. täxtesz. —
    Ich wïsz wol wad ich åtudïrt hun än de flâjner wègden. Såt
    ich fïr fun de fältsche profêten, då kukeruz äm boch hun.
    Sêlich sèn de iszendréiwer, då se gôn ze fosz!

_____

        Ich wôr iszt af dem hôchzetuôl,
        dô wôren de däs uch glåser fôl,
130.   dô hat sij uch de brokt besôfen;
        awer dinkt — dåt wôr ägetrôfen
        wå der Schûser mät der glsz —
        så sång wå en galjenmïsz;
        de ûge fäinjkelden er äm hïft,
135.   alz wèr se mät schnî gedïft,
        dô wûl se dénich nor ml säinjen,
        mèr sïl et uch nor — — kläinjen.

Äntlich kâm der bréjum derzâ
mät de wîrten: dû sâ!

140. buoszt tû dich na besôfen?
ai tû sîlt na lâwer schlôfen!"
Awer wat hat der bréjum geriet?
de brokt âprong af fum bât.
se fêng glèch sîr un ze bêren.

145. unt âpärt det mèl af wâ schnéderschêren,
det âpoksel âpräzt er ousz dem mèl,
wâ er gebrôchäner sèl (?)
äm grüm säng se det huéhzetlît,
de zêre fluszen der Marcgrît.

150. Na kâm uéh der brokt är moter,
dâ sâg ousz wâ e kapefoter
beschmiert, beschmuzt mät fäd uéh kächen
als kêm se durj en bèkt geschlächen.
Se nâmen de bréjum un den hôren,

155. se dêden uéh nichen fäinjer âpuoren,
se mâchten emôl den häzeldânz,
et bliw uéh nèd en schäszel gânz,
Hanâkesch, Kosûkesch gèng et zâ
wâ en dänz fun er bäfelkû.

160. Ich wîl nôg âtwes âôn,
awer ich kâ glèch nèmi beâtôn
fîr   •   •   •
ferzât mer än der riedensuort
unt schlôt mich nor nèd af de buort,

165. dän ich hun näszt iwels äm sän,
awer uéh net fîl gâdet drän!

dä wâ hîszt ed äm îrâto brâf Juon tärza pärzas äm îrâten uéh
zwîcte wärschen:

'Nèt hè än de käp de bâchen,

170. süch wâ ed änder lèkt mâchen!

Wèkter hîszt et:

„bräinjt mer hier den âchtelskraéh
dän ed äsz mèinj zâlmebaéh!"

Aéh wad äs et fîr e wiesen!

175· de episztel hun ich nèt geliesen,
dän ich kâ se uéh nèt fäinjden,
wäder äsz se fîre nôéh häinjden.

Awer ed äsz mer na äkun:
dô hie't had af der trun,

180. drakt hie ed esi zesumen,
dat sij uéh der dît mèszt schumen.

O, ich hun gor fîl härzelît,
dad et mer äm knâ wîdît,
ich wôr en hîsch käinjt —

9

185. wêr mer nor mêinj hâszt nét blåinjt,
  dän hie huot gor o grîsz geschåk,
  bärjaf fält o åf de rük.
  bürjuof låd ed em schîu äm sän,
  . af der iewen bleift hie štäl štôn.
190. Ich sål mäd äm ze fosz gôn,
  wu mer sûlen hämen,
  fêng o sij an do têiszelt ze lénen.

* * *

Esi e far, wå éch bän,
  huot nor fîr en zwélwer sän,
105. wåld er em awer en horgesch gien,
  die wirt hie wärlich låwer nien ;

Ich wîl nor åtweszt erwäschen
  fun die file gehobelden däschen,
  dad ij äszt håt ze bêiszen,
200. unt sîl mer uéh der boéh zerêiszen.

Uéh mé klékner der ieselskärl —
  mäd e si em tume schärl,
  huot sich de hôr nét frisirt
  wå ed esi em kärl gebîrt,

205. Wun nor de lékt nét sile wäszen,
  dad em de hise sén zeräszen.

Esi e kukuk, wå hie äsz,
  se huot hie doǵ e štark gebäsz ;
  e rêiszt det flîs uof fun de knoéhen,
210. e broéht uéh niehen zänštoéher ;
  wåld er em awer äszt gien —
  e wird et wol å séinjen tåsert nieu.

Hiô kån uéh af der géch géjen,
  nor wîsz e nét ze fäinjern
215. uéh de bîje nét ze štréchen ;
  e hîszt : Mächel kuk mer än de sak
  e kä blôse wå der Krîner štattramîter. —

* * *

e kån esi säinjen,
  dat de schäinggeln derfuspräinjen. Amen!

220. Mëinj prädij äs ousź,
    wier se bieszer kâ, sô ed erousz!
  sén de kräch lér,
    drô wôr uéh mëinj prädij en mér. Amen!

65.

(Bruchstücke einer Hochzeitrede.)

Ir mëinj lâf huowergarwen, dâ er hâ fersumelt sëkt, fäten uéh
muogerer, länken uéh kurzen, däken uéh schmuolen, bïrt nor nôéh
zâ! ich hun ich wichtijet ze sôn :
    Sât mich réeht un!
5. ich bän uichen Zegun,
    bräinjt mer e glâsz wëinj!
  et äsz mer läwer wâ e schwëinj
  gemieszt mät hobelspên ; — .
dän uéh fïr tousent lokaten bekridnesz äsz nët wierd en fëif tabak,
dât künd er mer glîwen —
    Probatum est
    dât hîszt: „glîft mer fieszt!
    und înt nët fergieszt!
    wun er lûft hâlt de gatsche fieszt!

* * *

Hîrt hier ir mëinj lâf beschmiert fräinjt! Anno 1912 äs e gebou-
er iwer de Buser bräk gelûfen, und äsz mät dem boǵ än en mûlter-
hûfe gefalen, dad em de späzt af em räk erousz kun äsz. Anno 1444
sén esi fil mäintschen änt lâut kun, dâ uǵ af dész hoéhzet geréeht
ku wûlen; awer: tam tarde venientibus knoéha! dât hîszt ferdol-
mâtscht; „sëgd er nët zem flîsch geréeht kun, esi künd er na de
knôéhe frieszen“ Anno 1862 käm e komêt mäd em länke fëirige
schwûnz, unt hade fil jangfere ferlangen en ze sân, awer se sûǵen
en nët — nor ïn wôr de glüklich, dâ e sâéh, en huod en uéh ge-
mieszen ;
    dâd äsz wärlich wôr,
    er wärd et sân iwer't jôr
unt wiem dât nët ze härze gît, dier huod en stênerânen häinjdern.“

66.

Hîher, hécherer, alerhéchster, schlîncåtroĉh, angder diesz sêin je blüdere sich mî wå zwietousent müinjtscho fîr der somerhüzt ferkräche künen, unt sich härlij un déinje sêsze frichten ergåze künen! ergåz uĝ åsz då mer alo hå fersumelt sén, müt dem sêsze geschmak déinjer fricht, dömüt mer îszt uĉh rofo künne: je wénijer dad em äszt, dieszto bieszer schmakt et."

Ir låf lékt
gor wangderlich gîd ed än der wält hékt;
éner huod um fräinjdere laszt,
dem ândere wird uĉh dåt ferhaszt;
éner gît bält hier bält duor
mèr uĉh än der grészter muor.
Ir méinj låf beschmiert fräinjt! ich hun ich nôĝ äszt wichtijet fîrzeprazeln, wå et mer gangen äsz, då ich mich fräinjderd, und wå îl ich bekäm. Eĉh bekäm:

1. Un akerlânt: en firtelierich müten än der båĉh,
2. U wisenierd: en ierich wis af dem turekrånz (tureknûp).
3. Wäinjert af en îmer ouszwünich der huoĉh; de maschketäler wören de målzbîm, de gîszmäme.wören de gükårsch, de schwarz gornesch wören de schlinen.
4. U frichten: fär åchtel kiren ä garwen uĝ en åchtel kukeruz ä kolwen, nĉh fun hangdert lîrlen huower de kuof.
5. Un zaĉhfä: en ålt rieszken; un énem ûĉh wôr et schiel u génem säĝ et nüszt.
6. U geflijel: en rîde kokesch; o hat får fés, unt wun e af de hîn šprong, bîsz e'r det hift uof.
7. U båtzéch: e wich füderebåt ousz fafzå füderen, en wîche füderepil ous er porziôn åtrî, uĝ e brîtštréifich léngdaĉh, wô em de hänt draf dèt, géng se durch ent durch.
8. U klîdern: fun em muschlinäne schurz ousz krazwierk müt dem liefol gedrêt det bandel, uch fun em älden hémt det galer; dernô en gåden zeräszäue pielz ônen ürmel, fun em brasztpielz det häinjdertîl, uĉh en hod ône strûf.
9. Un houszgerêt: en hélzeräue mîrsel ône åtîszel, en ferruoszt hép ône gräf, en špäjel ône gluosz, de štimpel fun er dräfészijer fan, de bodem fun em düpen, uĉh fun em ieszichkraĉh de štapen.
10. Ousz lüder: e puor wérbes ône silen, uĝ e puor paputsche fum wéiszbåk gebaken.
11. Un ädelätinen: en düken, düke kislengátîn ousz der båĉh, derzå en féierátîu, dier niche mi fanke gåf.

12. U gielt: 1000 gålden ônen de 1.

13. Ug en hîsch getarkelt lâm, nor äs ed ewénich bîs unt närt unt
bilt kèn de légden.

Dèd äs alesz gor wôr, unt wier èt nèt wäl glîwen, dier sâl
mich mêr uch nôg emòl frôgen, esi wirt e det nèmlich hîren Ed
äs awer geschån, dertîwen uch dertnéden äm Hôschuoģener grangt,
Dô der bier de zimbel schlaćh,
då de lousz de brôden draćh,
då de mäk den torn ämflućh,
då de schnôk den Âldouszsúf.

Guckuk.

67.

A.

(Marpod.)

1. Kukú, dî den af dem naszbûm sâsz
Kukuk!
unt dier grâiner wèinjmern âsz —
Kukuk!

2. Kuku hat der kröuser hôr
Kukuk!
drèzå breokten än ènem giôr,
Kukuk!

3. Då îrscht, då kierd em än dem heô-z. Kukuk!
då zwât, då draćh det kierschel eòsz. K.

4. Då drät, då bråt em en graine fäsch. K.
då ûrt, då dreaģ en af den däseb. K.

5. Då fiûft, då beak sich hèmelbrîut. K.
der sèszter wôr der monkel riût. K.

6. Då siwent gèng nô klôrem wèinj. K.
då ûcht wûl gäre schiukerä sèinj. K.

7. De nèinjt då käperd än dem hûlz K.
de zânt mâćht sij en èpäjel åtûlz. K.

8. De elft, dä rascheld an dem stri, K.
der zwelfter det der beoch gor wi. K.

9. De drezänt huat en hisch pelzken un
Kukuk!
så wunszt uch wien så läf sûl huo.
Kukuk! Kukuk! Kukuk!

B.

(Mühlbach — ergänzt aus Schässburg).

1. Der hukuk af dem naszbûm sås
unt dier grûner wéinjmero frâsz.

2. Sè brûder mät dem gielkrousen hôr
bat drezâ brokten än énem jôr.

3. Dâ frscht, dâ kiert do ätuwen ousz,
dâ zwêt, då 'drnéh det kierschel ousz.

4. Dâ drät, dâ käpt fil spliterhûlz,
dâ firt, dâ mâcht dot féier stûlz.

5. Dâ fäft, dâ kôcht en wéiszo fäsch,
de sieszt, dâ brôcht en af don däsch.

6. Dâ siwent géng än de käler nô wéinj,
dâ âcht, dâ schinkt än't glåszken än.

7. Dâ néinjt, dâ mâcht e wîch bât,
dâ zânt, dâ mâcht e fäderä bât.

8. Dâ élft. dâ mâcht e plomebât,
de zwélft, dâ lôcht sij än det bât.

9. Dâ sich der kukuk äne lôcht,
wüinjscht em de drézänd en gât nôcht.

Spinnerin.

(Mühlbach.)

68.

1. Spän, spän méinj dîchterche spän!
ich kîfen der e lasztich daćh.
„Nái, moter, nái!
mé füinjer dît mer jô wî, wî, wî
fum späne, fum spänen.“

2. Spän, spän, méinj dîchterche spän!
ich kîfen der en lasztije scburz.
„Nái, moter, nái!
mé füinjer dît mer jô wî, wî, wî
fum späne, fum spänen.“

3. Spän, spän méinj dîchterche spän!
ich kîfen der e lasztich klît.
„Nái, moter, nái!
mé füinjer dît mer jô wî, wî, wî
fum späne, fum spänen.“

4. Spän, spän, méinj dîchterche, spän!
ich kîfen der e lasztich housz.
„Nái, moter, nái!
mé füinjer dît mer jô äinjde wî
fum späne, fum spänen.“

5. Spän, spän méinj dîchterche, spän!
ich kîfen der en lasztije mân.
„Cha, moter, cha!
mé füinjer dît mer na némi wî
fum späne, fum spänen.“

Schnur und Schwieger.

(Mühlbach.)

69.

1. Wält tû méinje san hun?
sôt de âlt schwijer.
„Cha! éch wäl en hun,
cha! éch méaz en hun!“
sôt de jang glèch wéder.

2. Af wat sëld er schlôfen?
sôt de âlt schwijer.
„Zwîn ètrisåk
sén uǵ c båt."
sôt de jang glèch wéder.

3. Fu wat wäld er liewen?
sôt de âlt schwijer.
„Ousz em hanger
mèsz em langen."
sôt de jang glèch wôder.

4. Wohär wärd er micl nien?
` sôt de âlt schwijer.
„Ousz dem bëgelkaszten
sâl em derhîm faszten."
sôt de jang glèch wéder.

5. Wohär wäld er wéinj nien?
sôt de âlt schwijer.
„Qusz dem schinkhousz
hèd e krinzken erousz."
sôt de jang glèch wéder.

6. Wohär wäld er gielt nien?
sôt de âlt schwijer.
„O dâ âlder bier.
gäf det gielt hier!"
sôt de jang glèch wéder.

7. Nôćh lâwer wîl ich mij afhên.
sôt de âlt schwijer.
„Ich gien der uǵ en èträk,
unt wäinjtschen der ućh fil gläk."
sôt de jang glèch wéder.

Das Essen.

70.

(Agnethlen — ergänzt aus Georgsdorf.)

Et für e gût moûn än de bäsch, ti - dri - tum! Et
e klöuft e fû - der ha - szel - näsz „ „ „ e

für e gût moûn än de bäsch ti-dri-tu-dri ti-rum ti-
klöuft e fû-der haszel näsz „ „ „ „ „ „ „

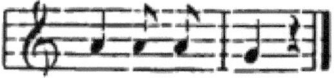

ta-rum ti - tum!
„ „ „ „

1. Et für e gût moûn än de bäsch,
   tidritum!
   e klöuft e fûder heszelnäsz,
   tidri, tudri, tirum, titarum, titum!

2. Dâ en na der hânger plôicht!
   tidritum!
   „Frâ wat hoiszt tâ mîr gekôcht?"
   tidri, tudri, tirum, titarum, titum!

3. „Äm hois aw âsem käsztchen —
   tidritum!
   dô lâd e ferschämelt kräsztchen."
   tidri, tudri etc.

4 „Frâ, dât sâlt tâ frêszen!"
   tidritum!
   E schlaéh se wéder de hêszen.
   tidri, tudri etc.

5. E schlaċh se wêder de naken;
   tidritum!
se moszt'em krapo baken.
   tidri, tudri, tîrum, titarum, titum!

Der Pfaffe im Keller.

71.

(Georgsdorf.)

1. Et wöul e goböuer gor frâi âfstôn,
   e wöul gor frâi âf säinjen aker gôn.

2. Dâ hî âf säinjen aker köûm,
   köûm en e grûsz hanger un.

3. Hie lêf kên heime wâi o fúsz :
   [„Frâ! losz bîre, wat kôċhst tâ bëkt?“]

4. „Eċh kôċhen en dap föl mêrlekachen.“

. . . .

5. „Än dier mêrlekäche sâl uċb zaker sèn,
   dât mös en härlij èszo sèn.“

6. En däu hî bâlt ze dasch sâsz
   râmpeld än der kumer aszt.

7. „Ai sô mer frâi, wât sîl dât sèn?
   et rampeld än der kumer cräm.“

8. „Ed äsz jô nor der wäinjd alîn,
   e spilt mät mäinjem zingzingzing.“

9. „Und äsz dât nor der wäinjd alîn
   unt spilt mät dèinjem zingzingzing?“

10. Der gebouer sôd : èch mêsz doċh gôn,
    unt sân, wat sich dô zâ sîl drôn.“

11. Unt däun hie bäuld än de kumer träf,
    däu zuċh der blèsch fof de hûsen âf.

12. Der gebauer de riter klapel begrîf
    unt schlaćh die fufen dât hie sch...

Noch einen Tanz.

72.

(Mühlbach.)

1. Frå tâ sâlt hîme gôn,
   de mân dier äsz kronk!
   „Äsz e kronk,
   got sâ dánk! —
       Mein lieber Franz!
       noćh einen danz!"

2. Frå tâ sâlt hîme gôn,
   de mân lâd äm zân!
   „Lât e äm zân —
   lod en zân!
       Mein lieber Franz!
       noćh einen danz!"

3. Frå tâ sâlt hîme gôn,
   de mân dier äsz dît!
   „Äsz e dît —
   et dit mer lît.
       Mein lieber Franz!
       noćh einen danz!

4. Frå tâ sâlt hîme gôn,
   de mânwirt begruowen!
   „Wirt e begruowen,
   frieszen en de ruowen.
       Mein lieber Franz
       noch einen danz!"

5. Frå tâ sâlt hîme gôn,
   eu âlt gesäl äs äm housz!
   „Äsz e äm housz,
   guoćht en erousz!
       Mein lieber Franz,
       noch einen danz!"

6. Frå tå sålt hîme gôn,
e..jang gesäl äs äm housz!
„Åsz e äm housz,
lod en äm housz!
Mein lieber Franz,
noch diesen danz!"

Todtenklagen.

73.

(Mühlbach.)

Er frå wor der mân geåtorwen; så åtånd un der bôr en moszt îren halwer schånden halwer klôn, mèr ed er nèt drün wôr, uéh nèt fum härze gèng; dä gènzt der bôr åtånd är låfszter, mät diem se sich langhär gehålden hat. Så gewån det schnèzdaĝ unt klôt :

1. O wî! o wî!
woräm nèd I,
tå mè låwer — gènzt der bôr;
mät diem ich gor fil äm wirtshousz wôr?

2. Owî! owî!
woräm nèd î,
tå mè låwer — gènzt der bånk,
mät diem ich gor oft äm wirthshousz drånk?

74.

(Mühlbach.)

Er frå wôr är mån geåtorwe, mät diem så fil jôr åpårsem uéh zefriden geliéft hat. Än ärem hîen ålder gènge så mäd enånder äm wå zwie käinjt, unt wu se ous ärem schåszeléhen sopten, oder än e wîj åche mütenånder tankten oder sij än em klène fåinjtchen e wènich füt wärmden unt mät brîd oder paloks drän tankten înd äm'd ånder, se hèsz et åinjden: „sop na tå schaz!" oder: „tank na tå, schaz! ed äs un dir". Då na de uorem åld un des åldo sèinjer bôr åtånt, fèng så än esi un ze klôn:

„O wi! o wî!
dèt dît mir wî;
tå gîszt, unt lèszt méch hå elîn.

Îszt tankt ëcb,
îszt tankst tâ,
tâ mèinj hârzer tankferlanker?
O wî, wier wit na mät mer tanken?
Owî! owî!"

Rückkehr.

75.

(Sehr verbreitet   hier in der Hermannstädter Mundart.)

A.

Dân der blôch de   blë-chä schlaċh, schlaċh e-se mät dem

ieszichkraċh ja! ja! ju! ju! ju! ju!

---

1. Dân der blôch de blëchä schlaċh,
   schlaċh ese mät dem ieszichkraċh.
   Ju! ju! ju! — ju! ju! ju!
   u. s. w. wie B.

B.

1. Dân der blôch de blëchä schlaċh —
   Juchaida! juchaida!
   schlaċh ese müt dem ieszîch kraċh.
   Juchai, juchaida!

2. Et kâm der blôg ousz sëinjem lânt. J. etc.
   mät dem kläpel än der hânt. J. etc.

3. Sâċh der blëchen af de boċh — J. etc.
   „Nana blôċh, na sëiszt te't doċh." J. etc.

4. Dân hie sich grîw un de štèrn. J. etc.

„Nana, blôċh, na huoszt te hérn" J. etc.

5. Nâm de blêchän an der hänt. J. etc.
schlaċh se drâmôl wêder de wänt. J. etc,

6. Schlaċh de blêchä wêder det knâ J. etc. .
dat se bèrelt wâ o fä. J. etc.

7. Mät dem kläpel, mät dem bieszem. J. etc.
dat se ouaz der hänt moszt frieszen. J. etc

8. E bänt se un den däschfos un —
Juċhaida! juċhaida!
se word em frä unt lêf derfun —
Juċhai, juċhaida!

Der Reiter.

76.

1. Ai da méinj här e régder, e régder wûl wärden
kangt hî sij än em gûnze giòr en häszt nêd erwarwen.
Êch had en âldo gîsebak;
ich sazt den hären uiwendraf,
en lèsz en dohi régden.

2. Ai da méinj här e régder, e régder wûl warden
kangt hî sij än em gûnze giòr en sadel nêd erarwen.
Êch had en âlt brüschaf,
ich sazt den hären uiwendraf,
en lösz en dohi régden.

3. Ai dâ méinj här e régder, e régder wûl warden,
kangt hî sij än em gûnze giòr en zûm nêd erarwen.
Êch had en älde kédelsûm,
dât gäf dem hären en gäden zûm;
ich lèsz en dohi régden.

4. Ai dâ méinj här e régder, e régder wûl warden,
kangt hî sij än em gûnze giòr e schwiert nêd erarwen.

Éch had en âlt brêchschékt,
dāt héng ich dem hären un de sèkt,
en lész en dohi règden.

Rathsherren. •

77.

(Batosch.)

Grā īsz·der waimerătiûk —
giût, îrt der waisen irn riûi!
Plak am lûnde —
wénătiûk am sûnde.

5. Hā dāo mer dat of dise dasch —
am sol et lope wā en fasch!
Hā dāo mert ofm open
de waisz hiern si'n et flaisich lopen!
[De trebun sai iârenwiert,
10. am kliupt en de mailer wider'n hiert.]

---

78. •

(Mühlbach.) .

Mer kâme. fîr den hanen —
mer haden't nêt gewanen.
Mer kâme fîr de richter,
dò gèng ed esz nòch lichter.
Mer kâme fîr de kènengsrichter;
e sût . . . .

Michelsberger.

79.

(Hermannstadt.)

Nichen dêiwel īs nêd ärjer
wā en danrich Mächelsbärjer;
hie ferkîft sèinj stäinjkij ār
guor dem ștäder äm en drâr.

Drei Mitnationen.

80.

(Sächs. Rogen.)

Der Onger, Blôg unt ·der Zigu,
dât sni guor lnsztich lait;
der Jantsi flacht de gonze dûch,
der Moi tonzt mät dem botu nôch,
der Kère dier gît nåkich.

Drittes Buch.

(Sprichwörter.)

Sprichwörter.

(zum grösten Theil aus Mühlbach und Schäszburg, dann auf Sächsisch-Regen, Bistritz, Marpod, Braler und Kronstadt).

Bauernregeln.

1.

Säzt em um kräsztdâch häinjder de wäinjden,
se säzt em um ûszterdâch häinjder dö bräinjden.

2.

Kierd em um kräsztdûch af der gasz,
se äsz se um ûszterdâch fum schnî nasz.

3.

Der Februar sôt,
wan de san net wêr,
se wîl hie erfrûsen
det kûlw än der kâ
uĉh det däpen af 'em hiert
uĉh det kîren än der iert.

4.'

A. Äm Februar kit der Spirkel,
B. Februar äsz Spirkel.

5.

Der Februar
kân âlt mî wâ der Januar.

10 *

6.

Fïr 'em Februar grält der Zegun um misten.

7.

Äm Februar krachen de stïn,
äm Mierz krächt det èisz.

8.

Mierzeschnî
dît dem kïre wi.

9.

Äm Mierz wirt der schni madich.

10.

Äs der Mierz hïş uch drèch,
se mächt hie de geboure rèch.

11.

Kit der Mierz,
se nit der gebouor de plaǵ un der stierz.

12.

Der Aprïl
dît nóch wat hie wäl,
drèift de külwer äu de stäl.

13.

A. Äm fråjôr mächt e ramp waszer e fïrel muor
äm härweszt e fïrel waszer en ramp muor.
B. Än ändäjen en ächtel waszer e fïrl mór.
en auszdäjen e fïrl waszer en ächtel mór.

14.

A. Kit der Gérch,
kit det gråsz,
mêr schläj em et mät dem humer äu d'iert;
aliu der Mächel
dier bräinjd et nét
mêr sîl em't mät der zaug erouz zåu.

B. Kit der Gerich,
   kit de grâsz,
   unt schléd em et mat dem humpesz;
   kit de Mächel,
   kit e nét,
   mèr däszt em et mät der pätschzång.

15.

Der Urbânus stécht mät seinje siwe pielze fum îwen cruow unt gid ierpere klouwen.

16.

Wå fil de kraode' fir em Gérjendâéh käinjen, esi fil schwèje se nô 'em Gérjendâéh.

17.

Der Mates äsz der éiszrämpler.

18.

Der Josêfi mäéht dem wäinjter en äinjt.

19.

Det kîren, dâd ed um Mariendâch berênt, dât hîscht bä'm kniede nèt fil waszer.

20.

Maria rînijunk schin unt häl
bräinjd übst genaǵ än aler fäl.

21.

Führt das wasser am Maritag
ein strohhalm mit sich auf der gass,
dan den spruch man merk fürbasz,
die urzen man gut versorgen mag.

22.

Kid um Mariendâéh der tuoszt fir sé lóéh, en sékt séinje schâde' néd, esi gît o nóǵ emôl af fäf wòéheη änen.

23.

Wun em säinjt fum hêlije gîszt,
dâ gült det kîren det alermîszst

24.

Wun em säinjt fum hêlije gîszt,
det kîre ferkîfen uch näszt mî hîszt.

25.

Pitrum Pâlz dûch,
di dem kueren de wurzel ětûch.

26.

Fîr Johani mês em äm rôn bide, nô Johani kit e tu sälweszt.

27.

Nô em Laurenzi schlîd et nêmi än.

28.

A. Der Lîrenz sicht än de bâch.
B. Wun emôl der hirą än de bâch gepischt huot, dernô
  äs ed ousz mät dem buoden.
C. Der Medardus pischt än de bâch.

29.

A. Rênd ed um Medardus, se rênd et nôch fîrzich dâch.
B. Medardirên doure' fîrzich dâch.

30.

De Katrênj kid aw em beschluberde ruosz.

31.

Dî än auszdâje sich nét rakert, kân än ändâje laisztere fên.

32.

A. Dî de nét wäl grâbeln,
  won de hâschräken zâbeln,
  dî mês äm wäinjter gô mät dem sîl:
  „brâder Honesz, hôd er nét hâ fîl?"

B. Wier nät gô wäl mät dem raichn,
dât en de schnôken sén ètaichn,
mâisz äm wänter gô mät dem sêl,
ânt frôg'n ôf nät hâi äsz fôl.

33.

Won der kénenk Stêfe sész waimern äszt, wit geât weinj.

34.

Um fréktij ändert sich güren det wäder.

35.

Wun äm somer fil haszelnäsz gerôde, sé kid en hart
wäinjter.

36.

Àser Härgot git de wäinjter, wâ de lékt det hâ hunt.

37.

Wu wîlw uéh fis än de muort kun, äsz de déirunk
némi fâr.

38.

Maria lichtmäsz
äsz der wäinjter gewäsz.

39.

Wu sich de dâj ufôn ze läinjen,
sé fèt sich der wäinjter unzesträinjen.

40.

Der Miers
nit de plag un der ètierz,
der Aprâl
hälde e wéder stäl.

41.

Frâ daner
àpèt hanger;
àpèt daner
Frâ hanger.

42.

Wun et danerd iwer'em dère bûm,
dernô wî dem ôrmen akermùn.

43.

Wun de kèkesch krên,
kit gäre rèn.

44.

Morjegieszt
blèiwe säldo fieszt.

45.

Wun de kaze špile, wird et kält.

46.

Wun de kaze špile, wird änder wäder.

47.

A., Wun de flî štèche, kit rên.
B., Wun de mäke štôche, kit rèn.

48.

Wun de špäne wirke', wird änder wäder.

49.

(Local in Mühlbach.)

Wun ed ousz dem schicle wäinjkel kit, dernô schit et
mät schiefern.

50.

A. Wèszelkôrn
brût ferlôrn.
B. Somerkiren
brît ferliren.

51.

Rôken
sê brôken.

52.

Der schörn
Erhalt det kôrn.

53.

Läwer blô
wä nét dô.

54.

Fôl diren —
niche kîren.

55.

De wäk
mächt däk.

56.

Mät der huower
špuord cm de gîszel.

57.

Ä mî gräsz,
ä wènijer hä.

58.

(Von Obst und Wein.)

Ale fäf jôr
î gôfjôr.

59.

Ale neinj jôr
î (zwie) wéinjjôr.

60.

Méiszgeknäjel
wéinjgedräjel.

61.

Zåpt em en wéinj fun angden,
esi bekit e îwe wangden.

62.

Gorneschgedräinj
mâcht de käler äinj,
Schmîjereinj
bräinjt gâde wéinj,
Maschketäler
lèrt de käler.

63.

Smèjer
kälerbedräjer.

64.

Iliwéisz
getcheschéisz.

65.

Grånspôt —
hülf esz Gôt!

66.

A. Giet dem schiler åsztwéinj,
se wird ir sil äm hémel séinj!
B. Giet dem schiler åsztwéinj,
se wirt séinj sîl äm hémel séinj.

67.

Kénengåszt
sén ded alerbieszt.

68.

Nichen sészer
wâ de rüszer.

69.

A. Frinkesch štôk
  git der mět de birten uch de rôk.
B. Gorneschåtôk
  git der mět de sangtichrôk.

70.

Der grangd äsz det bieszt kapitål.

71.

Am grangd äsz det giold um biesten ugelòčht.

72.

Fil mäszt
fil hülzt.

73.

Ze fil mäszt
det kîre fräszt.

74.

A. Wå te den ierich bâszt,
  esi drît e der fručht.
B. Wå te den ierich fliechst
  esi bezuolt hie dir.

75.

Gäf dem bodem, se git hie der uch!

76.

A. Det drätmôl akere', gît fïr îmôl mäszten.
  B. Drâmôl akêrn
    äs îmôl mäszten.

77.

Der aker klît,
der wäinjert bräinjt nît.

78.

Jerij uschlôn,
un zönge fergôn.

79.

Jerich fersaszt —
um häinjdre gekrazt.

80.

Fil rên,
fil mèn.

81.

E guorten äs en gât mälchkâ.

82.

E guorte bräinjt filed än't housz, wad em sonzt af em
muort säke mêsz

83

Wô der gârtner nèt pizt, dô pîzen do ropen.

84.

Wad um kräsztdâch muoger äsz, wirt nô dem kräszt-
dâch nèmi fät.

85.

De strôsz
fräszt detz .

86.

A. Der blôs Elins kit mät dem danerwäder.
B. Der llie bräinjd e wider.

87.

Wun de san äm angdergôn zeräksèkt, äsz hîsch wäder
ze erwuorden.

88.

Wun de san rîd angdergît, kit wäinjt.

89.

Mônhôf,
rênegôf.

90.

Niewlich morjen,
gûldij ôwend.

91.

Wun de bâch stark rouscht, gid et rên.

92.

Drûf nôcht
huot sälde rêif gebrôcht.

93.

De früösch krêische nô rên.

94.

De krûe krêische nô schnî.

Thiere.

95.

Wun em fum wûlwe rîed, âsz e nêt fûr.

96.

Der wûlf wieszelt det hôr awer nêt sêinj gewunhît.

97.

Der wûlf bleift Rinjden e wûlf.

98.

Der wûlf fräszt de wäinjter nèt.

99.

Än diem der wôlf behôrt
än diem e begrôt.

100.

A. Bäszt te angder de wélwen
se mèst te mäd en hèlen.
B. Mät de wélwen
mèsz em hèlen.

101.

Der wäulf zècht de schwäunz än.

102.

Wat frôcht der wûlf nô de štatuten?

103.

Der wûlw äs unt blèift e wûlf, wèrt e uǵ ält wä de Kakel.

104.

Der deiwel säl dem wûlf trân.

105.

Wî wit dem wûlf den tèrmen ôfgewänen?

106.

Wäld er de wûlf zem hano (grèwe, richter, fär, känter)
mâchen?

107.

Der wûlw äs äingden bangerich.

108.

Der wûlf wèiszt den hangden de zäinjt.

109.

A. Wad än des wûlwe scinj zäinjt kit, kit nêmi erousz.
B. Ousz des wûlwe scinjem rache' kûn em näszt mi
gewänen.

110.

Der wûlf huot det fûle wêrjen häiujder'n îren.

111.

Ai wol from äsz der wûlf!

112.

Der wûlf dît näkeszt nêmeszten näszt.

113.

Der wûlf dinkt nêt gärn un de hochzet.

114.

Der woulf fräszt uch de gezîchent schôf.

115.

Mät entbode wird der wûlf nêt kleach.

116.

Fus uch wûlf
äsz fêdel ênesz hûlz.

117.

A. Der känter hat de fusz bedruegen.
B. Der Saks hat de Jude bedruegen.
C. Der Alber hat den teiwel bedrijen.

118.

Dem fus äsz nêt ze trän, uch wun em dinkt, e wêr dît.

119.

Fus uch wûlf zäre sij uch nôch bä'm kîrszner än der bit.

120.

Der fusz (wûlf) ferlént sich nét.

121.

Em sâl lâwer kîrşner wâ fusz sén.

122.

Cha! der fus äs e gât dokter.

123.

Der fusz sorcht geât âf de hienen.

124

„Alesz huod en iwergânk" hat der fusz gesòt, da se'm det fiel iwer de îren zugen.

125.

Bäs em de bieren nét huet', térf em det fiel nét ferdräinjken.

126.

Äm wäinjter lutscht der bier un de klôen.

127.

Mät biere' sâl em sich uét bräinjen!

128.

Ai! wol äsz der bier en dinzer!

129.

Der hôsz wirt näkeszt e wûlf.

130.

Der hôsz fergäszt det fôter câser, wun e de fusz sékt.

131.

Der hôs uéh der Zegun hu kurâşi, wu se némeszte' sâ, fuor dèm se grâlen.

132.

Der hôsen uċh der Zegun — dât seinj zwîn hälden.

133.

Fil heangt sèn der hôsen dît.

134.

Wun der huos äm fiefer lât, nor dernô huot e râ.

135.

Der hangt rècht de brôden.

136.'

Der hangt schèrlt sich fun de schliejen.

137.

Der heangt bilt: „ham! ham!“ unt dinkt derbâ, e hât
en mäk gofängen.

138.

A. De îrscht hangt schmèiszt em än de bâċh.
B. De îrscht hangt mès em än't waszer schmèisze,
sonzt würde se rôsendich.

139.

Onsz dem hangt mâċht em niche bäflîsch.

140.

En hangt, dier de schlèft, sâl em nèd afwâken.

141.

Dit hangt bèisze nèmi.

142.

Uġ äm en drèch schank
bèisze sich de hangt.

143.

En hangt håt de schôf.

144.

Der hangt gänt sëinjem bråder en gåde bäsze nèt.

145.

Dem schwéinj äs ålent hîsch.

146.

Fuor det schwéinj gid et näszt gårstijed än der wärlt.

147.

Det schwéinj äsz nét håklich.

148.

Dem schwéinj schmakt ålent nô kreokt.

149.

Wat frôčht det schwéinj nô latèinjescher kächen?

150.

Wat wîsz det schwéinj, fu wad et fät wirt.

151.

Det schwéinj drîmt gäre fum åker.

152.

Der bêszt fuegel wèr det schwéinj, wun et flijel håt.

153.

Fum schwéinj lîrd em môresz.

154.

Ai wol e rénlich gedår äsz det schwéinj.

155.

E licht schwéinj bléift nét gärn än der biert.

156.

Wier sij än de klåe mäinjt, die frieszen de schwéinj.

157.

Wier nét folcht de séinjen,
dem dâd et mät de schwéinjen.

158.

Dô em det färkle krât, duor gîd et.

159.

En iesel géng än de fremd, en iesel kâm hîmen.

160.

Der iesel ségd uéh mät dem ûgeàpäjel näszt.

161.

Wél der iesel schîn säinjt, mész em en dorâm zem
kânter mäéhen?

162.

„Näszt gîd iwer de däsztle" àpräeht der iesel.

163.

Wun em den iesel lueft, wôszen em de îren.

164.

Wun et dem iesel gât gît, se gît hie aft eis, un brächt
sich det genäk.

165.

A. Wat fum iesel gebîren äsz, bléift iesel.
B. Eiesel bléift iesel.

11 *

164

166.

Än diem der iesel behôrt, begrôt hie uéh.

167.

A. Säinjd em den iesel mät dem klüpel geschlôn hat,
huot en nêmi gärn.
B. Säinjd em den hangt mät dem átochéisc geschlôn
hat, huot et nêmi gürn.

168.

Iesel und uosz, dât sêinj zwîn stâtlich kärl.

169.

Fum uoszen têrf em mät rêcht näsz ândert ferlange,
wâ gât flîsch.

170.

Der îsz huod en lânk zang, awer e kân nêt rieden.

171.

De kâ lîft ār kālf.

172.

Der uos äsz des iesel sê geläfter.

173.

Wat sâl drousz wärde', wun der uosz bâm iesel än
de lîr gît?

174.

Uos unt kâ
bêrlen: hoâ! hoâ'.

175.

„Ich wil jô gäre lûfe" sôt der bûfel, „awer ich grâlen
de iert säinkt angder mer zesumen."

176.

De bäfelkâ äsz schwarz, awer se git weisz mältch.

177.

Em krânke rôsz mês em fil zâriedcn.

178.

E gât ruosz wiert nêd af de paitsch.

179.

Wat fum hâszt gebuoren äsz, bléift fêlen.

180.

Bäsz det grâsz wieszt
äsz der hâszt dît.

181.

„Dem ruosz sâl em uġ af der êtuf nêt trûn" hat der
Agnîtler gesôt.

182.

Wâde wô det ruosz do lîter afe êtêcht?

183.

Dem rôsz sâl em uġ af em hêmels nêt trûn.

184.

Wun em det ruosz un de kräp did, esi frâszt ct.

185.

Em drêt de gor nêt mät dem uorsch kên der kräp.

186.

Gât ruosz fäinjt om äm êtal.

187.

Wier af det ruosz säzt, kän néd äinjde sô, wuor de
risz git.

188.

Wun em niche ruosz huot, rèkt em af dem gisebak.

189.

Bierijâf nät drêif mich,
bierijuof nät réit mich!

190.

En jòt gisz huot de wègde gärn.

191.

En gis ug o schlidentaiszolt så gruodous än de wärlt.

192.

Em ferdêt de hueber nät âf de gâisz!

193.

Wuor der hamel gêt, duor gô uch de schôf.

194.

A. Uort fun uort,
nichen gîs ône buort.
B. Uort fun uort,
det bâflîsch fun der schwuort.

195.

Kaz äsz miz.

196.

De kaz liecht nichen âchen.

197.

Wat schirt sich de kaz dräm, wun de kächen ubrât·?

198.

A. Wier dît de kaz af de brôde sorjen?
B. Wier dît de gisebak af de wäinjert sorjen?

199.

En schâdlich kaz mächt en gât wirtän.

200.

De kaz têrf de kiser usân.

201.

De kaz hat det stochéise verlîren.

202.

Wun de kaz nêt derhîm äsz, hun de mëisz hochzet.

203.

Wier wit de kaz äm sak kîfen.

204.

Fîr, éner kaz lûfen uch tousent mëisz derfun.

205.

De kaz dît énem hîsch, aver ed äs er nêt ze trân.

206.

„Na sâl mer de kaz kun!" sót de mousz, dâ se äm lôch wôr.

207.

Gestîlä kaze mëisle gât.

208.

Wier en kaz huot, mêsz de mälch zâdâken.

209.

Wan det mëiszke sąd äs, äs det miel bäter.

168

210.

Uch der kokesch drit spîren.

211.

Wat nêd am kokeʒ äsz, mês um kâm sên.

De hîn lîft är âchen.

212.

213.

Tala!
pala!
de gâsz gô barbesz.

214.

Îu krô päkt der ândrer nêt de ûģen ousz.

215.

Uģ en blüinjt krô träft ald iszt de âtâken.

216.

Ousz der krô wirt nichen douf.

217.

De krô mâcht det näszt ausz därn.

218.

Krô bâ krô,
pô bâ pô.

219.

Der kukuk liecht, unt brâdicht nêt,
der far dier prädicht, unt häld et nêt.

220.

Dêr kukuk liecht sêinj oâr ä frêmt näszter.

221.

Der kukuk rêft sêinje numen.

222.

Et fläje' fil fijel angder'm hêmel eräm.

223.

De fijel brådigen um låfsten än ärem ålden näszt.

224.

De mäsch drêift de schwolw ous ärem fjäne näszt.

225.

Der fåsch wird äinjden um hîft åtäingkich.

226.

Det fåschken hat de bäfelkä gefrieszen.

227.

De gris fåsch frieszen de klênen.

228.

En glåde fåsch kân em nêt hälden.

229.

Et sêle nor pêrl sên, de krader füinjde sich.

230.

Äm porl (podl) säinjen de kruoden.

231.

De nôter feräkt nêt fun ärem güft.

232.

Ä mî ômesen, ä grêszer der hûfen.

233.

Et huot nóćb nichen ômos en bäfelkâ ügeschlakt.

234.

De mäke' kun aft sêsz (af den zaker, af det bînch).

235.

De mäk schêiszt dem kîser af de nuosz.

236.

Wun de lous än de gräiujt kit, dinkt se, se wêr äinjden dô gewieszt.

237.

Äm gräinjt gîd et der lousz gât.

238.

Wun de lous än de gräinjt kit, mûćht se sich porich.

239.

Wier wirt sich lèis än de piclz mâćhen.

240.

Flienhåder wêr licht sèn.

241.

A. Dem mäsztkiewér gefäld ed äm kåbesch.
B. Der mäsztkripes dóćht sich gâd äm kåbesch.

242.

„Nur imer vorwärts!“ sôt der kripesz.

243.

Der schnikeschnuogel sûl af de hoćhzet gôn, uut kâm glat zer dûf gerècht.

244.

„Got så dånk, dat dèsz lånk rîs en äinjt huot!" sôt
der schnikeschnuogel, dûn e drâ schrät fůr ge-
gange wôr.

245.

De mat dinkt, et wêr nîreszt bieszer wâ äm krîn.

246.

Ug en schämpeszmat
dinkt är liewe gât.

247.

„Håt mij åser Hårgod en bâflîschmat gemâcht!" sôt
der Zegun.

Essen und Trinken.

248.

A. Schwarz brît
mâcht de baker rît.
B. Zwibel och brût
mâcht de wången rût.

249.

Krokt
fůlt de hokt.

250.

Ug en lous äm krokt äsz bieszer wâ niche flîsch.

251.

Jeszen
äsz nét frieszen.

252.

Gàt gesieszen
äsz half gieszen.

253. -

Gût kân,
gût ferdân.

254. ·

Huod
äsz half suot.

255.

Môl bâ môl —
wor lânk äsz't jòr!

256.

A. Wier ze èpêt kit, äszt häinjder der dir.
B. Wier ze èpôt kit, äszt af em biert.

257.

A. Wier ze èpôt kit, nit ferlâft mät dem iwrichge-
bliwänen.
B. Wier ze èpêt kit, nit ferlâft mät de knòdhen.
C., Wier ze èpêt kit,
mät de bròke ferlâft nit.

258.

Fu wat kit de gicht?
fum äintchen,
fum fäinjtchen
uch fum käntchen.

259.

Lief! bâlt hîrscht te de kukuk nèmi säinjen!

260.

Em mèsz nèt äinjde mät dem grîsze liefel ieszen!

261.

Em mèsz nèd ales af îszt frieszen!

262.

Et sè' mî dåch wå brôtwîrscht.

263.

Af der hochzet wich brît.
nô der hochzet kåmer uch nît.

264.

Wier fun der sup åszt, mès uch det fîsch hälfe
bezuolen.

265.

Båszt te hangrich, se låk sålz, se wiråt te nch duråtich.

266.

Ä wénijer em än de kächen dîd, ä bieszer schmakt se.

267.

Det waszer äs ug än de schagen nèt gåt.

268.

Der wèinj
äsz fèinj,
det bår äsz goresîcher.

269.

Nå wèinj,
nå liewen.

270.

O tå hårzer wèinjgeschmak!
dèinjetwiejen gòn ich nakt.

271.

Der wéinj
dît det séinj.

272.

Frémt brîd âsz der käinjden är sémel.

273.

Kram uéh schlèçht
äs än det däpe gerècht.

274.

(Vom Brot.)

Lâwer en dôzen
wâ en flôzen!

275.

Wier de brôde wäl ieszen,
térf gafel uéh mieszer nèt fergieszen.

276.

Fäd ieszen
mâéht schémern.

277.

(Vom Rettig.)

Des morjest gäft,
ze mätàéh spéisz,
des ôweszt arznâ.

278.

Näszt äsz gâd än de ûgen
awer nèd än de muogen.

279.

„Ich dânken! ij ieszen det flîs ug ône brît“ hat
gèner gesôt.

280.

Wun näszt mî äsz, huot de uorem sîl râ.

281.

Schäk dich gorjel!
et kid e plåtschrên.

282.

Dråser brît,
Hêltner kreokt,
Strèkferder bâflîsch,
Bûlkeser wêinj
Schêszburjer frân —
bâ dien äsz geåt sèinj.

283.

Låwer gedranken
uêh gehanken,
wâ nèt gedranken
unt doêh gehauken!

284.

Det bâflîsch schmakt nèt gât, bäs et drif gedanert huot!

285.

Wol sèsz sên de wêinjmern — zemôl ousz des nôber
sèinjem wäinjert!

286.

Än uorg äs alesz gât.

287.

Wô et der nèt schmakt, losz ätôn!

288.

Wô et der nèt schmakt, kôêh der artischoken!

289.

Wô der drèch brît nèt schmakt, se sâlz der't!

290.

Wô der drêch brît nét schmakt, fräs en zângdôzen?

291.

Wiem drêch brît ze licht äsz, wird îszt frî sén äm
ferdroċht kraszten.

292.

Wier ferschämelt brîd (kês) äszt, fäinjt krêzer.

293.

Dâjlich brît
étält de nît.

294.

Bâ de grîszen hären äszt em uċh nôċh ropekächen.

295.

Gedûld iwerwäinjd uġ e gât krokt.

296.

Gebräntewéinj äsz des huszâre sé kafè.

297.

Geschmiert brîd äsz desz schiler séinj hânklich.

298.

Äsz, wat der schmukt,
unt lékt, wat te kâszt!

299.

Sâlz uċh brît
dit de käinjdern nît.

300.

Der drank
äm mangt
sôt séinjesz härzens grangt.

301.

A., Ed äsz niche fåder hå esi hi geladen, dat nét nôg
en gafel fôl dråf gît.

B., Niche faider äs esu huéh geluoden, aldåt nüt nôéh
e plauder kènt dråf gö.

302.

Gäf dem mél, ed äszt.

303.

En géchwichperd óne wurscht, äs en frå ónen houf.

304.

Ed äsz laicht hanger légde, wun em e lâm gefrieszen huot.

305.

A., Gåt schmakt
mäéht de käinjder nakt.
B., Gåt schmakt
mäéht den hainjdre nakt.

306.

Schéisze git hanger.

307.

Låwer schéiszen
wå der boéh zeréiszen.

308.

Gät schmieren,
gåt fuoren.

309.

A.. Dräinjk und äsz,
der uormer lékt nét fergäsz!
B., Dräinjk en äsz,
åsen Härgot nét fergäsz!

12

Schlemmer und Verschwender.

310.

Der Hanz ferdänd et,
der Hanz ferzierd et.

311.

Wå em't gewänt,
wå em't ferspilt.

312.

Wögesz gewänt,
wögesz ferspilt.

313.

Fil dilesz,
schmuol ärwesz.

314.

Borjen
mächt sorjen.

315.

Ous dem begelkaszten
sål em faszten.

316.

Äsz, dräingk, unt los åsen Härgod en gådo mån sèn.

317.

Låwer sål der grîsz torn ämfalen, wå en flasch föl wéinj.

318.

U lasztijen däjen,
iwerfåle sij är fil do måjen.

319.

Äm wéinj ersofen är mî wå äm waazer.

320.

Et äpile sij Inder är zån uorem wå éuer réch.

321.

Em fäinjd äinjden îreszt én dir öfen.

322.

Em ségд äinjden îreszt en kip rûéhen.

323.

Et schmakt hålt nireszt esi gât wå äm schinkhousz.

324.

Ed äsz niche krinzken esi hisch wå der zijer.

325.

Det schinkhous äs ôfgebrât,
em hôd e fäzes dôrgebât.

326

Fôl,
kwôl!
näszt hun äs e låsztich liewen.

327.

Ousz der bid än trôéh,
ousz dem trôģ än't schaf,
ousz dem schaw än de schôéhtert.

328.

Ousz dem kaszten
än det fälpes,
ous dem fälpes
af de mäszt.

329.

Der britspôrer, der strûkfosz.

12 *

330.

Lasztich gelieft unt sêlich gestorwen,
hiszt dem têiwel de rêchnung ferdorwen.

33.

Prädich, prädich!
de kirj äsz lädich.

Weib und Ehe.

332.

Mêtchen
houszrêtchen.

333.

Kurz uêh däk
äz e fräinjklich ûgebläk.

334.

Nô de schwarze kirsche stêcht em hî.

335.

Än der schwarzer iert gerêt gât kiren.

336.

Schînhit ferziert,
tugent blêift wiert.

337.

Schînhit ferziert
awer det schâszelt blêift glat af em hiert.

338.

Det gesicht bräinjt det mêtchen angder de houf.

339.

De héscht âpel sé madich.

340.

Wu sich de mêtcher äm špäjol besån, zärt der téiwel
. det uorschlöch.

341.

A., Em sâl det mêtche nêt ze muort dròn!
B., Em sâl nêt mät mètchere jörmert bân!
C., Em sâl det mêtche nêd af de jôrmert fâren!

342.

Ousz der wuol
de kwuol.

343.

Det mêtche sâl afsäzo, wun em der wuoge kit.

344.

Det mêtche sâl gô', wun em et rêft.

345.

Det mêtchen äs en wôr;
gäf se dôr!
ä läinjer em se hält,
ä wenijer se gefält.

346.

Alzefeinj wôr gît nêd af.

347.

De ziprîsz ferkîft piterséltcb.

348.

Wuort nor wuort, et kid unt piterséltcb ferkîfen.

349.

Gäf der dûêhter bå zégden en mån!
se äs en îpesz, dât sich nêt hälde kân!

350.

Wier wîsz, wô dier rékt,
dier nô mir sêkt,
wier wîsz, wô dier fiert.
dier méch begiert,
wier wîsz, wô dier gît,
dier mich nit?

351.

Åser Härgod äs em jêdo mètchen en mån oder tousent
(hangdert) gäldo schäldich.

352.

E jêt däpchen
fäinjt sêinj däkeltchen.

353.

En jêd akesz fäinjt är hälf.

354.

E jêt mêszer fäinjt sêinj štil.

355.

Der sak fäinjt schi sêinjo bäinjgel.

356.

E jêt räinjeltchen
fäinjt sé fäinjerchen.

357.

A., En jêt krô
dinkt se wêr en pô.
B., En jêt krô
dinkt är dûêhter wêr en pô.

358.

Et gefült sich nichent licht.

359.

Îwe wå en pô,
angde wå en krô.

360.

De fieszper åsz lènker wå de kirch.

361.

De fråen dinke se wêre schîn trå,
wu se êne låwen uch nôch zwîu derzå.

362.

De frå dinkt se wêr schîn trå,
wu se êne gären huod uch nôg är drå.

363.

Mät den häinjde bäinjt em flèkt,
mät de fêsze lûfe se fun enånder wèkt.

364.

Dos ôweszt blån de kèrbesz.

365.

Ousz em ûch
riet det hirz.

366.

E mazken ône bôrt,
en sop ône sålz.

367.

A., E mazken ône grun
e krokt ône rûm.
B., E mazken ône grun
e krokt ône bäflisch.

368.

Alen dåch hiq,
äsz näkeszt hîsch;
um sangtich hîsch,
dåd äsz hisch.

369.

Grészen äs en héfleget,
dänken äs 'en schåldeget.

370.

Schine grosz!
fräinjtlichen dånk!

371.

Métchen
uorem wérmtchen.

372.

E mån bråcht nor de håut ze wiejen, se hèd un em
jéde fäinjer en frå.

373.

E knècht nor ousz åtrî gedrèt
äsz mî wiert, wå en gäldå mét.

374.

Nåm der bå zégden en wânz (fli) än't båt.

375.

Frå gefråt,
nå geråt!

376.

En mån ône frå
friesze wânzen uéh fli.

377.

Säch nor mäd ènem ûg äft mètche' mät genem af dàt
wad et huot!

378.

Îstänt,
wîstänt.

379.

Alt màn uéh jong frú — sächer käinjt.

380.

Jang schilmiszterän,
ält bädlerin.

381.

De fráe wiesche, bake, kóéhen,
unt fliejen es uéh de knôéhen.

382.

Der mân sâl äbräinjen,
de frâ sâl zesumen hâlden.

383.

Der mân sâl mîren,
de frâ sâl erhälden.

384.

E gât wirt kâ nèd esi fil sumelu, wâ en licht wirtän
durchbräinjen.

385.

Wun em fèd un ze fràn
hun de lèkt ze kân.

386.

Gied uéh gât wirt ferziert,
det schâszelt blèift der af em hiert.

387.

Ed äsz mer néd äm't méiszken,
wå äm't heiszken.

388.

Do frå sål nèt de hîsen un hun!

389.

Wân de frân wåschen out båk'n
säzt in der téiwel länder'm nåk'n.

390.

A. Ein kå laichter en hiert huosn håid'n, ålz en frå.
B. Låwer en sak fôl flî håde, wå en licht frå.

391.

Ed äsz nèt gåt müt der schwijer un énem däsch säzen.

392.

Hääinjler er fléiszijer frå wiweld et.

393.

A. Det ruos uch det gowier uch de frå sål em né-
meszte lân.
B. De ûr, de his uch de frå
némeszte' loå!

394.

Pészpere git ferdôcht.

395.

En ågeshlôå frå,
en ågesålzän hirsch.

396.

Îstånd äsz krin mät huench.

397.

Istånd
äsz der fråden ufånk.

398.

En bisz frå äsz pêsz wå inzken.

399.

Wier schimpſt,
dier kîſt.

400.

Wun â-er Härgod en narc broéht, ſe lêt e em åldo
mån de frå ſtärwen.

401.

De irſcht frå fu Got,
de zwiet fun de mäinjtschen,
de drät fun dêiwel.

402.

Wier nit de kû mät zamt dem kålf?

403.

Ferkud ich! det liewen äsz kurz.

404.

Wun em de zwêt huot, wîsz em, wier de îrscht wôr.

405.

De sêlich gewênd em gor filmôl.

406.

Stêffuoter
sälde fuoter,
ätêfmoter,
bäschmoter.

407.

Wun äser Härgot de käinjt wäl ströfe', git e'n en stéfmoter.

Haus, häusliche Sorge uñd Arbeit.

408.

Îjän hiert
gült wiert.

409

Láwer än em geschlöännen housz,
wä gänz dertousz.

410.

Ed äs iweräl gät — awer um bieszten der him.

411.

Wun der ôwent kit, schlészt em de dir zä.

412.

Schlész,
nét ferdrész!

413.

Láwer zámöl gemieszen
wä iszt fergieszen.

414.

Desz härn üch mächt det ruosz fät.

415.

Wier sälweszt ugréift, huod ed än häinjden.

416.

Wä der här,
esi det gesäinjt.

417.

Zwê jôr äm hausz
äm dräte nor erausz.

418.

Gesäinjt,
dât fil ferléiszt uéh fäinjt,
los ousz déinjem housz geschwäinjt!

419.

En trâen dâner kân em nét gennéh bezuolen.

420.

Gänk schlôfen en stanjt nô den hînen unt stând uf
mät dem dâéh.

421.

A., Mät der san schlôfe gôn,
mât der san afstôn!
B., Mät den hîne schlôfe gôn,
mät den hinen afstôn!

422.

Mészichgâng
äsz desz teiwels râbânk.

423.

Mészichgânk,
ales iwels ufânk.

424.

Wad em néd äm lift huot, més em än de fêszen hun.

425.

Et gô fil gât schôw än éne stal.

426.

Wier um īwe säzt um nêchsten
kâ sich äinjde wärmen um bêszten.

427.

Wier d'īrscht kit, muold um īrschten.

428.

Sorj äsz fīr de schade gåt.

429.

Baim auszkiern fånt sij älesz.

430.

Fīrgenîn — un uorsch gegräfen.

431.

E jör äsz nêd un do ståke gebangden.

432.

Wad em gären dît,
Kid înt uêt schwôr un.

433.

Haf gedûld! îszt dån der niche mi zäinjt (knôche) wi.

434.

Fouel lêkt hu gäre fêiertåch.

435.

Nît
säkt brît.

436.

Nêd äinjde kachen,
nêd äinjde lachen,
nêd äinjden zêren,
nêd äinjde bêren.

437.

Gôn de naren af de muort,
hun de Juden en gâde muort.

438.

Nom de ûgen än de häinjt!

439.

Frôgen uch liren
bräinjt muntchen ze îren.

440.

Dåd äs e licht jôrmert, duor em äm elf ze frå, äm
zwelf ze lânzem kit.

441.

Fum wénich dinke bekid em rit hôr.

442.

A., Fum alzefil dinke bekid em grô hôr.
B., Fum alzefil dinke bekid em en glaz.

443.

Näszt los af de lånk bånk!

444.

Wun te näszt mî huoszt, wirst te klî muolen.

445.

Wohär nien, unt nêt ätielen?

446.

Wun det dåch drèj äsz, wå sål et trèpsen?

447.

Wun de kof lädig äsz, drêd em åmsonzt un der pip.

448.

A,, Schméisz gild än de bâch!
te séiszt ed af de gorefâsztdâch!
B, Schméisz gield än de bâch!
te séiszt ed af de némermîszdâch!

449.

Det gielt wieszt nét, wun em't sêt.

450.

Îmôl
äsz kîmôl!

451.

Et flészt fil waszer än der bâch derfun.

452.

Losz mij, ich loszen dij uêh!

453.

Zwiemôl gebaugden
fieszter befangden.

454.

Af der bierenhokt lèkt em hanger.

455.

De wêgdebîm drôn nîchen biren.

456.

Wier sich nêd ämsèkt
dier lèkt.

457.

Drèlen, drèlen — hémder drôn!
zäinjzeln, zäinjzeln — naktich gôn.

458.

Et kid énem näkeszt äszt ämsonzt.

459.

A.. De gebrôdän douwe fläje néd än'der laft eräm.
B., De gebake kletite (fäukich) fläje néd än der laft eräm

460.

Et falen nichen krape fum hémel eruof.

461.

Et rênt näkeszt tukâten.

462.

Wier de häinjd än de schîsz liecht, diem ferdréje se

463.

De arbet huod nôéh némeszten den apetit ferdorwen
oder de schlôf ferdriwen awer munch î fouler äs
un zénge ferrakt.

464.

Arbed äsz de bieszt špekulazion.

465.

Wâ de arbed, esi der lîn.

466.

Wä em séinj arbet mäéht. esi bezuolt se sich.

467.

Hard arbet
laicht schlôfen,

468.

Fil arbed än der jugént.
gât rieszten äm älder.

13

469.

De jangen äm schwîsz,
de ålden de häinjd äm schîsz.

470.

De arbet wål némeszt ärwen.

471.

Wat te hékt dîszt, mészt te more nét dân.

472.

Fil arbet, fil brît;
fil schlimpre', fil nît.

473.

Fil arbet,
fil ferdânen.

474.

Än der san ferdånd em de schåden.

475.

E jéd arbeder wål séinje lin.

476.

Wå der mäinjtsch, esi de arbet,
wå de arbed, esi der mäinjtsch.

477.

Ugefangen, half gedôn.

478.

Arbet schåzt får uormet.

479.

Arbet lét nét darwen.

480.

Arbet fäinjt em iwerûl ug äinjden.

481.

Hortich bâ der arbet,
hortich bûm ieszen.

482.

Der här firousz,
dernô kit det gânz housz.

483.

Et wîs e jêder, wô en der schaćh drükt.

484.

Ed äsz waszer äm branen, awer em mês et schûpen

485.

Fil bân,
fil ferdân.

486.

Fil begieren,
alesz ferzieren.

487.

A.. Der alendâćh broćht fil.
B.. Der alendâćh huod e grisz mêl.

488.

Schûlden um nâe jôr,
schûlden üm gânze jôr.

489.

Fil schûlden,
fil dûlden.

Handwerk, Stände und Klassen.

490.

Det hântfreng äs e gäldä bodem.

491.

Wâ em det hântfrenk dréift, ësi gîd et.

492.

Än der wierkesch akert der hântfrenger.

493.

Jôrmert bân,
fil ferdân,
wênij än de kaszten dân.

494.

Siwen hântfrenk,
firzân âgläk.

495.

A., Môntich blô,
dâsztich hangshôr.
B., Môntich blô,
dâsztich hanger.
C., Môntich blô,
dâsztich nét dô.

496.

„Hâlt tâ, ech hâlden nét! hâlt tâ, ech hâlden nét!“
sôden desz schnêgder sêinj ètäch kènenânder.

497.

Stäch wêkt
befêrdert de lêkt.

498.

Uch der däptner lacht, dân e ämgentälpt hat.

499.

Der schoszter récht nô béch.

500.

Et gît nichen grôfhit iwer des flîscher séinj.

501.

De bédner bäinjden de kofen,
unt wälen uch gären drousz sofen.

502.

Gielt hun äsz det bieszt hântfrenk.

503.

Der kûfmân lîft séinj wuor.

504.

Der kûfmân hiszt eu jéde: „gnédijer här.“

505.

Der kûfmân dinkt:
kiszto nèt hèkt
kiszte mer moren,
kiszte mer îszt,
se mészt det bezuolen.

506.

Der kûfmân sprächt:
kiszte mer sälden,
mészt te't eutgälden.

507.

Wun em dem gebouren de fësz krât, se geschwale se'm.

508.

Wun em mät dem geboure lacht,
wird em fum gebouren ouszgelacht.

509.

Soldátestånd äs o gläuzän êlänt.

510.

Wun de muoser maschîre, mész ot richtich rênen.

511.

Et kâ nêmeszt ëpoksen îwer en furîr.

512.

Der kukuk liecht unt brûdicht nèt,
der far dier prädioht, unt häld et nèt.

513.

Et kit nicho far än hèmel.

514.

De ätäder gô milt saidenc klêder,
se hu de scholden mät dem fŭider.

515.

Der ätäder ir hántrek äsz guer e hèsch däng,
se ferkèfen ir haiser iber en wail mät der båug.

516.

Wält to saksesch baron sén?

517.

De kénenk dinken, se tîrften den angdertônen nor de
ûgo loszen, dat se dermät schrâ kånden.

518.

De Mêlembêcher
hun det mêl äinjden um bêcher.

519.

De Schêszburjer mâchen de dir äno mät dem uorsch zú.

520.

Ze Mèdwesch riet em ferblèmt.

521.

Räpes äsz nèt fär fu geäpâszel.

522.

Ze Krîne plåtscht em mät der lijegiszel.

523.

E jèt Brêser huot de štatuten häinjderm Iweu.

524.

De Bistrizer sè Fuzenîsener.

525.

Bå Drâsz hîrt det saksesch fuoter âser af.

526.

De gâsz walfuorte kê Bluosendurf.

527.

Der schwéinjshirt wôr zornij af de gemîn.

528.

„Eile mit weile,“ hîszt ed af dem lântdâch.

529.

Dem prokerâter mès em e jèt wirt mäd em taler bezuolen.

530.

Der Tirk uch der Tater,
dåt wòren zwin gefater.

531.

„Der somer wêr ouszzehälden,“ hat der Zegun gesôt,
„wun nor der wäinjt gêng, uut der wäinjter uch,
wun nor niche wäinjt gêng.

532.

Wun der Zäkel drâ pêlsebîm huot, dinkt hie, e wêr
äm en dräer mi wiert, wâ en änder mäinjtsch.

533.

Wun em nô em hangt wirft, trôft em en beamten (fafen).

—————

Alter und Kindheit.

534.

Alt bän ich,
nêmi kân ich.

535.

Dem diud äsz nêmeszt ze ȿtark.

536.

Fir den dîd äsz niche krokt gewuoszen.

537.

De âlde mêsze ȿtärwen,
de jange käne ȿtärwen.

538.

Hêgd u mir,
moren uu dir.

539.

Nêt ȿâ bekrit,
der dǐt dier kit!

540.

Worüm rakerst te dich? te meszt jo doġ lszt etärwen.

541.

Et huot nôćh nèmeszt erzält, wä et dertiw äsz.

542.

Wun en âlt mån
iwer'n dirpel schrègde kân,
äs em äinjde nôćh nèt ze trân.

543.

Wier lang sopt, lieft lang.

544.

De âlt schẹire brån um ärchsten.

545.

Lir tâ deinje fuoter käinjt maćhen!

546.

Uġ e färmân,
dier nèmi plåtsche kân,
hîrt det plåtsche gärn.

547.

Der älder sål em spôte, nor de kräpel nèt.

548.

Ućh ded älder äs en krånkhît.

549.

Ed äsz nèmeszten un de stère geschriwo', wä lang o lieft.

550.

Ált kân em äinjde wärde, wô em nor liefdäch huot.

551.

Î fuoter erbäld înder zå käinjt, wå zå käinjd êne fuoter.

552.

Wuor der fuoter schîît, do wieszt det flisch, wuor e frémder schlit, dô füld ed uof.

553.

Wat des fuoters
äs uch desz sanes.

554.

Gnôdebrît,
souer brît.

555.

En âlt ruosz gid em dem häinjer.

556.

Wâ de âlden,
esi de jangen.

557.

Ded âlder sâl em îren!

558.

De âlden zem rôt,
de jongen zer tôt

559.

De âlden häinjder'm îwen, djangen häinjder'm plaĉh.

560.

Jang gericcht,
äm âlder geflieĉht.

561.

En âlder ônen îren äsz lichter wâ dît.

562.

En âlde säinjder erkänd em ousz der fért.

563.

Gât wêr et lang lîewen — wun ded âlder nêt wêr.

564.

„Dêt ҫén de dâch, dâ mer nêt gefalen“ hat der So-
lamo gesôt.

565.

A. Wun de âlde rieden, schwejen de käinjt.
B. Jang lêkt sêle bâ den âlden
de îre brochen, unt det mêl hâlden!

566.

Klin däptcher lûfe laicht iwer..

567.

De klîn drâkeltcher stäinjken ärjer wâ de griszen.

568.

Wu gût wêinj gerêt, geröden de käinjt.

569.

Kli käinjtchen
e riesztätäinjtchen.

570.

Kli käinjt,
kli sorjen,
grîsz käinjt,
grîsz sorjen.

571.

E käinjt schrât schî', wun et hangrij äsz,

572.

Fil käinjt, fil, „fuoter âser!"

573.

Fil käinjt, fil ètäkeltcher brît.

574.

Wier nichen käinjt huot, wisz nét woräm e lieft.

575.

Wier nichen käinjt huot, känt nét frâd uéb lît.

576.

A. Spân,
   dän.
B. Kân,
   dàn.

577.

De klî käinjt hun det fâd angder'm pil.

578.

Do klî käinjt hu laéhen uéb schrân än énem sâkeltchen.

579.

Der käinjden ärzîren
äs äm uorsch ferlîren.

580.

Klîn hangt se bìsz.

581.

Klin hangt bile gärn.

582.

Klîn däptcher lûfe laicht iwer.

583.

Klîn dråkeltcher àtäinjken um ärchste'n.

584.

Wun de käinjt schrân, bekun de mëiszker knietwaszer.

585.

De käinjt së from, wu se schlôfen.

586.

Ded âchen äsz nët kläjer wå de hîn.

587.

De käinjt tërfen nët kumpern.

588.

Wat de käinjt rieden, äsz gor gäre wôr.

589.

Bäsz det brît bakt, àtûrf det käinjt.

590.

A. Wun de jange grîsz së', fläje se ousz.
B. Wun de jange flijel hun, fläje se ousz.

591.

Em mësz de käinjde' nët wîj är schielen!

592.

Klaċh käinjt liewe' nët lang.

593.

Rècher légden är käinjt
geröde sälde gåt.

594.

Bietklök réft gât käinjt hîmen.

595.

Wâ cm sich de küingd erzècht, esi huod em se.

596.

A. De râde sè nèt fîr de kazen; em sâl se de käinjdern häinjder de späjel stêchen.
B., Ai wor gât
äsz de rât!

597.

Lâwer sèlen de käinjt schrâ, wâ de älder.

598.

Schlâch 'der de käinjt, nèt dat se der ândre schlôn.

599.

Wat de älder nèt schlôn, dât schlîd âser Härgot.

600.

De rât wiert de guljen uof.

601.

Birkä bijeltcher,
sè fîr de bîsz fijeltcher.

602.

A. E käinjd,
e wäinjt.
B. E käinjt
äsz wâ e wäinjt,
awer wun énem der sndelhâszt stäkt. --
dâd äsz niche spâsz.

603.

Wad ènem de älder sén, dât wîsz em nor, wun em
se némi huot.

G o t t.

604.

Dier ält Härgot lieft noch

605.

Åser Härgod äsz åtark uǵ än de schwaĉhen.

606.

Åser Härgot lét sich nét åpôten.

607.

A. God èlt nét,
   Got wélt nét;
   e kit zå sëinjer zòkt,
B. God èlt nét,
   e wélt nét.
   e fäinjt înd awer dénich.

608.

Wat Got wäl erkwäken,
kän némeszt erståken.

609.

Wat Got beschiert,
äs äinjde wiert

610.

Åser Härgot schlît nét mät dem kläpel.

611.

Åser Härgot fält nét mät der dir' än't housz.

612.

Wier Got fertrât,
huot nėd af sânt gebât.

613.

Nor âser Härgot ferlėt dich näkeszt.

614.

Âser Härgot huot fĩr ĩr fil ze sorjen.

615.

Âser Härgot sorcht fĩr de uorem wîsen.

616.

Âser Härgod äsz rėch — hie gid uėh den uormen.

617.

Aler gâder däinj sėn drâ.

618.

A., Špôt nor, špôt!
äm hėmel äs e Gôt;
dier wirt dėch fûinjden,
mät alen dėinjo säinjden.
B. Špot nur, špot!
äm himel äs e Got;
e wirt maich fräišpräich'n,
dėch wirt e än de häl štäichen.

619.

Wiem âser Härgot gât wäl, diem lėt e uėh de ĩsze
kalwen.

620.

Mät âsem Härgot lėt sich nėd špâsen.

621.

Wier huod âsen Härgod un der grĩszer zĩn?

622.

Bä God äs alesz méjlich.

623.

Fu Got lét sich filed erbiden, awer näszt erzwäinjen.

624.

Wat sil ousz der wält wärden, wun âser Härgod em jede séinje wäinjtsch erfäle wîl.

625.

Got gid et,
Got nid et.

626.

Alesz wad än hémel kid äsz gât (mêr sèsz ed uch nor än em färe wäinjkel bäinjder Gotes ugesicht).

627.

Ed äsz fär bäs än hémel.

628.

Um äinjt,
dô âser Härgot wäinjkt.

629.

Et mès äinjden äszt sén,
wat den hémel hält;
dat e nèd eruower fält.

630.

A. Et bieden är fil za âsem Härgot.
B. Et wuorden är fil aw âsen Härgot.

631.

Âser Härgot kit nèd äinjde mät dem danerwäder

14

Tugend und Ehrlichkeit.

232.

Wat der mäinjtach dît, dît hie séch.

633.

Diszt te gât,
huoszt te gât,
dîszt te nét gât,
kit de rât.

634.

A. Et kid ales, un dâéh.
B. Et kid ales un de san.

635.

Det fielt huod ûgen,
der bäsch huod iûren,

636.

A. Ed äsz nóéh némeszt der âtrôw entwascht.
B. De âtrôw äsz lum, awer se erlangd înt doéh.

637.

Îr äsz mî wâ bâfîsch.

638.

Ârècht gût gedât nèt,

639.

Ârêcht gât kit nèd un dräten härn.

640.

Hungdert jôr Arêéht, äsz néd en minut rêcht.

641.

Geâtilâ gût kréischt ousz der iert.

642.

Et schlön ïnd äinjden
De ijü säinjden.

643.

A. Gât ferlïre, fil ferlïren,
Ir ferlïren, alesz ferlïren.
B. Brît ferlîre, fil ferlïren.
îr ferlïren, alesz ferlïren.

644.

Gât wärk
brocht zèkt.

645.

Fersprèchen,
säem nèt brèchen,

646.

Ed äsz laichter fersprêchè wä hâlden.

647.

Schinke, schinken —
nèmi nien!
fäinjde, fäinjden —
wèder gien!

648.

Lang geborcht,
nèt geschinkt.

649.

Wat nèt dëinj äsz lasz 'âtôn.

650.

Wier lécht,
bedrècht;
wier bedrècht,
dier ätilt;
wier ätilt, kid un de galjen.

14*

651.

Nêt fäinjt, i em ferlèiszt!

652.

Av ägekierde binke' fäinjden de rîwer,

653.

Alzegemin
mâĉht de îre klîn.

654.

Schinhît fergît,
rêchtschafenhît beätît.

655.

Em jêden det sèinj.

656.

În bälw äsz de ânder wiert.

657.

Wier îr äm léif huot, lèt sich nét ètîszen.

658.

Net känen äsz nichen schând, awer nêt lîre wälen äs
en schânt.

659.

Em sèkt de lègde wol af de klîder awer
nèd än de mögen.

660.

Mät tächteln
uĉh mächteln
kid em doĉh nèt fär

661.

Det riede koszt näszt.

662.

Sol em sich det maul drè, wai der blòćh den wirbesz?

663.

Em mész nét fum hîre sòn rieden!

664.

Em sâl nét méren dròn.

665.

Licht mèl
gît un der zél,
awer de àtrôf kiḑ iwer en wèl.

666.

Aler lègden är fräinjt,
äsz némeszté fräinjt.

667.

Àllt fräinjtschaft hàld än îren!

668.

E jèder dît nor, wat e kân.

669.

Wier gäre git,
än hémel kit ;
wier nét gie wäl,
kid än de glânich häl.

670.

Giet dem Barteş uǵ en àträmpel! ·

671.

Wier dem uorme git,
néd uorem wit.

672.

Gielt huod uch der Jut.

673.

Et äsz laicht, äm säp knären.

674.

Wier fil frôcht,
git nét gärn.

675.

Îrlij uormed äsz nichen schânt.

676.

Îrlij uormet färd än hémel.

677.

E wirt schlît nicho räp än.

678.

A. Nèt schlôf mät dëinjem zîre; sonzt wier wîsz, mät
wnt de erwaéhe wirst!
B. Nèt nom den zîre mäd än't bât!

679.

Wohär der fliaéh iouszgît,
duor e uéh zeräkkirt.

680.

Ed äsz gât, wun em de légden' än d'ûge sâ kân.

681.

Der riwer zècht sich de kap än de ûgen.

682.

En irlich gesicht térf de san beschéngen.

683.

Bedink, bedink!
de wêdwen uch wîse nêt krink!

684.

Îrlich ferdânt brît schmakt um bieszten.

685.

Guore kân em et näkeszt rêcht mâchen.

686.

De gâde' gefalen, äsz bieszer wâ guere' gefalen.

Schicksal und Weltlauf.

687.

Det gläk äsz kugelrûnd, awer et schépelt wâ e gorenhîft.

688.

Det gläk äsz wâ der wäinjt,
et kid uot gît geschwäinjt.

689.

Det gläk äsz némeszte'n un de âtêre geschriwen.

690.

Det gläk äsz némeszten u'n zäpe gebangden.

691.

Det gläk huot mät némeszté brâdorschuft gedranken.

692.

Et git gor wênich sangtichkäinjder.

693.

Det gläk
drêt de räk
äm ûgeblåk.

694.

Ä lichter der sträk
dieszte bieszer det gläk.

695.

A. Än ärmer de zékt,
Å lichter de lékt.
B. Au ärmer de zékt,
än hîferdijer de lékt.

696.

„Wier huot mer mèinj kap ferstôchen?" sôt der gang,
unt hat se af em hîft.

697.

Géner sås åm sadel unt sôt: „Ir lékt, hud er nêt mé
ruosz gesån?"

698.

A. Wiér zem krézer gobîren äsz, kit nêt zem gälden.
B. Wier zem grosche gebîren äsz, kit nêt zem taler.

699.

Wien äszt betrêfe sål, dier entgîd em nêt.

700.

Fîr wad em grålt, dåt träft gåren än.

701.

Ferkrêch dich wuor te wält, wô dich ded åglåk
såkt, esi fåinjt et dich.

702.

A. Ed äsz nèd alen dåçh saugtich
B. Ed äsz nèd alen dåçh fäsztdåçh.

703.

Ed äsz nèd äinjde jör mert.

704.

Ed äsz nóçh nèd aler dåg ówent.

705.

Enu sål den hischen däçh nét fir em öwent liwen

706.

De wält wirt näkeszt bieszer.

707.

Et kit sälden äszt bieszeret.

708.

Åsen Härgod af der zang,
Den dèiwel än der lang.

709.

Nichen hous ås óne rûch.

710.

E jèt housz huot sè gekierschel.

711.

E jèt Zign löft sai rösz.

712.

Wun em de wôrhèt gaicht, schlêd em ènem den
firjelbogn åf den schärl.

713.

A. De wôrhît huod en lichte lîn.
B. De wôrhît wirt mät schlieje bezuolt.

714.

De wôrhît fäinjt sälden en ustälung.

715.

A. E jèt dâch huot sèinjen ôwent,
B. Un em jèden dâch gît de san iszt angder.

716.

Der apel fäld uof, wun e rèiw äsz.

717.

Em schnèkt det kîre nèd, î et rèiw äsz.

718.

En här äsz sèinjes amtes knêcht.

719.

Der bezuoldâch blèift nèmeszten ousz.

720.

Wâ te der bâtst,
esi wiràt te lûn.

721.

Wat te der äbrôkst,
dât wiràt te frieszen.

722.

Wâ de ouszsôt,
esi der ären..

723.

Ilèkt flèchst te,
more krèchst te.

724.

Ed äsz näszt esi schin geäpanen,
et kid emôl un't lächt der sanen.

725.

Wat néd äsz, kân äinjde wärden.

726.

Gât rôd äsz déier.

727.

Laichter ze rôden
wâ ze hälfen.

728.

Wâ der rôt,
esi de tôt.

729.

Giesstern äsz fergangen.

730.

Um sonôwend mész de san ućh nor en zäinjke schén-
gen, dat sich der kanter ućh de uorem wisen är
hémder drejen.

731.

Der téiwel äs en trut.

732.

Wun der ätin ousz der hänt hâous âs, äsz é des teiwels.

733.

Lir tâ den teiwel käinjt wèrjen!

734.

Der téiwel huot nichen râ.

735.

Ed äs în dèiwel dier de lèkt wèrcht.

736.

Wu mer baken hu mer wîch brît,
wu mer stärwe' sè mer štîndît.

737.

Der dît kid, ôw em em fîr em grâld oder nèt.

738.

Rir dich, rijel dij! äm grûf huoszt to rû.

739.

Et flèszt fîl waszer än der bâg uewen, dât nèmeszt
dräinjkt.

740.

Wô fîl äsz, sumelt sij äinjde nôĉh mî.

741.

Det gläk grâlt fîr den uormen.

742.

Nâ bieszem kiere gât.

743.

De âlt profôte sèn dît,
de nâen hêd em af.

744.

Wad énem nèt gefält, dât glîft em nèt gärn.

745.

Em kân nèt de wärld un hâlz nien.

746.

Em kån nêt de kêrl häinjder sij uofschnêgden, und
ousz der wåld ousze lûfen.

747.

Det füt schwämd iwen.

748.

Wier det mêszen erdôċht huod, dien håd em aflê selen.

749.

Mos äsz mî wå: ich wäl nêt.

750.

Mos äs e bäter krokt.

751.

Wier wîsz, wat der more bräinjt?

752.

A. Wier wîsz, wad esz nôċh befîråtît?
B. Wier wîsz, wad esz noċh betrêfe sål?

753.

Wier huot det gläk
af sêinjem räk?

754.

Wå dir,
esi mir.

755.

Wun em wäszt
aler huosen är näszt —
se broċh em nichen bisz.

756.

Åser Härgot kå nêmeszten en extra wurscht bröden.

757.

Et gît mer, wâ et guere gît.

758.

A. De gebieder der mäinjtsche sê filerlâ.
R. Ed äsz filerlâ, am wat de mäinjtschen âsen Härgot biden.

759.

Bâ em jêden âgläk, äs uǵ e gläk.

760.

În âgläk kit sälden elîn.

761.

Kit det gläk,
Kid et däk;
Kit det âgläk,
Kid et wëder däk.

762.

Ènesz sëinj dît,
des ândre sê brît.

763.

Wun de älde ätärwen
Kun de jungen zem ärwen.

764.

Em rîthiwdije säl em nét trän.

765.

Rit hôr uǵ èrle wuosze néd af gâdem bodem.

766.

Rît hîft,
bisz blât.

767.

Hât dich fîr de geziehenden!

768.

Wier zem grosche geschlön äsz, kàn nét zem zwin-
zijer wärden.

769.

Jenerâl oder korperâl, wun et sij nor um äinjt rolt.

770.

Dï de schaden hôt,
hôd uéh de âpôt.

771.

E jût worüm
huot séinj duräm.

772.

Wirât te gesangt,
wirât te gesangt;
wirât te nét gesangt,
frieszen dich de hangt.

773.

A. De latéinjesch kächen äsz déier, unt schmakt doéh
licht.
B. Apentîker kôéhe bätér, unt losze sij är kächen doéh
déier bezuolen.

774.

Wi dem, diem de latéinjesch kächen hälfe sâl.

775.

Der morn äsz wâ der hèkt.

776.

Nèd aleé äsz gûlt, wad en glânz huot.

777.

Wô e wénich muork äsz, dô sumelt sich mi.

778.

Wiem em de îrscht dir ferschlèszt, diem wirt
dernô nireszt mî afgemächt.

779.

Ed äsz filet, wat de wült — hält.

780.

Bäs det waszer flészt iwer zå àtîu,
äs et wéder rîn.

781.

E bedräinjt mangt
ofenbôrt desz härzens graugt :

782.

Ed äsz hart, wun et gefriron äsz.

783.

Alzefrom
geniert sich kom,
half Zegun·
kit derfun.

784.

Det rêcht
huod en nuosz ;
ousz wuosz ;
em drêt se, wâ em wäl.

785.

Fräinjd än der nît
gôn tousend aw e lît.

786.

God erhâlt de fräinjtschaft! — sc douert nèt lang

787.

Lîf de fräinjt, wun te 'mäd e gedîlt huoszt.

788.

Wâ de trä wort gebîren,
kâm e jâjer mät dem hîren,
en bläsz se än de wäinjt,
dat se na némeszt mî fûinjt.

789.

Hoéhzetklider uéh lécheklider hu sich nôg äinjde gefangden.

790.

E jêt dâéh
huot séinj plôéh.

791.

E jêt dâéh bräinjt det séinj.

792.

Wun em en hangt schlô wäl, fûinjt em schîn en kläpol

793.

Wun em êne wäl äturkle mâéhe, kân em ènem schin e kläpeltéhen än de wiech schméiszen.

794.

Licht gebîren,
licht geätorwen.

795.

Âkrokt ferdirft nèt.

, 15

796.

Der tèiwel hîlt séinj käinjt nèt.

797.

Trâ tâ dèm tèiwel! —

798.

En licht akesz ferléiszt em nèt.

799.

Der tèiwel git sich nichen frit.

800.

Âld îszt hälft în danerwäder mî wá zá fuoteräser.

801.

Der hôl fält nèd äinjden än't kîren, e fierd ug
äld îszt durch de ŝtapeln.

802.

Hälf, wat hälfe kân?
ŝprächt hèkt zeduoch frä uch män.

803.

Em sèkt gäre schâz blän.

804.

Et sèkt nèd e jêder schâz blän.

805.

Et gîd énem nèd e jèt drûm än erfälunk.

806.

Et bräinjt nèd e jèt drûm en tärno.

807.

Et huot néd e jéder en gäldäne ǎtärn af der
ǎtérn.

808.

De zöng sén uéd iwerâl mǎt bròtwîrschte ge-
flucht.

809.

Der hémel hêt néd ǎinjde föl baszgéjen.

810.

A. Et douert näszt îwich.
B. Et douert alcsz nor en zèkt.

811.

Fu wad em fil riot, dât wirt gäre wôr.

812.

Wat de lékt wäinjtschen, dât glîwe se gürn.

813.

Lǐtcher, dâ énem gefale, lét em sich gäre fir-
säinjen.

814.

Nâ lǐtcher hîrd em gärn.

815.

A. Nâ schafen dräken înt.
B. Â nâc schafe spîrd em de êlsternûgen.

816.

Alt klîder drîd em gürn.

817.

De san gîd alen dâg af.

15 *

818.

Wält bléift wält.

819.

Stärwe mêsze mer guor.

820.

Mer mêsze guor îszt än't grâsz bieszen.

821.

Mer mêsze guor îszt hémelzen.

822.

Mer mêsze guor îszt ämegôn.

823.

Mer dûn de ûgen alen dâêh zâ — awer emôl
dâ mer se némi af.

Weise Beschränkung und Bescheidenheit.

824.

A. Nô den dâken
   més em sich strâken.
B. 'Strâk dich nô der dâk!

825.

Wer wénijet ferschmêt,
äsz filet nét wiert.

826.

A. Spuor wun te huoszt,
   se huoszt te, wun te bröêhst!
B. Spuor, wun te huoszt,
   unt ném, wun te dorfst!

827.

Zwô êre klîn
sê bieszer, wâ în elîn.

828.

Wat bieszer äsz wâ en lousz,
dät nom, unt drâg änt housz!

829.

Ousz dem hanger
mêsz em laugen.

830.

Zwîn strîsâk
sên ug e bât.

831.

Hâlt der en zierefänenk,
hâlt der en irefänenk,
hâlt der en nîtfänenk!

832.

Lânk klîder,
kurz sân;
dlik schädel,
niiszt dränn.

833.

Äingde nor bäsz wuor et langt!

834.

A. Wun em fil rutscht, wärden de hîsen dänn,
B. Fil erämrutschen mächt hosen raiszen.
C. Fil erämrutsche' mächt den uorsch blisz.

835.

Î spuorer,
drâ zierer.

836.

Ousz dem kôp
än dct schaf,
dât lèt ém sich gefalen;
ousz dem schof
än de kôp,
dât wäl némeszte schmaken.

837.

Bartlemîszrîsź,
mâĉht den uorsch blîsz.

838.

Zèklij än trôĉh
git behânjd e lôĉh.

839.

Fil geésprangen,
nét fär gangen.

840.

Wier hî stècht,
fäld uĉh déf.

841.

Wier ze fil aflat, mèsz fîr em dîr uofladen.

842.

Alzcèpäz
brächt gor gärn.

843.

Wat ápäsz ufèt
hîrt stampig af.

844.

Laiber e klî här
wai e grûsz kuĉht.

845.

Wô näszt äsz, huod uch der kîser det rècht ferlíren.

846.

Låwer äszt,
wå näszt.

· 847.

Ferlåft nicn äsz gåt —
zemôl wun em mèsz.

848.

Wun em nèt flîsch huot, måcht em e lånk låwent.

849.

Ze fil äs âgesangt,

850.

Wier sij iwerfräszt, mèsz wèder fu sich gien.

851.

Wenich
äsz sèszlich.

852.

Wô näszt äsz,
dô wiecht näszt.

853.

Wier äm schaf säzt, kå mer äinjden de kôp liwen.

854.

Wier de låd ün de wègden,
kå laicht flûre' schnègden.

855.

Wier ousz 'em fôle nit,
nèt wî sich dît.

856.

Ed äsz licht, fum brîde liewen.

857.

Wier den îmer huot, kâ schûpen.

858.

Wier bâ der pip äsz, brocht nor afzedrên, esi kid et.

859.

Wier en wégden uorsch huot, kâ laicht furzen.

860.

Ded îwerklît
dâkt ale härzclît.

861.

Säj uch, wate krécht,
nét nor wate flécht!

862.

Fléch, wun der de flijel gewuosze sén!

863.

Et lét sich néd ales iwer't knâ brêchen.

864.

Em mész nét fun alem hun.

865.

Wier alcsz wül hu, bekit näszt.

866.

Kîf, wun te gielt huoszt,
unt zuol, wat te schäldich bäszt!

867.

Âbezuolt schage kerzele gürn.

868.

A. Häinjder hier kit de rèchnung.
B. Häinjder hier kit det bezuolen.

869.

A. Wier af zwîn àtâl säze wäl, sätzt derzwäschen.
B. Em kân nèd alo àtâl mäd ènem uorsch besâzen.

870.

E jèt fèierchen huot mèr nor rûâh.

871.

Rènd et nèt, se trèpst et, gid et nèt fèier, se gid et doch rûch.

872.

Wô et der nèt rêcht àsz, se säz nèder!

873.

Wô et der nèt rêcht àsz, se säz, duor de brokt sâsz!

874.

Wô et der nèt rêcht àsz, se fräinjder dich.

875.

A. Wier gärn dânzt, diem kläinjd uch det àtogeise gât.
B. Wier gärn dânzt, dier lèt sij ug af 'em àtogèisen afspilen.

876.

Bieszer licht fuoren, wâ häresch ze fosz gòn.

877.

Der geschèkt git nô

878.

E jèt dâĉh koszt gielt.

879.

Bêszer gruisz
wâ bluisz.

880.

Làwer en hélzcrâne fosz, wâ glat nichen.

881.

Et fält niche bûm aw éne sträch.

882.

Gedûld iwerwäinjd alesz.

883.

Wier dând, âsz nichen här.

884.

Uġ on fîrgesazten ousz àtrîgedrèt mês em îren.

885.

Em mês âldîszt dânze, wâ em énem gècht.

886.

Zwîń hart àtîn
muole sälde klîn.

887.

Mät dem îjesän
àtiszt em nichen tören äm.

888.

A. Em kân nèt mät, dem hîft durch de moner rünen.
B. Wun em mät dem hîft durch de mouer räno wäl
zebrächt em sich de schärl.

889.

Îjesän mész gebrôċhe wärden.

890.

Îjä wäl
fänjt nichen ätäl.

891.

Îjä wäl
brâd än der häl.

892.

Bäk de räk!
bäk de räk!
sôt der wôċhtlekênenk.

893.

Wô et der nîdij äsz, se gäf dèinjem bedânten en
krèzer, unt gânk sälweszt!

894.

A. Âgelade gieszt säzt em häinjder de dir,
B. Âgeladäne gieszte' wèiszt em de dir.

895.

Âgeladä gaszt
äs en laszt.

896.

Mät' grîszen härn äsz licht kîrschen ieszen — de käre
èpräzen ènem kôm gesicht.

897.

De fieszper äsz häinjder der prädich.

898.

Hot! wuor driszt te den Hansi?

899.

Nöm e bliet fīr't mèl!

900.

Nèt riet, wun en trôf ze fil än der ätuw äsz!

901.

Nèt riet, wu schäingeln af em dâch sén!

902.

Em kä sij î ze dît riede, wå ze dit falen.

903.

E wird äsz schärfer wå e schwiert.

904.

Wirter
sè schwierter.

905.

Losz der nét det mèl gô, wå der int der uorsch!

906.

·Dink, wat te rietst!

907.

Schwèjen äs uǵ en äntfert.

908.

Nor wun em elîn äsz, ferriet om sich näkeszt.

909.

Em brocht de geliejenhît nét fum zång eruof ze rèiszen.

910.

Fil geriet, wènich bedôćht,
huot echî fil lékt än âgläk gebrôćht.

911.

Em sâl de wìrt kân,
dernô ouszâpân!

912.

Wèch dèinj wîrt,
î em se hîrt.

913.

E fridenswîrt
äs äinjden um îrt.

914.

A. Em mès néd ales af de tukâtewôćh licjen!
B. Em mèsz néd o jêt wìrt af der gûltwôćh wejen!

915.

Em mèsz néd e kimâpâlder sén!

916.

Em mèsz néd ales un de grîsz klôk hèn!

917.

Wun em schwècht, ferriet em sich nét.

918.

Em kâ fil anäzet riede, wun der dâćh länk äsz.

919.

Néd hô der de schlâber iberûl äne!

920.

Em mès uǵ âld îszt en uǵ zûdräken!

921.

Em mês uġ ald äszt iwersån!

922.

Em mês uġ ält bå äszt ferbågôn!

923.

Em mês uġ ald iszt durch de fäinjer sån.

924.

Fil rieden,
fil lijen.

925.

Säj af dèch,
nèt schält mèçh !

926.

Der schuoċht ferwèiszt dem kieszel.

927.

Der kieszel ferwèiszt der fan, se wêr schwarz.

928.

Der ob'n ferwaiszt der kalefôk.

929.

Der schoroszt'n ferwèiszt dem obń
åut seit nèt, dåt e sälfst äsz beåtobń.

930.

Der fäinjer lîrt den uorsch schèiszen.

931.

Ândresch mâċhen, äsz nèt bieszer mâċhen.

932.

Wier ândren de îren uofschnékt,
äsz nét wiert, dad em än usékt.

933.

Em mész nét fun alem hun.

934.

Wat dich nét brât, los âgelieschen!

935.

Nét mäinj dich äuor, dô der det däpe nét kôcht!

936.

Fil wäsze mâcht hîftwî.

937.

Wier alesz wäl wäszen,
diem wird af de núosz geschäszen.

938.

Wier de horcl.t un de wäinjden,
hîrt sich lîwon uch schäinjden.

939.

En mész néd em jéde pédeltchen de ûgen ousztrieden

940.

A. Em mész néd en jéden hongsdrâk rächen.
B. Em mész sich de nuosz néd äu en jéden hangs
drâk âtéchen.

941.

Wun em äm mäszt wâlt, âtäinjkte.

942.

Em mész néd iwerâl zapzuogel sén.

943.

„Am munkat un påschte" sôt der Blôch, derwêl hêng
em de paloks un dor grun.

944.

Däk dân äsz nichen konzt.

945.

Det mêl föl nien kân e jéder.

946.

Śturkeln äsz hasztich.

947.

De bäfelkå wûl de bâg ouszsöfen.

948.

De mäk wûl den torn ämfläjen.

949.

Ous er mousz
mâch nêd en housz!

950.

Nêt mâg ous er flî en bäfelkâ.

951.

Uch der bieszt wuoge krêzt, wun em en zo ätark belat.

952.

Det råt krêzt îszt, zwiemôl, zem dräte môl brächt et.

953.

Wun der špås um bieszten äsz, sâl em aflîren.

954.

Wun ed ênem um bieszte schmakt, sâl em fum düg
afstôn.

955.

Hisch klider,
kält kächen.

956.

Fil schéisze
git hanger.

957.

Schéisz nor, wat te friesze kăszt!

958.

Môs än alen däinjen
léd ale däinj geläinjen.

Klugheit und Eigennutz.

959.

Em wird ält wâ en kâ,
unt lird äinjde mî derzâ.

960.

E jéder äsz sich sälweszt um néchsten.

961.

E jéder sorcht fir séch.

962.

E jéder kiert fir séinjer dir.

963.

E jéder zécht kîlen zâ séinjer fan.

964.

E jéder lîlt, wad em fîl äsz.

965.

Det hémd äsz mer nèer wå det kllt.

966.

E jêder nit,
wat hio bekit.

967.

Wad em der wäl schinken,
nom ône bedinken!

968.

Wad em mer schinkt, dåt nien ij åbesån,

969.

Em drît det hûlz néd än de bäsch.

970.

Em drît det waszer néd än de branen.

971.

Uġ en hîn schärt néd ämsonzt.

972.

Låwer dir,
wå mir.

973.

Låwer mir
wå dir,
låwer hèkt
wå morn!

974.

Wun alesz sil angdorgôn,
nor méinj housz sål ètòn!

975.

En îrlich lije schuot näszt.

976.

E jêder lift séinj wuor,
éch liwe mêinj gor.

977.

Gâd äsz gât,
bieszer äsz bieszer.

978.

Îr wâ îr, uéh det bätliʒ äsz gât.

979.

Esi lang de mil gît, muole mer.

980.

Lûwer ze fil, wâ ze wénich.

981.

Hékt mäszrêt et,
more gerêt et.

982.

Hégd äm't gielt,
moren ämsonzt.

983.

Wun em énem de klêne fäinjer zîcht, gréift em nô
der hânt.

984.

Em mész liewen, uéh liewe loszen.

985.

Îeszt, ieszt.
ir mêinj lâf gieszt!
ich gien ich ded alerbieszt —
nor did et mer lîd äm dât, wad er frieszt.

986.

Em schmit ded èisen, derwèl et wuorem ász,

987.

Wun em dij un den tróch dît, se fräsz,

988.

Nichen ämtchen
ône schlémtchen.

989.

Drè de mánkel nô dem wüinjt!

990.

Zâ ènem îr änen
zâ gènem erousz!

991.

Înd äm'd ânder,
näszt ämsonzt.

992.

Em mèsz nieu, dô äszt äsz!

993.

Em mèsz dô rifen, dô hôr äsz.

994.

Em mèsz dât ruosz schlôn, dât zâ kân.

995.

Wad em müt dem mèl gewäno kân, mèsz em nèd
erarbeden.

996.

Ed äsz gor schwèr ferâprèchen uch hâlden.

997.

Säz Äf! et koszt nichen fârlû!

998.

Kiszt te mer sälden,
miszt te't entgälden.

999.

Wat némeszten äs, äsz mèinj.

1000.

Gestilä gât
dinkt munch êne gât.

1001.

Fräinjt! flèch fun der gèchwichpert!

1002.

Nèt säj än de wült, wâ de kâ kèm nâen dir!

1003.

Wiem nét ze rôden äsz, dèm äs nèh nét zo hälfen.

1004.

Dè wäl. dè rôt.
dèinj uorsch, dè fêifsnk.

1005.

Bèrch,
wèrch!

1006.

Äm de wurscht de bächen.

1007.

Äm det kâlf de kâ.

1008.

Äm de sadel det ruosz.

1009.

Äm det hälf de nkêsz.

1010.

De mäinj drid et.

1011.

Gäf dem Piter uéh dem Pâl! zeliezt huoszt de sälweszt näszt.

1012.

Tiremi hier, tiremi duor, zeliezt wôr näszt mi äm bégel.

1013.

Nêt mâg e gesicht wâ e ficlt föl têiwel!

1014.

Nêt mâg e gesicht wâ e schlidentéiszelt!

1015.

Rof dem dêiwel, e kit..

1016.

Em schllt néd af de sadel, dad et der hâszt fält.

1017.

Wier et d'îrscht huot geröchen,
ousz diem äs et gekröchen.

1018.

Frâ gesadelt,
spét geriden.

1019.

Säch der af de wiech,
sonzt fälzt te af de nousz!

1020.

Säch wô de krô den häinjdern huot!

1021.

Mätgegangen,
mätgefangen;
mätgefangen,
mätgehangen.

1022.

Derwél te mich sékst,
bäszt te nét bläinjt.

1023.

Îrenhalwer,
schândenhalwer
més em munch înt dân.

1024.

A. Mäch et wâ de lékt!
se huoszt te't wâ de lékt!
B. Mäch et wâ dâ ândern!
se gid et der wâ dien ândern!

1025.

Det gläk entwäscht,
wun em't néd um schôp erwäscht.

1026.

Det gläk äsz dô,
gâng em nor nô!
et lét sich fäinjden
u filen äinjden.

1027.

Det gläk kid énem néd, äm drûm.

1028.

Det gläk kid äm drûm.

1029.

Em mêsz de rûm uofschäpe, wu se geworfen äsz.

1030.

Gâd eräm
äsz nichen kräm.

1031.

Iäu ferwaren
äsz rainj ze schlichten.

1032.

Der irscht ferdras äsz bieszer wâ der liezt.

1033.

Em kân nét bâ alem ferbâgôn.

1034.

Kân em der nét hälfen,
se kâu em der doéh schuoden.

1035.

Hälft et uéh net,
se schuod et doéh nét.

1036.

Für fuu schas äsz sächer.

1037.

Wier dieh känt,
kift dieh nét.

1038.

En kram hâst mâcht ale diren af.

1039.

Frû hânt
git durcht gänz lânt.

1040.

Lâwer ämkîre wâ fêlgôn.

1041.

Fil fir em rècht,
fil geblêcht

1042.

Ärjernèsz bezuolt sich nét.

1043.

E lädrä gesicht dräkt iwerâl durch.

1044.

Geschân äsz geschân — dô mâcht em't kréz drif.

1045.

Lîwe mâcht nichen dittântschaft.

1046.

Âlt hird em logden awer néd uschlön.

1047.

Em besôfäne sâl em mäd em fäder hä ouszwéchen.

1048.

Et huot sich nôch némeszt en pielz ersôfen.

1049.

Stäl waszer grèift dêf.

1050.

Schär äsz nor halwich.

1051.

Fun zwélwe bäs af mätâg äsz nèt lang.

1052.

Ed äsz gût, wun der wiech brîd äsz, dad em ouszwéche kàn.

1053.

Wad em gewunt,
wid énem laicht.

1054.

E gât wîrt
fäinjt en gâden îrt.

1055.

E sprächwîrt,
o wôr wîrt.

1056.

Ug e sprächwîrt
äsz néd äinjden e wôr wîrt.

1057.

Wä em än de bäsch réft, réft et zeräk.

1058.

Wier det grâsz wuoszen hîrt, hîrt de schnôken nâsen.

1059.

„Wun ich kiser wôr, wil ich de bater mät dem liefel ieszen," hat der Zegun gesôt.

1060.

En ѐtangt ѕchlôf fĭr mäternôĕht, äѕz bieszer wâ zwô nô mäternôĕht.

1061.

Frâ afѕtòn
äѕz half gedôn.

1062.

Frâ afѕtòn bräinjt brîd än't houѕz,
ѕpêd afѕtòn dât drîd et ouѕz.

1063.

Der apel fält nèt fär fun bûm.

1064.

Wâ der fuoter, esi der ѕan.

1065.

Wun em den âlde gefale wäl, mêsz em de jaugen hîѕch dân.

1066.

Der nèkt
fräѕzt de lèkt.

1067.

Der far prädicht nèt zwiemôl.

1068.

„Hält ich nô mêinje wîrte nèt nô mêiujen tòten!"

1069.

A. En hôl hûlz
ferraft det fûlk.
B. En huol wèkt
erfèrt de lèkt.

1070.

Séinjem schade kån némeszt entgôn.

1071.

Frôgen äsz laichter wå åntfern.

1072.

Wier får wierfe wäl, nit sich den drüft.

1073.

De gîszel plåtscht um äinjt.

1074.

Gåt nôber gålt wiert.

1075.

Wun em gåt zåbåinjt, båinjt em uch giåd af.

1076.

Det waszer lét sich néd aft réch lîden.

1077.

Nö'm rên broǵht em nichen månkel.

1078.

Gebråt käinjt håt sich får em féier.

1079.

A. Der schade måǵht int klaǵh.
B. Em wîrt genaǵh
   durch séinje schade klaǵh.

1080.

Wier wuorde kån, diem kid alesz zer zekt.

1081.

Wat te der säkst, wirst te fäinjden.

1082.

Fil rôder
fil ferwärer.

1083.

Nâ îren
nâ spiren.

1084.

Uch det kazegûlt glänzt.

1085.

Ursâch fäinjt em zâ alen däinjen.

1086.

Klâch sên,
bieszer wâ rêch sen.

1087.

Fil hîren,
wênich gliwen!

1088.

En iesel än de frêmden,
en iesel wéder hîmen.

1089.

Gât härz,
fil schmärz.

1090.

Det bieszt äsz, dat der mäinjtsch nêd ales äm sän
bâlde kân.

1091.

Wu filet nêt wêr, wêr filet nêt.

1092.

De wåld åsz grîsz, awer de mäinjtsche bedrê sich doch nêt dräu.

Muth und Uebermuth.

1093.

Hîsz blåt
dît nêt gåt.

1094.

Huoszt te gåt,
huoszt te måt.

1095.

Gäkt
mauêht måkt,
måkt mauêht iwermäkt;
iwermäkt
dît sålde gäkt.

1096.

Wat mich jukt. dåt krazen ich.

1097.

Wier mich schlît, die schlôn ich.

1098.

Wä der grosz,
esi der dånk.

1099.

Wier sich triede lét, wirt zetriden.

1100.

De beschidänen
sén de zetrîdänen.

1101.

Wier de zäinjt wéiszt, die lét em ä râ.

1102.

Zîehst te mer det râ,
zîjen ich der det gröf.

1103.

Huoszt te nît,
se flît,
bäsz se wéder iw're gît.

1104.

Lâwer négder
wâ mätlégder.

1105.

Alen
wäl ich nét gefalen.

1106.

Et wôr nôéh niche Saks e bädler.

1107.

Rècht mèsz rècht blèiwen.

1108.

Wier de krécht,
dier lécht.

1109.

Mät dèinje knôche schmèiszen ich nô biren.

1110.

Te kåszt mer gestile wärden.

1111.

Äingden der nuosz nô durch däk uch dän.

1112.

Wuorde sûl fergange sén!

1113.

Der ijel lét sich nét zem uorschwäsch brochen.

1114.

Plaz der prinz Schnûdi kit!

1115.

Uch der kiser äsz nor e mäinjtsch.

1116.

De mäinjtsche sé guor ous énem lîm gedrêt.

1117.

De mäinjtsche sè guor fun énem däpner gemâcht.

1118.

Et huod esz guor in Härgot gemâcht.

1119.

Wat dem éne rêcht äsz, mêsz dem ândre bälich sèn.

257

1120.

Wier sich nét wiert,
äs âwiert.

1121.

Wier dich,
sonzt früszt em dich!

1122.

Gâd äs et, dat de sâk än der mil niche mél hun.

1123.

Zurp Mates! 'täsz krinelâwent!

1124.

Et git niche stäinjkijer ôsz wâ fum mäinjtschen.

1125.

Iren äsz mänjtschlich
sturkeln äsz röszlich.

1126.

Und äsz blêsch bater.

1127.

Kês oder tärelt, täs ales int.

1128.

Hêz oder haz,
uéh Miz äsz kaz.

1129.

Krisztes oder Jêsesz täs in' téiwel.

17

1130.

Fum milszttupes oder fum kierschrêch.

1131.

Frâe dich sîr mai sil,
losz den têiwel brumen.!

Viertes Buch.

(Räthsel und Zauberformeln.)

Erste Abtheilung.

Räthsel.

(Meist aus Mühlbach, Schäszburg, Sächs. Regen, Marpod und deren Umgebung.)

————

1.

A.

Et sên zwîn stimpel,
af die stimpeln äs e lêjeln,
af dêm lêjeln äs en däsch,
af dêm däş äs en stêp,
af dier stêp äs en kugel,
af dier kugel äs e bäsch;
zå jåjer juogen än diem bäsch,
unt känen nêd en huose fên.

B.

Et sên zwô stêpcher,
af de stêpchern äs e käsztchen,
af dêm käsztchen äs e miltchen,
iwerm miltche sên zwô räntcher,
iwer de räntchere sên zwô lätcher,
îwen af, dô äs e bäschken;
än diem bäschken
se fil fläschker.
Röd emôl, wat sûl dût sên!
              (Der menschliche Leib und seine Theile.)

————

2.

Zwifosz
säzt af em dråfosz,
hält den ifosz.

Kit der fårfosz,
nit dem zwifosz
sêinjen îfosz
Zwifosz
wirft den drâfosz
häinjderm fårfusz,
der fårfosz
lét falen den îfosz
unt lift derfun.
    (Der Schuster warf den Dreifusz
    nach dem Hunde, der mit seinem
    Stiefel fortlaufen wollte.)

3.

Der lîm
léf häinjder'm lîm,
wél e'm geåtilen hat de lîm.
    (Der Töpfer verfolgt den Dieb,
    der ihm einen Topf gestohlen.)

4.

Ämeräinjk hôr, drousz rênd et.
               (Auge.)

5.

Et kukt en jangfer ousz dem housz,
se huot êtaêhêtlen äm det housz.
               (Auge.)

6.

Ed äs on klîn dir, awer de gånz wilt kân derdurch gôn
               (Auge.)

7.

Et gèng e mân fiur mâneszdiur,
bagra, flagra hèng em fiur.

(Bettelmann.)

8.

Et äs en wuor
gäf se duor!
ä läinjer em se hält,
ä wènijer se gefält.

(Mädchen.)

9.

Em äszt et nét,
em dräinkt et nét,
und schmakt doch gât.

(Kusz.)

10.

Et gid en kächen,
em kâ se nét rächen,
em kâ se nét kûeren,
e jêder äs un der schäszel gesêszen,
en hôt derfu gèszen,
em tèrf se nét kiôĉhen, nét briôden,
Wi kû mer dèt rêtsel erriôden?

(Die Muttermilch. — Aber die kann
man ja kosten. — Wie schmeckt sie?)

11.

Abraham und Îsak
kruĉhen än de ątrîsak.

Abraham kâm crousz,
Îsak kruǵ crousz;
wat blif dertän?

(und.)

12.

Der Davit gid äm hôw cräm,
en hôd eu waisze kôzen äm.

(Es schneit um Neujahr.)

13.

Der Mierte gid äm hôw cräm,
en hôd eu waisze kôzen äm.

(Es schneit um Martini.)

14.

Hélzerä schläszel,
waszerä schluosz,
der jâjer wort gefangen,
det wälpert wort luosz.

(Moses Stab, das rothe Meer, die
Juden und die Aegypter.)

15.

A.

Higeštijen,
kram gebijen,
wangderbör erschafen.

B.

Hnigestijen,
kramgebijen.
Wier dât kûn erritlden,
dier sâl bâ mer schliûfen.

C.

Hî gestijen,
gûldiwerzijen,
fun âsem Härgod erschafen.

(Regenbogen.)

16.

Ed äsz brît wâ en hânt,
et git durch't gânz lânt,
unt dénich schrékt der hun drif.

(Das Gleis der Landstrasse.)

17.

Grîsz wâ en housz,
klî wâ en mousz,
grân wâ grâsz,
garz wâ gal,
wéisz wâ mältch,
sész wâ hintch.

(Nuszbaum und Nusz.)

18.

A.

Fär brâder än énem housz.

266

B.

Fär gebouren
än énem pielz,
wangderbôr
und äsz doch wôr.

C.

Et stô für sêsz säsztren än énem hemt.

(Die vier Kerne in der Nuszschale).

—— —— —

19.

Knozlich,
bozlich,
grän um streoch,
krécht de légden
än de beoch.

(Haselnuss.)

———

20.

Et fäl e kéfke fum dâg eruof,
et kund et niche bédner bän'n.

(Das vom Dach gefalleno Vogelei.)

———

21.

A.

Et läd äm stri,
unt rouscht nét.

———

B.

Et lâd äm näszt,
und êdemt nét.

(Ei im Nest.)

22.

Et gît durch't ètrî
unt rouscht nét.

(Mondschein.)

23.

A.

Ed äs en dèkeltchen
un em ètèkeltchen,
mäd em rîde rêkeltchen,
mäd em schwarze kapchen,
äwänich föl ètîntcher.

B.

Et ètîd äszt af em rîntchen,
mäd em boch föl ètîntcher,
e schwarz kapchen huod ed af,
e rît minkeltchen huod ed äm,
rôt, ir lèkt, wat sâl dât sên!

(Samenknopf der Rose.)

24.

A.

Êch gèng än't gêszken,
unt fèrlt e schlèszken;
än ärjer ich hopt,
än dèfer gèng ed äueu.

B.

Ich géng än't gészken,
ich férld än't fészken,
ämî dad ich hopt,
ämî dad ich zopt,
ämî géng ed änen.

(Der in den Fusz getretene Dorn.)

25.

Plutsch! plutsch! angder'm léngdach.

(Wasser unter der Eisdecke.)

26.

Ed äs en schwarz kâ,
dâ mälkt det gänz länt;
wiem äsz dâ bekänt?

(Die Erde.)

27.

Zwélf bräder lûfen ämeräinjk;
se schlôn un e mieszengün düpen,
dad et durch gaszen unt strôaze kläinjt.

(Die Stunden.)

28.

Îszt äs ed e kipel,
iszt äs ed e brit,
awer nôch némeszt,
huod et gekirt.

(Mond.)

29.

Et kit geflinge wå e fiûgel,
säzt sich néder wå en här,
mèsz krépîre wå en hångt.

(Schnee.)

30.

Af dem birebûm ône bläder
hoėht e fijel ône fädern,
kid en jangfer ône mėl,
fräszt de fijel ône fädern,
fuu dem birebûm ône bläder.

(Schnee und Sonne.)

31.

Em klôpt de båter äm hėmel ousz,
de pläme fläjen durch't gûnz housz.

(Es schneit.)

32.

Äs et rît, se lieft et,
wird et schwarz, se åtérft et.

(Die Kohle.)

33.

Af em gebėrch wèszt et,
äm greangt wuod et,
än der åtuf schnuod et,
un der wåûnt hėd et.

(Das Sieb.)

270

34.

Ouszwänich hörich,
äwänich hôrich,
en hôrijer stächt dräu.

(Pelzmütze.)

35.

Et huot se'n jêt frå än der gemiu,
ug âsz nöberän huod în;
awer de studänte sen drä gesieszen,
se hun er se krézij uéh kwier gemieszen,
unt hun er det hôr dräm uofgefrieszen.

(Das von Motten gefreszene Sieb.)

36.

Ed äs en housz
kli wå en mousz.
unt huot mi fénster wå e kénengshousz.

(Der Fingerhut.)

37.

Et huod en wéisze monkel
ug e rît kapehen
af em schwarzen hîftchen.

(Die brennende Kerze.)

38.

Af em beoéh bål,
af der bål hiôr,
äm beoéh hoéhzet.

(Geige.)

39.

Méinje bog af déinje boéh,
losz de lánken änen hên!

(Heber und Fasz.)

40

Späz här fúoter,
däk frå moter,
mâche lasztich käinjt.

(Heber und Fasz. — Andere deu-
ten: Rebstecken und Weintraube.)

41.

Et säzt en schwarz hin
iwer em güldäne näszt.

(Kessel über den Kohlen.)

42.

De schwarzen träft då rît,
dat hie wakelän eräm gît.

(Kessel und Flamme.)

43.

Gestäkelt,
gefläkelt,
ône niût genèt.

(Ofen.)

44.

Em köcht et,
em brôt et
und äszt et doch nét.

(Hölzchen an der Leberwurst.)

45.

A.

Ich sâs af em blêcheltchen,
unt besâch mer mê lêcheltchen;
„Dâ gäldänet lêcheltchen!
wâ lang wird et wieren,
bäsz dich de pursche begieren?"

B.

Êch sâs af mêinjem blêcheltchen,
besâch mir dô mê lêcheltchen:
„Dâ gäldäret mê lêcheltchen,
wor nît dêt dire stêcheltchen!"

(Der goldene Ring des Mädchens.)

46.

Ich sâs af der liter
und sâg af mêinje Piter:
„Dâ härzer mêinjer Piter!
wuni wird et mer geläinjen,
dij än't lêcheltchen ze zwäinjen?"

(Der Finger des Burschen, der sich sehnt
einen Trauring dran zu bekommen.)

47.

. Et kid éner zwäschen zwin bärjen erous, unt bromt.

(Blähung.)

48.

Fär jangfere lûfe sij äinjde nô
unt käne sich néd erwäschen.

(Die vier Räder am Wagen.)

49.

Âser nôberä git de kwarzel.

(Die Thüre knarrt.)

50.

Îwe flisch,
angde flisch,
än der mätent hûlz.

(Der Sattel zwischen Reiter und Pferd.)

51.

Ze Tripen, ze Trapen
dô wuor en êisrä schäpen,
mat trile, mät tralen
mät diläne schälen.

(— ?)

52.

Êch hun en grôen zôp,
êch schlôn en durj en dérnä näszt,
unt bäinjden en un en kläpel fieszt.

(Hanf keim Kämmen und am Rocken.)

53.

Afo geätijen!
ätäl geschwijen!
äne geätöehen
näszt geäpröchen,
äne godrakt,
uéh nét gezakt!
(Dem Vieh vom Schopfen durch
das Futterloch Heu reichen.)

54.

Iwer äsen hôf
hêd en louk ätang,
se langt néd än hémel,
se langt néd af d'ieri,
et trépst äinjde wasser
fun er eruof.
(Die Brunnenstange mit dem Einer.)

55.

Ed äs e fiûgel,
di nét gid uéh ätît,
wai nieher mî aw ierde gît;
de flijel sén em äm féier gewiöszen,
wun e hungrig äsz früszt e zân üöszen.
(Der Wetterhahn. — Aber der hat
ja noch nie etwas gefressen. —
Weil er noch nie hungrig war.)

56.

Wî äsz dier ätatlich ätülz mân?
hie drît äpuern ug en gäldäne kâm.
(Der Hahn.)

57.

Wier huod en kâm, unt kämt sich nêt,
wier drît äpîren unt rêkt doch nêt,
wier huot fil sächeln, unt schnêkt doch nêt?

(Der Hahn.)

58.

Wier drîd e krêsel ng en kâm,
und äsz dog e mân?

(Der Hahn.)

59.

A.

Af em akerstärker
säzt der wädermärker,
kit der wältkuker,
nit de wädermärker
fum akerstärker.

B.

Der zêktbemärker
stoangd af em äkerstärker,
dernô kâm der wärltkuker,
unt nâm den zêktbemärker
fum äkerstärker.

(Hahn und Geier.)

60.

Êch hun en lât;
der wäinjt mâcht se af,
der wäinjt mâcht se zâ.

(Schwanz der Henne.)

61.

Så schnord, unt spänt doch nét.
så sïzt af em hiert, unt kôcht doch nét,
så sèkt garètij unt fèld er näszt.

(Katze.)

62.

Se wunen än em grånen housz,
der grîszföter hod en brome kôzen (månkel, pëlz,
mänte, kaput, zonder)
der föter en gröen,
der sån en faierrîden,
ded ånkeltchen hôt glåserän ûgen
uch zwê tèrntcher af em hîft.

(Bär, Wolf, Fuchs und Hase.)

63.

Et gîd e mån äm bäs eräm,
en hôd en brome kôzen äm.

(Bär.)

64.

Et gîd e mån äm bäs eräm,
en hôd en gröen zonder äm.

(Wolf.)

65.

Et gîd e mån äm bäş eräm,
en hôd e faierrît mänte äm.

(Fuchs.)

66.

Ed äs e fël uëh garstig òsz,
et hòt det kûlter un der nòsz.

(Schwein.)

67.

De kèlemèler géngen änt fèld ôwen
se sîle gròwen;
Grîdegrât kâm um rêj cròwer.
Wun hor um hainjdern hât erdôn,
hât Grîdegrât de kèlemèler um rêj âfe gedrôn.
Wâd äsz dât?

(Die Schweine wären vom Wolf
fortgeschleppt worden, wenn der
Hund unthätig gewesen wäre.)

68.

Wô lân der bier, wûlw uëh fusz
äm fride bâenânder?

(Beim Kürschner in der Beitze.)

69.

Wat fîr nume känen der bier, wûlw uëh fusz nêt hîren?

(Jäger und Kürschner.)

70.

Fîr wém grâlt der wûlw um mîszten?

(Vor Jäger und Kürschner; jener
spritzt ihm blaue Bohnen ins
Gesicht. dieser zieht ihm gar
das Fell über die Ohren.)

71.

Purze purzenältchen,
kam mät mir än't stältchen!
ich wäl dich purzenälen,
dat der der hoch wirt schwälen.

(So sagen die Ferkel zur Sau.)

72.

Ech bije méinj knå,
unt lieje mij af så
unt ätèche se än't hôrlôch,
drô zabelt se mät dem — lôch.

(Der Fleischer sticht die Sau.)

73.

Fuer wå en gafel,
eangde wå en däsch,
än der mäte' wå en kof,
hainjde wå e bêszem.

(Ochs oder Kuh.)

74.

Et sainjd äm bäs en nôchtegôl,
då fräszt e fêlen afemôl.

(Wolf.)

75.

Wat sén dåt fir får stangen,
då wäder un de iert nôg un hémel langen?

(Vier Zizen der Kuh.)

76.

Wat git durch de bâch,
unt wirt nét nasz?

(Kalb in der Kuh.)

77.

Wat git schwarz än de kuchel, unt kit rîd erousz?

(Der Krebs.)

78.

Et säzt en dèifken,
unt nèd en héifken,
dât huot mî nôten
wâ stärn um hèmel.

(Die Biene macht die Zellen.)

79.

Wier schäkt séinj käinjt
um frschten än de frèmt?

(Der Guckuk.)

80.

Of wélijer sét lât der ûsz?

(Auf der äuszern.)

81.

Wuer schlîd em de nuogel?

(auf den Kopf.)

82.

Wad äsz dât, dô em fiert
zwitschen hémel uģ iert?

(Der Wagen.)

83.

Wuni lift der huos iwer de miszt lècher?
(nach der Ernte über die Stoppeln.)

84.

Wå kit de fî af den torn?

(Schwarz.)

85.

Ône wat kân der mäinjtsch nét liewen?
(Ohne Namen.)

86.

Wå dîft em det käinjt?

(Lebendig.)

87.

Wat gîd iwer de ferstânt der wèisen?
(Die Laus.)

88.

Wå fil wîrter huot det „fuoter äsert"?

(Zwei.)

89.

Wat ŝtäċht der ŝtäder än't daċh, unt der gebouer
schmêiszt ed ewêch?

(Den Rotz aus der Nase.)

90.

Îfaċh ze kurz, topelt langd et.

(Der Arm, wenn er die Spei-
sen zum Munde führt.)

91.

Wad äsz det bieszt un zėrltich?

(— ?)

92.

Wå mâċht em zån fum nėinj afgôn?

(Wenn man 10 auf und 9 über die
Thüre schreibt und diese öffnet.)

93.

Der teiwel gît nėd äm wiech,
der tėiwel gît nėd ouszer'm wiech.
Wô gît hie alsi?

(Im Gleise.)

94.

Wier huot siesz fès, unt gît doċh nor aw fårn?

(Der Reiter.)

95.

Wini sên de käinjd um fromsten?

(Wenn sie schlafen.)

96.

Wat glécht aw en hôr dem kâdrâk?

(Der uoszendrâk.)

97.

(Scherzräthsel.)

Wad äsz blô, unt huod en pélsekär äwänich?

(De pélz.)

98.

Af wélem fläk schlêft em um bêszten?

(Auf der eigenen Hand.)

99.

Un wélem däsch schmakt det ieszen um bieszten?

(Am eigenen.)

100.

Et géngen krer drä
af de juocht än de bäsch;
dier în wôr naktich,
dier änder wôr lum,
dier drät wôr bläinjt.

Na sâċh der bläinjd en huosen,
dor lum lêw unt fêng en,
der naktich ståċh en än det ¤äp.
Na rôt ir häre, wat sâl dât sên?

(En däk, däk lijen.)

101.

Wêld äsz der hêscht klång,
wêld äsz der hêscht gesång,
wêld äsz der hêscht ¤tîn?
    Der klôkeklong
    äsz der hêscht klång
    unt der äinjelgesång
    äsz der hêscht gesång
    der wêisen är ¤tîn
    äsz der hêscht ¤tîn.

102.

1. Wêl fijel liecht
   unt brådicht nêt?
   wêl fêier huot flom,
   unt bråt doċh nêt'.

2. Der kukuk liecht
   unt brådicht nêt,
   gemôlt fêier
   bråt uċh nêt.

3. Wat fïr e kêneng
   äs ône lånt,
   unt wat fïr e wasser
   äs ône sånt?

4. Der kartlekênenk
   äs ône lånt,
   det wasser än ûgen
   äs ône sånt.

5. Wat fïr e bûm
   äs ône lûf
   unt wat fïr en ¤trôs
   äs ône ¤tûf?

6. Der dannebûm
   äs ône lûf,
   unt de mältchstrôs um hémel
   äs ône stûf.

103.

Die neun Teufelsfragen aus Halt März. vom Erbsenfinder.

1. Wad äs înten, und äsz fil wiert?
   E gât branen äm hôw äs em wirte fil wiert.
2. Wad äsz zwie, unt lét sich schwêr empieren?
   Wier zwie gesangd ûgen huot, dêm stît de wîld
   uch der hémel ôfen; wier se ferléiszt, diem
   wärde se bîde ferschlôszen.
3. Wad äsz drâ, unt lét sich gât brochen?
   Wier en drâhérnich gaffel huot, dier kâ gâd
   ieszen oder hâ mâchen.
4. Wad äsz fâr, und äsz sîr nüzlich?
   Wier fâr stark râder um wuogen huod, uch fâr
   stark ruosz, dier kâ fâr fuoren.
5. Wad äsz fäw, und äs e nüzlich dâinj?
   Wier fâf stark îszen huot, kân en grîsz laszt
   aflade; wun der firt fûlt, spant e de fâften un.
6. Wad äsz sies, unt kâ schî gläklich mâchen?
   Wier sies ierich (?) huot, dier huod e gâd äkún,
   und brocht nét bädeln ze gôn.
7. Wad äsz siwen und äs äszt gâdet?
   Wier siwe statlich sin huot, kân alle arbet äm
   jôr bestälen, unt sich frân.
8. Wad äs âcht, unt mâcht äszt rêchted ousz?
   Acht môtcher mâchen en rêcht gesältschaft.
9. Wad äsz nêinj und äs äszt gâdet?
   Nêinj schwêinj äm stal sén äszt gâdet.

Zweite Abtheilung.

Segen und Zauberformeln.

(Theils nach mündlicher Ueberlieferung aus der Gegend von Mühlbach, Marpod, Schäszburg, Bistritz, theils aus schriftlichen Quellen namentlich dem Superintendentialarchiv, nur Weniges aus Druckwerken.)

Gegen Hexen, Zauberer und Zauberwerk.

104.

Trudegéjer,
bumàtèjer,
fal af de räk,
bräch der't genäk!

105.

Trudefosz!
trudefosz!
dad et nét gerôdo mosz!

106.

Häxefuoter!
häxemoter!
dad te't némi mâche kâszt!

107.

(Um von den Hexen nicht gehört zu werden: man legt dabei eine Erbse in jedes Ohr.)

Ärbes än d' iren!
de trude sélen esz nét hiren!

Allerlei Zauber.

108.

(Kröten zu zitiren.)

Ir kruode kud creôsz
eôsz irem héôsz,
em löt ij af do lech!

109.

(Der Angespukte zaubert dem Beleidiger Zittermale an.)

Špoks af mêch!
siwen zätre kun af dech.

110.

(Um das Zittermal vergehen zu machen.)

Alen ôwend, ale morjen
sån ij af dész garstich zäter;
ich bespokse se mät méinjem ápîchel,
ich åtréche se mät dem bémelsdû.
5. Allesz iwel nid en äinjt,
dâ hieszich zäter fergånk geschwäinjt!

111.

(Gegen überladenen Magen. Man springt dabei dreimal vom Heerd.)

Schödel dich,
brödel dich,
rodel dich,
model dich,
5. rink dich,
mink dich,
mé muogen
wâ der téiszelt um wuogen!
zwölw ûr ug en ûchtel wéinj,
10. dât mosz jô dé môsz séinj.

Gegen das Wiesel.

112.

(Man legt dabei Rocken, Spindel und Dreschflegel in den Stall.)

Wô te e frâche bäszt,
se nom unt spän,
oder enträn!
Wô te e mântche bäszt,
5. se nom unt drüsch,
oder entwäsch!

Gegen Vogelfrasz auf dem Felde.

113.

(Hiebei wird Erde, die man von einem frischen Grabe genommen, auf den Acke gestreut.)

Wâ déser mäinjtsch, fun diesz séinjem gråf dés Ierd ûsz, sé
mél némi af dân unt fun désem kîren ieszen kån, esi sélen uch
dész fijel, uch alle fijel angder dem hémel nét dorfu friesze
künen!

Gegen Maden.

114.

(Man stellt sich bei dem Gebrauch dieser Formel vor eine Brennessel.)

Gåden morjen brainaszel!
onser kå huot muaden;
sai se wais oder rût,
bäsz morn sén se sai dût!

115.

(Man stellt sich bei dieser Formel vor drei Attichstengel, deren mittlerer höher sein musz als die beiden andern, macht diesem drei Verbeugungen, und schlägt dem einen Seitenstengel den Wipfel nach Hersagen des Spruches ab: am folgenden Morgen geschieht dasselbe mit dem zweiten Seitenstengel, jedesmal vor Sonnenaufgang.)

Gåden dåċh här uoteh!
wå gîd ed ich nôċh?
Åsz schwéinj huot maden;
wéis oder rît,
bisz moren dît,
sonzt gîd ed ig un't hîft.

126.

(Die Formel musz dreimal von Sonnenaufgang und nach Sonnenuntergang recitirt werden.)

Zehne, neune, achte, sieben,
sechse, fünfe, viere, drei,
zwcie, eins
morgen keins!

Bienensegen.

117.

Maria stand auf eim sehr hohen berg,
sie sach ein swarm bienen kommen phliegen;
sie hub auf ihre gebenedeyte hand,
sie verbot ihn da czuhand,

5. versprach ihm alle hilen
   und die beim verslossen;
   sie sazt ihm dar ein fas,
   das zent Joseph hat gemacht;
   in das sollt er phlûgen,
10. unt sich seines lebens genûgen.
   In Nomine patris, filij et spiritus sancti. Amen.

Feldzauber.

118.

(Zwei Weiber mit herabhängenden Haaren sprechen:)

Dêsz wäld äsz mor wâ en dânz (reijen)
unt drän äsz der Satan mèinj här.
Êch biden dich, Satan, ta wilt mer gien,
dat mèinjer bider nôber sêjen,
5. bîde, dieszjêjnijer lwänich (mir)
uch dieszsèinjer angwänich mir
mije mer zâkun af mèinjen hôf,
dat mèinj hôv iwerfläszich sâ.

119.

Êch biden dich (uch) Satan, te wilt mer gien,
dat des hèmels rèiw uofsprainj;
dio wäl ij afhiewen
und iwer mè länt schiden,
dad ale härzkègder des (Räpser) hatterts
mir zâkun af mè länt,
unt mè länd iwerfläszich sâ.

Gegen das Wetter.

120.

Die Wetter macht vertreibet wird,
Jesus gebeut es, sein heiliges, trautes Kind,
Im nahmen des Vaters &c.

121.

Nun wölle Gott kommen ein heiliges Wetter,
ein seliges Wetter.
Im Namen &c.

122.

Das walte Gott, Gott der Vater, Gott der Sohn
&c. Amen!
Gott der Vater, der sendet dich,
Gott der Sohn, der führet dich,
die heilige Dreifaltigkeit,
5. die führe dich in einen grünen, wilden Wald,
dasz du Niemanden schaden kannst.
Im Namen &c. darauf das Vater U. dreimal — man
musz sich darin nicht vergessen — darnach den
Glauben.

Friedreis oder Schutzregen.

123.

Des morjeszt, wun ij afstòn,
drû schlieszer äm mich gòn:
dâd ín äsz got der fuoter,
dâd ânder äsz got der son,
5. dât drüd äsz got der hélich giszt,
dier gesènt mir mé blâd uéh flîsch,
dat·mich niche wasser schwält,
uéh niche bûm fült,
sangdern dad et geschîden äsz worden
10 durch Kristi des häre séinj hélich fäf wangden.

124.

Morgens, wenn ich aufstehen
drei Schlösser um mich gehen,
das eine iszt Gott der Vater,
das ander der Sohn,
5. das dritte ist Gott der heilig Geist;

der behüte mir mein Blut und Fleisch,
dasz mich kein Baum nicht fälle,
dasz mich kein Wasser nicht schwelle,
dasz mich kein Stahl noch Eisen nicht schneid,
10. das da geschmiedt ward,
seit der liebe Herr Jesus Christus geboren ward.
(Des heiligen Christ sein Augen
halten mich beim wahren Glauben,
des wahren Gottes! Amen! Pater noster &c.)

125.

Ich géng durj en dankle wält,
dô begênt mer e mân, dier wôr ält,
(dô begênt mer en ält män)
de ôge wôren em gebrôĉhen,
5. de häinjt wôren em ferẛprôĉhen,
dat se mer nêt schuode kangden
(dat e mer nêt schuode kangt)
durch Kriszt desz hâre sêinj hêlich fâf wangden.
(unt brêĉhe mer e fritréis â mêinj hânt.)

Hofbann.

126.

Umb diesen Hof und umb diese Gütter
darin ist Maria mit ihrem werthen, edlen, draut Kind,
das ist Jesus, Christus selbst.
Er kann und will verschlieszen aller Dieben Hände
5. Ich ging (mit heut das) wallen,
der Himmel hat mich überfallen,
wol an den heiligen vier Enden,
da ich es herkehren und wenden.
Maria ging über lant,
10. sie hat ein Stab in ihrer Hand;
der Stab, der war versiegelt mit dem Herr domino,
das ist Jesus Christus selbst, so darauf bleibt stehn,
da mich dis (?) für hintragen,
so soll alle lei (?) genahen,
15. das gescheid ist worden,
sind dasz der Herr Jesus Christus ist geboren worden,

19*

so soll es darauf bleiben stehn,
ehe denn das Gott Wort soll vergehn.
In nomine patris et filii &c.

Zum Einschläfern der Kinder.

127.

Drü none kun äm rïr eraf,
se brainjen e köinjt gefangen;
se löchten ed än en trïjeltchen,
et schlëft wå e rêne fïjeltchen.

Gegen das Berufen.

128.

Mit einem „Äscherchen", einem Gebräu, das gröaztentheils aus Besenstielchen, Kohlen,
Kalk von den vier Wänden des Zimmers und Wasser besteht, werden Stirne, Hände
und Fusssohlen des Kindes dreimal benetzt und auch einige Tropfen in den Mund
gegossen.)

DÅ zwê fältsch ûgen,
då då säğen,
då zwê fältsch zången,
då deå ȿpreåĉhen,
5. då droå geauden derkên;
dåd în wåsz gòt der fòter,
dåd ûnder gòt der sŏăn,
dåd ûnder gòt der hëlich gîszt.

129.

Drei böse Augen dich ansahen,
drei gute Augen dich ansprachen,
das eine war Gott der Vater,
das ander Gott der Sohn,
5. das dritte war Gott der heilig Geist,
der gefüge dir deine Wehtag zu Blut und Fleisch!

130.

Im Namen des Vaters, des Sohnes und des h. Geistes!
Dies Kind zwei falsche Augen ansahen,
ihm drei gute wiedergaben,
das eine war Gott der Vater,
das ander Gott der Sohn,
5. das dritte der heilige Geist.
In nomine &c.

131.

Die viel falsche, böse Augen,
die dich ansahen,
die viel falsche Zungen,
die dich besprochen (und berufen han) —
5. so wahr helfe dir Gott der Vater, Gott der Sohn &c.

132.

Dich zwei falsche Augen ansehen,
drei königliche dagegen sprechen,
das ein war Gott der Vater,
das ander Gott der Sohn,
5. das dritte Gott der heilig Geist,
der behüte diesem Kind sein Augen und Fleisch.
Im Namen des Vaters &c.

133.

Zwei falsche Augen, die dich ansahen,
drei Gottes, die dir sie ausnahmen,
aus deinem Gehirn
aus deiner Stirn
5. aus deinen Adern
aus deinem Gefleisch —
        Im Namen &c.

134.

Zween dich sagen
drei dich widersagen;
ein war der Vater,
das ander war der Sohn,
5. das dritte war der h. Geist,
der behüte dir Blut und Fleisch!
  Im Namen &c. Darauf das V. U.

135.

Zwei falsche Augen dich Micheln ansahen,
die deinen Gesund nahmen,
drei gerechten dich wieder sahen,
das ein war Gott der Vater,
5. das ander der Sohn,
das dritte der h. Geist,
die deinen Gesund wieder gaben.
So soll dir heut gebészt sein,
als der Kelch, als der Wein.
10. als das lieb Himmelbrodt,
das Gott seinen Jüngern am grünen Donnerstag
  aufgab und gebot.
  Im Namen &c.

136.

Dies Kohlen werfe ich auf schwarze Augen,
auf grau Augen, auf braune Augen.
  Im Namen &c. Dreimal &c.

137.

Herr! hilf diesem Kind für alle berufene Ding! du
einiger Herr Jesus Christus, hilf du diesem Jungen
(oder Mägdlein) fürs Geschrei, für einem zwei,

drei Uebel, für sieben und siebzig Uebel! So
wahr helf dir Gott und der heiligen Namen drei.

138.

Maria für der Kirchenthür stand,
ihr draut Sohn kam gegangen;
„O liebster, du liebster draut Sohn mein,
was komst du so traurig?“
5. „O Mutter, ihr lieb Frau Mutter mein.
wie sollt ich nicht so traurig kommen?
die zwei graue Augen, die mich ansahen.“
„O liebster Sohne mein!
die zwei graue Augen, die dich ansahen,
10. die dir das Herz brachen —

In Nomine &c.

139.

Jesus sasz bei der Kirchenthür,
da kam sein lieb Hausmutter dafür:
„Wie sitzest du hie so traurig?“
„Wie sollt ich nicht trauren?.
5 mir schwirt räpper und bein,
ich hab meinen Engel ausgesandt,
er soll leben,
und soll Gottes Herrendienst vermehren (od. ver-
wehren?)
und soll büszen für siebzigerlei Suchten,
10. für das Beraffen für die Gelbsucht.“
In Nomine &c.

140.

Das walte Gott der Vater, Gott der Sohn &c.
Gott der Herr Christus, der in den Garten trat,
sein heiliges, werthes, krones Kreutz ansahe,
die Gottheit, die er umbschlosz.

5. sein heiliges, werthes Blut darüber gósz. —
So ward Christus geboren,
so wahr werde diesem Kinde
die grosze Wehtag aus seinem Haupt verloren!
Im Namen des Vaters &c.

Gegen Schlucksen.

141.

Schluke, schluken!
wier riet fu mir?
Wier biset riet,
dier sâl erstäken,
5. wier gûdet riet,
die sâl God erkwäken,
me schluke sâl fergôn.
Äm numen &c.

Gegen Zahnschmerz.

142.

Dâ lidich wîduoǵht!
hief dij ousz dèse wäinjden,
wèj ousz dèsen zäinjden!
sonzt wäl ich dich ferzieren,
5. mät bieszeme kieren,
mät dem stochéise wieren,
än den iertbodem wäl ich dich drèiwen;
dô sâlt tâ blèiwen,
noinj jôr uǵh drâ dâch!
10. Äm nume gottes deez fuoters
Gottes des sanes
uǵh desz hélije gisztes. Amèn!

Gegen Warzen.

143.

(Man legt bei dem Gebrauch ein Stückchen Speckschwarte auf den Zaun.)

De schwuort wierfen ich den krôn,
mai wuarzen si'n fergôn!

— — ——

144.

(Man schneidet die Warze ab, legt sie unter die Dachtraufe und sagt den Spruch:)

Wâ dèt hâ mèsz ferfoulen;
esi sâl mèinj wuorz ferfoulen!

————

Gegen Gicht.

145.

Ich die Gicht heut rühren,
ich die Gicht vermelden
durch den allerwerthesten Mann;
das was Jesus, den die Juden fingen.
5. Sie schlugen ihn an ein Kreuz, war breit,
da Gott der Herr sein bitter Marter für uns leid,
„Nun seht ihr lieb Frau Mutter mein,
nicht zieht mich an das jüdische Gericht —
das weisz Gott der Herr, dasz ichs nicht han.“
10. Der dies Wort gelernen kann,
die Gicht nimmermehr gewinnen kann. —
Der Gicht zog aus durch Wald
gar wunderschnell und bald. —
Gicht soll die Wunden fangen,
15. oder wilt tu wieder binden? —
Gicht, ich will dich auszerbannen
durch den Täufer St. Johannes,
durch die vier Evangelisten;
durch den süszen Herrn Jesum Christum.
20. Gicht ich will dich ausblasen,
im Namen des Vaters &c.

————

Gegen Freisam, Ferch und Beermutter.

146.

Das Freisam und das leidlich Ferch
die stritten zu hauf über dies klein Kind,
dasz sie ihm seinen leib sollten zureiszen.
O! Herr Jesu Christe vom Himmel herab,
5. verleih mir dein grosze Gnad aufferdem!
O Herr! du wollest es kehren mit deiner groszen
Macht!
Herr nimms aus diesem leib und aus diesem blut!
Herr du wollest es kehren,
dasz es sich nicht möchte ermehren!
10. Im Namen des Vaters &c.
Pater noster &c.

147.

Unser Herr Jesus Christus sprach:
Das Früsam und Gottes Wort
zogen miteinander an ein Ort,
das Jesus Christus hat erlangt
5. durch seinen herben bittern Tod,
So bleibt Gottes Wort stehen,
so gebeut Christus der Herr durch sein Wort,
dasz die grosz Wehtag soll ziehen fort. —
Welch Christ das wird thun,
10. dem wird unser Herr Jesus Christ das Himmel-
reich aufthun.

148.

Im Namen des Vaters, des Sohnes und des h. Geistes.
Früsam und die Beermutter
sie gingen durch einen grünen Wald.
Wohin sollt ihr durch den grünen Wald?
5. „Wir sollen in ein Dorf gehen."
Was sollt ihr im Dorf thun?
„Wir sollen Bein und Blut brechen."

Früsam und Beermutter das sollt ihr nicht thun!
die kloken han geklungen,
10. die Messen sind gesungen,
das Evangeli ist gelesen;
ihr sollt hie nicht wesen!
Zieht hin aus diesem Haus
in ein. ander Haus
15. in einen tiefen Thal
in einen grünen Wald!
da findet ihr deder jung noch alt. —
(Wie sie Gott erwählet hat,
so lasset sie in Frieden schleichen,
20. wie sich die Fisch im Wasser gleichen.)
In Nme. patris &c.

149.

Die Beermutter und Ferch
gingen miteinander über einen Berg,

. . . .
Was sollt du thun?
5. „Ich soll zu dem Menschen gehn,
und soll ihm sein Bein brechen,
und soll ihm sein Kreutz abstechen;
ich soll ein Leich aus ihm machen."
Nein! das sollt du nicht thun!
10. Komm mit mir in einen grünen Wald,
da sein zween Brünlein kalt,
den einen sollt du trinken,
und sollt zu Grund einsinken!
Im Namen &c.

150.

Das Freisam, dann das Ferch
gingen miteinander über Christus des Herrn seinen
Berg,
da begegnet ihnen Christus der Herr.
Christus der Herr fragt es (?)
5. „Frisam, Stechen und reiszen wor solltu gehen?"
„Ich sol zu dem und dem Kranken gehen?"
„Was solltu da machen?"

„Ich soll ihm sein Blut lecken,
und soll ihm sein Glieder strecken,
10. und soll ihm sein Bohr aufsetzen.“
(Da spricht Christus der Herr zu ihm:)
„Das solltu nicht thun,
denn dort siehest du einen tunkeln Wald,
in dem ist ein Brunn kalt,
15. aus dem solltu trinken.
zu Grund solltu darin sinken!“
  In dem Namen Jesu. Patr. nostr.

151.

Das Frisen und die Beermutter
gingen miteinander über einen Berg,
da begegnet ihnen die viel gute,
Christus des Herrn sein Mutter,
5. fraget sie: „war sollt ihr gehen?“
„Ich soll zu dem und dem gehen,
seine Beine soll ich ihm brechen,
sein Blut soll ich ihm lecken.“
„Nein! (der Herr sprach:) das sollt du nicht thun!
10. sondern du sollt gehen in jenen, grünen Wald,
da sollt du Bein brechen,
da sollt du Blut lecken!“
  In dem Namen &c.

152.

Das Frisen und das Ferch
sie stritten (?) über ein hohen Berg,
da begegnet ihnen Maria,
die heilige Gottesmutter:
5. „Fech (od. Stech) und Ferch, war sollt du gehen?“
„Ich soll zu einem N. n. gehen,
und soll ihm sein Blut lecken,
ich soll es also bestechen
man soll es auf den dritten Tag zur Kirchen tragen.“
10. „Nein! das solltu nicht thun!
du sollt gehen in ein grünen Wald,

da solltu wütten und rautern, wie du wilt,
das gebeut dir Maria die heilige Jungfrau
Jesus Christus unsers Herrn Mutter." Amen.
15. Vater U. dreimal.

153.

Früsam und Beermutter gingen um einen scheib-
 lichen Berg,
da begegnet ihnen ein alter Mann (das war Gott
 der Herr) der sprach:
„Früsam und Beermutter, wohin sollt ihr gehen?"
„Ich soll zu N. N. gehen,
5. ich soll sein Herz abstoszen,
ich soll ihm sein Bein zerbrechen."
„Das sollt du nicht thun,
ich bin lang da gewesen,
die frei (vielleicht früh) messen sind gesungen,
10. die Glocken haben geklungen,
das Evangeli ist gelesen,
Früsam und Beermutter, du sollt nicht länger in
 diesem Fleisch wesen!
Zieh aus Beermutter und Früsam aus diesem Fleisch
 und Blut!"

  In nomine Patris &c.

154.

Dât reiszen uch dât fiarich
dâ gênge mäd enûnder
aw enen hûen biärich.
Deâ lâǵ e marwelêtin,
5. di seât: „wôr sält teau bigeân?"
„Ich sâl ze disem N. n. geân,
ich sâl em eâdre stråken,
och bleaut låken."
„Nêt gunk dôr, êch bä schüen deâ gewiâszt,
10. sainjdre gung ä gêne waljde wålt!
deâ zainjd a broane kält,
dohär sält teau drüingken,

dôr sâlt teau fersäingken!
Entschiede döch!"

Gegen das „Verheiszen."

155.

(Die Formel wird dreimal mit Auflegen der linken Hand wiederholt.)

Ferhîsze! Ferhîsze! wuor sâlt tâ?
„Ich sâl zâ irom N. n."
Wat wält tâ bâ âsem N. n.?
„Éch sâl em sêinj glider âtrâken,
5. ich sâl om bliât leâken."
Ai nét deâ dât!
Gong än en grennje wâlt!
dô äs e brânne kâlt;
dohâr sâlt teâ dräinjken
10. unt heangdert löftern än de iert fersäinjken!
äm nume Gutes &c.

Gegen das Feuer.

156.

Es gingen drei Wenken des Morgens in der Gefreat,
da begegnet ihnen der liebe Herr Jesu Christ:
Ihr drei Wenken, wohin sollt ihr gehen?
„Wir sollen zum N. n. gehon,
5. wir sollen ihm sein Herz abstechen,
wir sollen ihm die Glieder zubrechen,
wir sollen ihm die Bahr für das Betto setzen,
wir sollen Leichnam machen."
Ihr drei Wonken, das sollt ihr nicht thun,
10. ich bin eh da gewesen, denn ihr;
die Glocken han geklungen,
die Messen sind gesungen,
das Evangeli gelesen;
so klar leucht der Sonnenschein,
15. ihr sollt in diesem Fleisch nicht wesen,
ihr sollt ausziehen ehe die dritte Stund kommt
hin in einen tunkeln Wald,

da springen sich drei Brunnen kalt,
das eine ist das hongy,
20. das andre sind die drei Wenk,
da sollt ihr h. drei Wenken infallen!

In nomine Patris &c.

157.

Maria ging durch einen grünen Wald,
da fand sie einen glühenden Brand;
aufnahm sie den glühenden Brand,
(und sprach:) Feuer du sollt gelöscht sein,
5. ohne Wasser ohne Wein
in des wahren Herrn Jesu Christi seinem Namen
Amen!

158.

Maria die heilige Jungfrau
sie ging durch einen grünen Wald,
da fand sie einen glimmigen Brand;
sie hub ihn auf mit ihrer königlichen Hand,
5. sie gesegnet ihn
wie Christus der Herr
das Brot seinen Jüngern gesegnet,
si greif auf die Erd,
dasz es nicht ferner werd.
10. In Namen &c. dreimal, dann das V. U. dreimal.

159.

Maria ging durch einen grünen Wald,
sie fand einen rauchenden, brennenden Brand,
sie hub ihn auf mit ihrer schneeweiszer Hand,
sie gesegnet das Feuer,
5. dasz es nicht in asz,
und auch nicht fortfrasz —
sie waren so gewisz

als man das Vater Unser betet
zwischen dem Kelch und zwischen der Mesz.
10. Darauf das V. U.

160.

Maria, die liebe Gottesmutter kam gegangen,
sie ging in einen grünen Wald,
da fand sie einen killenden Brand,
den lasch sie mit ihrer schneeweiszer, gebenedeiter
    Hand,
5. sie lasch es aus ohne Wasser und ohne Wein;
„das soll Christus sein Hülf selbst sein,
es soll nit mehr in diesen Knochen reiszen,
es soll auch nit mehr fort brechen!
du sollt verswinden
10. eh der dritten Stunden
aus diesen Knochen,
aus diesem Fleisch!“
Diese Wort sollen werden so gewisz
. . . .
15. zwischen dem Kelch und der Mesz
in dem wahren Gottes Namen!

161.

Der Herr Jesu Christ ging durch einen grünen Wald,
da begegnet ihm ein brennender Brand,
(das war Gott der Vater genannt)
Feuer du sollt gelöschen sein,
5. ohne Wasser, ohne Wein
in des wahren Herr Jesu Christi seinem Namen!
Amen!

162.

Unser Herr Jesu Christ
ersahe auf dies Erdreich,

er sahe einen brennenden Brand,
er lasch ihn mit seiner wahrer gebenedeiter Hand.
5. In nomine Patris &c.

163.

Das walt Gott der Vater, Gott der Sohn &c.
So wahr ich das Vater unser beten,
zwischen der Mesz das Evangelium lesen,
ich gebiete dir aus
5. du leidiger Sausen und Wüten;
du leidiger Ungelast!
(ich gebieter dir)
aus den Knochen in das Fleisch,
aus dem Fleisch in den Wind;
10. daraus gebeut dir Jesus Christ,
das heilig, werth, traut Kind.
V. U.

Gegen den Schaul.

164.

Pfui dich Schaul in den Grund!
man sieht dir in deinen Mund.
In nomine &c.

Gegen Kehlweh.

165.

Da Jesus geboren ward,
wuchs weder Stein noch Berg,
so wahr verschwind du leidiges Unheil!

166.

Den ersten Weinstock, den Gott der Herr beschuf,
den sazt er mit seiner heiliger gebenedeiter Hand;
so wahr heb dich auf du leidiger Nachtrand (? oder
Nachbrand)
(so wahr heb dich auf, du leidiger Nacken zuhand!)
5. Der heilige Christ zeucht durch das Land,
der heilige Leichnam fiel in des Priesters Hand.
In nomine &c.

167.

Das wallt Gott der Vatter, Gott der Sohn &c.
Der erste Weinstock, den Gott der Herr auf
Erden schuf,
Maria mit ihrer gottseliger, gebenedeiter Hand
wieder aufhub,
Hebe dich auf du ohnreicher drogen (ohnreicher
draugen — unrechter draugen)
5. wie der Kelch in des Priesters Hand!
Im Namen &c.

168.

O Herr Gott, Vater im Himmelreich,
siehe auf dies elend Erdreich,
komm diesem Menschen zu Hülf und zu Trost
mit deiner werther Hand!
5. Ja! ich greife dich an in Namen des Herrn
mit meiner guldiger Hand;
Gott wölle mir helfen, dasz mein Hand
nach seiner Kraft und Macht euch möge helfen!
In nomine &c.

Gegen den Ohm.

169.

Gott und der Ohm,
die stritten miteinander;

Gott gewann,
der Ohm verschwang.
Im Namen &c.

170.

Christus der Herr ward auf Erden verwund
im Himmel ward er gesund
mit seinen heiligen fünf Wunden;
er wurde weder gebed noch gebunden. —
5. Nun zeug Eiter und Ohm aus diesem Fleisch,
das gebeut dir Gott der h. Geist!

    Im Namen &c.

171.

Es gingen drei heilige Frauen
des Morgens früh im kühlen Thau(en)
sie sollten all das Kraut abbrechen,
das da gut für den Ohm war abzubrechen.
5. Da begegnet ihnen der Mann,
der das Kreuz von diesem todten Menschen
                        abnahm;

  „Geht an den Huiprichberg —
  da steht ein Baum,
  und brecht alles das Kraut,
10. das da gut ist abzubrechen für diesen Ohm!
er sei geschauen oder gebrochen,
(geschlagen oder gestochen)
Mesz Ohm, Feuer Ohm,
der dasselbig entzündet —
15. der soll verswinden
in dieser Stund.

Gegen Gelbsucht und Kopfschmerzen.

172.

Es war sich heut freitag,
dasz sich Gott der Herr sprach: —

Da sasz Jesus so traurig nur allein
auf einem marmorinen Stein;
5. da kam Maria gegangen,
sie sucht ihren Herrn,
sie fand ihren Herrn,
sie sprach: wo ist der Herr?
Der Herr sprach: ‚hie bin ich.‘
10. ‚Herr du bist mein einig Trost,
ich bin die Mutter, die dich zog,
warumb sitzest du so erbärmlich, so traurig?‘
Jesus sprach:
„Mein Haupt thut weh,
15. mein Leib ist schwach.“
Maria sprach:
„Ich will dir es umbgreifen,
ich will dir dein Wehtag abschleifen,
ich will dir büszen und bessern,
20. Gott wird es von dir nehmen;
das sollt tu mir lohnen, das hast du nicht gethan. —
(sein Frau Mutter das soll sein) —
Ist jemand, der die Wort gesprechen han
alle Freitag dreimal,
25. ich will es von der leidigen Höll erlösen,
ich will ihm helfen in meines Vaters Reich,
da sollt du mit mir zugleich
leben ewiglich.‘

———— — ———

173.

Christus und mit seinen heilgen Engeln,
sie han sich geschikt und bereit,
sie sollen in die Kirch gehen,
sie wollen das Evangeli der Christenheit verlesen.
5. Damit soll ein jeder Christ enphehen,
was er dem armen kranken für soll zählen. —
Da begegnet den Engeln Gottes Herrn sein Mutter,
•da kam Christi Mutter gegangen;
da sie kam an die Galiläa Kirchenthür,
10. da fand sie ihren Herrn gar traurig stehn (dafür)
‚Mein lieber Sohn, wie stehst du hier so traurig?‘
„Mutter, ihr lieb Frau Mutter mein,
wie sollt ich nicht traurig sein?
mein Herz und mein Haupt
15. ist mir betrübt bis in (den) Tod.“

,Mein lieber Sohn! ichwill dir das Haupt umbgreifen,
ich will dir dein grosz Wehtag umbschleifen;
wir wollen Gott den Herrn helfen bitten und beten,
er wird seinen Sohn seiner Zeit wiederumb erhören.'
20. „Maria, ihr lieb Frau Mutter mein!
wer das wird thun,
und wird für des Menschen Sohn helfen beten und
thun,
dem wird mein Vater Abraham den Himmel aufthun."
So soll die Wehtag ziehen fort,
25. wie Christus Jesu sein Wort!

In nomine Patris &c.

174.

Pfui dich, du leidige Gelbsucht!
du sollst nicht verzehren dieses Leib und Blut,
du sollst vergehen wie die Weth,
da man den lieben Jesum mit band!
5. das gebeut dir der heiligen Marien traut Kind.
Die soll dir zu Heil und Busz gesetzt sein!

In nomine &c.

175.

Geelsucht, woher bist du erstanden?
du seist erstanden, woher du erstanden bist,
du hast bei diesem N. nicht zu bleiben!
Ich gebiete dir aus heut an diesem Tag;
5. so wahr als die liehte Sonne aufgeht,
so hast du nicht bei ihm zu wesen!
Ziehe aus aus diesem Menschen
aus der Mark in die Knoch,
aus der Knoch in das Fleisch,
10. aus dem Fleisch in die Hand,
aus der Hand in den Wind,
da ist der heiligen Mutter traut Kind.

Im Namen &c.

Gegen Flecken im Auge.

176.

Es gingen drei Evangelisten,
sie gingen miteinander:
der Apostel Andreas der setzte sich nieder auf
ein Bruch,
des kam sich Christus der Herr dazu.
5. „Ein heiliger Andreas, was sitzest du hier?"
„Ich hab den leidigen Flecken in meinen Augen,
ich kan weder gelesen noch gesingen,
. ich kan mich der Schrift nicht mehr gephlegen.
Aufhub Christus seine gebenedeite Hände,
10. er strich ihm über sein Angesicht.
„Ein heiliger Andrea, nun stehe auf,
und nimm dein Buch in deine Hand,
und gehe der lieben Kirchen zuhand!
da sollt du singen und lesen,
15. dich der heiligen Schrift gar fleiszig bophlegen.
so wird dich Gott der Herr in deinem Gebet erhören
durch das Wort und heiliges Blut,
so sollen dir werden deine Augen gut,
wie die helle, klare Sonne am heitern Himmel aufgeht.
20. Das befehl ich dir mit Gott dem Vater &c.
Pater noster. Credo &c.

177.

Da kam der liebe St. Lukas und der liebe Herr Jesus.
Sie setzten sich miteinander an ein Tisch,
sie sollten beten und lesen,
Gottes Herrn seinen werthen Dienst verbeten,
5. sie haben auf ihre güren
mit ihren edlen, werthen hören (?)
sie strichen aus ihren Augen den Flecken,
den deken,
den Hellebrandt,
10. den braunen Nebel, den Nadelstich,
so war helf euch Gott und der h. Christ!

178.

Duidelgh, die ward blind geboren, •
sie ward blind auferzogen,
sie kam in ihr Kindheit
ihr Eltern in grosz Unheil;
5. sie ging in einen wilden Wald,
sie fand ein mermelinen Stein,
dar saaz sie nieder nur allein,
da weinet sie um ihr grosz Blindheit.
Da kam Christus der Herr mit Maria gegangen,
10. die hat ihren drauten Sohn auf ihrem Arm(en)
,O Maria! thue dich mein erbarmen,
heb auf deinen rechten güren,
streich und wisch mein Flecken,
aus diesen hürrenbecken!"

179.

Die Jünger auf Jesu Acker saszen,
Lucas und Markus und der Herr Jesu Christ,
und der heilige Täufer und die Maria:
,Ihr Jünger, was steht ihr hie und weinet,
5. dasz ihr nicht die Messe leset,
die Bücher auf ihren Knieen (Händen) weget?'
Die Maria sprach: „es ist noch Rath dafür."
Sie hub auf ihre gebenedeite Hand
für den Flecken für den Höllenbrand:
10. „Weich von dannen
wie der Mond vor der Sannen
in des Herrn Jesu Christ seinem Namen!"
Amen!

180.

Es saszen drei Herren an jenem See,
sie wollten schreiben und lesen,
sie wollten den heiligen Altar lesen.
Da kam die Güte Gottes,
5. Gottes des Herrn sein Mutter:
,Ihr Herrn, warumb sitzt ihr hier?'
„Wir sollen schreiben und lesen,

wir sollten den heiligen Altar lesen . . .

*   *

Ich kanß in groszem Leid nicht gesein,
10. ich streichen ihm über das Aug zutruck
für den Stein, für den Flecken,
er sei weisz oder roth,
er soll aus seinem Augé (aus sein).
In nomine Patris &c.

181.

Der fiåkeri néh der dâćh
géngen iwer en bâćh;
der fiåken zerân,
der dâćh gewân.

Gegen Blatter auf der Zunge.

182.

(Man nimmt eine glühende Kohle, bläszt darauf und sagt hierauf den Spruch.)

Wier de gâdet fu mer riet,
diem sâl got lûnen,
wier de lichtet fu mer riet,
diem sâl de zang esu rût wärde wâ déser kûlen!

Gegen Geschwulst am Augenlied.

183.

(Diese Geschwulst heiszt säsisch „wär“ d. i. Erdgrille. Man zerdrückt eine Erd-
grille mit dem kleinen, nach Andern mit dem Mittelfinger, bestreicht mit diesem das
Augenlied dreimal und recitirt dabei den Spruch :)

Wäre, wäre wê,
méinjer ûgen zwé,
méinjer ûgen nichent
af de wär,
5. wäre, wäre, wê!

184.

(Wird gebraucht wie die vorangehende.)

Wär! wär! fergånk,
wärt wå deser säinjer esi lånk!

———— ————

Gegen den Wurm.

185.

Du bist der böse Wurm genannt,
jetzt hab ich dich in meiner Hand,
jetzt hab ich dich in Gottes Hand,
muszt sterben seist jung oder alt,
5. muszt sterben im Eiter und im Blut,
weil Gott dir jetzt den Tod anthut.

———— ————

„Gegen das Gebrech."

186.

Es gingen drei heilige Frauen
des Morgens früh im dauen,
die eine hat das Gebrech,
die ander hatt das Gebrech,
5. die dritte, die trug es gar miteinander weg.

———— ————

(Die Klocken han geklungen,
die Messen sein gesungen,
die Evangelia sind gar gelesen,
die Schuler sind ausgesandt,
10. sie sind verblandt,
sie sollen lesen und singen,

ob sie Jesum Christum mit seinen Jüngern kundten
finden,
in des Vaters und des Sohnes . . . und des wahren
h. Geistes Namen
Pater noster &c.

187.

(Bei dieser Formel wird das Kind dreimal durch die Hühnersteige gesteckt.)

Ir hîne, mäd irem gekrôch
niet mer ewêch
mêinjesz käinjdesz gebrêch!

188.

Et riten drâ riter iwer't rêch.
Ir härc lâd uof fun irem gesprêch,
nit mät, nit mät dêses käinjdesz gebrêch!
Am numo Gotes &c.

189.

Et wôren drâ hêlich frâen,
dâ haten en fenich gesprêch.
Ir hêlich frâen!
git mir ir ienich gesprêch,
5. unt nit fu mêinjem käinjt
dêt lîderlich gebrêch!
Am nume gotes &c.

190.

Denu lîdijet gebrêch
zéch mer fu méinjem käinjd ewêch,
zéj än en hôle bäsch,
sä der loid är uorsch wäsch!

Zum Blutstillen.

191.

Et wôren drâ boterfrâen,
dai géngen än e blât schâen;
dai ê sôd, et sêl gô,
dai zwôt sôd, et sêl âtô,
5. dai drät sôt:
„äm numo Goteez des faters &c.

192.

Ousz âsesz här Christusz séinjen wangden
dô blân drâ rîsen;
dâd în wôr séinj tugent,
dâd ânder séinj jugent,
5. dât drâd ûsz sê wäl.
Blât âtûnt âtïl,
blât sä gebangden
äm âsesz här Christusz séinj hélich fâf wangden!

193.

Det blât flusz, det blât flusz,
dät der uorem N. n. fergusz;
mer wûlen et âtälen
nô Goteez wälen.
5. God äs e sélich mân,
dier det blâd uch âtäle kâu.

Dot blât sâl stôn!.
do wîduocht sâl fergôn!
äm nume Gotesz &c.

––––––––––––

Gegen das „Ueberritten".

194.

Vater unser &c.
Christus Jesus hilf mir, dasz ich diesem Pferd
                                    kann gebüszen!
im Namen &c.

––––––––––––

195.

Die hohen Wolken, die gegeneinander stritten, ·
die liebe Heilige (?) kamen geritten.
Da sie nun dar kamen,
wie müde dasz sie waren —
            *   *   ·
5. „So vergehe diesem Rosz sein Unheil
im Namen Gott dem Vater,
im Namen Gott dem Sohn, ·
im Namen Gott dem heilgen Geist!
        V. U. dreimal.

––––––––––––

Gegen das „Verrinken".

196.

Christus der Herr und der liebe St. Pitter, ·
die reiseten miteinander auf einen Weg.
Christus der Herr sprach zum lieben St. Pitter:
(Herr der Meister) kommst du?
5. „Ich komme nicht,
meine Adern sind mir krank, und (sind mir) lahm.'
Christus der Herr sprach:

Nimm Schmår und Salz klein,
schmier alle dein Gebein,
10. so werden dir alle Adern
kommen auf den rechten Statten.
Er brach es ein mit seiner rechter, gebenedeiter
Hand,
er gab es denen, die da schmierten.
Wer war der Arzt?
15. Christus der Herr war es selbst;
er heilt alle Wunden alle Schmerzen
nach seinem göttlichen Willen. Amen!

197.

Gott der Herr und der liebe St. Märten
sie ritten über einen grünen Wasen,
über einen harten Dosem,
über einen marmorinnen Stein.
5. Da sprach Gott der Herr:
‚Märten, komm mir nach!‘
„Herr Meister, wie soll ich dir nachkommen?
mein Röszken ist mir krank.“
‚Nimm Schmår und Salz klein,
10. und schmier dem Röszken sein Gebein,
so wird es bald heilen.‘. &c.

198.

Gott der Herr und St. Pitter
gingen über einen grünen Wasem
über einen dürren Dosem;
da zerbrach St. Pitter sein Gebein.
5. ‚Lieber Herr Meister, wie soll ich dir nachkommen?
ich bin worden lahm.‘
„Geh und nimm Schmalz
und klein Salz,
und schmier dir dein Gebein!
10. so wird es dir wieder werden rein.“
Im Namen &c.

Gegen alle Krankheiten.

199.

Ewiger, lebendiger, allmächtiger Gott! du wissest
was für eine Krankheit dies ist an diesem Menschen;
wir bitten ferner deine grundlose Barmherzigkeit,
nich verhalt dein göttlich Hülfe für uns! Wir
5. sind grosze Sünder, wir bekennen unsre Sünden
öffentlich für dir, Ewiger, allmächtiger Gott! wir
begehren dein göttlich Hülf. Nicht verhalt sie uns
dein göttlich, grosz, allmächtig Hülf! Wo dies
Krankheit soll neugeboren sein, so eilen wir mit
10. dem heiligen Geist dagegen, mit Gott dem Vater,
Gott dem Sohn, Gott dem heiligen Geist. Amen!

Fünftes Buch.

(Kinderdichtung.)

Grösztentheils aus Mühlbach, Schäszburg, Sächs. Regen, Bistritz
und deren Umgebung.

Bei der Taufe.

1.

A.

(Die jüngere Gode hebt das Kind aus der Wiege und spricht:)

Bedinkt, bedinkt
wat Gót esz schinkt!
ed üs en äinjléinj féinj
dèm séle mer héit guâde séinj;
5. en hîde niâ mer mät;
en kräszte wale mer bronjen,
(zur Mutter)
än em gesainjt leàsze mer ich.

(Nach der Rückkehr aus der Kirche legt die ältere Gode das Kind auf den Tisch, dann auf den Heerd, dann auf das Bett und spricht dabei:)

„Há liejen ich dij âf den däsch,
te sâlt wôsze wâ a füsch!
10. há liejen ich dij âf den hiart,
te sâlt wôszen dëinjem fôter uéh dëinjer moter wiârt!
há liejen ich dij âf't bât,
te sâlt schwéje, bäsz dëinj moter wiescht uéh bakt!
(beide Goden)
Patchen liâf, wôsz, bloâi!
15. Áles enugläk fun dir floâi,
Grotesz gîszt, gueât, hîl uéh sûjen
soâ mät dir âf âle wéjen!

_____

B.

Há liejen ij ed af den Däsch,
et sâl ich bléiwe fräsch;
Há liejen ij ed af de bonk;
et sâl ich wuosze lonk!
5. há liejen ij ed än ieren;
et sâl ich fléiszich kieren!

há liejen ij ed af den hiert;
et sâl ich blëiwe lâw uch wiert.

Wiegenlieder und Ammenscherze.

2.

A.

Schlöf lämtche schlöf!
der fuoter hât de schöf,
de moter hât de lämtcher
unt bräinjt der uch zwè mämtcher:
Schlöf käinjtche schlöf!

B.

Schlöf Frizi schlöf!
de föter hât de schöf,
de moter hât de lämtcher
und bräinjt dem Frizi buta, butamämcher.

3.

Schlöf Hani schlöf!
de fijel säinjen äm höf,
de kaze spänen af 'em hiert,
de raze knäspern än der iert,
te bäszt mer tousent gälde wiert,
schlöf, Hani schlöf!

4.

Haia
pupaia!
hai dich, käinjtchen, hai dich!

hai dich käinjtchen, hai dich nor,
wuosz mer grisz bäs iwer't jör!
    haia
    pupaia!

5.

Susi, Susi, sijeltchen!
der fuoter schus e sijeltchen,
e schus ed än dem gräne wält, —
Susi, käinjtchen schlöf nor bält!

6.

Wol fläjen de wûlken,
wol souszt der wäinjt,
wol stâwen de flöken
ämeräink!
schlöf nor, schlöf nor,
më gûldich käinjt!

7.

A.

(Die Mutter spielt dem Kinde der Reihe nach an den in den Reimen genannten
Körpertheilen, zuletzt gleitet sie plötzlich vom Kinn an den Hals.)

Zintchen!
bintchen!
beochbunderchen!
brâsztänchen!
zéderä gebärtchen!
plutsch än de grôwen!

B.

Zinchi!
binchi!
ârbeszken!
bârbeszken!
prrrrutsch än't štälchi!

8.

(Ebenso benützt.)

Zinò lånk,
foszô gånk!
nåo näk!
pudro däk, däk, däk!

9.

(Ebenso.)

Zinchi,
binchi;
knâc knélchi,
baućh fälchi,
5. mameschken doderchi,
buort knodérchi,
maul rämpchi,
nuesz štämpchi,
ôgen kukelchi,
10. štirn bukelchi,
Kikeriki! (indem man auf den Kopf greift.)

10.

A.

Ilâ äs et fåt,
hå äs et môger,
hier hôt det mäüszke gekakt,
plutsch än de grówen!

B.

Hâ äs et fât,
hâ äs et glât,
hâ äs et muoger
plutsch än de gruowen!
(hop af de wuogen!)

——— ——

11.

(Spiel mit den Fingern.)

A.

Dét (daumen) gîd än de bäsch,
dét (nächste finger) fêd en fäsch,
dét brôt en,
dét kôcht en,
dét klîn
fräszt en alîn.

———————

B.

(Hier wird umgekehrt bei dem kleinen Finger angefangen, so auch in C.

Dét wôr än büsch gangen,
dét had e fäschke gefangen,
dét had et hime gebruocht,
dét had ed än de fon geluocht,
dét däk buta had alesz gepapt.

———————

C.

Dät géng än wâlt,
dät féng ä hâszken,
dät holt et hémmo,
dät brât et,
dät frâsz et guer, guer,
üm dät äs et esu däk.

· ———————

12.

(Das Abschlachten eines Schweinchens wird mit dem Finger statt des Messers am Kinde nachgeahmt.)

Wâz! wâz! wâz det mèszer!
kik det bonzken!
wik! wik! wik!

13.

(Indem das Kind gehupft wird.)

Tiderlider lézken!
de moter git der en dèzken;
tiderlider lämperchen!
de moter git der e strämpeltchen.

14.

(Wenn das Kind nach Vater, Mutter oder sonst nach einer Person oder Sache weint, um seine Aufmerksamkeit abzulenken.)

Tikesz, tikesz, tâkeszken!
det Hani had en âkeszken,
häj ed än en bûm,
bäsz der fuoter kûm.

Für Knieritter und Stubenläufer.

15.

Zuzu, zuzu, règden!
de fafen af de wègden,
de schiler af den ïchen
sûlen eruower sichen;
se sichten än e pèdeltchen
dem Hani än det kédeltchen,
zuzu, zuzu, règden!

16.

Hî! hî! hî!
pune la Szibî,
hât! hât! hât!
än de Härmestat.

17.

Zuzu, zuzu, zuchen!
âsz Gini hôd e kéreltchen,
em wèscht ed alen dàg
mäteld än der bûch.

18.

Ich lâsz mer a rêszken guor wol beschlô,
ich lâsz et än der zailgasz gô.
Dô et na kûm for Katiche sai dir,
dô wôr en gálden bräk,
dô wôr och mai gläk.

19.

Mischka, Mischka raita!
zâbel an die saita!
nimm die korbâtsch in die hand
jäg den Tirken (Tatter etc.) aus dem land!

20.

(Man schaukelt das Kind, und gibt sich plötzlich den Anschein, als lasse man es
fallen.)

Liese fôre! liese fôren!
det râd âsz zebröchen;
ku mer un de grôwen,
stälpe mer än de grôwen.

21.

Täpesch, täpesch käjeli!
der Härgot had e bäjeli,
gäw et sèinje käinjden,
se sîlen drousz lîren.
5. Se wûlen nèt hiren,
schmiszen'd än de branen.
Had et wéder gewanen.
Schmiszen'd än de bäch,
dad et guor zebräch —
10. täpesch, täpesch käjeli!
dad et guor zebräch.

22.

1. Fläjet, fläjed ir wûlken!
wô séld ir fläjen hin?
Kè Kazendurw iwer de mauren
fuer der frå grîszen är dir.

2. De frå grîsz sûl än de kirch gôn,
der Hañi kangt nèt nôgôn
det härz wûl än zespräinjen
wél hic nôt mät kangt gôn.

23.

Mansel, mansel, mizken!
gäf mer uǵ e kizken!
Wô te mer nèt wält gien,
wirt dich der dèiwel nien,
unt fären än de glänich häl,
dat de wirst bröden af der stäl;
än der häl stîd e bûm,
dad em dich drun uknäpe sûl!
Mansel, mansel, miz!

24.

A.

Hanichi mai brâderchi
mâch mer e puer schäjeltchi!
dâd ij än de kirch gô ‿
dât de träpn blaibn stô.
dat de schuler driwer gô.

B.

Schusterchi mai brâderchi
mûch mer e puer schäjeltcher
mûch se schnaidich, mûch se späz,
schlâch droihandert nâjel drun,
dâd ich än de kirch kon gô,
dât mai trepcher bleibn stô.

C.

Hofieszken, mëinj brâderchen
kîf mer zwë riut schäjeltcher!
wun ij än de kirch gôn,
dat mëinj trapcher blëiwe stôn,
wun ij eosz der kirch kun,
dat de trapcher nô mer kun,
wun ij än der stuf gôn,
dat se knipe, knape gôn.

25.

A.

Et géng e mêtche spänen,
et kangd e lîtche säinjen,
et kangd et néd erzwäinjen,
et stûch ed än e pupeslôch.
Got sû dânk! dô äs et nôch.

B.

Ich wol e litchi sängen,
ich kond et nät erzwängen
ich stäch et än e lineklöch —
kukuk, fäter! ich lébn nôch.

26.

Wâ gärn huoszt tâ méch?
Wâ méinj härzken.

27.

Hisch mêtche bän ich,
wiesehe, bake kàn ich,
rît schagen drôn ich;
wier mich sékt, e wäl mich hun,
awer e wit mich nét bekun.

28.

Tânz, Pêpchen, dänz!
de schage sé nôch gänz,
nét lâsz se dich geràn,
der schoszter màcht der nàn.

29.

Kalamaika tanz ich gern
mit die schöne, junge herrn,
aber nicht mit allen,
nur die mir gefallen.

30.

Et kûm e kîltchë gesprangen,
dât drif får mileråt;
död înj miål e mäschken,
död ungder miål e näjeltchen,
dôt drät miål de sân,
dôt firt miål de mòn;
dô drèt sij êinj wangderschînj mêd erfuir,
unt drèt sich bäsz fuir ärcsz léfke sêinj duir.

31.

Do jangfer mät dem riude rôk,
de jangfer mät dem gielen zòp
sås iangderm wéimerestòk,
sûl de mäschker guogen,
sûl de blietcher bluoden,
„Häsch,“
mäsch
än de bäsch!“
Stigleåt', stiglеåt!
schêfken hat sêinj freho geheåt.

32.

Ridi-ridirîtchen!
ich hun e nâ klîtchen,
ich kân uǵ e litchen,
täpesch, täpesch kräjeltchen!
ich hun e puor nâ schäjeltcher
uǵ e klînzich bäjeltchen;
more gòn ij än de schîl
unt lire fil, fil, fil.

33.

Kikiriri bampu!
kam zeåsz Gûrku!

mer séle bire baken.
Kuor nor, wå se schmaken!

34.

Et flug en mük fum turn eruof,
det N. N. wûl se gäre wieren,
ai wieren iwer wieren. —
Ich wîs uch wier die stigel mächt,
ich wîs uch wier en nédertråt,
ded N. n. tråd en néder,
der Mm. mächt e wéder.

35.

Hîme gôn!
däpe schlòn!
schérwen ef de muort drôn!
wier se nêt wäl kîfen,
die sål em prâf rifen.

36.

Zem görmert gôn! zem görmert gôn,
kachebåken hîmen drôn!

37.

Et kåm e lasztich gangtchen
gegangen
gesprungen,
et schlach de bangen
trum! titrum! titrum!

38.

Luf! lûf!
fal än de štûf!
štând af, klouf dij af,
lûw iwer de gasz!

———

Wunsch und Grusz.

39.

Ėch bän e klî geangeltchen,
ėch hun e schwẻr zeangeltchen,
wier mèinj wäinjtsch wäl hïren,
sâl wuorde bäs ich se lïren.

———

40.

Fil gläk!
uch mir e štäk.

———

41.

Grîsz wôsz!
en länk nôsz,
kurz fösz
en däk schärl —
äsz dât nèd e lasztich kärl?

———

42.

Här hälf esz
bäs än't fälpesz,
ousz dem fälpes än den trŏch,
ousz dem trôg än't lupeszlŏch.

———

43.

Servus!
m‹ re kôĉhe mer ärbesz,
iwermere lâsen —
Got sâl ij erhâlden!

44.

Gâden dûĉh!
(Antwort)
Hû den häinjdern än de bûĉh!

Lehre und Strafe.

45.

Foljen, hîren!
wier de nĉt wäl hîren,
die wied em lîren,
dat et wirt spîren.

46.

(Aprinko gäf dem fijeltchen ze frieszen!)
Griszo müt dem ride rök,
mêt mät dem gielen zôp
(sâszen angderm wéinjstôk)
5. haden e lasztich krokt geköĉht,
réfe mich zem ieszen.
Ich hat mich nĉt gewieschen;
se schlâge mij aft häinjtchen.
„Owî me bakenzäinjtchen!
10. hîme gôn,
moter sôn!“
‚Gât huod em der gedôn.‘

47.

Kitschi, kitschi waijeltchi!
änser Härgot hat e bräiderchi;
et sâsz änderm walmerstôk,
et sâng wai en erlentôk.
De härgotsmäter hât kraut gekôcht,
se râft et âfen zem âszen.
Et hât sich näszt gewâschen;
se schlaġ ed âf det hantchi —
„Jui! jui! mai bakzantchi!"

48.

Woräm?
Doräm!
Woräm doräm?
Äm't rûchlôch eräm —
frôch nôġ ämetäm!

49.

Wier? wier?
Der Piter bier,
bräinj en hier
unt maz em't schmier!

50.

Pêpi sâ hîsch!
de rât hischt flisch.

51.

Wat? wat?
Kakes af dat,
em dâ der än de kap!

52.

Wat ? Wat ?
En éiserü lat,
der téiwel äsz dé pat.

53.

Râch ! râch !
sonst kit der far fu Nipenap,
unt stächt ij än de strisak.

54.

Gied ich frit !
der Bobeloz (bier, Jut) kit,
dier de bisz kãinjt mãt nit.
E färt se än die füre bäsch,
e brêt se wâ en grãne fäsch.
(e färt se ä séinj dankel hous,
se känen némermî erousz.)

55.

Sâ from, sâ from !
sonzt mész de gât moter än hémel gôn,
drô wirt dich de wãlt bäschmoter schlôn ;
se schlît dich mãt pascho râden,
dat der der uorsch wirt blâden.

Verkehr mit der Natur.

Regen.

56.

A.

Et fèd un ze rênen,
Got kid enkênen,
God üs e sêlich mân,
dier de rên ferdrèiwe kân,
en kân e wéder bräinjen.

B.

Et fèd un ze rênen,
Got kid enkênen;
dî de rên âfhält,
dâd äs e sêlich mân,
dî ed uch wéder mâche kân,
dî ed uch wéder zedrèmere kân.

57.

Rên! rên! rên!
more gô mer sên,
more sê mer kiren,
wuoszen esz de êren,
fâlen 'esz de schêiren.
Rên! rên! rên!

58.

Rên, rên af der gasz,
rên, rên mâch mich nasz!
hift blîsz! hift blîsz!
rên! rên! mâch mich grîsz!

59.

Dâ wäinjt, dâ mäd enänder striden,
dâ hî wûlke kâme geriden;
dâ klôken hu geklangen
dâ wûlke sé firiwergegangen.

Regenbogen.

60.

Rêneburgen
gûldiwerzuegen!
äm hémel äs e gûldich mân,
dî de rên ferdraiwe kân.

Schnee.

61.

Wol kun de wûlke gezingen,
wol kit der schnî geflingen!
* * * .

Blümlein.

62.

Blömtchen af wiejen,
blömtchen af stiejen,
blömtche blâ,
det frâjôr äsz hâ!

Spritzkern.

63.

(Ein Kirschkern wird zwischen Daumen und Zeigefinger gekneipt, so dasz er fort-
schnellt; durch die Richtung, die er nimmt, bezeichnet er das Liebchen.)

A.

Sprûzkärchen,
läwet härchen,
sô mer wô me léfken äsz!

———

B.

Spräzkärn,
kôwerdèrn,
sô mer wô me schazke wunt!
hä oder dô oder duoit?

———

Feuer und Rauch.

64.

Brä féier brä!
der Wili ätit derbä,
der fuoter kîft e lämtchen
mät dem zizemämtchen,
de moter kîft en kuchen
und mächt det féier lachen:
Brä féier brä!

———

65.

Rûch, rûch räinj
zèj ämeräink,
zéch bä de bisz käinjt!

———

Schnecke.

66.

A.

Schniekelhiren
riåk den hiren,
riåk se ale får;
äm en îmer bår!
Wô te se nèt wält riåken,
ich schméiszen dich wider än ätiåken,
dat te dru wirst kliåken.

B.

Schnikeschnuogel
råk den zuogel!
Wô te'n nèt wält råken,
schlön ich dich wèder de ätåken.

B i e n e.

67.

A.

Bise, bise bû,
krèj än't hå!
höwertèschken
huentch äm flôschken
plutsch än de båéh!

B.

Bise, bisebåchen
krèj än't åchen!

sop ed ausz,
krêj erausz!
bise, bisebum!

Marienkäfer, Maikäfer und Dohle.

68.

A.

Härgodîszken!
flèj af de birebûm,
säch wun de Tatre kun!
éch wäl dij ä me stältche lôken,
éch wäl der mältch uéh brît brôken.

B.

Härgodaiszken!
flaij äu himel,
sô mer won de moter kit,
sô mer won der foter kit,
sô mer won de Tatern ku,
sô mer won de Tirken ku,
ich wäl der bruit brôken,
ich wäl der mälich gaiszen,
éch wäl dij än en gäldä tru äschlaiszen.

C.

Tipeszken! tipeszken!
flèj af de birebûm,
säch, wun de Tatre kun!
de Tatre ku mät stangen,
der tëiwel huot sij erhangen,
der bäsch brúd um äinjt,
der fusz huot sich de schwänz fersäinjt.

D.

Tschûka!
Marûka!
fléj af de birebûm,
säch wun de Tirke kun
mät de länke stangen!
Der kukuk huot sij erhangen
der bäsch brät, der bäsch brät,
der fusz huot sich de schwänz ferbrät.

E.

Tschûka!
Marûka!
fléj äf de boterbit,
säch wun de moter kit!

F.

Tschûka!
Marûka!
fléj än de birkebäsch,
bräinj mer en sak föl haszelnäsz!

G.

Zaiku!
Lalaiku!
fléj af de birebûm,
säch wun de Tatre kun!
5. de Tatre ku mät stangen,
der bier huot sij erhangen,
der wûlf lilt än't kîren,
e huot sich de schwänz ferlîren,
der bäsch brät,
10. der fusz huot sich de schwänz ferbrät.

Stoszvogel.

69.

Stuiszfogel;
huinedâder!
sô mer wô mai lëfke wunt!
gänk unt sô em en gâden dâch!
Ech kifen der en hisch rängkeltchi

* * *

Guckuk.

70.

Kukuk kniecht!
sô mer riecht,
wå fil jòr
liewen ich nòch?

Storch.

71.

Klaperstorch!
flëj iwer de bärch,
flëj iwer det rêch,
flêch fär ewêch,
kam wêder geschwäinjt,
unt bräinj es e gûldich, klinzich käinjt!

Fledermaus.

72.

Flädermousz!
pladermousz!
nêt kam mer än't hôr,
nêt kam mer af't hitt!
sonzt schlôn ich dich dît.

Katze.

73.

(Das Kind streichelt die Katze bei den ersten, und schlägt sie sanft bei den letzten
Worten.)

Ziru,
miru,
hnoszt te de mältch gelapt,
huoszt te't flîsch gepapt? —
patschi! patschi! patschi!

Stier.

74.

Bika! bika!
bombolom!
nom mij af de hêrner,
schmêisz mij äu de dêrner!
Bika! bika! bum!

75.

A.

Bikafären!
schläch de kären!
schläch se af dem milcktîn,
schläch se alesz kurz ueh klin!

B.

Bikafären!
klôp de kären
klôp en af em milcktîn,
drâg en dêinjem lêfken hîm!

76.

Bikastéren!
dråg de héren!
rän se än en bûm!.
Bika! bika! bum!

77.

Bikafären!
bikastären!
mät de länken héren!

Nachahmungen.

78.

Der Hammer der Schmiede sagt:
  Meister allein:
    Wärt wärt ⌣ wärt wîch!
  Meister und Geselle:
    Wält te nét, wält te nét,
    wält te nét, se schlôn ich déch.

79.

Die Sehne des Hutmachers:
    Zer — zer — zermå dich!
    Katréinjtche kam bå mich!

80.

Der Kamm des Hutmachers:
    Hérän dach! hérän dach!

81.

Hammer des Faszbinders:
    Bäinjt — bäinjt — bäinjt fieszt!
    rif — rif — hält fieszt!

82.

Hammer des Faszbinders wie's der Zuhörer vernimmt:
Bédner! bédner bäinjt de kofen,
nur nét gänk zer nôberä sofen!

83.

Rauchfangkehrers Schaufel:
Kraz — kraz — kraz schimel!

84.

Axt des Holzhauers:
Plaz! — plaz!

85.

Säge des Holzschneiders:
Gäf âpên! gäf âpên!
oder: gäf gielt! gäf gielt!

86.

Bläuel der Wäscherin:
Knéiszt ewêch! knéiszt ewêch!
sonzt gid et schliech.

87.

Flegel des Dreschers:
Er mészt crousz,
er mészt erousz,
et hälft ich nászt.

88.

Der Hund, wenn er das Posthorn hört:
O wi! o wî! wor hisch!

89.

Mehrere Hunde, wenn sie ein Stück gestohlenes Fleisch
haben:
Schwôgerrr!
nôberrr!
bräderrr!

gefatterr!
liecht nėderrr!

90.

Katze vor der Thüre:
 Mächt mer af! mâcht mer af!

91.

Katze ruft dem Kater:
 Kud erům! kud crăm!
 wenn er gekommen:
 Kud er nor nau? kud er nor nau?

92.

Schweine, wenn sie aus der Heerde kommen:
 Die Kleinen:
  Uch mir e štäk! nch mir e štäk!
 oder: Kut hîme! kut hînen!
 Die Alten:
  Nor hiesch lânzem! nor hiesch lânzem!
Bei Regenwetter rufen
 die Kleinen:
  Ach här Jêses! ach här Jêses!
 die Alten:
  Ai hâd ich nor en štuf gebât,
  en hât dėsem wäder nêt getrât!
 oder: Hât ich de rên nor wôrgenuen,
  ich hât de monkel mätgenuen.
 die Kleinen:
  Uġ ėch! — uġ ėch! — uġ ėch!

93.

Kohlmeise im Frühling:
 Štâke gôn! štâke gôn!
 oder: Zizi bäsch! zizi bäsch!
 oder: Tschutschi bäsch! tschutschi bäsch!

94.

Die Sperlinge:
 Hisch! hisch! hisch

95.

Der Finke:
> Fikesz! fikesz! feler ôrsch!
> won te nêt geàpanen hôszt,
> drûĉh wégden äm!

96.

Goldammer im Frühling:
> Ai teâ dâf! ai teâ dâf!

derselbe im Herbst:
> Här fâter! här fâter!

97.

Krähen im Winter:
> Schnoâ! schnoâ!

oder: schnî! schnî!

98.

Mehrere Krähen, wovon eine unten bei einem Aase,
die andern auf einem Dach oder Baum.
> Die obensitzenden:
> > Âsz mî do? äsz mî dô?
> Die bei dem Aase:
> > Nor de knôĉhen, nor de knôĉhen.

99.

Specht, wenn er unbedeutende Beute gemacht:
> Na buk! na buk!

100.

Guckuk:
> Kuk! — kuk!

101.

Wiedehopf:
> Hup! — hup!

102.

Hähne:
> Erster: Nâber! wî ernierd ĉch?
> Zweiter: Got der här, ĉ.

103.

Die Henne, wenn sie ein Ei gelegt:
Kut! kut! kut! kut! kud unt såt!
kut! kud und såt — såt!

104.

Gänse, wenn ihnen der Wirth Futter streut:
Håde mer nor såk! håde me nor såk, Pål Honesz!
mer werden ich det kuern ålesz ferèticlen.

105.

Enten schnattern:
Ha! ha! ha! dåd äsz lasztich!
oder: Wat schafe se? wat schafe se?

106.

Indianer im Hofe:
Erster: Jurka! jurka! jurka!
Zweiter: Ai dåt dèch der mòrlef!
ai dåt dèch der mòrlef!

107.

Wachtel im Korn:
Bäk
de räk!
bäk de räk!

108.

Lerche im Aufsteigen:
Se kam mer dän nô!
oder: än de hî! än de hî!

109.

Nachteule:
Hach! hach! de lèkt schlôfen.

110.

Die geschwungene Ruthe:
F'lisch! flisch!

111.

Kraut im Topfe:
> Sangtich! sangtich! sangtich!

112.

Fluszwehr in der Nacht rauschend crescendo und de-
crescendo:
> Schlôft! schlôft! schlôft'!
oder: Râch! râch! râch!

113.

Glocken — grosze dumpf:
> En krâm hôt mij ouszgewâlt!
> en krâm bôt mij ouszgewâlt!
Kleinere heller:
> Stîndankel!
> kâld ärbesz!
oder: Ting tângel!
> kâld ärbesz!
oder: Rît rèpen!
> kolorâben!
die kleinste ganz hell:
> Ting tingel!
> Hanz klingel!

114.

Glocke zum Loichenbegängnisz eines Kindes läutend:
> Kam,
> bleûm,
> hindân!

Neckerei und Spott.

115.

Ir gangen,
schlôt de bangen,
schlôt de bit,
bläsz der tèiwel kit!

116.

Mètcher,.
kazebrètcher!

117.

Såt då rèklich mètcher åtôn!
såt då rôzich gange gôn!
Ai ån de kläen
sûl em de gange bråen!
hîsch wèisz hèmelbrît
dît die rèklije mètchere nît.
De mètcher båt em af fûderä båter,
de gange båt em af ètènerän trûpen.

118.

(Wetten.)

Åf wat sèle mer wåten?
Åw en îmer låten;
èch wäl se schåpen,
teû sålt se låken,
èch wäl se mèszen,
teû sålt se frèszen!

119.

Makskader!
hînendader!
angderm båt
zågedäkt
mät der nuos äm hînendråk.

120.

Mâzkâder!
hienendâder!
wält te mät zer mil fören?
Hop hainjden af de wôgen!
Tscha mäüszken!
huida laüszken!

121.

Zapzuogel häinjde nô,
furzförer bäszt te dô!

122.

Hifertschäsz!
lâk de špäsz,
wun e gät beschäszen äsz!

123.

Bîsakesz!
drâch bûlz än't bakesz,
kaın zeräk,
fal af de räk,
bräinj mer e ѕtäk
mâr hîbesz mät!

124.

Studänt, ѕtudänt!
die hosen ferbränt,
die gatchen fersoffen
zum teüfel geloffen.

125.

Muf! muf!
nét kam mer ä méinj ätuf!
nét fräsż mer mé brît! ·
sonzt schlôn ich dich dît.

126.

Hégd äsz der îrscht Apräl,
em kâ fernare wien em wäl;
se schäkt de nare wékter!

127.

Miña!
Biña!
bâchen!
kréj än e ätäinkij âchen!

128.

Paulîn!
gäng af Pîn!
fräs en ätäinjkich hîn!

---

129. .

A.

Katréinjtchen!
säz af't schwéinjtchen
rékt kên Hanedéinjtchen,
bräinj e fasz wéinjtchen,
dernô säz af't ätintchen,
uṇt sof ed alîntchen!

B.

Katrêinjchê
säz âw e schwêinjchê,
rait händer de gärten,
brainj e schûwer färkel,
dâ se än de kumer,
schlâch se mät dem humer,
nêt fräsz se alê,
fräsz se mät der gonzer gemê!

130.

Susi!
Busi!
Hasibusi!
nom de späl,
gânk dermäd än de häl!

131.

Misch!
pisch
än de bâch
sô dêinjer moter en gûlen dâch!
moren âsz dêinj hochzetdâch.

132.

Mischkôzi!
kram dôzi!
kram flôzi!
kram däpen!
more sâl em dich knäpen!

133.

Sam!
Bam!
burlóch!
kréj än't ätälinjkich fuszlóch!

134.

Fritz!
ätibiz!
ätíbesz
fräs en âlden híbesz!

135.

Friz!
widiwiz!
kléner burez!
kréj än de kotez!

136.

A.

Sėp!
Pėp!
de bäszt e genép;
fräs en ûlt rėp!

B.

Szäp
kréj än de käp,
bránj mer e räp,
än det säp!

137.

Mai!
malai!
äm Iwe gebaken.
Wô te nět wält baken,
schlôn ich dij än naken.

138.

Jin!
Bin!
Bun!
Kak der moter än de trun!
lûf wôder't åtuwenâk
fäl än't : rîsebât!

139.

Dôr! Dôr!
rêgd af der gor!

140.

Lên! Lên!
klauf åpèn!

141.

A.

Än!
schauer de fån!
schauer se schîn,
wâ en bîn!

B.

Äntchen
schaur det fäntchen,
schauer et schîn,
more kit de brèjem hîm!

142.

Zâri kam nô!
Trèintche blaif dô!

143.

Li~z!
mät der biaz —
moren äm drâ,
schèsz se frâ!

144.

Tizi, dizi dôzen!
fräsz zwêheangdert grôzen!

145.

Hanz!
schwanz!
Hampu!
humpesz!
grumpes!
Hanz!

146.

Spôt nor ‹pôt!
äm hémel äs e Gôt;
dier wirt dich lîren,
wun te nét wält hîren.

147.

Špôt nor ‹pôt!
äm hémel äs e Gôt;
dier wirt mij erräten,
unt dej än de glänich häl ‹chäken.

Kindergebete.

148.

Gotesz numen afge‹tânden!
dât walt Gôt;
behåd esz Gôt,
Got der fuoter,
Got der san,
Got der hélich giszt.
   Amen!

149.

Gotesz nume hât gangen!
dât walt Gôt,
behåd esz Gôt!
Got der fuoter &c.!

150.

A.

Des ôbeszt siń mer schlôfe giû,
sibn angel siń mâd esz ku,
zwê ze'n hébn,
zwê ze'n saitn,
zwü ze'n fâeszen,
der sibnt sâl esz dâken,
onser här Jesus sâl esz môrn frûe
fräsch gesond ofwâken!

————

B.

Gotesz nume schlôfe gôn!
siwen äinjel mät mer gôn!
zwîn zâ méinjen hîwden,
zwîn zâ méinje sékten,
zwîn zâ méinje fészen,
dâd în, dât sâl mich dâken!
Got der här sâl mich gesangd afwâken!

————

151.

Bietklôk!
hälf esz Gôt!
Got der fuoter,
Got der san,
Got der hélich gîszt!
    Amen!

————

152.

Éch bä klîn,
méinj härz äsz rîn,
némeszt sâl drä wuńen
als Jêsu alîn! Amen!

————

153.

A.

Aćh här kom,
mâćh mich from,
dad ich bå dèj än hèmel kom!

B.

Härzer härgot mâćh mich from,
dad ich bå dèj än hèmel kom!

154.

Än mai bietche lieg'n ich mich,
ménen Got befieln ich mich,
ålen ôbend und åle morjen
wirt mir Got mén sîl fersorjen. Amen!

155.

O Jêsuléinj,
mé bräderléinj!
kam än dât jang härzke méinj.
unt losz et dir en wununk séinj!

156.

Te huoszt et gegien,
te kåszt et nien,
här séjen déinj gôwen! Amen!

157.

A.

Ich huird e klêkeltchi klången,
de hêlij ångel äm hêmel sången,
êch schlêf bå Got dem häre sêne fêsz
gor sêsz.
5. E wiekt mij of,
e schakt mij än de kirch,
De kirch wôr gekiert,
der ielter wôr gediekt;
äm den ielter gêng ich,
10. Kriszt den härn emfêng ich.
Frô dich sil!
frô dich härz!
kit me truiszt,
dier mij ousz der häl erluiszt. Amen!

B.

Än de kirch gênge mer,
äm den ielter trude mer,
åsen Härgot bâde mer.
De klêkeltcher klången,
do schülercher sången —

C.

Klêtcheltche fû u ze klåingen!
äm himel sin de ångel silingen!
de ångel sai schnîwais ugedô —
. . . .
5. Här losz mich nät!
,,Wåe sol ich dich loszen?
Håe bäszt te gefongen
zwüsche fôef ruit wongen!"
Haint schlåef ich såesz
10. bai Got dem häre saine fåesz.
Got der här håesz mich fråe ofstôn,
e håesz mich än de kirch gô.

Än de kirch geng ich
Kriszt den härn ämféng ich.
15. Fröe dich sîl!
fröe dich härz!
säch dô kit der truiszt,
dier dij ousz der häl erluiszt! Amen!

— —

D.

* * *

,Säinjder willt tâ mät mir gôn!
Ach wâ sûl ech mät dir gôn?
Hâ lân ich gefangen
mät siwe schwêre wangden.
Hür Jesu kam
mät dèinjen äinjeltchern alen drû,
unt mâch mich frâ!

*

————

158.

Här Jesu, dir liewen ich,
här Jesu, dir stärwen ich,
här Jesu dèinj blèiwen ich
dîd oder liewendich.

————

Kinderpredigten.

159.

Ir légd, ir lèkt!
hîrt mèinj prädich hèkt!
Prädich! prädich!
de kirj âsz lädich:
5. dô iwern
sé fil schiwern,
dô uewen
sé fil schuowen,
dô ämen
10. sé fil mämen,

dô afen
sê lûkter fafen.
Prädich! prädich!
de kirj ä»z lädich.

———————

160.

Fuoter âser knôčhen!
ich biet emôl drâ wôčhen,
bäs ij än hèmel käm.
Ech säčh drû Juden dô' ieszen,
5. dier în réf mich zem ieszen,
dier änder sôd, ich wîl em't guor frieszen,
der drät näm e štintchen,
e wurf mich wéder det zinebintchen.
Ech géng za âsem härgot klôn,
10. et sôt, e hät mer gât gedôn.

———————

161.

Schlôszer âser!
mê fuoter wunt bâm miltschen,
mêinj moter wunt bâm kiltschen;
mê fuoter had en monkel fersazt,
5. äm siwe gälden;
na wäl hie en nét lîsen,
hie wäl en nét lîsen,
sâ wäl en nét lîsen,
na blèift hie fersazt
10. fum îweget, za îweget.

———————

162.

Quîbns
en hîbesz,
unt quibus, quabusz
de gäsz gô barbesz,
barbesz gôu de gâsz.

unt de gâsz sên âsz,
unt de gâsz sên néd éch,
nana schwéch!

163.

Kên danen, kên danen!
mäd ire fanen!
kén hîme, kên hîmen
mäd iren hînen!
Méinj prädij äs ousz,
et kid en mousz
ous ärem lôg erousz
unt lift iwer desz nôber séinj housz.

164.

Ich fên un ze rieden,
ich fên un ze bieden,
ich fên un ze sôn;
er känd et nêt ferdrôn;
er hud et gehîrt,
et sé lokter wîrt.
Na kid e schwéinj
unt fräszt mer't latéinj.

Neckmärchen, Lügenmärchen und Reimspiele.

165.

Des armen Mannes Wirthschaft.

1. Êch wôr en ôrem mân,
   éch hat näszt wå en hîntchen —
   Târ dich méinj hîntchen!

2 Då ij emôl en hîntchen hat,
  bekåm ij ug en hunen.
  Kikorikî hîszt méinj hunen,
  Târ dich méinj hîntchen.

3. Dâ ij emôl en hunen hat,
bekâm ij uǵ en schwunen.
Wêisz fädern drît me schwunen,
Kikerikî hîszt mêinj hunen,
Târ dich mêinj hintchen.

4. Dâ ij emôl en schwunen hat,
bekâm ij uǵ en gîsz.
Zäz de Barbra hîszt mêinj gîsz,
wêisz fädern drît mé schwunen,
Kikerikî hîszt mêinj hunen,
Târ dich mêinj hintchen.

5. Dâ ij emôl e gîszken hat,
bekâm ij uǵ en kâ.
Kram héren drît mêinj kâ,
Zäz de Barbra hîszt mêinj gîsz,
wêisz fädern drît mé schwunen,
Kikerikî hîszt mêinj hunen,
Târ dich mêinj hintchen.

6. Dâ ij emôl en kâ hat,
bekâm ij uǵ e kâlf.
Prutschemprutsch hîszt mé kâlf,
kram héren drît mêinj kâ,
Zäz de Barbra hîszt mêinj gîsz,
wêisz fädern drît mé schwunen,
Kikerikî hîszt mêinj hunen,
Târ dich mêinj hintchen.

7. Dâ ij emôl e kâlf hat,
bekâm ij uǵ e färt.
Rôszknorn drît mé färt,
Prutschemprutsch hîszt mé kâlf,
kram hérn drît mêinj kâ.
Zäz de Barbra hîszt mêinj gîsz,
wêisz fädern drît mé schwunen,
Kikerikî hîszt mêinj hunen,
Târ dich mêinj hintchen.

8. Dâ ij emôl e färt hat,
bekâm ij uǵ e fölen.
Mihaha hîszt mé fölen,
rôszknorn drît me färt,
Prutschemprutsch hîszt mô kâlf,
kram héren drît mêinj kâ,
Zäz de Barbra hîszt mêinj gîsz.

wêisz fädern drît mê schwunen,
Kikerikî hiszt mêinj hunen,
Tûrdich mêinj hîntchen.

166.

Hûhnchens Tod.

Det kêkeschken uéh det hîntche schârden af dem mäszt. Det
hîntche fând e kukeruzkêkt unt schlakt ed awîszt än, mêr em det
kêkeschke gesôt had, et kând emôl erstäke, wun ed alleszt esi awîszt
uoweschläke wil. Ât dôcht awer: nêt dat det kêkeschke fîlecht
kêm, unt nêm äm det kukeruzkêktchen; dorâm wûl äd ed esi
schniel äschläken. Awor et gêug em, wâ det kêkeschke gesôt hat;
det kêkt bliw em äm hâlz stêchen, ät fâl äm. Wâ dât det kêkesch-
ke sâéh, lêw et schniel, et sîl waszer bräinjen, unt sîl et dem hînt-
chen än hâlz schiden, dad èt det kêktche sîl uowe, wieschen. Na
kâm et zer brokt unt béş är waszer:

1. Brokt mir waszer gien,
    waszer éch hînen drôn,
    hîntche wäl fük, fük, fük.

2. De brokt sôd : ‚ich wäl nêt !
    bräinj mer dîrscht de schage fum schoszter !‘
    Kêkeschke kâm zem schoszter:
    „Schoszter mir schage gien !
    schagen éch brokt drôn,
    brokt mir waszer gien,
    waszer ich hîntchen drôn,
    hîntche wäl fük, fük, fük.“

3. Der schoszter sôd : ich wäl nêt !
    bräinj mer dîrscht fum schwéinj de bîrschten !
    Kêkeschke kâm zem schwéinj:
    ‚Schwéinj mir bîrschte gien !
    bîrschten éch schoszter drôn,
    schoszter mir schage gien,
    schagen éch brokt drôn,
    brokt mir waszer gien,
    waszer éch hîntchen drôn,
    hîntche wäl fük, fük, fük.“

4 Det schwéinj dât sôd: ich wäl nét!
bräinj mer dîrscht fum wéiszbâk klâen!
Kékeschke kâm zem wéiszbâk:
„Wéiszbâk mir klâe gien,
klâen éch schwéinj drôn,
schwéinj mir bîrschte gien,
bîrschten éch schoszter drôn,
schoszter mir schage gien,
schagen éch brokt drôn,
brokt mir waszer gien,
waszer éch hîntchen drôn,
hîntche wäl fäk, fäk, fäk.

5. Der wéiszbâk sôd: ich wäl nét!
bräinj mer dîrscht fum fielt det kirn!
Kékeschke géng aft fielt:
„Fielt mir kîre gien!
kîren éch wéiszbâk drôn,
wéiszbâk mir klâe gien,
klâen éch schwéinj drôn,
schwéinj mir bîrschte gien,
bîrschten éch schoszter drôn,
schoszter mir schage gien,
schagen éch brokt drôn,
brokt mir waszer gien,
waszer éch hîntchen drôn,
hîntche wäl fäk, fäk, fäk.

6. Det fielt sôd: ich wäl nét
bräinj mer dîrscht fum hôf de mäszt!
Kékeschke géng zem hôf:
„Hôf mir mäszt gien!
mäszt éch fielt drôn,
fielt mir kîre gien,
kîren éch wéiszbâk drôn,
wéiszbâk mir klâe gien,
klâen éch schwéinj drôn,
schwéinj mir bîrschte gien,
bîrschten éch schoszter drôn,
schoszter mir schagen gien,
schagen éch brokt drôn,
brokt mir waszer gien,
waszer éch hîntchen drôn,
hîntche wäl fäk, fäk, fäk.

7. Hôf gâf dem kékeschke mäszt,
kékeschken de mäszt dem fielt,

fielt dem kèkeschke kîren,
kèkeschken det kîren dem wèiszbåk,
wèiszbåk dem kèkeschken de klåen,
kèkeschken de klåen dem schwèinj,
schwèinj dem kèkeschke bîrschten,
kèkeschken de bîrschten dem schoszter,
schoszter dem kèkeschken de schnågen,
kèkeschken de schnågen der brokt,
brokt dem kèkeschke waszer,
kèkeschken det waszer dem hîntchen,
awer det hîntche wôr schîn dît.

167.

Hühnchens Begråbnisz.

Då na det hîntchen dît wôr, måcht det kèkeschken en wuogen ous ärschuolen, unt lôcht det hîntchen draf, unt špant zwè lèiszker uch zwè mèiszker un, unt får, et sil dåd uorem begruowen. Awer d'irscht får et nor alîn, et dôcht: „et wärde schîn nôg är af de lêch kun, wu se fun dèsem schäksål hîren,“ und drifiunt dr'f:

1. Tschå mèiszker!
   hîda lèiszker!
   hègd u mir,
   moren un dir.

2. Kâm der bier:
   „Woråm esi trourich?“
   „Hintchen åsz gestorwen,
   sèlent begruowen,
   owi! owî!“
   „Tèrf ich mät fuoren?“
   „Hop häinjden af!
   dat de råtcher kèrzeln,
   dat de mèiszker pèrzeln,
   (dat de mèiszker krazen
   dat de lèiszker pazen!)
   Tscha mèiszken!
   hîda lèiszken!
   hègd u mir,
   moren un dir.

3. Kâm der wûlf:
   „Woråm esi trourich?“

„Hintche geštorwen,
sëlent begruowen,
o wî! o wî!“
„Tërf ich mät fuoren?“
„Hop häinjden af!
dat de râtcher kërzeln,
dat de mëiszker përzeln,
(dat de mëiszker krazen,
dat de lëiszker pazen.)
Tscha mëiszken!
hîda lëiszken!
hëgd u mir,
moren un dir.

Esi fâre se wëkter, und et begënd en uĉh nôĉh der fus, uĉh der îs, uĉh der kripes, uĉh ded âĉhen, uĉh de nënôld uĉh de knîflich nôld, uĉh der milĕstîn, und ale guor hopte se häinjden af. Dä se na de nôĉht iwerfäl, sakte se härbrij än em wirtshous un der štrôsz. Awer der wirt wôr e garĕtich mäinjtsch und guoĉht se ouszen. Na wôre se guor zornij unt rieten angderenänder, wâ se em't bezuole sillen. Der bier sôd: ich wäl em än de kâstal gôn, der wülf sôd: „ich wäl em än de schôfstal gôn“; der fusz sôd: ëch wäl em än den hinëstal gôn; der kripesz wül än de waszerkôp krächen, ded âĉhen än de wëis iesch, de nënôld än de grîszfuoterštäl, de knîflich nôld änt drĕdaĉh, der isz štänt häinjder do housendir, der milĕstîn af de housendir, der kokeŝ af den hunebâlken.

Dä der wirt na ägeschlôfe wôr, gëng e jĕded u sëinjen îrt. Der bier, uĉh der wülw uĉh der fusz wërchten ales än de štälen. Dät gäf dô lärm; der wirt wort waĉh, wül det lächt enzäinjen, en gëng dermät kêm hiert. Dô špräzt em ded âĉhen än de ûgen. Hie schimft wâ en rîrmäs, unt gëng bâ de kôp, e sil sij uofwieschen; awer dô zwikt en der kripes än de hänt. Na wül hie sij unt drĕdaĉh wäschen; dô štäĉh en de knîflich nôld än de nuosz. E sazt sich af de grîszfuoterštäl; de nënôlt gëng em än't däk flisch. Na waszt hie nëmi, wat hie sil, unt gëng kën der dir; dô gäw em der îs en štîsz, dat hie wëder de wërwel fluĉh. Dän hie na awer de dir afmäĉht, fäl em der milĕstîn aft häft, unt schläg en dît. Wâ dät der kokeŝch sâĉh, krîsch hie: „Kikerigu mangu; Kut lod esz wëkter zän!“ Se sazte sij guor aw und fâre wëkter

dat de râtcher kërzelden,
dat de mëiszker përzelden,
dat de mëiszker krazten,
unt de lëiszker pazten.
Tscha mëiszken!
hîda lëiszken!
hëgd u mir,
morn un dir.

24

168.

Schnatterentleins Reise.

Det schnaderintchen mäéht sij aw, et sil än de wékt wïllt risen:

1. Kâm det Hipertiperchen (Frosch)
,Bäsz wuor Schnaderintchen?'
,An de wält,' sôt Schnaderintchen.
,Tèrf ich mät ku, Schnaderintchen?'
,Säz af' mé schwinzken?'
sôt Schnaderintchen.

2. Kâm det däk milestïntchen:
,Wuor sild er Schnaderintchen, Hipertiperchen?'
,An de wält' sôt Schnaderintchen, Hipertiperchen.
,Tèrw ich mät kun Schnaderintchen, Hipertiperchen?'
„Säz af me schwihzken!"
sôt det Hipertiperchen.

3. Kâm det rît Pazerchen: (Kohle)
,Wuor séld er Schnaderintchen, Hipertiperchen, milestîntchen?'
„An de wält" sôt Schnaderintchen, Hipertiperchen, milestïntchen.
,Tèrw ich mät kun Schnaderintchen, Hipertichen, milestintchen?'
„Säz af mé schwinzken!"
sôt det milestïntchen.

Esi génge så na ale får wékter und géngen und génge, bäsz so un de Miresch kâmen. Ded intche schwom änen; dâ ed awer än der mätent wôr, sôd et: „Nâ hält ich't! ich sâl emôl tanken, dad ich mer e fäschken erwäschen." Dâ et sij awer tankt, fälen se guor mädenänder än't waszer. Det milestïntche sänk af der stäl bäs af de grangd, uéh némesztmî huod et gesän. Det Pazerche mät de rîde bakeltchere schwom nög îwen, awer séinj rît bakeltcher behäld ät nét; so worden em schwarz wâ der dîd, und esi schwom ät bäs än't mier. Nor det Schnaderéntchen uéh det Hipertiperchen kâmen derfu, wél se schwäme kungden, unt laéhte sich de boéh fôl, unt hun néd afgehîrt mät laéhe, bäs af désen däéh; dât gîd äinjden:

„Ha! ha! ha!
kwa! kwa! kwa!"

369.

Gänzchens Reise.

Det Libegâszke wûl emôl än de bäsch gôn, et sîl sich fät
mächen. dän ät hat gehîrt fun die file krégdern unt gesêm dô îwe,
fun dien em gor fät kämt wärden:

1. Kâm ded âchen:
„Wuor sält tâ libegâszken?"
‚An de bäsch fät mächen.‘
„Térw ich mät kun?-
‚Cha! hop af't schwinzken!"

2. Kâm det nêltchen:
„Wuor sält tâ libegâszken?
wuor sält tâ mät dem âchen?"
‚An de bäsch fät mächen.‘
„Térw ich mät kun?-
‚Cha! hop af't schwinzken!"

3. Kâm der kripesz:
„Wuor sält tâ libegâszken?
wuor sêld er mät dem âche, mät dem nêltchen?"
‚An de bäsch fät mächen.‘
„Térw ich mät kun?"
‚Cha! hop af't schwinzken!"

Esi begênd en nôch det schwéinj, uch der gîsebak, uch der
Isz; zeliezt»

4. Kâm der kokesch:
„Wuor sält tâ libegâszken?
wuor sält tâ mät dem âchen,
mät dem nêltche, mät dem kripesz
wuor sält tâ mät dem bonzken,
„mät dem gîszbak, mät dem iszen?"
‚An de bäsch fät mächen.‘
„Térw ich mät kun?-
‚Cha!, hop aft schwinzken!"

Dâ se na än de bäsch käme, wôr et schî stokdankel wâ än
em Iszen. Wêkter wôr némi ze gô gewieszt, dän em sâch sich nêt
de fäinjer, nêt dân de wiech. Nor emôl säge se än der, fërd e
lächtchen, unt géngen diem lächtche nô, bäsz se än en housz
kämen; dât wôr kälich, dän et wôr e riwerhous, unt de riwer
wören ězt glat nêt derhîm. Det libegâszke mät sèinje komeräte
géng änen, und sôd em jéde, wuor hie sich lieje sil, dän ät wôr gor
geschékt, sâch glêch, dat hä riwer sè mészten. Ded äche moszt

än de iesch, de nôld än't drêdaćh, der kripes än de kôp, det schwéinj angder'n hiert, der gisebak angder den däsch, der isz häinjder de dir, der kokeş af de dir-det libegäszke kruǵ angder det bât.

Äm mäternôćht kâm éner fun de rîwern hînen; e wûl det féier mäćhen, en griw angder'n hiert nô bûlz, — det schwéinj erwascht en un der hânt; e kiwerd äm féier, — ded âćhe špräzt em än d'ûǵen; — e wûl sich bäm kôp wieschen, — der kripesz zwikt en; e wûl sich um drêdaćh wäschen, — de nôlt štäćh en; der isz štész en, dat e wéder den däsch flućh; dô štasz en der gisebak un de räper, dat e wéder kèn der dir sturkelt. Wä hie dât sûćh, waszt hie nét, wém e wôr, unt näm et nîdij ouszen; der kokesch krèt häinjder em: kikerigu!"

Der rîwer kâm gänz erfèrt bä séinj komeräten zeräk, und erzäld änen, dad ed äm rîwerhous ämgêng. „Dä ij angder'n hiert grîf" söt e — „erwascht mij en grisz pätschzanǵ, dad ij ältkom frä wärde kangt, ouäz em îwelôćh špokst mer éner féier än't gesicht; drô kikten unt zwikte mij är; éner näm mij af en hägafel en wurf mich kèm däsch; dô štész mer wéder éner zwie mieszer än de räper, dad ich dôćht, et wèr me liesztet; ältkom bän jeh entwascht, iwer der dir här krîsch et: „hält en dad ij em uǵ înt gien!"

Dô de rîwer dât hîrden, esi trâde se sich némi än är housz; se zuǵen derfun, unt det libegäszke blif dô mjt séinje komeräten, unt liéte gäd, unt worde fät, dat se sich kom mî wieje kangden, und et dem libegäszken äingde fum schwinzken trépst.

170.

Bitschki.

Det Bitschki wôr mät séinjer moter än de wäinjert gangen, et sîl ućh wéinjmern ieszen Séinj moter söt: „Bitschki, néd äsz ze fil wéinjmern, dat te der de bućh némi schläpe käszt!" Awer det Bitschki folcht néd, ät äsz büs èm der boǵ aw in sèkt štänt; nä wôr ät foul, unt wûl séinj moter sîl ed af den artne nie bäsz hînen.

1. Det Bitschki wûl nét kîme gôn,
   et wûl, em sîl et hîmen drön.

2. Hangt, kam béisz det Bitschki!
   Bitschki wäl nét hîme gôn,
   wäl, éch sîl et hîmen drön.
   „Éch wäl néd, et huot mer näszt gedôn."

3. Kläpel, kam, schlách den hangt!
hangt wäl nét det Bitschki béiszen,
Bitschki wäl nét hîme gòn,
wäl, éch sil et hîmen dròn.
„Éch wäl néd, e huot mir näszt gedôn.“

4. Fëier, kam, brå de kläpel!
kläpel wäl nét hangt schlôn,
hangt wäl nét Bitschki béiszen,
Bitschki wäl nét hîme gòn,
wäl, éch sîl et hîmen dròn.
„Éch wäl néd, e huot mir näszt gedôn.“

5. Waszer, kam, läsch det fëier!
fëier wäl nét kläpel brån,
kläpel wäl nét hangt schlôn,
hangt wäl nét Bitschki béiszen,
Bitschki wäl nét hîme gòn,
wäl, éch sîl et hîmen dròn.
„Éch wäl nét, mir huod et näszt gedôn.“

6. Îsz, kam, sof det waszer!
waszer wäl nét fëier lieschen,
fëier wäl nét kläpel brån,
kläpel wäl nét hangt scblôn,
hangt wäl nét Bitschki béiszen,
Bitschki wäl nét hîme gòn,
wäl, éch sîl et hîmen dròn.
„Éch wäl nét, mir huod et näszt gedôn.“

7. Flischer, kam, schláń den Iszen!
îsz wäl nét waszer sofen,
waszer wäl nét fëier lieschen,
fëier wäl nét kläpel brån,
kläpel wäl net hangt schlôn,
hangt wäl nét Bitschki béiszen,
Bitschki wäl nét hîme gòn,
wäl, éch sîl et hîmen dròn.

8. Der flischer schláń den îszen,
der îsz suf det waszer,
det waszer läsch det fëier,
det fëier bråt de kläpel,
der kläpel schláń den hangt,
der hangt bîsz det Bitschki,
det Bitschki lêw aw énen fészken hîmen.

171.

Der Bauer und sein Knecht.

1. Der gebouer schakt de knêcht aft fielt,
e sil de Mischka bräinjen.
Der knêcht dier bräinjt de Mischka nêd
unt kid uëh némi himen.

2. Der gebouer schakt de kläpel aft fielt,
hie sil de knêcht driesehen.
Der kläpel schlit de knêcht nêt,
der knêcht, dier bräinjt de Mischka nêd,
unt kid uëh némî himen.

3. Der gebouer schakt det féier aft fielt,
ät sil de kläpel brän.
Det féier brät det kläpel nêt,
der kläpel dräscht de knêcht nêt,
der knêcht, dier bräinjt de Mischka nêd,
unt kid uëh némi himen.

4. Der gebouer schakt det waszer aft fielt,
et sil det féier lieschen.
Det waszer läscht de féier nêt,
det féier brät de kläpel nêt,
der kläpel dräscht de knêcht nêt,
der knêcht bräinjt de Mischka nêd,
unt kid uëh némi himen.

5. Der gebouer schakt don iszen aft fielt,
hie sil det waszer sofen.
Der isz, dier séft det waszer nêt,
det waszer läscht det féier nêt,
det féier brät de kläpel nêt,
der kläpel dräscht de knêcht nêt,
der knêcht bräinjt de Mischka nêd,
unt kid uëh némi himen.

6. Der gebouer schakt de flischer aft fielt,
hie sil den î-ze schlôn.
Der flischer schlit den îszen nêt,
der isz séft det waszer nêt,
det waszer läscht det féier net,
det féier brät de kläpel nêt,
der kläpel dräscht de knêcht nêt,

der knêcht dier bräinjt de Mischka nêd,
unt kid uêh nêmi hîmen.

7. Na schäkt der gebouer den têiwel aft fielt,
hie sil de flischer hüen.
Der têiwel hilt de flischer,
der flischer schlit den iszen,
der isz séft det waszer,
det waszer läscht det fêier,
det fêier brât de kläpel,
der kläpel dräscht de knêcht,
der knêcht bräinjt de Mischka,
unt kid uêh mäd em hîmen.

172.

Die Mär vom rothen Hahn.

Kind: Griszô! erziel mer en mêr!

Groszmutter: Wô te mer af mêinj frôch rêcht
äntfere kâszt esi wäl ich der în erzielen.

Kind: Na frôcht mich!

Groszm.: Kâszt te de mêr sum rîden hunen?

Kind: Nâi!

Groszm.: Êch sprêche nêt: „nâi!" êch sprêcho
„kâszt te de mêr sum rîden hunen?

Kind: Cha!

Groszm.: Êch sprêche nêt: „cha!" êch sprêche:
„kâszt ta de mêr sum rîden hunen?

Kind: Ich kâ se nêt!

Groszm.: Êch sprêche nêd: „ich kâ se nêt!" êch
sprêche: kâszt te de mêr sum rîden hunen?

Kind: Na wâ sâl em dä sôn?

Groszm: Êch sprêche nêt: „na wâ sâl em dä sôn?"
êch sprêche: kâszt te de mêr sum rîden hunen?

Kind: Kâszt te de mêr sum rîden hunen?

Groszm.: Esi äs et rêcht, unt na wäl ich der se uǵ
erzielen:

Der hun wôr rît,
mêinj mêr äsz dît.
(oder: Dê mêr asz rît,
der hun äsz dît)

Kind: Awer grîszo! wôr na dêd en mêr?

173.

En mêr, en mêr!
te giszt mer nèt râ,
se hîr nâ. zû!

O foszt odate
5. et wôr emôl
o ferâszte dè fênster,
än dem fêraszte dè fênster
wôr en uole dè däpen,
äm uole dè däpen
10. wôr en lâpte dè mältch.
Kâm e kinè dè hangt,
frâsz dât lâptè dè mältch
ousz dèm uole dè däpen
guer erousz,
15. unt wôr gehûfen
la drâku zem tèiwel.

————————

174.

Lügenliedchen.

1. Ich sâg emôl zwîn Tirken
än em stifke wirken.
Grîsz wangder gesân!
wâ dâ Tirken
wirken!

2. Ich sâg emôl zwien bieren
än em stifke kieren.
Grîsz wangder gesân!
wâ dâ bieren
kieren!

3. Ich sâg emôl zwô krôen
än em stifke klôen.
Grîsz wangder gesân!
wâ dâ krôen
klôen!

4. Ich sâg emôl zwô razen
än em stifke mazen.

Grîsz wangder gesån!
wå då razen
mazen!

5. Ich såg emôl zwô kazen
ån em ståfke låzen.
Grîsz wangder gesån!
wå då kazen
låzen!

6. Ich såg emôl zwô douwen
de fuszoie klouwen.
Grîsz wangder gesån!
wå då douwen
klouwen,
wå då kazen
låzen,
wå då razen
mazen,
wå då krôen
klôen,
wå då bieren
kieren,
wå då Tirken
wirken!

175.

(Lûgenliedchen.)

1. Dån de flî de wuogen zuéh,
dån de måk den torn ämfluéh,
dåt wôre lasztich zégden.

2. De båfelkå sås af em bûm,
der kokesch dråg en wisebûm,
dåt wôre lasztich zégden.

3. E régder rit iwert kirchendåéh
e milêstîn schwom iwer de båéh;
dåt wôre lasztich zégden.

* * *

176.

Et sâs o mètchen af der bâćh,
et wâsch sich't hêmtchen alen dûćh.
Na kâm der far fu Nipenap
unt štâćh ed än de štrisak;
e drag än de Härmeštat,
en schnid em e štäk fun häinjderbak:
„Na kîrt, mêinj häre, wâ gäd et schmakt!“

177.

Guckuk.

A.

1. Der kukuk flug of dem schoszter sai hausz,
der schoszter wurw en schag crousz.

2. Der kukuk flug of dem miler sai hausz,
der mélner worw en mileští crousz.

3. Der kukuk flug of dem far sai hausz,
der far — ä worf de bibel crousz.

4. Der kukuk flug of dem schumiszter sai hausz,
der schumiszter worf de katechismus erousz.

5. Der kukuk flug aw en käpendûrn
der kanter hat sich de gatch ferlûrn.

B.

1. Der kukuk flug af desz far sêinj housz
der far, dier säćh gor gras crousz.

2. Der kukuk flug af desz schilmiszter sêinj housz,
der schilmiszter wurw e bag crousz.

3. Der kukuk flug af desz kanter sêinj housz,
der kanter štâćh sêinj gatch erousz.

4. Der kukuk fluġ af desz schoszter sëinj housz,
   der schoszter wurw en schaġ crousz.

5. Der kukuk fluġ af desz mëlner sëinj housz,
   der mëlner wurf de milestîn erousz.

6. Der kukuk fluġ af desz gûldschmit sëinj housz,
   der gûldschmit sâćh zem fënster crousz:

7. E wurf em e gâldû rainjeltchen.
   (der kukuk nâm et mât sëinje siwe saćhen,
   unt flućh zâ sëinjem lëfken.)

────────

178.

Hochzeit.

A.

1. Det Kirchentrëinjtche wôr en brokt,
   se dânzten af der bierenhokt.

2. De bierenhokt wôr nasz,
   se dânzten af der gasz.

3. De gasz wôr brît,
   se dânzten af der schît.

4. De schît wôr spâz,
   se dânzten af der mâz.

5. De mâz wôr wëisz,
   se dânzten af em ëisz.

6. Ded ëisz wôr glât,
   se dânzten af em bât.

7. Det bât wôr wich,
   se dânzten af em dich.

8. Der dich wôr souer,
   se dânzten af der mouer.

9. De mouer wôr ześprangen,
se dânzten af de bangen.

10. De bange' wôren zeräszen,
unt wier mî wäl wäszen,
dêm wird af de nuosz geschäszou.

B.

1. Det Kirchekati wôr en brokt,
et tonzt af der bierenhokt.

2. De bierenhokt wôr draich,
et tonzt of der gaich.

3. De gaich gêng schî,
et tonzt af der krî.

4. De krî wôr lânk,
et tonzt of der bânk.

5. De bânk wôr brît,
et tonzt of der schît.

6. De schît wôr śpitz,
et tonzt af der miz.

7. De mäz wôr wich,
et tonzt af em dîch.

•8. Der dich wôr souer,
et tonzt of der mouer.

9. De mouer wôr zebrôchen,
et tonzt of dem knôcho.

10. De knôche wôre wéisz,
et tonzt of dem ëisz.

11. Det ëisz wôr glât,
et tonzt of dem rât.

12. Det råt drêt sij åmeräingk
. jwer'n rone (?)
   bås ån brone.

179.

T a u f e.

   Åsz kaz ug âsz kader
   biden ich ze gefader,
   âsz hîn ug âsz hun
   sôden. er silt bålt kun,
5. âsz kå ug âsz räinjt
   sôden 't wêr gor en hîsch käinjt;
   häinjder'm îwen
   ås en bånk
   dô dertîwen
10. låt de kränk.

180.

Wie Peter sein Weib schlug.

1. Titi, titi, tôchen!
   der Piter schlaéb sén frôchen.

2. Det låw em ån de irlen,
   det fêng un ze birlen.

3. Det låw em angder de bråk,
   e bruoëht et mät der kräk.

4. Det låw em ån de spê,
   e kund et nêd erfê.

5. Det låw em ån det gråsz,
   e fêng et mät dem gläsz.

6. Det låw em ån de kumer,
   e schlag et mät dem humer;

7. E hând ed un den däschfos u
„futuz morzi!“ et sprâng derfu:
„Wuort te wirscht mer schu wêder ku!“

181.

Wie der Walach sein Weib schlug.

1. Däun der blôch de blêchä schlâch,
schlâch e se mät dem ieszichkrach;

2. Däun se nêt wöul schwêjen,
schlâch e se mät wêgden.

3. Däun se nêt wöul ieszen,
schlâch e se mät dem bieszewn.

4. Däun se nêt wöul blêiwen,
schlâch e se mät zwêiwel;

5. E schlâch se mät dem zwêiwel,
en schakt se dernô zem döüwel.

182.

Fahrt ins Elfenland.

A.

Zuzu, zuzu, zundermêtchen
dräinjk wêinj ousz em waszerkêpchen!
schid ed iwer't rûchlôch
(dôr de hrangt spile gôn.
5. dô de rêklich mêtcher stôn)
dat de hangt bile gôn,
dat de kaze spile gôn
zâ der blomenâ!

De blomenâ wôr nêt derhîm,
10. de kaze sâszen af em stin,

de gìsz wûl néd afstòn
en wûl nèt fuor de kènenk gòn.

Mousz! Mousz!
kier det housz!
15. Wisel! Wisel!
dräg ed ousz!

B.

Zuzu, zuzu, zundermètchen!
dräinjk ousz dem waszerkèpchen!
Kikeriki säinjt mèinj hun,
hòt zwîn spueren un.
5. (hâd éch mèinj rit schagen un!)

Se sûle règde fräen
kèn der domenäen.
(än de Komenäen)
De domenä wòr nèt derhîm,
10. de gìsz lâg âf em stîn,
de kaz läg âf em hiert,
der heangt lâg fuer der dir;
se wûle sij oèh nêt wiejen,
se wûle sij oèh nêt riejen,
15. se wûlen oèh néd âfstòn,
se wûlen oèh nét fuer de kènenk gòn,
se wûlen oèh nét schalmâren
wier de brokte wèren;
se sängen,
20. se sprângen,
se dreänken ausz de känen,
se schleagen de beangen,
terum! terum! titum! titum!

C.

Sûle mer règde fräen
än de düömenäen, —

de Krazewèz wôr uéh dô,
de Hépentep kâm uéh nô.

* * * *

Abzählen zu Spielen.

183.

(Mit jedem Wort wird einer der Spielenden zugleich durch Berührung mit dem
Finger bezeichnet; wen das letzte Wort trift, der ist ausgelost. Die ungrische
Sprache ist in diesem Stück nachgeahmt.)

Äketum	zinumlain
täketum	mit malain
tinum	kozka
tanum	tuwa
ärsäk	te !
märsäk	

184.

(Gebraucht wie das vorangehende Stück; in diesem ist die Zigeunersprache nach-
geahmt.)

Unemi,	ronza
dunemi,	konza,
tronemi	jewla
ronemi	tlewla
donemi	tschok !

185.

(Ebenfalls die Zigeunersprache nachgeahmt.)

Unebi,	zwiren
dunebi	dîren,
doi	obra
kizi	dobra
kiewer	fläpesz !
moi	

186.

Gekûft,
gêſtîlen,
af em mâazt gefangden.

187.

E ruoſz,   en îſz,
en huoſz,   en gîſz —
en kaz,   dô lîft en mouſz —
en raz   tâ büſzt ouſz!

188.

(Jedes von den Wörtern oder Sylben fällt anf einen Spielenden, die letzte Sylbe loaſt wie in den früheren Stücken aus.)

Unichi   in der
dunichi   nôt.
tipel-   Wäre
te!   ware,
Tibel   grôsze
tabel   klôk.
domi-   Schâsz
ne.   pâzj
Eckes-   bâk!
þrôt

189.

Zintchen,   bocha
bîntchen,   bandri
krachä   zédrä'
bâtchen   bârtchen!

190.

Tå bäszt kîser,
tå bäszt kênenk,
tå bäszt grâf,
tå bäszt schoszter,
tå bäszt Zegun,
marsch derfun!

191.

Kukela,   de inte
pipela   gô barbesz.
träse   de gâsz
la mutela   gô geschächt.

192.

Ainjel   flidri
bäinjel   flndri
häinjerschknêcht,   flådermousz
klipchen   nom dij aft
klapchen   fêszken
af em rêch   tå bäszt ousz!

193.

Unemi   kokesch
dunemi   atrum
schali   patrum
pali   pirum
pimpesch   pik:

194.

Êneget   schiärlenk
wëneget   piärlenk
tîchen   schusz
tâchen   kâ Busz
okesch   nô em fusz!
mokesch

195.

(Auch hier fällt jedes einzelne Wort auf einen der Mitspielenden.)

Înt, zwie, drâ,
krêj äu't hû!
fär, fäf, siesz,
krêj äu de iesch!
5 siwen, âcht, nëinj,
te bäszt en âlt schwëinj;
zân, êlf, zwêlf,
frieszen dich de wêlf,
bêiszen dich de mêisz,
10. kiken dich de lêisz,
zwiken dich de flî —
kikeriki!

S p i e l e.

Beim Wettspringen.

196.

Guide, guide langen,
bäsz wôr sâl ich sprangen.

Beim „Koches" spielen, indem dabei in der Pfanne gerührt wird.

197.

Râder, râder an der fan,
dû e kizke bater drân,
oder e kizke fat,
dad et nèt ferbrât!

R e i g e n.

198.

(Man faszt sich bei den Händen und dreht sich im Kreis.)

Et sâsze siwe mäuseltcher
än énem anje kärfken,
sész hûlz! sauer hûlz!
dû înijet Lini drê dich!

199.

(Gespielt wie das Vorangehende, nur dass hier bei den letzten Worten schnell niedergedukt wird, wobei Manches von den Mitspielenden umfällt, wodurch dann die kindliche Heiterkeit erregt wird.)

Bise, bise bâ!
krèj än det hâ!
mältch änt flêschken!
hôwer än't tôschken!
plutsch än de bâch!

200.

(Gespielt wie Nro. 199.)

Duina!
Maruina!
drè dich, mêtchen, drê dich!
plutsch nêder!

201.

(Gespielt wie Nro. 199.)

Raiu!
maiu!
huower äm tĕschken!
mältch äm flĕschken!
zizumizu!

202.

(Gespielt wie Nro. 199.)

A.

Majerâm!
kampeszthíſtchen!
rîseśtintchen!
Et säs e mêtchen än der bâċh,
et·wosch det hémtchen alen dâċh —
plutsch än de bâċh!

B.

Maiu!
raiu!
kampeszthíſtchen!
rîdet śtíntchen!
Et säs e mêtchen un der bâċh,
et wosch sich 't hémtchen alen dâċh. —
Tizi! mizi! än der bâċh.

203.

(Eigentlich ein Anruf an den Stoszvogel, und sollte im Abschnitt „Verkehr mit der
Natur" stehen, wird aber von kleinen Kindern mit dem hiezn angepaszten Schluss
beim Ringelgehn gesungen, und dabei verfahren wie bei Nro. 199.)

Śtiszfuoġel!
lücnendâder!

fléj än de Pimberbäsch,
bräinj en sak föl haszelnäsz
dem Didel — daidel — dizi!
Zizi!

204.

(Der Anruf an die Dohle ist hier mit einer kleinen Aenderung am Schlusze zum Reigenlied verwendet.)

Tschuka!
Marúka!
fléj uf de birebûm,
säch, wun de Tirke kun!
5. De Tirke ku mät stangen,
der bier huot sij erhangen,
der bäsch brät, der bäsch brät,
der wûlf huot sich den zuogel ferbrät,
der fusz lïft äm kïrn,
10. o huot sich de schwänz ferlïren;
der N. N. sâl en hilen.

(Das von dem Vorgänger oder Anführer bezeichnete Kind musz nun von einer etwas entfernten Stelle, bis man, je nach dem, wie es vorher bestimmt worden, auf 5. 10, 20 etc. zählt, zwei Brettchen holen, sonst erhält es von jedem Mitspielenden einen Schlag auf die Fusz-ohle.)

Mühle.

205.

(Ich konnte nicht genau erfahren, wie gespielt wird.)

Mèinj mil gît,
dèinj mil stît,
mèinj mil fèd o fitschken,
dèinj mil fèd o schèfken.

Mäuschen.

206.

(Jedes Kind kneipt mit Daumen und Zeigefinger in die äuszere Oberfläche der Hand eines Andern, welche es auf diese Weise festhält: dasjenige, welches die Hand am untersten hat, beg mit das Lied, und bringt die Hand bei den entsprechenden Worten desselben hinauf; dann begint ein Anderes, das an seine Stelle getreten.)

Eins: O wî! o wî!
Alle: Wat dît der wî?
Eins: Det meiszke bëiszt mich.
Alle: Hop eraf!

Brunnenfrau.

207.

(Ein Kind sitzt als Brunnenfrau auf einem Schemel; die Andern umgeben es im Kreise, und zupfen es während des Liedes; kann die Brunnenfrau hiebei Eines erhaschen, ohne sich vom Schemel zu rühren, so tritt das Gefangene an ihre Stelle.)

Branefrâ!
Branefrâ!
zéch mij än de branen!

Herliche Glocke.

208.

(Ein Kind stützt sich mit verdeckten Augen mit der Stirne auf den Tisch; Eins von den Andern schlägt es mit einem zusammengeflochtenen Tuche auf den Rücken; es musz den Schläger errathen, und am Schopfe ergreifen, der dann seine Stelle einnehmen musz.)

Eins: Härlich klôk (nachdem es den Schlag erhalten)
Alle: Wier huod et gedön?
Eins: Dier uch dier!
Alle: Kam bräinj en un kôren hier!

Blinde Mausz.

209.

(So heiszt bei den Sachsen, was man sonst „blinde Kuh" nennt. Einer mit ver-
bundenen Augen, sucht Eines von den Andern zu erhaschen, die um ihn hüpfen,
singend:)

Bläinjdermousz!
ich kun der än't housz.

Tod.

210.

(Spiel beim Abschälen des Maiszes. Einer wird ganz mit Blättern bedeckt, die
Andern stehen um ihn herum, oder verstecken sich und rufen aus dem Versteck:)

Alle: Schampelän dit! ständ aw, et hôd int geschlôn!
Tod: Aĉh lot mich nôĉh schlôfen!
Alle: Schamplän dit! ständ aw, et hôt zwê geschlôn!
Tod: Aĉh lot mich nôĉh schlôfen!
Alle: Schampelän dit! ständ aw, et hôt drä — fär — fäf —
siesz — siwen — âcht — nêinj — zän — elf — zwelf geschlôn!
Tod: (ertheilt immer die Antwort: „lot mich nôĉh schlôfen!"
bis er den Ruf vernimmt: „et hôt zwelf geschlôn!" Dann springt
er plötzlich auf, die Andern laufen auseinander; wen er zuerst er-
greifen kann, der musz an seine Stelle treten, und „schampelän
dit" sein.)

Der Wolf und die Gänse.

211.

Gans: Ir mêinj gôseltcher, gôseltcher kud erfîr!
Gänschen: Mer getîren nêt, mer getîre nêt.
Gans: Worüm nêt?
Gänschen: Äm de wülf.
Gans: Wô äsz der wülf?
Gänschen: Dô onder dem zäng, dô onder dem zäng.
Wolf: Na wuort, eĉh wäl ich schu — (er springt hervor, und
sucht die einzelnen Gänschen; die er findet, schleppt er in seine
Wohnung, um sie alle miteinander zu fressen; während er aber das
letzte bringt, gehen die Andern auf ein Zeichen alle durch. Er
läszt das frei, das er in Händen hat, und läuft zornich den Andern

nach. Alle retten sich in das „Sichere", wohin der Wolf nicht kommen darf, und er wird ausgelacht. Die Rolle des Wolfes musz immer der flinkste und lustigste Junge übernehmen).

Wolf und Lamm.

212.

Alle Spielenden mit Ausnahme zweier, welche die Rolle von Wolf und Lamm übernommen, bilden sich gegenseitig an den Händen fassend einen Kreis. In diesem Kreise befindet sich das Lamm, der Wolf geht um denselben herum. Die Glieder des Kreises summen:

„Gied ôcht! gied ôcht, der wûlf gîd äm!

Nun sucht der Wolf in den Kreis zu schlüpfen, um das Lamm zu erhaschen, das aber, sobald jener in den Kreis gedrungen, ausserhalb desselben Rettung sucht und umgekehrt. Wird das Lamm erhascht, so tritt es an Stelle des Wolfs, der Wolf aber in die Reihe des Kreises.

Hahn und Stoszvogel.

213.

Eines der Kinder sitzt auf dem Boden, und rührt mit einem Hölzchen, die Andern stellen sich in eine Reihe hinter einander, das Stärkste voran, und gehen dreimal um den Sitzenden; darauf halten sie inne, und es spricht der Vordere der Reihe, welcher den *Hahn* vorstellt, zum Sitzenden, welcher die Rolle des Stoszvogels hat:

Kokesch: Geâden dâch!
Stiszfuogel: Haf däonk!
Kokesch: Wat määcht er nôch?
Stiszfuogel: Ich säol mer e feârche mäochen.
Kokesch: Wât, sèld er mät dem feîrchen?
Stiszfuogel: Éch säol mer paleokesz kôchen.
Kokesch: Wât, sèld er mät dem paleokesz?
Stiszfuogel: Éch säol en êszen.
Kokesch: Wât sèld er derzeû êszen?
Stiszfuogel: En hûnkeltchen.
Kokesch: Wohär?
Stiszfuogel: (aufspringend) Na dohär.
Kokesch: Dâot sèld er blaiwe loszen.

(Nun springen die Beiden gegeneinander. Der Stoszvogel darf aber nur das letzte in der Reihe und nur Eines auf einmal fangen; das wird ihm bei einem guten Hahn bei aller Liszt und Raschl.eit oft sehr schwer. Hat er endlich Alle eingefangen und in sein Haus geführt, so tödtet er sie, d. h. er gibt Jedem einen Schlag auf die Ferse, und damit ist das Spiel aus.)

— —

Der brennende Stuhl.

213.

Alle Mitspielenden bis auf Einen sitzen auf Stühlen im Kreise. Der Nichtsitzende geht im Kreise umher; plötzlich ruft er:

„Af bräder! der stål brät!

worauf Alle aufspringen und ihre Sitze wechseln müssen, wobei er seinen Vortheil ersieht und einen Stuhl zu besetzen sucht. Gelingt ihm dies, so trit derjenige an seine Stelle, der keinen Stuhl besetzen konnte.

— —

Töpfchen und Deckel.

214.

Man sitzt im Kreise auf dem Rasen, so dasz hinter jeder sitzenden Person eine andere steht; jene heiszt das Töpfchen, diese der Deckel. (Däpchen und Däkeltchen.) Eine Person hat kein Töpfchen; diese geht zu einem beliebigen Deckel und fragt:

„Wå déier ferkifst te mer déinj däpchen?"

Åm en krêzer (groschen &c.)'

hierauf laufen Beide nach entgegengesetzten Seiten um den Kreis, wer zuerst bei dem Töpfchen wieder anlangt, bleibt in dessen Besitz, der Andere musz weiter fragen.

— —

Zum Pfänderauslösen.

215.

Wat sål dier dån, diem dét fånd äsz?
Antworten:
1. E sål ståin zielen (mit der Stirne an der Wand oder Thür herabfahren,)
2. E sål kirsche klouwen (d. i. Er soll küszen bildlich vom rothen Kirschenmund).
3. E sål angder de iert gön (der Verurtheilte nimmt einen irdenen Teller auf den Kopf, und geht damit herum).

4. E sâl den Iwen ze gefater biden. (Die Aufgabe wird wirklich au-geführt, oft nach dem Vorbilde von Nr. 179) u. s. w. u. s. w.

___

Kindercanon.

216.

A.

Der kuku, der zaiku, der ė - le-špäjel, de krô, de

Der kuku, der zaiku, der ė - le-špägel, de

Der kuku, der zaiku, der ė - le-

šprô, de nôéh-te - guol, der

krô, de šprô, de nôéh - te - guol, der

·špägel, de krô, de šprô, de nôéh - te - guol, der

B.

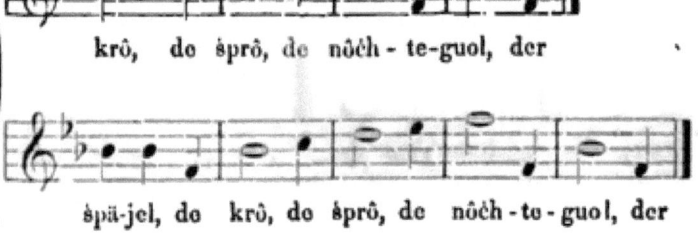

Der kuku, der zaiku, der é - le špä-jel, de krô, do

Der kuku, der zaiku, der é - le špä-jel, de

Der kuku, der zaiku, der é - le

šprô, de nôćh-te-gnol, der

krô, de šprô, de nôćh - te-guol, der

špä-jel, de krô, de šprô, de nôćh-te-guol, der

Der kuku,
der zaiku,
der éleśpäjel
de krô,
de šprô,
do nôćhteguol.

22222

217.

(Wahrscheinlich nach derselben Weise.)

Der fäinjer,
der domen,
der ielebījen.

Sprachübungen.

218.

Méinjer moter är bieszt bieszemåtil.

219.

Drâ rît brît birebläder.

220.

Drâ déren, drâ dilen.

221.

Drâ dåpcher, drâ dåkeltcher.

222.

Et riden drâ régder iwer de bräk, bräk, bräk.

223.

Et riden drâentréiszich küraszrégder äm den Härme-åtäder riden torn ämeräinjk.

224.

Siwe brît blâ Brabanter, åpizebänder.

225.

Siesz åpäz brôtåpåsz.

226.

Siesesieszzich sész haszelnäsz.

227.

Äsz debidir? (Äsz de bid ir?)

228.

Ändrēdindām! (Än drē de ind ām!)

229.

Äszdernaszakāsz,	(Äsz der nasz sak āsz
Äszdelumindāsz,	asz de lum ind āsz
äszdebidiehān?	āsz de bid iehān?)

230.

Dikurantebiszifil.   (Die Kuh raunte, bisz sie fiel.)

Der Abejunge.

231.

A, B — ab,
em dā der ān de kap.

232.

Und, und, unt
äsz blēsch bater.

Lateinische Studien.,

233.

Wā äsz det latēinj?
Bās ich hime gēng.
frāsz mer't det schwēinj.

234.

Hic, hàc, hoc,
kréj än de kalefók!

___

235.

Quid schnaderus
bakus kradrus?
(Wat schnaderst te
bakeszkrader?)

___

236.

Violina mollis panis.
(Géchwîchpert)

___

237.

Bika schärrentis,
hóchbaumus crônüstus,
altmanmus ku korbus
anti giwanti di schnarra im flussi!
schwäm nô bisz!

___

Ungrische Studien.

238.

Ich géng zem nôber = szomszéd,
ich hésch em en akesz = féiszét,
ich géng än guorten = kertbe,
ich säg e gîszken = ketake,
et frâsz mer't krokt = káposzta,
ich hâch mer't wider't fészke = lábotska
mät der akes = féisze.

___

239.

Hát mit keres
här kerekes
mät dem däke fläderwäsch?

240.

Tini kakasti,
hûrom garas —
hát a tjúk?
az is úgy.

Zigeunerische Studien.

241.

(Auch zum Abzählen gebraucht.)

Spiransel del mi kort,
diwandil dél bundi,
karaba trini wolit wol jescher di.
Awem un tulipân
5. diwei dinar me mân
scheni, paschodi, qui,
parschô, partî,
schurela biebola,
keneti, schôn Karlo wikomi,
10. schuweta unt qual gema,
de schidof walawelta,
parschô! partî! parela!

Zahlenstudien.

242.

Înt!
te bäszt en åld int.
zwô!
ämeräinjk dich drô!

5. drä!
 kréj än't hâ!
 fär!
 te bäszt en âlt gedår!
 fâf!
10. te bäszt en âlt schöf!
 siesz!
 te bäszt en âld îsz;
 siwen!
 äm kakesz gebliwen;
15. ächt!
 em då der åu do schächt!
 nèinj!
 te bäszt en âlt schwéinj;
 zån!
20. te bäszt en âlt kråm;
 élw uéh zwèlf!
 frieszen dich de wèlf.

— ——

Studien im Einmaleins.

243.

Einmal eins ist eins —
geld habn mer kèins,
Zweimal zwei ist vier —
trinkn mer halbe bier.
5. Zweimal drei ist sechs,
bist en alte hex.
Zweimal vier ist acht —
habn mer schwein geschlach't.
Zweimal fünf ist zehn —
10. biszt en alte hèn.
Zweimal sechs ist zwölf —
frèssen dich di wölf.

———

244.

Î môl înd äs înt —
te bäszt en âld int;
Zwiemôl zwie äsz får —
bäszt en âlt gedår.

5. Drâmôl drâ äsz nëinj —
bäszt en ält schwëinj.
Fârmôl fâr äsz sieszzân —
sële mer än de bäsch zân.
Fâfmôl fäw äsz fâwenzwinzich —
10. bëisz de kraszten ale klinzich.
Sieszmôl sies äsz sieszentrëiszich —
äsz der N. N. alzefiëiszich.

Leseübungen.

245.

A, b, c
beiszen dich die flê,
beiszen dich die wanzen,
der schneider musz tanzen.

246.

A, b, ab —
em môlt der än de kap.
. E, b, eb —
em môlt der af de ktëp.
5. I, b, ib —
em môlt der än de pip.
O, b, ob —
em môlt der än de sop.
U, b, ub —
10. em môlt der än de sup.

Nachträge.

247.

Wili, Wili, wâle!
äm en krezer pâle,
äm en krezer ride wëinj,
mâre sâl dëinj hochzejt sëinj!

248.

Piter!
àtèj af de līter,
ful af. de àtìn,
àtop der de zin,
schmier der se mät däpnerlìm'!

Misverständnisse.

249.

Szekler: Adjan isten jô napat szász bátsi!
Sachse: Zu num giurmert.
Szekler: Hát hogy ár jaz út?
Sachse: Ich hu mer e pôr uesze gekûft.
Szekler: Hát mesze Segesvár?
Sachse: Firzich gälde koszt mich't pôr.
Szekler: Baszama boland Szász!
Sachse: God erhåld ij uch gesaugd!

250.

(Arkeden.)

1. Deå èj emôl e gång wôr
   wûl ich garn en hien hun.
   Ale lotj frôchte méch,
   wå mèinj hien hèsz.
   Trarara hèsz mèinj hien —
   Sang mé låwet Trèinjtchen!

2. Deå èj emôl e gång wôr
   wûl éch garn en hunen hun.
   Ale lotj frôchte méch,
   wå mèinj hunen hèsz.
   Kikeriki hèsz mèinj hun
   Trarara hèsz mèinj hien
   Sang mé låwet Trèinjtchen!

3. Deå èj emôl e gång wôr
   wûl éch garn en int hun.

Ale lotj fröchte mech
wå mêinj int hêsz.
Schlobrelodre hêsz mêinj int
Kikeriki &c. &c.

4. Deå êj emôl e gang wôr
wûl ich gärn en guosz hun.
Ale lotj &c.
Lunker krôp hêsz mêinj guosz
Schlobrelodre &c.

5. Deå êj emôl e gång wôr
wûl êj gärn e schwêinj hun.
Ale lotj &c.
Eta deşa hêsz mê schwêinj
Lunker krôp &c.

6. Deå ij emôl e gång wôr
wûl ich gärn en gîsz hun.
Ale lotj &c.
Pipa deşa hêsz mêinj gisz.
Eta deşa &c.

7. Deå ij emôl e gång wôr
wûl ich gärn e schiôf hun.
Ale lotj &c.
Bälähähä hêsz me schiôf
Pipa deşa &c.

8. Deå ij emôl e gång wôr
wûl ich gärn en keå hun.
Ale lotj &c.
Hegescha, hegescha hêsz mêinj kåå.
Bälähähä &c.

9. Deå ij emôl e gång wôr
wûl ich gärn e kålf hun.
Ale lotj &c.
Mukeschke, mukeschken hêsz mê kålf.
Hegescha &c.

10. Deå ij emôl e gång wôr
wûl ich gärn en frå hun.
Ale lotj &c.
Sauret låwent hêsz mêinj frå
Mukeschken &c.

11. Deå ij emôl 'e gång wór
    wûl ich gärn en mûn hun.
    Ale lotj fröćhte mèch ·
    wå mé mûn hèsz.
    Lunker strunk hèsz mè mûn.
    Sauret låwent hèsz mèinj frå,
    Mukeschke, mukeschken hèsz mé kålf,
    Hegescha, hegescha hèsz mèinj keå,
    Bähä hähä hèsz mè schiôf,
    Pipa deşa hèsz mèinj gisz,
    Eta deşa hèsz mè schwéinj,
    Lunker krôp hèsz mèinj guosz,
    Schlobrelodre hèsz mèinj int,
    Kikeriki hèsz mèinj hun
    Trarara hèsz mèinj hien
    Sung mô låwet Trëinjtchen!

Anmerkungen.

Anmerkungen.

Die nachfolgenden *Anmerkungen* wollen weder Etwas vorweg nehmen, was besser für die *Abhandlungen* aufgespart bleibt, noch eine vollständige Litteratur verwandter Dichtungen des deutschen Mutterlandes liefern. Auch darauf wollen sie sich hingegen nicht beschränken, die Quellen anzugeben, aus welchen ich geschöpft habe. Da meine Sammlung nur sehr wenig schon Gedrucktes enthält, sind nur selten Werke anzuführen, denen ich Einzelnes verdanke; fast Alles ist nach mündlicher Ueberlieferung aufgezeichnet, freilich nicht durch mich allein, was ich mit Dank gegen Alle, die mir hilfreich beigestanden, erwähne, mit Dank vorzüglich gegen jene *Schäszburger Freunde*, denen das Werk mit Recht gewidmet worden, woran sie den schwerst wiegenden Antheil haben; nächst ihnen gegen Herrn Statth. R. *J. K. Schuller*, der jedes wissenschaftliche Unternehmen zu unterstützen bereit ist, gegen meinen Freund *H. Wittstock* in Bistritz und *Prediger Wilk* in Marpod. Unter den Andern, denen ich Beiträge zu danken habe, nimmt meine Mutter die erste Stelle ein.

Hauptzweck dieser Anmerkungen ist, ein gesichtetes und zurecht gelegtes Material zur Kritik und zum allseitigen Verständnisz der einzelnen hier gebotenen Stücke zu liefern, und so auf die Abhandlungen, die mehr das Ganze im Auge behalten, vorzubereiten. Vergleichung mit ähnlichen Dichtungen deutscher, ja auch nichtdeutscher Stämme durfte am wenigsten unterbleiben, doch war mir dabei mehr an der ältesten Gestalt und der allmähligen Entwickelung der Stoffe, als an der Anführung jeder Aufzeichnung und jeder Sammlung, worin einzelne zu finden, gelegen. So muszte ich denn *Uhland's Sammlung: „Alte hoch- und niederdeutsche Volkslieder in fünf Büchern. Stuttgart und Tübingen" allen andern jedesmal vorziehen*, da sie nicht nur durch das Alter des Gebotenen, sondern ebenso durch umfassende Vollständigkeit des Stoffkreises, durch Behandlung und Anordnung für immer eine unentbehrliche Grundlage jeder kritischen Forschung auf diesem Gebiete der Volksdichtung bilden wird. Nächst Uhland habe ich am liebsten *Willem's „Oude vlaemsche liederen tom deele. met de melodien. Gent 1848«*. *Müllenhof* und — besonders für die Kinderdichtung — *Simrock's* Sammlungen benützt, ohne — wie man wohl erkennen wird — die übrige einschlägige Litteratur zu übersehen, aber auch ohne mich zwecklos bei derselben aufzuhalten.

Aus welcher Gegend des Siebenbürgischen Sachsenlandes eine Dichtung meiner Sammlung stamme, habe ich fast immer den einzelnen Stücken überschrieben, es ist mehr von mundartlicher als anderer Bedeutung, wenn auch das vorzugsweise Vorkommen gewiszer Festlieder in *gewiszen* Gegenden beachtenswerth ist. Indessen tragen weit mehr Stücke die Ueberschrift: „*Mühlbach«* als wirklich hier zu Hause sind; denn wo die zugesendete Abschrift die betreffende Mundart nicht genau und faszbar darstellte, zog ich es vor, lieber die mir geläufigste Mühlbacher Mundart zu gebrauchen, als durch fehlerhafte Darstellung anderer Mundarten irre zu führen, was doch hie und da geschehen sein mag.

Erstes Buch.

Es begreift in sich die eigentlich freien, an keine Gelegenheiten, Stände, Zeiten u. s. w. gebundenen, noch — mit Ausnahme einiger historischer Stücke — ihnen entwachsenen, sondern allgemein menschliche Empfindungen und Thaten darstellenden Volkslieder und zwar die erste Abtheilung mehr liederartige, die zweite mehr balladenartige Stücke.

Erste Abtheilung.

Vöglein.

Ueber die mythische Bedeutung der Vögel siehe J. Grimm's D. Myth. S. 636 bis 647. Hier ist mehr auf deren Bedeutung in der poetischen Maschinerie aller Nationen aufmerksam zu machen. Für *unsre* Volksdichtung kommen vorzüglich *Nachtigal, Schwalbe, Guckuk* und *Rabe* — in Märchen auch *Tauben* — in Betracht.

1. Siehe über dieses Lied auch meine Bemerkungen in: „Aus Siebenbürgens Vorzeit und Gegenwart. Hermannstadt bei Th. Steinhausen", S. 53 und folgende. *A* ist mir aus Petersdorf, Deutschpian, Mühlbach überliefert. Es hat einen frischen, neckischen Ton, dem sich auch das Versmaaz mit dem in jeder ersten und dritten Zeile durchgeführten (einmal sogar gereimten) entlastend wirkenden Verseinschnitt passend anschliezt. Die in Klammer eingeschlossenen Strophen gehören einer Relation an, die nach meiner Meinung jünger und weniger rein ist, als die andere, indem sich besonders der letzte, hinkendere Vers als sentimentaler Zusatz erkennen läszt, entstanden aus einem Bedürfnisz die Sprödigkeit der Sängerin zu erklären, was gar nicht Noth thut. So wird denn dadurch das Vöglein, bei dem im ersten Liede wohl an ein selbstbewusztes, noch unbezwungenes Mädchen *gedacht werden durfte*, ganz offen zur bloszen Maske,

worunter die betrogene Schöne steckt; damit ist aber das Ganze abgeschwächt. *B* ist durch Wittstock in „*Sagen und Lieder aus dem Nösner. Gelände*" mitgetheilt. Nach einer andern Relation steht es in dem Album „aus Sieb. Vorz. und Gegenw." S. 55, wo es mit der eingeschobenen Strophe eines andern Liedes vermengt zur Tanzweise vernützt erscheint. Auch zeigt die dortige Relation einige Abweichungen: die vierte Zeile der ersten Strophe lautet: „wohi laut dir dai stäm?" und die beiden ersten Zeilen der zweiten — dort dritten — Strophe: „mer wä'n dir al dai federeher mät rudem gold änwän'n."

Dasz dieses Lied sehr alteinheimisch bei uns sei, zeigt schon der nur noch in einigen Volksliedern vorkommende, sonst meines Wissens aus der Sprache verschwundene Ausdruck „*duof*" für „*Thal,*" *tiefe Waldschlucht,* womit der Artikel ‚*duowen*' in Schuller's dem Druck entgegensehendem Werke über siebenb. sächs. Eigennamen von Land und Wasser zu vergleichen ist; dennoch ist es nicht unserm Boden entwachsen, möglicherweise indessen in seinem Stoff schon bei der ersten Einwanderung aus der Urheimath — wo derselbe damals allerdings schon bekannt sein mochte — zu uns verpflanzt worden. Das beweisen die ganz parallelen Strophen 3 bis 6 aus dem 16. Liede in Uhland's Sammlung alter hoch- und niederd. Volkslieder. Er hat das Lied aus einer Heidelberger Handschrift aus Augsburg mit der Jahreszahl 1516; doch musz es wohl geraume Zeit vor der Sammlung existirt haben. Dennoch erscheint es weniger rein, gerundet und abgeschlossen, also wahrscheinlich schon jünger als das unsrige; die parallelen Strophen sind nur aufgenommen — „news gesungen" — wie in Volksliedern oft geschieht, und nicht sehr glücklich in das Ganze verwebt, dessen Anfang und Schlusz mir um so mehr Zuthat erscheinen, als auch der abweichende Strophenbau dafür spricht. Dieses scheint mir Uhland in dem „*Rath der Nachtigal,*" Germania VII. Jahrg. 2. Heft — wo das Alter des Stoffes weitläuftig auseinandergesetzt ist — zu wenig berücksichtigt zu haben. Den „*Rath der Nachtigal*" überhaupt als spätere Zuthat anzusehen, bestärken mich auch die Lieder 16 A und B der Uhland'schen Sammlung, indem sie dieselben Merkmale, namentlich ungleichen Strophenbau, zeigen. Letzteres, doch ohne die Schluszstrophe ist auch aufgenommen von

Willems in seine Sammlung „Oude vlæmsche liederen &c. S. 166, wo auch die Melodie gegeben ist, die jedoch mit der unsrigen keine Aehnlichkeit hat. Bei Arndt „Märchen und Jugenderinnerungen" Bd. I, S. 49 in der schwed. Volksballade: „Der Wolf und die Nachtigal" sind die 4., 5., 6. und 7. Strophe fast gleichen Inhaltes mit unserem Liede, und wieder scheinen sie nur gezwungen in das Ganze verwebt, dessen Inhalt im Uebrigen auch von den Liedern der Uhland'schen Sammlung gänz abweicht. Auch finden sich noch Parallelen in des Knaben Wunderh. bei Erlach S. 273 (aus Görres) und sonst. Die weite Verbreitung des Stoffes — von den Kiölen bis zu den Karpathen — und die häufige Vernützung desselben in verschiedenen von einander abstehenden Dichtungen zeigt dessen hohes Alter. Unserem Liede am ähnlichsten ist übrigens ein in Simrock's auch meist aus mündlicher Ueberlieferung geschöpfter Sammlung S. 176 aufgenommenes. Dasselbe ist nicht mit fremden Elementen vermengt, hat aber, besonders durch die lehrhafte Wendung am Schlusz an Naivetät verloren. So entschieden ist die Nachtigal darin wieder nur Maske, dasz ihr sogar eine Hand geliehen wird. Von allen Parallelen unterscheidet sich unser Lied dadurch, dasz darin die Nachtigal nicht genannt wird.

Sehr oft kommen *einzelne Zeilen* unseres Liedes in andern Volksliedern vor, wieder Zeugen für das hohe Alter und die grosse Verbreitung desselben. Alterthümlich ist auch die *Personification der Sonne*, der Zug vom *Sticken und Zieren des Gefieders* — oder *Umwinden des Flügels* — mit *Gold und Seide*. In dem Mythus von *König Oswald* wird einem Raben sein Gefieder mit Gold bewunden. Und so singt auch schon der Kürenberger:

> „Ich zôch mir einen valken mêre danne ein jâr,
> dô ich in gezemete als ich in wolte hân,
> und ich im sin gevidere mit golde wol bewant,
> er huop sich ûf vil hohe und fluog in anderiu lant.

> Sît sach ich den valken schône fliegen,
> er fuorte an sînem fuoze sîdîne riemen,
> und was im sin gevidere al rôt guldin &c."

Bekanntlich gehört der Kürenberger dem 12. Jahrhundert an; aber die angeführten Verse zeigen identlich, dasz der Mythus vom Schmücken der Vögel mit Golddrath (wozu erst später auch die seidenen Bänder gekommen sein werden) noch viel älter sei. Auch war es wohl uralte Sitte edle Jagdfalken und andere Lieblingsvögel in solcher Weise zu schmücken.

Schwalbe.

2. Ebenso in Grimms altd. Wäldern II. S 88, von wo es in Erlachs Volkslieder der Deutschen S. 127 übergegangen ist.

3. Das Lied erscheint nach Inhalt und Form spätern Ursprungs; doch erinnert der Schluss an vielgebrauchte Wendungen, besonders in Tanzreimen. (Sieh diese im zweit. Buch.)"

Guckuck.

Zu vergleichen sind hier Nro. 52 des II. und 138 des V. Buches und die Anmerkungen dazu.

4. Der *Guckuck* gilt unserem Alterthum — wohl weil er seine Eier in fremde Nester legt — für einen *Bastard und Verführer*. Schon Hagen in den Nibelungen will nicht „Gäuche" ziehen: Lachmann „der Nib. Not" Strophe 810:

„Suln wir gouche ziehen sprach aber Hagene &c "

In unserem Liede ist der Guckuk Verführer. Zu vergleichen ist damit Nro. 11, 12 und entfernter 259 der Uhland-Sammlung, wovon die beiden ersten aus einer Aufzeichnung aus der Mitte des 16. Jahrh., ferner Simrock Nro. 122 dem unsrigen sehr ähnlich, doch ohne die Antwort des Mädchens, auch des Knab. Wunderhorn I., 351, III. 279, Kretzschmer I., 140, II. 569, Hoffm. 165, Erk I., 21, II. 6, 14, Müllenhof S. 480 und Erlach II. 552.

Nachtigal.

5. A ist am besten erhalten, B habe ich aus Schullers „Gedichten in siebenbürgisch-sächs. Mundart." Hstadt bei Kredner 1840, S. 31, von wo es wahrscheinlich in Wolfs „Hausschatz der Volksp." S. 11 und in Talvj „Versuch einer geschichtlichen Charakteristik der Volkslieder germanischer Nationen" S. 612, jedoch in Uebersetzung übergegangen. F aus Frommanns „Die deutschen Mundarten" Bd. V., S. 507. Die vielfachen Relationen

zeugen für die Verbreitung des Liedes, das viel gesungen sein musz. Dennoch konnte ich nicht zur Melodie gelangen.

Denselben Stoff, doch ohne den traurigen Schlusz, behandeln die Lieder Nro. 15 A und B. bei Uhland *von *Gold der Rosen,* bei Müllenhof S. 481; den Schlusz von Untreue enthält mit dem unsern das 86. Lied in Simrock's Sammlung. Aehnliches kommt vor in dem Liede bei Willems S. 233, wo auch eine Melodie steht. Aber ganz gleichen Stoff und am Anfang fast wörtlich übereinstimmende Strophen hat ein von Hoffmann v. Fallersleben aus einer Liederhandschrift von 1537 in Schades „Weimarischem Jahrbuch" herausgegebenes niederländisches Volkslied.

Der *Stoff* ist an sich so alt als Liebe und Untreue, aber auch in dieser *Form* gewisz schon lange gedichtet. Nachtigal und Linde sind vielgebraucht in Lyrik und Epik des Volkes. Von Liedern, die mit der Linde „oben breit und unten schmal" beginnen, wären wohl hunderte anzuführen. Den „Lintwurm" läszt das alte Epos schon in sehr früher Zeit unter der Linde hausen, vielleicht aus Miszverständnisz, da Lintwurm nichts mit Linde gemein hat. Oft wiederkehrende, typische Formen der Volkspoesie sind: •

„fluch zer schênster af det fênster", ebenso:
„dâ irscht dâ sâng, dâ zwiot dâ sprâng
dâ drût, dâ schlag en ziter gor fèinj" und .
„der füinjer, der domen, der ielebijen"

das auch selbstständig als Kinderkanon vorkommt, und endlich der Schlusz Das eingeklammerte „stôn" in F ist meine Conjectur. Der Ausdruck räter ist unorganische Uebersetzung des deutschen: Ritter. Dergleichen begegnet oft in sächs. Volksliedern.

Bäumchen.

6. Das Alter wird wieder durch den Ausdruck „duof" in A mitbezeugt. B. das ich J. K. Schuller verdanke, ist in der 6 Strophe verstümmelt. Die folgenden, in Klammer geschlossenen Strophen sind Zusatz, und enthalten Neckereien für die Knechte (= Jünglinge). Einer solchen Erscheinung, die ich wenigstens in *einem* Beispiele vorführen muszte, begegnen wir noch oft in unsern Liedern, und ihre Erklärung hat keine Schwierigkeit.

Diese Lieder werden oder wurden nämlich meist in Rocken-
stuben gesungen, wo Knechte und Mägde, d. i. Bursche und
Mädchen beisammen sitzen. Da wird viel geschäckert und
allerlei Kurzweil getrieben. Die Knechte suchen den Mägden
unversehens die Spindeln zu entreiszen — was mit dem typi-
schen Ausdruck „späle pläken" bezeichnet wird — zünden
ihnen wohl auch den „Zocken" Hanf oder Flachs am Rocken
an; wenn nicht mehr viel davon übrig ist, oder geben ihnen
— (ein beliebter Scherz) zweideutige Räthsel zu lösen. Dafür
rächen sich die Mägde, indem sie — meist unmittelbar improvi-
sirend — Spottverse auf die Knechte an ihre Lieder anhängen.
Zuweilen antworten die Knechte mit gleicher Münze, bleiben
aber immer im Nachtheil. Ich habe dergleichen Spottreime
von den Liedern, mit welchen sie mir überliefert wurden, abge-
löst, und im zweiten Buch unter „Scherz und Spott" auf-
genommen. Aehnliche Neckereien finden sich bei uns oft in
Kinderreimen; ebenso auch sonst, wie jenes bekannte:

„Es regnet, regnet Tropfe,
Die Büeblé musz mer klopfe" &c.

und viel Aehnliches beweiset. In „Simrock's deutschen Volks-
liedern" sind Nro. 112 und 113 „Abendtänzchen" zwei dem
unsrigen ganz ähnliche Lieder, worin aber das Mädchen den
Apfel von dem Geliebten erhält. Uebrigens scheinen unsere
wie Simrock's Lieder nur unvollständige Nachklänge älterer
Dichtungen zu sein.

Rosenbrechen.

7. Lauter Bruchstücke alter Lieder, die nun nur zum Abschied
beim Heimgehen aus der Rockenstube, und bei ähnlichen Gelegen-
heiten benützt werden, wie eine Formel. So sind in B die ein-
geklammerten Zeilen hinzugetreten, um das Stück zu einem
Kinderliede zu gestalten. C hat in den eingeklammerten Versen
Bezug auf Werbung und Verlobung erhalten, und ist oder
war in dieser Gestalt wahrscheinlich bestimmt, einer unverlob-
ten Braut von ihren Freundinnen gesungen zu werden. So ver-
hält es sich auch mit D, das ich Wittstock's Sag. und Lied.
aus dem Nösner Geli entnommen. Noch weiter geht E, das in
der 4. und 5. Strophe mit Benützung des folgenden Liedes der
Kleider gedenkt, welche der Braut zur Morgengabe gekauft

werden sollen. Durch solche Wendungen schlieszen sich diese
Lieder einer Reihe von Dichtungen an, die ihren Platz im zwei-
ten Buch finden werden. Ihre ursprüngliche Bestimmung wird sich
kaum mehr errathen lassen. Die erste Strophe findet sich auch als
Anfang zu andern Gelegenheitsliedern verbraucht. Aehnliche Stro-
phen enthält das aus dem 17. Jahrhundert verzeichnete Lied
Nro. 24 bei Uhland, das auch sehr trümmerhaft aussieht.

Kleiderfreude.

8. Scheint auch ein Bruchstück zu sein.

Blumenhaus.

9. Dasselbe unvollständig in Wittstock's Sag und Lied. aus dem
Nösner Gau. Zu vergleichen ist Uhland's Sammlung Nro. 28
aus einem Druck vom Anfang des 18. Jahrhunderts, worin viele
Nachklänge älteren Volksgesanges verlauten sollen. Das Uhlandi-
sche Lied entbehrt des Refrains, weicht im übrigen nur sehr
wenig von dem unsrigen ab, das somit als eingeführt, und nur
leichthin umgedichtet erscheint.

Gärtnerin.

10. Das mundartliche Volkslied der Sachsen ist im Absterben, es
beginnt sich seit dem Anfang dieses Jahrh. die Schriftsprache
in die Dichtung des Volkes einzudrängen. Dieses und ähnliche
Lieder, welche zeigen, in welcher Weise dieser Uebergang be-
gonnen, durften um so weniger dieser Sammlung fehlen, als sie
auch auf frühere Perioden einen Lichtstreif werfen.

11. Ist nur von mir in die Mühlbacher Mundart versetzt worden,
weil aus der schriftlichen Aufzeichnung, in der es mir mitge-
theilt wurde, die eigentliche Färbung der Sprache nicht hin-
reichend erkennbar war. Das Stück trägt übrigens deutliche
Spuren späten Entstehens — vielleicht aus ältern Bruchstücken,
an sich.

12. Lieder ganz ähnlichen Inhaltes gibt es im Walachischen.

27

Bestellung.

13. Die eingeklammerte 1. Strophe, auch in der Form nicht über-
einstimmend, ist Bruchstück eines andern Liedes.   Parallelen
finden sich bei Uhland Nro. 258 aus dem Anfang des siebzehn-
ten Jahrh. in des Knaben Wunderhorn II. S. 413, bei Erlach
I. S. 340, dann bei Willems S. 489 mit Melodie, und ein ähn-
liches S. 279, in dem ersten entspricht der 3. Vers dem Inhalt
nach unserm 6., („Daer voer mijn beddeken staet een bank
          Spring erop en wacht niet lang. . . ")
ferner bei Simrock 187 und 188 — letzteres niederdeutsch —
und noch sonst. Am meisten Humor ist in den niederdeutschen.
Ueberall sind die Strophen anders gebaut als in dem unsrigen,
das dem Stoffe nach allerdings entlehnt, aber mit ganzer Frei-
heit umgedichtet sein musz.

14. Dem vorgehenden ganz ähnlich stammt eigentlich aus Wein-
garten, ist aber auch sonst bekannt. Die eingeklammerten
Strophen gehören einer andern Ueberlieferung an, die fünfte
halte ich überdies für spätern Zusatz.

Der Freier.

15. Bruchstück — wenigstens scheint nach der 4. Zeile Etwas zu
fehlen. Das Eingeklammerte gehört wohl einem andern Liede
an. Die ersten 4 Zeilen lauten bei Müllenh. S. 490:
        „Spin Dochter, spin!
        De Fryer sitt darin;
        Spinnst Du nich en fynen Drant
        Geit de Fryer en ander Strant,
        Spinn Dochter &c."
Müllenh. vergleicht damit Wunderh. III. 36.

Drei Mädchen.

16. Aehnliches auch sonst in Kinderliedern.

Schätzchen.

17. Einen gleichen Bau lieben die Volkslieder der Slaven und Walachen.

Liebesqualen.

18. Ein ähnliches Lied in Uhland's Sammlung Nro. 63 und bei Erlach III. Seite 118 (die zwei ersten Strophen des Liedes: „Warnung"). Die eingekl. Strophe gehört einer Relation aus Holvelajen. Das Stück scheint übrigens unvollständig zu sein.

Ungewiszheit.

19. Wurde mir als Fortsetzung des 18. mitgetheilt, mit dem es offenbar nicht zusammenhängt. In Bau ist es dem 17. und einigen Stücken des zweiten Buches ähnlich.

Sehnsucht.

20. Das Stück ist — mit geringen Veränderungen — auch als Kinderlied verbreitet.

Die Liebe.

21. Ist wahrscheinlich erst spät aus dem bekannten deutschen Volksliede: „Kein Feuer, keine Kohle" entstanden, das in vielfachen Gestalten germanisches Gebiet durchwandert, so in Wolf's Hausschatz der Volkslieder, bei Erlach B. II. S. 6 (die dritte Strophe des Liedes „Liebestreu und Liebeskraft") und Band III. S. 478 „Liebe" und noch oft besonders in Lieder- und Commersbüchern. Doch ist unserem Liede selbstständige Bearbeitung nicht abzusprechen; fraglich bleibt, ob sie volksmäszig sei.

22. Augenscheinlich erst jüngst aus Deutschland eingeführt und nur nothdürftig übersetzt; auch wird es sonst deutsch gesungen, wie in Schönau, wo es ebenfalls nur unvollständig bekannt ist.

27 *

Während die beiden ersten Strophen fast ganz übereinstimmen,
lautet hier der Rest der dritten ganz abweichend:

> „O! wie wohl ist jedem Menschen,
> Der nicht weisz, was Liebe heiszt.“

Tagelied.

23. Das einzige mir zugekommene Tagelied, und auch an der ganz
reinen Ueberlieferung dieses musz ich zweifeln, obgleich eine
echte volksmäszige Grundlage unbedenklich angenommen werden
musz, nur scheinen sich mit dem Tagelied mancherlei Typen
der Abschiedslieder verschmolzen zu haben. Aehnliche Anfänge
zeigen Tagelieder der Minnesinger, von denen bekanntlich
Wolfram von Eschenbach diese Form vorzugsweise liebte, ihre
Existenz in Deutschland vor Wolfram ist noch nicht nachge-
wiesen. Das Tagelied ist seiner Natur nach eine Form der
Ritterpoesie und erscheint nur vereinzelt und als Nachahmung
in der Volksdichtung.

Scheiden und Meiden.

24. Zuerst in Schullers Gedichten in siebenbürgisch-sächs. Mundart,
von wo es wahrscheinlich in Schriftdeutsch übersetzt, in Talvy's
„Versuch einer gesch. Charact. &c.“ S. 613 und in Wolf's Haus-
schatz der Volkslieder übergegangen ist. Die eingeklammerte
Schluszstrophe, zwar ächt volksmäszig, ist sicher spätern Ur-
sprungs. Es ist nichts Seltenes, dasz das Volkslied solche
Sprünge macht und Wehmuth plötzlich in gutmüthigen Humor
auflöst.

Unserer dritten Strophe entspricht die 6. des 137. Liedes bei
Simrock und die 5. Strophe des Liedes: Abschiedsklage eines
Mädchens bei Erlach II. Band S. 5; auch finden sich einzelne
Anklänge in andern Liedern.

25. Mit dieser Nummer beginnt eine bis Nro. 30 reichende Reihe
von Liedern, die nicht nur durch Stoff und Stimmung, sondern
namentlich auch durch die Gemeinsamkeit der darin gebrauch-
ten Typen vom Scheiden einander verwandt erscheinen. Es
gibt keine öfter vorkommenden Typen als diese:

„schīden neh schīden wier huot dich erdōeht?
dat tā mēinj härz än trouren huoszt brōeht.
Ai trouren, ai trouren woni niszt ta en äinjt?
wun ász risebâm rit rise bräinjt &c. und
wun de schwarz ruowe wēisz fīdern hun,
dernö wärden ich wēder kuń &c.

und vom gelbkrausen Haar, die auch in Deutschland unzähligemal
erscheinen: So im Wunderh. I. S. 314 bei Erlach I. S. 262:

„Ach Scheiden immer Scheiden!
Wer hat dich denn erdacht?
Du hast mein Herz aus Freuden
In Trauern hingebracht"

und bei Uhland Nro. 86, 4. Strophe und Nro. 87, 4. Strophe.
A ist auszer Georgsdorf auch sonst noch bekannt, und soll auch
eine schöne Melodie haben, die ich leider nicht erhalten konnte.
B ist aus Wittstock's „Sag und Lied. aus dem Nösner Gel."
Die 1. Strophe desselben ist schriftdeutsch, wie sie denn eben-
falls auch in deutschen Volksliedern einen beliebten Anfang
bildet. Das Bruchstück C scheint einer abweichenderen Rela-
tion anzugehören.

26. Die eingeklammerten Strophen gehören zu den zur Nro. 6 B
erwähnten Neckereien.

27. Durch eine Schäszburgerin nach Mühlbach gekommen.

28. Ist sammt der stark an ungrische Weisen anklingenden Melodie
aus Kronstadt nach Mühlbach verpflanzt worden.

29. Vergleiche den Anfang von Uhland's 63. Liede, doch erinnere
ich mich weit verwandterer deutsch. Volksl.

30. Mit vielfach ähnlichen Typen, als in den vorhergehenden Liedern
vorkommen, beginnen hier Lieder, die uns mehr als alle andern
eigenthümlich sind, und Trennung oder Entbehrung von Eltern
und Verwandten zum Gegenstand haben. Sie werfen ein schönes
Licht auf den Haus- und Familiengeist der Sachsen, der sich
innig, wahr und tief, wie er ist, in ihnen abspiegelt.

A ist das reinere. B ist mitgetheilt in den deutschen Mund-
arten 5. Jahrgang; wo nach der 5. Strophe die Nro. 31 D an-
geführten Strophen folgen, die ich hier als fremdartigen Ein-
schub ausscheiden muszte. Die eingeklammerte unebenmäszig
gebaute erste Strophe besteht aus den bekannten Trennungs-
typen, die sich ebenfalls als Anfügung erkennen lassen, die sich

vielleicht erklären läszt daraus, dasz dem Liede scheinbar, aber auch nur scheinbar ein Anfang fehlt. Endlich sind auch die drei Schluszstrophen Nachdichtung, wobei die letzte vielleicht noch jünger als die beiden andern sein dürfte; die beiden letzten Zeilen findet man fast wörtlich in deutschen Volksliedern. C ist ein Bruchstück, das fast nur die immer widerkehrenden Trennungstypen enthält.

Heimath und Fremde.

Diese Lieder schlieszen sich nach Inhalt und Stimmung eng an die vorangehenden an; die Typen der letztern wiederholen sich zum Theil — doch fast nur als Entlehnung — auch hier, neue treten hinzu.

31. B erscheint mir am reinsten, mit A und C haben sich Trennungstypen verbunden. D ist ein Bruchstück, das ich aus Nro. 30 B, wohin es sich verirrt hatte, ausgeschieden habe.

32. In andern Gegenden kennt man nur die erste Strophe, die wohl Bruchstück einer alten Ballade sein mag. Aus der überbliebenen Strophe scheint sich später unser Lied entwickelt zu haben. Die Vermuthung, dasz die 7. Strophe noch spätern Ursprungs sei, will ich nicht stark in Schutz nehmen.

33. Derb und doch schön.

Waisen.

Auch die schönen Waisenklagen, zu denen schon Nro. 32 mitgehört, und denen ich in der zweiten Abtheilung einige auch in balladenartiger Form aufzuführen habe, sind eine eigenthümliche Zierde unserer Volksdichtung. Die hier zunächst folgenden Stücke 34, 35, 36 werden auch deutsch gehört und sind gewisz sehr alt.

Einstige Liebe und Wahl.

Spiegeln kurz andeutend eine eigene Seite des Familienlebens ab.

37. A und C, die mit geringen Veränderungen unter den Kinderdichtungen wiederkehren, scheinen unvollständig, dagegen viel-

leicht auch in B die Wendung von der 7. Zeile an nicht
ursprünglich.

38. und 39. werden durch das Leben erklärt.

T o d.

40. Besteht, wie in dem Text angedeutet worden, nur aus kärg-
lichen Bruchstücken, die sich der Kritik entziehen. Der Ver-
lust ist um so mehr zu bedauern, als die Reste von einer sel-
tenen Kraft erfüllt sind.

Liebchens Grab.

41. A ist aus Schuller's Gedichten in siebenb. sächs. Mundart, die
Melodie aus „die deutschen Mundarten" 5. Jahrg., wo sie jedoch
nur auf die eine Hälfte der Strophe ausgedehnt war, so dasz sie
für die zweite Hälfte wiederholt werden muszte; ich habe sie
in dieser Weise auf die ganze Strophe ausgedehnt, doch bleibt
ihr etwas Unbefriedigendes. Die eingeklammerte 6. Strophe
aus B ist wahrscheinlich einem andern Liede entnommen, kehrt
aber in deutschen Volksliedern (in sächsischen meines Wissens
nicht) als uralte und längst dunkel gewordene Type wieder, so
bei Uhland Nro. 31 A und B, wovon ersteres einem Liederbuch
vom Jahre 1582 entnommen ist. Ueberhaupt ist der Stoff, aus
dem das Lied zusammengesetzt ist, in allen Theilen sehr alt,
aber in unserm und in allen mir bekannt gewordenen Liedern
gleichen Stoffes bereits nicht mehr verstanden, d. h. dem Stoffe
gegenüber sind alle diese Abfassungen, auch die ältesten, jung
Wie hier zwei Bäumchen am Grabe steh'n, so wachsen nach
Ulrich von Türheim, dem Fortsetzer Gottfrieds von Straszburg
auf Tristans und Isoldens Grab eine Rose und eine Rebe, die
sich in einander verschlingen. Diese Sage war aber zu Ul-
rich's Zeit schon alt. In Volksliedern wachsen oft Rosen und
Lilien auf Gräbern Geliebter, so in Uhland's Sammlung 93 A
in der 13. und 103 in der 9. Strophe. Eben so alt sind die
Typen von den Bäumchen, die Muskat und Näylein tragen,
vom Büchlein und der Mühle. Das beweist ihr vielfaches
Erscheinen in verschiedenen sonst einander wenig verwandten

Volksliedern, worin sie ohne Zusammenhang, also auch wieder
bereits unverstanden eingeflochten sind. So bei Uhland Nro. 29
Strophe 6:

> „Bei meines liebsten bette,
> da stond drei beumelein,
> das ein treit muskatblüt,
> das ander negelein;
> die muskat die ist süsze,
> die negelein, die seind guot,
> der ein &c."

Mehr Einheit hat und dem unsrigen noch verwandter, ist das
30. Lied in Uhland's Sammlung, dessen 2. und 3. Strophe unsern
drei letzten entsprechen, nur dasz es sich in jenen, wenn es
heiszt:

> „Bei meines buolen füszen,
> da fleuszt ein brünnlein kalt &c.

und: In meines buolen garten,

> da sten zwei beumelein,
> das ein, das tregt muskaten,
> das ander negelein &c."

nicht um einen Todten, sondern um Leben und Freude handelt.
Beider Lieder Aufzeichnung ist alt (Anfang und Mitte des 16.
Jahrh.), die Lieder selbst und der Stoff stufenweise noch älter.
Das alte *Brabanter Auswandrerlied* bei Willems S. 35 und
36, das in einigen Theilen in das 12. Jahrhundert zurückreichen
soll, hat auch in seiner 6. Strophe:

> „Al vore myn zoetuliefs deure
> Daer staender twee boomekens klein,
> En d'eene draegt noten muskaten,
> Frisch over die heiden:
> En d'ander draegt nagelen fyn.

und in der 7. Die noten die zynder zoo zoete,

> die nagelen rieken zoo goed! &c."

Beide Strophen erscheinen schon hier als — wahrscheinlich ein-
geschaltete, noch ältere — Typen.

Ganz hieher gehört das 157. Lied in Simrock's Sammlung, das
eine jüngere Form des Uhland'schen Nro. 30 ist, so auch bei
Erlach S. 247 und 176 die drei ersten Strophen, wozu Erlach
aus der Brüd. Grimm „altdeutschen Wäldern," die ich nicht zur
Hand habe, anführt:

„Diese Wiederholungen und Uebergänge von Muskaten und Nägelein, von gebrochenen Mühlrädern und Liebesende selbst in schwäbischen und Schweizer Liedern sind als Fragmente uralter deutscher Volkslieder, die bald hier, bald da episch einfallen, zu betrachten.“

Grimm meint hier mit „episch,“ was ich mit „typisch, Type“ zu bezeichnen pflege. Noch heute werden solche Lieder in sonst verschiedener Gestalt vom Volke in Deutschland gesungen. Unser Lied hat einen andern Stoff als alle die angeführten und eben nur jene Typen mit ihnen gemein. Warum übrigens Liebchen von den zwei Rosen des Geliebten getroffen sterben musz, weisz ich nicht zu erklären; vielleicht haftete ein Zauber an solchem Wurf.

Hüth dich!

42. Die Erscheinung dieses Liedes unter uns ist ziemlich räthselhaft Es lehnt sich durch seinen Inhalt (durchaus nicht in der Durchführung) an jenes bekannte Lied Walthers von der Vogelweide:

„Niemen kan mit gerten
kindes zucht beherten &c“

Entweder Walthers Lied beruht selbst auf volksmäsziger Grundlage, ist mindestens durch solche veranlaszt, was nicht ganz unwahrscheinlich ist, oder es ward irgend einmal — etwa durch Fahrende — unversehrt, oder schon als Abklatsch oder in einer Nachahmung nach Siebenbürgen gebracht, wo es unser Lied entstehen machte.

Ich knüpfe an die Anmerkungen der ersten Abtheilung einige Bemerkungen über ein Lied, das ursprünglich bestimmt war, an diesem Platze in meine Sammlung aufgenommen zu werden, seither aber in dem Trauschenfels'schen Magazin für Geschichte, Literatur &c. Siebenbürgens, Neue Folge (wovon leider nur 4 Hefte und 2 Doppelhefte erschienen sind) Heft I. S. 24 mitgetheilt worden ist. Das in seiner Art vortreffliche Lied „Wettstreit zwischen Wasser und Wein“ war mir etwas lückenhaft und in sächsischer Sprache zugekommen, und obwohl ich aus Bau und Reimen ersehen konnte, dasz es ursprünglich deutsch gedichtet worden, so wollte ich es doch als Umdichtung und als einzigen Vertreter einer Gattung, die sonst bei uns nicht erscheint, nicht fahren lassen, um so mehr, da mir unter den ähnlichen deutschen Dichtungen „Sommer und Winter, Nachtigal und Guckuck" &c., besonders aber „*Buchsbaum und Felbinger, Seele und Leib*" (Wackernagel's Leseb. Bd. II. Spalte 39 bis 42 aus dem 16. Jahrhund. und Uhland Nro. 9 A und B) zwar mehrmals dieselben Typen, nirgends aber gerade unser Lied begegnete, was sammt den Reimen „hilen" (= Hohlwege) und „milen" (= Mühlen) selbst auf die Vermuthung führen konnte, dasz dies Lied bei uns entstanden, mithin früher schon auch deutsch bei uns gedichtet worden sei. Solche Erwägungen hätten die Aufnahme selbst der deutschen Relation in meine Sammlung nicht nur gerechtfertigt, sondern zur Pflicht gemacht, der ich nun durch die Veröffentlichung an jenem andern Orte enthoben bin. Die Abweichungen meiner sächsischen Relation und die parellelen Typen aus deutschen Liedern glaube ich indessen anführen zu müssen: Die erste Strophe:

„Nun höret zu ihr Christenleut,
Wie der Wein sich mit dem Wasser streit'" &c.

lautet in meiner Relation:

„Ir gebouren uǵ ir lêkt!
wâ der wéinj mät dem waszer ǎtrêkt."

das zweite: Das Waszer das sprach: „auch ich bin fein,
Man trägt mich in alle Stuben hinein" &c.

in meiner Rel.: Det waszer sôd: „êch bän doch gâd,
êm drît mij än ale ǎtuwo' prâf &c."

Ganz gleich ist der Anfang im „Wettstreit von Seele und Leib" (geistlichen Buchsb. und Felbing):

„Nu boeret zu ihr Christenleut,
wie Leib und Seel gen einander streit."

und gleich dem Schlusze unseres Liedes schlieszt der „weltliche Buchsb. und Felbinger: „Der Buchsbaum sprach: bistu so recht

so bist mein Herr und ich dein Knecht."

Zweite Abtheilung.

Verwaiste Kinder.

Es ist schon angeführt, dasz die Lieder, deren Grundlage das Familienverhältnisz bildet, zu unsern eigenthümlichsten und zartesten gehören. Besonders innig wird das Leid der Waisen dargestellt.

43. Von unübertreflicher Einfachheit und Naturwahrheit. Der Schlusz von B.: „unt sül mich dât nêt krinken &c." ist schon späterer Zusatz, und tritt aus der Naivetät heraus. Dies gilt auch von dem Zusatz zu C, dessen eingeklammerte Zeilen das Späteste sein mögen. Auch diese Zusätze sind indessen noch zart und im Vergleich zu D, worin die Klage fast ostensibel wird, selbst naiv. D ist auf Grundlage des Volksliedes, in der 6. und 7. Strophe auch seiner volksmäszigen Zusätze, und mit Benützung und Ausführung der darin angedeuteten Motive durch einen halb-volksmäszigen Dichter entschieden zuletzt entstanden. Mit dem Schlusz dieses Liedes hat Aehnlichkeit eine von Schröer in den „deutschen Mundarten" des ungrischen Berglandes S. 180 mitgetheilte Todtenklage einer Mutter um ihr Kind:

> „Ach engala mains, kinn mains!
> du schêna plûm maina!
> älla plûm sain ufgaplût!
> unt nje·tû pist·mie zûgaplût!
> ach tu mai͞ gôt, mai͞ gôt, mai͞ gôt!

44. Weniger anspruchslos und naiv als das vorgehende, Anlage und Sprache lassen fast unvolksmäszige Bearbeitung vermuthen übrigens schön und werthvoll.

Der erschlagene Vater.

45. Die erste und zweite Strophe erscheinen auch einzeln, und wirklich ist kein Grund vorhanden anzunehmen, dasz sie anders als durch Zufall miteinander verbunden worden. Wahrscheinlich sind es Reste alter *Todtenklagen*, die noch jetzt an vielen Orten des Sachsenlandes gebräulich sind, und früher allgemein gewesen zu sein scheinen. Der Name „Tarkô" scheint ungrisch;

er wird als Hundsname gebraucht und scheint aus einer Parodie
unorganisch in das Stück eingedrungen.

Das hungernde Kind.

46. Wohl schon frühe, vielleicht schon bei der Einwanderung mit-
gebracht. Ein Gleiches siehe bei Uhland Kro. 119, Simrock
354, auch im Wunderh. in den „deutsch. Volksl." von L. Erk
und W. Irmer Heft 3, S. 52 und sonst.

Rosenlager.

47. Dieses Lied schliesst sich an die Tagelieder. Linde und Rosen,
letztere als Blatt, in der 4. und 5. Strophe von A erinnern an das
schöne Lied Walthers von der Vogelw. Ausg. Lachmanns S. 39:
„Unter der linden an der heide &c."
Das Bruchstück B weicht am meisten unter den drei Relationen
ab, und hatte vielleicht einen andern Schlusz. C ist aus Witt-
stock's „Sagen und Lieder aus dem Nösner Gelände" genommen.
Die eingeklammert hochdeutsche Schluszstrophe ist eine Type
aus deutschen Volksliedern ähnlichen Stoffes, deren es eine
grosze Menge gibt. Der „Schlüszel, der den Tag aufschliesst"
ebenfalls typisch wiederkehrend hat vielleicht mythische Bedeutung.

Auf dem Friedhof.

48. Am kräftigsten und in seiner einfachen Entwickelung sächsischer
Weise am angemessensten ist A, das ich für das älteste zu
halten geneigt bin. Schon lyrischer ist B. C, das ich Fromm's
„deutschen Mundarten" 5. Jahrg. entnommen, hat eigenthümliche
Schönheiten in den drei letzten Strophen, die jedoch als späterer,
obwohl volksmäsziger Zusatz erkennbar sind; das Lied kann
ihrer nicht nur entrathen, es kann sie ohne Störung seines
Grundcharakters nicht vertragen. D aus Wittstock's Sag. und
Lied. aus dem Nösner Gelände entlehnt ist am meisten zersetzt.
Die eingeklammerten 4 Anfangsstrophen gehören wie die 1.
Strophe von C ursprünglich einem andern, nur oberflächlich ver-

wandten Stoffe an, der auch in deutschen Volksliedern mehr-
mals anklingt. Auch die beiden Schluszstrophen von D wieder
hochdeutsch sind nur angehängte Scheidetypen aus deutschen
Volksliedern, wie sie auch aus dem nächstfolgenden Bruchstücke
hervorklingen. Mit dieser Nummer beginnen die für unsere
Volksdichtung charakteristischen, tragischen Balladenstoffe.

Bruchstücke.

49. Bruchstücke einer Ballade mit starken Typen, die den Verlus,
des Ganzen bedauern lassen.

Böse Schwieger.

50. Nur der Anfang bis etwa zur 17. Verszeile scheint noch erträg-
lich gut erhalten, wobei nicht stören darf, dasz die Reime fehlen,
deren das sächs. Volkslied, je älter es ist, desto öfter und leich-
ter entbehrt — weniger der Strophenabtheilung, deren Mangel
fast immer auf schon zerstörten Zustand schlieszen läszt. In
gänzlicher Auflösung befinden sich die Verse von der 17. Zeile
an bis zum Schlusze, und kaum hätte ich bei dem Mangel einer
bessern Ueberlieferung das Lied aufgenommen, wenn es nicht
sein Stoff geboten hätte. So möge es denn in der Sammlung
stehen als Spur für künftige Forschung, deren Mühe ein glück-
licher Fund wohl belohnen könnte. Schöne epische Züge sind
vom 7. bis 17. Vers enthalten. Die Strafe der Mutter ist nicht
nur eine in Märchen und Sagen wiederkehrende, sondern auch
uralthistorische; die fränkische *Brunhilde* ist weder die erste
noch die letzte, wohl aber die berühmteste von denen, die sie
erlitten. Der schöne, starke Stoff dieser Ballade ist nach allen
innern und äuszern Kennzeichen uralt, vielleicht eben deshalb
bin ich ihm bisher noch an keinem andern Orte begegnet, es
sei denn in dem Bruchstück eines deutschen Märchens — das
doch auch mannigfach abweichen müszte — bei den *Brüd.
Grimm* 2. Auflage, III. Bändch., S. 259 „die böse Schwieger-
mutter." Der Anfang stimmt auffallend überein.

Werbung.

51. Leider ein Bruchstück, das nach dem Ganzen nur lüstern macht.

52. Aus Wittstock's „Sag. und Lied. aus dem Nösnergel"; damit ist eine andere Relation aus Wallendorf verglichen worden, die mit der 12. Strophe schlieszt; ihr gehören die eingeklammerten Parallelstrophen auch an. Beide Ueberlieferungen sind übrigens nicht in unverdorbenem Zustande. So dürfte die 7. Strophe der Wallendorfer Ueberlieferung, die an dieser Stelle der von Minarken vorzuziehen ist, doch, wie der Reim verlangt, berichtigt werden durch die Aenderung:

„Sai but in u diesz wëiszen bruit,
sai but in u diesz wai csu ruit."

„Schlämchi, schläimtchi" ist der in andern Gegenden des Sachsenlandes „schlir" genannte Schleier. Der Stoff dieser Ballade gehört auch zu den alten, starken, ist aber nach dem gewöhnlichen Geschicke solcher bereits dunkel und nicht in allen Theilen verständlich. Nach Strophe 10 war der erschlagene Vater ein Riese; denn nur so erklärt sich, dasz die Mutter in seinem Blute ersäuft wird, wie die Söhne Bör's im Blute des erschlagenen Ymir sein ganzes Geschlecht ersäufen. Dann wäre die erkämpfte Braut auch Riesin und die heimführenden Ritter Götter. Dem entspräche, dasz die Ritter aus dem Rosenland kommen, und dahin die Braut führen, denn dem Winterland der Riesen konnte mit Recht ein „Rosenland" der Götter, die in ihrer ältesten Auffassung fast alle sommerliche Naturgewalten personificiren, entgegengesetzt werden. Die Ballade könnte so leicht einen alten, verdunkelten Göttermythus zur Grundlage haben, der durch viele Verwandlungen bis in die gegenwärtige Form gelangt wäre. Am jüngsten erscheint dann der Schlusz, der auch in der Wallendorfer Ueberlieferung fehlt, vor allem die letzte Strophe, die nicht recht zu der Riesensage passen will.

Nur einzelne Strophen oder Zeilen mir bekannter deutscher Dichtungen entsprechen; so bei Simrock in Nro. 11, das im Ganzen unserer 54. Nr. ähnlich ist:

„Zum ersten stachen sie den Vater todt,
Zum zweiten schlugen sie die Frau Mutter todt."

und bei Talvj „Versuch &c." S. 408 in dem Liede: *der Pfalzgraf und die Müllerin:*

„Zuerst schlug er den Vater todt,
Zum andern die Frau Mutter roth &c."

Die Verlassene.

53. Aus Wittstock's „Sagen und Lied. aus dem Nösner Gel." Das
Stück ist schlecht erhalten, wie in dem Text angedeutet worden.
Die 11. Strophe der Ueberlieferung habe ich diesmal als offen-
bar verdorben eingeklammert, und dafür einmal gegen sonstigen
Gebrauch meine eigene Verbesserung in Strophe 11 und 12, die
auch durch den Strophenbau gefordert wird, als das Wahrschein-
lichere gelten lassen. Nur durch seinen Eingang reiht sich dies
Lied an das vorangehende, im Uebrigen gleicht es durch seinen
Inhalt dem 5. der ersten Abtheilung.

Brautmörder.

54. Dieser Stoff ist uralt und vielfach vertreten in Mährchen, Sage
und Volkslied. Die Grundlage bildet die *Blaubartsage*, welche
die Gebrüder Grimm im Zweifel, ob sie nicht französisch sei,
da sie bei Perault vorkommt, in ihre Märchensammlung seit der
ersten Ausgabe nicht aufgenommen haben. Der Zweifel ist wohl
unbegründet. „Der Ritter Blaubart" ist seither erschienen in
Bechsteins Märchen — freilich in sehr verkürzter, und mehr
den aus demselben Stoffe entkeimten Balladen als den andern
Märchen sich nähernder Gestalt. Die verschiedenen Formen
des Märchens sind einzusehen in der Brüd. Grimm III. Bande
der „Kinder- und Hausmärchen", in den Anmerkungen zum
„Fitschers Vogel" S. 75 der 2. Aufl. In den meisten derselben
heirathet der Mörder nacheinander drei Schwestern, von denen
die beiden ersten den Tod erleiden, die jüngste aber sie wieder
belebt und dem Mörder den Untergang bereitet. Hievon weichen
die Volkslieder, die uns bei *Uhland* Nr. 74 A, B (beide
aus Aufzeichnungen aus der zweiten Hälfte des 16. Jahr-
hunderts), C und D, dann bei *Willems* Seite 116 und stark
abgeschwächt S. 186, ferner bei Simrock Nro. 6, 7, 8, in Her-
der's Volksliedern I. S. 116, in des Kn. Wunderh. I. S. 274, bei
Erlach III. S. 450, bei Firmenich (Germ. Völkerst.) und sonst

mitgetheilt sind, in verschiedener Weise ab. Entweder es wird
ausdrücklich angeführt, dasz der Mörder *schon mehrere* (11,
7 oder *eine unbestimmte* Zahl) *Jungfrauen getödtet hat*, ehe
ihm die letzte den Tod bringt, *oder es wird* — was doch der
seltenere Fall — *darüber geschwiegen*, so dasz es scheinen
darf, das sei der erste Versuch dieser Art. Auch im erstern Fall
steht die Rächerin mit den früher Ermordeten in keinem — von
den Quellen ausgesprochenen — verwandtschaftlichen oder gar
schwesterlichen Verhältnisz, wie es in den Märchen deutlich
hervorgehoben wird. *Die Rache* wird in einigen Balladen durch
den Bruder des Mädchens (wie in Bechstein's Märchen durch
die Brüder) vollzogen, in andern durch das Mädchen selbst.
Im ersten Falle bleibt das Mädchen entweder am Leben, oder
stirbt, ehe der Bruder ankommt, ja in Nro. 8 bei Simrock bleibt
der Mord sogar ungerächt, was indesz als ein Mangel der spätern
Ueberlieferung aufzufassen ist. Vor der Entscheidung wird *das
Mädchen* in einigen Ueberlieferungen *durch Tauben gewarnt*,
andere wissen nichts davon. *Die Todesart* sowohl des Mörders
als des Mädchens ist bald Hängen am Baum, bald Enthauptung
durch das Schwert, nur in unserer Ballade wird er gefangen,
an einen Spiesz gezogen und gebraten. Der *Bewegrund des
Mörders* ist, wenn er genannt wird, was nur einigemal geschieht,
Kleiderraub — allerdings kein genügender Grund, da offenbar
das aufbewahrte Blut selbst zu irgend einem, nun von allen
erhaltenen Quellen vergessenen Gebrauche dienen muszte. —
Grimm meint als Heilmittel (wie im armen Heinrich) für eine
Krankheit, die im blauen Bart des Märchens angedeutet sei;
sonst wird in Sagen Jungfrauenblut auch als Schönheitsmittel
gebraucht. *Verschieden* endlich ist *auch* das Verlockungs-
mittel, wodurch die Jungfrau bewegt wird den Ritter zu beglei-
ten, entweder Gesang (in einer unserer Sagen Pfeifen) Ueber-
redung oder Liebe des Mädchens, verschieden endlich auch der
Schauplatz des Mordes: Tannenwald, Mordbrunnen, in den
Märchen das Schlosz des Räubers.

Auch bei uns ist dieser Stoff in jeder Form vertreten. Eine
Sage von einem schönen, jungen Mann, der durch Pfeifen un-
widerstehlich die Mädchen hinauslockt, mit ihm bei Nacht in
den Wald zu wandeln, wo er sie dann aufhängt und ihre Kleider
nimmt, aber vom Bruder der zwölften Jungfrau selbst gehangen

wird. und zum Teufel führt, findet sich in Müller's Sammlung „Siebenbürgische Sag." Nro. 418. Unser Märchen, worin allerdings der blaue Bart gänzlich fehlt, hat Haltrich in seiner Sammlung noch nicht mitgetheilt. Es hat folgende Umrisse:

Ein reicher Kaufmann hat drei Töchter. Ein sehr schöner Mann freit die älteste, holt sie in einem prachtvollen Wagen ab, um sie in sein Schlosz zu führen. Gegen Mittag kommen sie an einen *Brunnen*; die Braut ist durstig, steigt aus, um zu trinken; da singen zwei, (drei) Tauben, die über dem Brunnen auf einem grünen Aste sitzen:

> „gäf mer uéh ze dräinjken,
> éch wäl der ug äszt schinken!

Sie gibt den Tauben nicht zu trinken, labt nur sich mittelst einer silbernen Schale, die beim Brunnen hängt, und fährt weiter. Gegen Abend gelangen sie in das prachtvolle, überall von Gold schimmernde Schlosz. Der Mann gibt ihr einen goldenen Apfel (Ei) zum Verwahren und die Schlüssel von den Gemächern des Schlosses mit der Erlaubnisz in alle zu gehen, nur in ein besonders bezeichnetes nicht. In seiner Abwesenheit besucht sie auch das verbotene Zimmer, sieht lauter Leichname, schöne Kleider an den Wänden und ein groszes Gefäsz voll Blut. Indem sie sich über den Rand des letzteren beugt, springt ihr der Apfel hinein, den sie zwar sogleich wieder erfaszt, aber nicht mehr vom Blute reinigen kann. Der Mann kommt nach Hause, erkennt an •des Apfels Flecken das Geschehene, führt das Weib in das Schreckenszimmer, wo er sie tödtet, ihr Blut in das grosze Gefäsz auffängt, und ihre Kleider an die Wand hängt. Unter dem Vorwand, die ältere Schwester sei gestorben (nach anderer Mittheilung: sehne sich nach ihr) holt er dann die zweite Schwester, der es ebenso ergeht. Die dritte tränkt mit der silbernen Schale (Becher) die zwei (nach Andern drei) weiszen Tauben am Brunnen (des Lebens) und wird dafür über Alles Geschehene und zu Geschehende belehrt. Nach solchem Rathe nimmt sie Wasser des Lebens heimlich vom Brunnen des Lebens mit, sperrt im Schlosse den empfangenen goldenen Apfel in eine eiserne, mit schweren Schlössern behangene Truhe ein, wo er zwar schrecklich herumspringt, während sie in das verbotene Zimmer geht, sich aber nicht befreien kann. Nachdem sie in dem Zimmer Alles gesehen, und es wieder verschlossen hat, befreit sie den Apfel und steckt ihn an den vorigen Platz im Busen. Als der heimkehrende Zauberer darnach fragt, kann sie ihm denselben unbefleckt zeigen. Beruhigt legt er sich nieder, nachdem er (wie freilich nur Eine, mir bekannte Ueberlieferung erzählt) von ihr einen tödtenden Schlaftrunk erhalten. Nun belebt sie mit dem Wasser des Lebens alle Ermordeten, besteigt sammt ihren Schwestern einen im Schlosse befindlichen, gläsernen Wagen, und fährt damit durch die Luft nach Hause. Nach einer andern Relation kommen zwei Täubchen, spannen sich an den Wagen, und fliegen so damit durch die Luft.

Den Text unserer Ballade A habe ich aus vier Bruchstücken aus Mühlbach, Maldorf, Marpod und der Gegend von Medwisch zusammengestellt und noch musz er als unvollständig angesehen werden. Alle Balladen dieses Stoffes haben nach ihrer Natur Vieles abwerfen müssen, was die Märchen ausführlicher und alterthümlicher aufbewahren; die unsrige — obwohl im Ganzen kürzer als ihre Geschwister bei Uhland hat doch Manches bewahrt, was sonst verloren ist. Die Vorahnungen der Braut am Anfang hat nur sie. Dagegen fehlen die warnenden Tauben des Märchens, die in einingen deutschen Stücken, obwohl schon ohne Bedeutsamkeit erhalten sind. Unsere Relationen wissen auch noch von mehreren (zwei oder drei) Schwestern, welche von der deutschen Dichtung durchaus aufgegeben sind. Die abweichenden Strophen der Relationen, welche drei Schwestern voraussetzen, habe ich in Klammer neben die andern gesetzt. *König* ist der Mörder in keinem als in unserem Liede, und dasz ihn dasselbe über dem Rheine wohnen, und hernach zu Thorenburg (nach einer Relat. „zum Thorenburg", d. i. dem Herrn v. Thorenburg) ins Schlosz reiten läszt, wo eine Zeit lang der Sitz des Siebenbürgischen Woiwoden war, darf kaum auffallen. Hätte es auch in Deutschland kein Thorenburg gegeben, so erklärt sich der Umstand doch schon aus der Natur des Volksliedes. Unser Stoff war wahrscheinlich schon in einer bestimmten und rythmischen Form (und wohl schon bei der ersten Einwanderung) aus der Nähe des Rheins in Deutschland nach Siebenbürgen gebracht, hier aber im Laufe der Zeit mehrmals umgedichtet worden, nach Weise der Volksdichtung, ohne dasz einzelne, selbst unverstandene Namen aufgegeben wurden. Die beiden Schluszzeilen sind vielgebrauchte Type. Giron (in deutsch. Dial. geren) heiszen im Sächsischen die Hemdezwickel.

Dasz B so starke Verluste erlitten hat, musz bedauert werden.
Nicht zufällig erzählt das Bruchstück, dasz Mittwoch zugesagt,
Donnerstag kopulirt wird; so ist es uraltsächsischer Brauch, der
noch im germanischen Heidenthum wurzelt. Auffallend ähnliche
Stellen hat die sonst auf anderer Grundlage ruhende Ballade
Nro. 11 bei Simrock, z. B.

> „Es fuhr ein Pfalzgraf über Rhein,
> er freit sich des Königs Töchterlein.‟

und weiter:

> „So wollt' ich sie wären versunken,
> der Pfalzgraf wäre ertrunken.‟

J. K. Schuller in der Transilv. Nro. 47 Jahrg. 1857 zieht aus
Firmenich „German. Völkerst.‟ Bd. II. S. 364 die schlesische
Ballade „*Ulrich und Anele*‟ aus gleichem Stoff erwachsen,
aber schon bedeutend verkürzt zum Vergleich heran.

Wenn ich zum Schlusze nochmals den Stoff, wie er uns in
sämmtlichen Balladen, Märchen und Sagen erhalten ist, be-
trachte, so kann mir ein Ritter oder Zauberer, der sich eine
Krankheit durch Jugfrauenblut heilen möchte, ebensowenig *zur
Grundlage* genügen als ein Räuber, der um der reichen Kleider
willen Mädchen von hoher Abkunft tödtet. Die übermenschliche
Verführungskraft des Mörders, der Brunnen mit dem Wasser
des Lebens, dem der Mordbrunnen ebenso gegenüber steht, wie
die zwei oder (nach andern Relationen) drei Tauben auf dem
Baume über dem Brunnen als Gegnerinnen des geheimniszvollen
Uebermenschen erscheinen, der goldene Apfel (oder Ei) mit der
besondern Eigenschaft durch die unlöschbare Befleckung Ver-
räther des Vergehens zu sein, das in Märchen so oft, und in
verschiedener mythischer Bedeutung vorkommende verbotene
Zimmer mit seinem schrecklichen Inhalt, die Flucht der Jung-
frau als „Fitschersvogel‟ oder im gläsernen Wagen durch die
Luft, selbst die Macht ihres Hilferufs in den Balladen — Alles
das musz auf alten Mythen beruhen, die freilich schon in den
Märchen verdunkelt erscheinen, und vielleicht kaum mehr zu
deuten sein mögen. Indessen schon der Versuch dazu kann nicht
unlohnend sein, und ich gedenke ihn einmal zu wagen.

Die Rache.

55. Das Bruchstück scheint einer starken Ballade anzugehören, deren
Verlust wie so mancher andern, bedauerlich ist.

Hans der Müllner.

56. Das Stück mag auf historischer Grundlage beruhen. Das Statu-
tarrecht bestrafte den Ehebruch mit dem Tode; so auch das
frühere Gewohnheitsrecht. Wahrscheinlich ist es von Bänkel-
sängern, deren einstige Existenz unter den Sachsen kaum be-
zweifelt werden kann, gedichtet und verbreitet. Nach Mühlbach
ist es durch eine Schäszburgerin gelangt, dem Stoff und dem
Schauplatze nach gehört es Hermannstadt an, wo „Wiese und
kleine Erde“ Theile der obern Stadt sind, und wo allein Bürger-
meister und Königsrichter (Comes) nebeneinander bestanden.
Das Lied hat einen kurzen, straffen Gang, und dem entspricht
die 8. auch im Rythmus mangelhafte Strophe nicht, die sich
dadurch als Einschub verräth. Die Sylbenzahl ganz unberück-
sichtigt lassend, beruht das Versmaasz dieses uns ganz eigen-
thümlichen, schönen Stückes ganz nur auf Hebungen, und ist
in seinem Bau und mit dem unverkennbaren Verseinschnitt jeder
Zeile der Nibelungenstrophe und der Weise des Kürenberger's
sehr ähnlich. nur freier, nachläsziger.

„Zegänescher hangt“ heiszt in der 13. Strophe der Scharf-
richter, weil dieses Amt in Siebenbürgen seit Jahrhunderten von
Zigeunern bekleidet wird. So heiszt es in einem, vom Kronst.
Chronisten Sim. Czauk überlieferten, von Trauschenfels in den
„deutsch. Fundgruben“ zur Gesch. Siebenb. neue Folge I. Bd.
veröffentlichten, auf die 1594 gegen Sigm. Báthori stattgehabte
Verschwörung gedichteten Liede.

> „Daselbst ein Szegedi Zigan
> muszt ihnen ihre köpf abschlan.“

Die Zigeuner erscheinen seit 1415 in Siebenbürgen.

Der Geist.

57. Ein aus der Gegend von Kronstadt nach Mühlbach gelangtes
Bruchstück. Der Mittheiler sagte, es beziehe sich auf die
Rosenauer Burg.

Das vergiftete Kind.

58. Das Stück ist ohne Zweifel aus Deutschland eingeschleppt, ist
aber keiner, der mir von dorther bekannten Parallelen ganz
gleich. Wäre es mir nicht zu spät zugekommen, so hätte es

seinen Platz zwischen Nro. 46 und 47 erhalten müssen. Zu vergleichen sind: Uhland Nro. 120, Wunderh. I. 19 und an andern Orten; es ist zu bemerken, dasz das Stück nirgends aus alten Handschriften oder Druck genommen ist; bei Uhland stammt es aus mündlicher Mittheilung. Dennoch musz der Stoff alt sein.

Jesus.

59. Aehnliche Lieder finden sich auch sonst namentlich bei Willem's S. 443 bis 448, ein gleiches ist mir nirgends aufgestoszen.

Drei Jungfrauen.

60. Das Stück ist offenbar entlehnt, wird aber vielfach gesungen; immer in der Weise der letzten Periode der sächs. Volksdichtung nur schwach umgedichtet; die Umdichtung besteht fast nur in Verkürzung. Vollständiger steht es bei Simrock Nro. 68 bei Müllenhof S. 496, bei Erlach III., S. 65 in des Knab Wunderh. II., 201 und sonst.

Rakozi.

61. Dieses und die folgenden Stücke habe ich als Proben historischer und politischer Lieder, woran wir sehr arm sind, aufgenommen. Es ist entlehnt aus Schullers „Gedichten in siebenbürgisch. Mundart“ S. 64, wohin es aus einer Handschrift des 1747 gestorbenen Professors zu Halle Martin Schmeitzel, eines geborenen Kronstädter Sachsen gelangte. Eine unmittelbare Abschrift, entnommen einem Manuskr. der Superintendentialbibliothek unter dem Titel: „Mart. Schmeitzel's Entwurff derer vornehmsten Begebenheiten, die sich in Siebenb. vom Jahre 1700 bis 1740 zugetragen haben“, verdanke ich Dir. Teutsch, sie wimmelt so sehr von Germanismen, dasz ich für den Text lieber die wahrscheinlich emendirte Relation des Schuller'schen Werkchens wählte; da jedoch in derselben doch auch Fehler unterlaufen sein mögen, so gebe ich das Stück hier auch in der Abschrift von Teutsch, die stellenweise stark abweicht:

> Et war gegt Frieden en asem Land
> Dot det den Rakotzi verdrieszen,
> Ho secht deswegen gor vielles Vulk
> Sei silen den Moser ausruden.

Aber sei bestunden met Schunden

Et kom der Henter auf dem Zoider Weg,

Sei stunden en den Gedunken eweg

Denn sei kumen bei dem grosz Bechel heraus.

Die Zeckel fauerten ihr Schwierter blus,

Sei komen dort bey dem Kappeln Rech,

Do dät der Moser enen Schusz,

Dasz et Henter Mihaly verdrusz.

Sei komen besz bei den noien Growen,

Da däten sech do Zeckel met dem Moser herem zeien.

Da däten de Moser ehr Gewiehr za schaken

Af den Zeckel och zadraken.

Da waren gefallen 400 Mann.

Da ward gemacht en Huffen grusz,

Sei lagen alle nakt und blusz.

Sei runten ein dot bunse (oder bause?) loch,

Da helf enen oser Herr Got.

Alsbold waren sei weder hei,

Sie stenden im gruszen netten und bedinken,

Der Rabutin wolt dem Rakoczi noch net schinken.

Hier ist auch die Orthographie des Originals beibehalten worden. Der Aufstand unter dem Prätendenten Rakozi fällt in die ersten Jahre des 18. Jahrhunderts. Das Lied soll sich auf das Jahr 1705 beziehen. (Sylloge historico-politica tom.1. steht ad annum 1705. „Endlich fügen wir auf dieses Jahr aus Curiosität ein Liedlein bei, so die Mädchen in ihrer Rockenstube zu Zeiden im Buczenland bei damaligem Krieges Wesen gesungen.") Niemals ist die Sprache, in welcher hier das Lied erscheint, irgendwo gesprochen worden.

Die Unbeholfenheit dieses, wie aller historisch-politischen Stücke unserer Volksdichtung in Form und Ausdruck ist auffallend, und zeigt wie ungewohnt diese Sphäre unserem Volke von jeher gewesen.

Aus dem Aufstand von 1848.

62. Da das Volk seit einem halben Jahrhundert aufgehört hat, in seiner eigenen Mundart zu dichten, so sind Stücke wie dieses und das folgende nur noch vereinzelte Erscheinung. Bem ist sonst wegen seiner den Besiegten gegenüber humanen und

schonenden Handlungsweise bei vielen Sachsen in gutem An-
gedenken.

63. Dieses Stück habe ich auf einer Fuszreise nach Kronstadt im
Schenker Gelände, ich weisz nicht mehr wo, gehört, und später
so weit ich mich dessen erinnerte in Mühlbacher Mundart auf-
gezeichnet. Es entlehnt seinen Anfang aus dem, dem Vernehmen
nach vom Medwischer Stadtpfarrer Brantsch 1809 auf die säch-
sische Bürgermiliz gedichteten humoristischen Lied, wovon ein
Theil auch in Schuller's Ged. in siebenb. s. Mundart S. 20 u.
folg. abgedruckt ist.

In hochd. Sprache sind mehrere Lieder aus den Wirren des
1848er Jahres übrig, meist unbeholfene Umdichtungen älterer,
deutscher Volksdichtungen, deren Inhalt den Verhältnissen an-
gepaszt wurde. Ich theile drei hier als Probe mit:

I.

1. Was jetzt in Siebenbürgen für Tumheiten sind geschehn,
   das kann man sich leicht am klein'n Finger abschn.
   Man weisz ja nicht, is man gekocht oder gebraten,
   für lauter verschiedene Soldaten. :/:

2. Der Anfang dieser Unruh das war die Union;
   der Koschut, das war ja der gröszte Kujon;
   er wollte Siebenbürgen jetz ganz majarisiren,
   die Sachsen recht tüchtig anschmieren. :/:

3. Dieweil hat sich das Blättel recht anders gewendet,
   der Kaiser, der hat ja kein Spasz nicht erkennt,
   er schicket die Russen zu retten das Land,
   was jetzt in den Feindesgefahren stand. :/:

4. Der walachische Landsturm hat auch rechten Schneit,
   beim Pack, da seins die sakrischen Leut;
   besonders Tartlaff, da thätens verfehlen,
   da weisz jedes Schlosz davon zu erzählen. :/:

5. Ihr liebe Koschutter seids übel daran,
   man lenkt euch zu sehr mit der Kanon auf die Bahn;
   die Russen, Hulaken mit Knoten hinterdrein,
   die Union geht jetzt sicher aus dem Leim. :/:

6. Seids ruhig, ihr Zäkel und leget die Waffen! .
   nicht macht solche Tumheit, was den Kaiser nicht freut!
   leget eure Waffen lieber ans Feuer
   es sein ja zwei Jahr, dasz ihr mit den Sachsen so streut!
   es ist ja ein Jahr, dasz ihr müszt immer retriren,
   ihr müszt ja immer retriren. :/:

II.

1. Frisch auf ihr Brüder von der Artillerie
   zum Streit für unser Ehr!
   es geht für unser Vaterland,
   kämpft muthig mit bewaffneter Hand!
   Laszt euch nicht schrecken des Feindes Macht!
   wir müssen überwinden.

2. Fasset einen schnellen, frischen Muth!
   frisch auf ihr lustig Soldatenblut!
   protzt ab, und fahrt mit der Protze zurück!
   der Feind kann sich nicht stellen.
   Des Feindes Brust die Scheibe ist —
   Vivat! es lebe der Artillerist.

3. Ladt schnell mit Kartätschen, verdoppelt den Schusz,
   dasz donnert, und kracht, dasz der Feind weichen musz!
   Avancirt! wir stehen auf freiem Fusz!
   Haltet an! haltet an! Grenadier voran!
   die Jäger sind schon vorne.
   Da kommt ein braver Reitersmann,
   der auch sein Schwert regieren kann.

4. Dank euch Gott! dank euch Gott! ihr Kanonier!
   So lang der Josef Franz regiert,
   verlassen wir Haus Oesterreich nicht,
   Wird einer getroffen, zu Boden gestürzt,
   der wird von uns begraben. :/:

5. Drei Schusz für seine Tapferkeit
   schieszen wir übers Grab, über seinen Leib.

Kommen wir zu unsern Mädchen zurück,
die uns von Herzen lieben,
dann folgt anstatt ein Kugelschusz
ein süszer angenehmer Kusz.

6. Und wenn die Schlacht zu Ende ist,
und wenn die Schlacht zu Ende ist,
und wir zurückmarschieren;
dann rufen wir: „Vivat!" zugleich
gerettet ist das Oesterreich. :/:

III.

1. Wie schön ist unser Sachsenland,
darin wir sollen leben!
uns hat der Kaiser Ferdinand
den Frieden längst gegeben.
Er steht uns bei mit Macht und Ruhm,
zu schützen unser Eigenthum.

2. Drum nehmen wir die Waffen an,
die Sekler anzugreifen,
weil wir dem Kaiser unterthan,
Gardisten alle heiszen,
Wir bitten um die rechte Hand
des groszen Kaisers Josef Franz.

3. Die Sekler können vielerlei,
der Koschut gab ihn Pflichten,
sie reiszen sich vom Kaiser frei,
die Sachsen zu vernichten.
Drum wollen wir das Sachsenland
zu kämpfen für den Sachsenstand.

4. Mit Spiesz, Kanonen, Schwert geh'n wir
die Sekler zu bezwingen,
dasz sie dem Kaiser unterthan,
ihm „Vivat! Vivat!" singen.
Wir wollen nur zufrieden sein,
wenn sie dem Kaiser schwören ein.

5. Der Koschut ist ja nimmermehr,
   der sich auch König nennt;
   er hat ja nur von euch die Ehr,
   dasz ihr ihn König nennt.
   Ihr hängt ihm an mit groszer Kraft,
   bis er euch in das Elend bracht. ·
   (Gott geb dem Kaiser Josef Franz
   doch nur ein langes Leben.)

Zweites Buch.

Das zweite Buch vertritt im Gegensatz zum ersten eine tendentiösere Seite der Volksdichtung, indem es in zwei Abtheilungen „Festlieder und Festreime" und „Scherz und Spott", also an bestimmte Zeiten und Umstände geknüpfte Dichtungen enthält.

Erste Abtheilung.

Mit Festliedern und Festreimen, wie sie in dieser Abtheilung folgen, begleitet das Volk gern epochale Tage seines Lebens, Brauttage, Hochzeiten, Johannistag, Weihnachten, Neujahr, Fastnacht u. s. w. Besonders lagert sich um die Hochzeitsfeier („des Lebens schönste Feier") der gröszte Reichthum der Volksdichtung. Lieder der verschiedensten Art, rhytmische und unrhytmische Reden, mimische und dramatische Vorstellungen, die wie der Rösseltanz zum Theil dem grauesten Alterthum angehören, ja auch allerlei Scherz- und Spottreime voll Humor, wie sie die zweite Abtheilung dieses Buchs enthält, begleiten dieses Fest, das in seinem Verlauf bald den tiefsten Ernst, Rührung und Thränen, bald den derbsten, übermüthigsten Muthwillen an uns vorübergehen läszt. Es ist eine höchst dankenswerthe, vielfach verwerthbares Material enthaltende Arbeit, die uns J. Mätz in dem Schäszburger Gymnasialprogramm für 1859—60 geliefert hat unter dem Titel: Die siebenb. sächsische Bauernhochzeit — ein Beitrag zur Sittengeschichte. Eine Beschreibung der übrigen Feste gehört leider noch immer nur in das Reich unserer Wünsche.

Auch weniger hervorragende Freudentage bei Gelag und Tanz bleiben nicht ohne Lied und Reim. Obwohl sich nun des sächsischen Volkes Art und Gemüth neben den Waisenliedern hier am schärfsten ausgeprägt hat, so ist doch gerade an diesen Liedern charakteristisch, dasz viele von ihnen ganz oder theilweise nicht ursprünglich zu dem Zwecke gedichtet worden, dem sie später dienen muszten, ohne sehr bedeutenden Veränderungen unterzogen

zu werden, und dasz an manchen die Mitwirkung Gebildeter und
Halbgebildeter (wie Schulmeister und Prediger) nicht zu verkennen
ist. Dennoch sind andererseits wieder fast keine dieser Stücke
ohne einzelne Spuren und Reste ältester Vergangenheit geblieben,
die sich in ihnen ausnehmen wie Bausteine heidnischer Ruinen in
christlichen Tempel- und Klostermauern.

Morgengesang.

1. Zu den Vorbereitungen für das Hochzeitmahl versammeln sich
   Mädchen und Burschen am Vortage. Mancherlei Geschäfte
   müssen da verrichtet werden. Gegen Abend legen sich die
   Mädchen nieder; die Bursche (knècht) bringen Holz, Wasser,
   machen Feuer und setzen den Kessel darüber. Wenn dann
   das Wasser kocht, überhaupt die „Knechte" ihr Werk vollbracht
   haben, etwa eine Stunde nach Mitternacht, wecken sie die
   Mädchen auf. Dabei wird dieses Lied gesungen, und gewöhn-
   lich „Weinsuppe" gefrühstückt, worauf sich die „Knechte"
   niederlegen und die „Mägde" an ihr Geschäft (gäszpläken,
   hineplaken) gehen.

   Die erste Strophe aus A und B und die 6. aus A sind offen-
   bar einem ältern Volksliede (vielleicht einem Tagelied) ent-
   nommen und darauf das ganze Lied improvisirend erbaut worden,
   indem in einer in den folgenden Liedern noch oft wiederkehren-
   der Weise das Verlangen nach Speis und Trank darin kund
   gegeben wird. Die Urstrophen sind Typen, die z. B. in Uhland's
   Sammlung Nro. 24, 9. Strophe und Nro. 77, 1. und 2. Strophe,
   dann in der letzten Strophe des 57. Liedes in unserm ersten
   Buche wiederkehren. So mag auch der Refrain irgend einer
   Romanze oder einem Tagelied entnommen sein. Oft werden
   noch viel mehr Strophen von den Singenden improvisirt; den
   Inhalt liefern dann meistens Neckereien wie in den 3 letzten
   Strophen von B, wobei wie gewöhnlich die Mädchen im Vortheil
   bleiben. Man erfreut sich mehr an der Wiederkehr der frischen,
   schönen Melodie, als an dem Gehalt des Textes.

Brautlieder.

2. Dieses einfache, liebliche Lied, das an einigen Orten der Braut
   während des Ankleidens von den Freundinen gesungen wird,
   ist ganz eine Pflanze des Sachsenbodens und des Sachsen-

geistes. Die Melodie, die auch schön sein soll, habe ich nie erhalten, oder auch nur hören können.

3. Der Anfang dieses Liedes scheint auch einem andern Volksliede oder einer Ballade abgeborgt. Die eingeklammerten Zeilen, die den gleichmäszigen Strophenbau stören, halte ich für spätere Zuthat. Die Melodie spricht hierin eher für als gegen mich und auch sonstige Kennzeichen unterstützen meine Vermuthung: hinsichtlich der 3. Zeile der 3. Strophe, dasz sich dieselbe gleich darauf in der 5. Zeile wiederholt; hinsichtlich der 5. und 6. Zeile. der 4. Strophe, dasz darin der Bruder — und er allein — unnatürlich neben den Eltern als Begaber auftritt; hinsichtlich der 3. und 4. Zeile der 5. Strophe, dasz die Trennung vom elterlichen Hause durch Abschied von Vater und Mutter schon genügend in den beiden ersten Zeilen ausgedrückt ist, andrerseits das Einschieben der beiden eingeklammerten Zeilen erklärlich erscheint, weil wirklich während des Gesanges von allen bisherigen Hausgenossen Abschied (urlef) genommen wird. Rührend sind auch die beiden letzten Zeilen; in Klosdorf wird bei gleicher Veranlassung gesungen

> „geäde nöcht, geäde nöcht,
> deä me läwer buerten."

Unser Lied ist auch von J. Mätz, jedoch in Etwas abweichend mitgetheilt in dem erwähnten Schulprogramm S. 57, wo Näheres über die begleitenden Vorgänge nachzulesen ist.

4. Aus „die deutschen Mundarten" 5. Jahrg., S. 507. Auch mitgeth. von J. Mätz im Schul-Programm für 1859—60, S. 48. Ich habe das Stück in die drei Haupttheile zerlegt, in die es nach Inhalt und Form zerfällt, hie und da durch Conjectur ergänzt, und das am unrechten Ort Eingeschobene in Klammern geschlossen. Das Ganze ist voll schöner Motive, aber auch voller Widersprüche und oft ohne genügenden Zusammenhang, ein Conglomerat aus allerlei Liedern von Abschied, Fremde, Heimath u. s. w. Zu vergleichen ist damit besonders Nro. 30 A. B. C, 31 A, B, C, des ersten Buchs, dann (wegen Abschnitt III.) Nro 5 des z citen Buchs unserer Sammlung.

5. Was vom 4. Lied gesagt ist, gilt zum Theil auch von dieser Rede des Brautknechts, die auch von J. Mätz in seinem Programmenaufsatz S. 58 und folgende mitgetheilt ist. Die ursprüngliche Grundlage könnte, wie wohl viele ähnliche Reden und Gegenreden bei feierlichen Gelegenheiten von irgend einem Geist-

lichen früherer Zeit herrühren und hochdeutsch gewesen sein, doch
läszt sie sich nicht mehr ausscheiden von dem, womit des Volkes
Gemüthlichkeit und Humor sie allmählich zu erweitern sich ge-
drängt fühlte. Diesen harmlosen Humor, wie er in all diesen
Gelegenheitsdichtungen durchbricht — wer wird ihn verdammen
wollen, weil er sich — wie hier mehrmals — an unrechter Stelle
eindrängt. Leicht wird der Leser die mancherlei Reminiscenzen
aus andern Volksliedern herausfineen. Auch die von Zeile 145
an eingeschobenen drei Strophen eines Kirchenliedes, die Mätz
von seinem Text ausgeschlossen, glaubte ich aufnehmen zu
müssen, weil sie charakteristisch sind für die Composition der-
artiger Volksdichtungen.

Rockenlieder.

Hinsichtlich der Rockenlieder ist aufmerksam zu machen auf
die mythische Bedeutsamkeit des Rockens, der mehrerer germani-
scher Göttinen Attribut war, und noch jetzt wie Besen und Ofen-
geräth bei Zauber und Zauberformeln in Anwendung kommt. Man
kann zweifelhaft sein, ob hier Frikka oder Frea in Betracht kom-
men, die nirgends scharf auseinanderzuhalten sind. Für erstere
spricht, dasz in Deutschland der Freitag von ihr den Namen hat.
Donnerstag und Freitag sind die epochalen Tage bei sächsischen
Hochzeiten; fast überall ist Donnerstag Trauung, Freitag Jung-
frauentag. Das ist sicher uraltheidnischer Brauch (vergl. die Anm.
zu B. 1·, Nro. 43 B). Donar und Frikka oder Frouwa (Frea)
waren vorzugsweise die Ehegottheiten des vorchristlichen Alter-
thums. Wenn nun der von Fr. Fronius im sächs. Hausfreund für
1861 geschilderte „Rösseltanz" unumstöszlich beweist, dasz an Hoch-
zeiten zu Donars·Ehren dramatische Spiele aus seinem Mythen-
kreise aufgeführt wurden, so führen die Rockenlieder eben so ent-
schieden auf eine der beiden verwandten Göttinen. Die ganze
von Mätz in seinem Programmenaufsatz näher geschilderte, diese
Lieder begleitende Ceremonie stammt also in ihren Grundlagen aus
dem grauesten Alterthum. Allen sind indessen weit spätere Zusätze
angefügt, die auf Bewirthung der Sänger mit Speis und Trank an-
spielen, und in ihrem improvisatorischen Charakter zu vergleichen
sind mit den ähnlichen Erzeugnissen in Nro. 1 und 26 des zweiten
Buches.

6. Auch von Mätz mitgetheilt in dem erwähnten Programm S. 93
und folg., wo die 24. und 25. Zeile vielleicht aus einem Misz-

verständnisz abweichen, indem dort angenommen ist, es sei
Pflicht der Braut, den Rocken zu zerbrechen; diese Abweichung
folgt bei mir in Klammer nach. Die auf Bewirthung anspielen-
den, auch einer eigenen, monoton recitirenden Melodie ange-
hörenden Reime beginnen mit der 28. Zeile. Von Zeile 44,
noch sicherer 46 beginnt dann ein neuer ganz späterer Zusatz,
der dem Ganzen fremder und wohl aus anderen Stücken wie
Nro. 60 des zweiten Buchs und ähnlichen entlehnt ist.

7. A ist auch mitgetheilt von Georg Schuller in „Aus Siebenbürgens
Vorzeit und Gegenwart", Hermannst. 1857, S. 59. Auch dieses
Lied ist aus mehreren Stücken zusammengeflossen. Dem schönen
Rumpf folgt von Zeile 51 an ein Schweif jener auf Bewirthung
anspielenden Reime. B habe ich nachträglich unter meinen
Materialien gefunden mit deutschen Lettern ohne Angabe der
Heimath und so ungenügender Lautbezeichnung geschrieben,
dasz die Mundart unmöglich zu fixiren war, weshalb ich das
Stück in die von Mühlbach und Hermannstadt umgesetzt habe.
Mit A verglichen hat es einige Eigenthümlichkeiten: der Rocken
tritt mehr in den Hintergrund, der Grusz am Anfang ist voll-
ständiger, die Speise und Trank in Anspruch nehmenden Schlusz-
reime fehlen.

Jungfrauentagslieder.

8. Ueber die Bestimmung dieser Lieder, die zuerst von Wittstock
in den „Sag. und Lied. aus dem Nösner Gelände" mitgetheilt
worden, ist mir nichts mitgetheilt worden. Ich habe sie Jung-
frauentagslieder genannt, weil ich vermuthe, dasz sie am Abend
nach Heimführung der Braut, etwa vor den Fenstern der jungen
Eheleute gesungen werden, oder wurden. Doch wäre am Abend
des sogenannten „Versprechens", also vor der Hochzeit, vielleicht
eine eben so passende Gelegenheit hiezu geboten. In A folgen
nach Zeile 12 drei regelmäszige Strophen mit scherzhaften Spöt-
tereien als Zusatz.

Johannisfeier.

9. Der Johannistag wird auch in Siebenb. noch in mancherlei Weise
gefeiert. Mit welchen Festlichkeiten dieses Lied oder die beiden
hier in Verbindung gebrachten Lieder in Streitfort in Zusam-
menhang stehen, ist mir nicht mitgetheilt. An vielen Orten

werden am Johannistage die Orts- und Feldbrunnen gereinigt und hergestellt, wohl auch mit Blumen geschmückt — ein alter Brauch, der an andern Orten auf andere Tage fällt. Dabei pflegt man auch Lieder zu singen, die wie das vorliegende ursprünglich immer eine andere Aufgabe gehabt haben. Warum ich übrigens dieses Stück in zwei zerlegt habe, ist augenscheinlich. Die Anfangszeile des ersten Theiles ist typisch. Der 5., 6. und 7. Strophe entspricht die 1. und 2. des 252. Liedes bei Uhland. Mit der 8. Strophe schliesst der erste Theil ab, und es folgen im zweiten Bruchstücke eines andern, sichtlich alten, leider in vielen Stellen dunkeln und muthmaszlich verderbten Liedes, das schon bei seinem Entstehen oder doch schon längst in nahem Zusammenhang mit dem Johannisfeste gebracht zu sein scheint.

Wünsche.

10. Neujahrswünsche. Die eingeklammerte Zeile in B hat der unabweisbare Humor eingeschaltet.
11. Wahrscheinlich ursprünglich mit Ueberreichung eines Rockens; jetzt wird der Spruch ohne solche Beigabe gesagt, und auf das Haupthaar bezogen. Er ist auch in Deutschland bekannt
12. Der Burghüter bewacht bekanntlich noch heute worthvolle Güter der Landgemeinden und ihrer einzelnen Glieder; in früheren Jahrhunderten war das noch weit mehr der Fall. Dafür konnte sein Weihnachtsgrusz mit weit mehr Recht als etwa der Neujahrswunsch des Rauchfangkehrers zugleich zu freundlicher Gabe mahnen.
13. Diesen Trinkspruch pflegt der Altknecht in festlicher Versammlung der Bruderschaft auszubringen.

Fastnachtssprüche.

Unsere Fastnacht- oder Aschermittwochfeste drohen bald unter administrativen Maszregeln und dem zersetzenden Einflusz von Cultur und Aftercultur zu ersticken, und noch sind sie nicht gesammelt. Auch das ritterliche „Gänserennen" — beschrieben in einem mir augenblicklich nicht zugänglichen Jahrgange des „sächsischen Hausfreundes" gehörte dazu. In Georgsdorf wurde es bis vor 7 Jahren, wo es durch das wailand Bezirksamt verboten wurde, abgehalten; doch war es nicht die einzige Auszeichnung des frohen Tages. Auch den Kindern muszte an der Freude ihr Theil gegönnt

werden. Am Dienstag ward mit den Knaben vom Schulmeister.
mit den Mädchen vom „Cantor" ein Fastnachtspruch (fuosnich
spräch, fuosnichlatéinj) eingeübt, den die Kinder zu Hause den
Eltern vorsagten. Diese schickten dann dem Lehrer dankbar einen
„funkich" oder „knödel" und Wein, was besonders dem „armen"
Cantor als seltener Genusz „wohlbekommt." Diese „Fastnacht-
sprüche" werden zwar von den Lehrern selbst redigirt, und sind
insoweit nicht ganz eigentlich Volkslieder, bewegen sich übrigens,
wie schon die aufgenommenen Stücke beweisen, immer in denselben
hergebrachten Formeln, und auch die Gedanken kehren in immer-
während Wiedergeburt oft und oft zurück, wie es eben in Volks-
liedern zu geschehen pflegt, und so durften diese Stücke als Zeugen
des dichtenden Volksgeistes, worunter denn doch auch der Schul-
meister mehr oder weniger mitbegriffen werden musz, nicht ganz
übergangen werden.

14. Der Freude mischt sich in diesem und den folgenden Stücken
leichte Ironie und Humor bei, der für diese Fastnachtsprüche
charakteristisch ist. Es musz Frucht versetzt, verkauft, der
Schmalztopf an diesem Tag geleert werden, der hernach schwer
wieder gefüllt wird; aber das ist nun einmal der Tag für den
Freudenrausch, ob man auch morgen darben musz. In dem-
selben Geiste sind

15 und 16 gedichtet.

17. Ein wahres Fastnachtlatein, ein köstliches Stück Cantorenhumor.

18. Vergl. Nro. 14.

19. Deutet auf die Feier des Gänserennens. Mit dem Rufe:
„Knödel än't höusz
funkij cröusz!"
fordern die Gänseritter nach altem Brauch den gebührenden An-
theil an Speis' und Trank, der ihnen aus jedem Haus aus dem
Fenster herausgereicht wird.

20. Ich kann nicht verbürgen, ob diese Bruchstücke, wie ich dem
Inhalte nach vermuthe, zu einem Fastnachtspruch gehören.

Freudenlieder.

21. Aus J. K. Schuller's „Gedichten in siebenb. sächs. Mundart.
Hstadt. 1841." Gehört wie die Nro. 22 und 23 einer den Fast-
nachtsprüchen sehr ähnlichen Art von nicht ganz reiner Volks-
dichtung an. Nr. 23 ist auszerdem verdächtig.

29

Rundreime.

26. Jeder der Reihe nach beginnt mit dem letzten Worte des Vor-
gängers. Solche Reimspiele ohne sonstigen Gehalt wurden und
werden bei fröhlichen Festen nach einer bestimmten Melodie
improvisirt. Es genügte hier von nur einem Beispiele Kenntnisz
zu nehmen. Vergl. Wackernagel's Leseb. I. S. 850 und Erlach
III. 491

Faschingsseufzer.

27. Zu vergleichen mit den Fastnachtsprüchen und den Nro. 55
und 56 dieses Buches.

Tanzreime.

Den Tanz mit recitirten oder gesungenen Reimzeilen zu beglei-
ten, ist zum Theil auch bei den Sachsen Sitte. Im Vergleich mit
süddeutsch. „Gsangerln" und „Schnadahupferln" sind unsere von
Nro. 28 bis 48 gehenden Tanzreime weniger mannigfach, auch
weniger zart und sinnig, dafür stellenweise markiger. Die Neigung
zur Zote, welche bei den Tanzreimen mancher Völker auffält, ist
den unsrigen fremd.

28. Bruchstücke. Aehnliche Anklänge in Neidharts von Reuenthal
Liedern und in Kinderreimen.

29. Vergleiche die Parodie hiezu Nr. 54 dieses Buchs und die Nrn.
53 und 54 in Uhland's Sammlung, die ähnlichen Inhaltes und
Baues sind. Wiederkehrende Anfänge der Strophen mit gerin-
gen Abweichungen sind überhaupt in unsern Tanzreimen häufig,
und werden darin wie Motive in der Musik benützt.

Zweite Abtheilung.

Scherz und Spott.

Uralt sind unter den germanischen Stämmen die *Spottlieder*
und *Schmähreden*, gegen welche die christlichen Geistlichen der
ältesten Jahrhunderte nach der Bekehrung, wie gegen anderes Erbe
aus der Heidenzeit eifern. Es kann Manches aus den folgenden
Stücken bis dahin zurückreichen.

Wahl.

48. Das Lied ist aus sächsischem Humor hervorgegangen und auf
speciel sächs. Verhältnisse gegründet; doch fehlt es nicht an
Seitenstücken in Deutschland. Vergl. Nro. 264 in Uhland's
Sammlung, das um 1544 erscheinend auf ein bedeutendes Alter
solcher Stoffe deutet, zumal es ein Bruchstück zu sein scheint;
auch der äuszere Mechanismus dieses Liedes ist dem des
unsrigen sehr ähnlich:

> Mein müterlein das fraget aber mich
> ob ich wolt ein schreiber?
> „Awe nein!" sprach ich —
> näm ich denn ein schreiber zu einem manno
> so hiesz man mich frau schreiberin
> und ein dintenzetterin, &c.

Aehnlich sind auch Nro. 342 und 348 bei Simrock und ein ser-
bisches Volkslied S. 36, Bd. II. der Talvjschen Uebersetzung;
noch mehr aber ein von Hoffmann v. Fallersleben in Schades
Jahrbuch I. Bd., S. 128 aus einer Handschrift von 1737 her-
ausgegebenes niederl. Volkslied. Hier wird zuerst abgewiesen
der „schoenmaker", der „snijder", der „backer", der „coster" —
das Lied schliesst:

> „Met dien quam daer een creupelken:
> meisken woudy my?
> ja, seide sy, hupenstup!
> ghy sijt my ooc also nut,
> het sal gheen ander sijn,
> dat creupelken heeft goet ghelt, goet ghelt,
> dat meisken is fijn."

Es gibt noch verschiedene Relationen dieses verbreiteten Liedes
im Sachsenland. In einer mir aus Arkeden zugekommenen ist:

> 1. de „schoszterän",
>   de iwich „drôtspänerän."
>
> 2. de däpnerän
>   de iwich lîmkniederän.
>
> 3. de bédnerän
>   de iwich špênferbráerän.

29 *

4. de däschlerän
   de hobelschléiferän.

5. de mélnerän
   de hibeszbakerän.

6. de wiewerän
   de leiwentwirkerän.

7. de kanterän
   de musiksängerän.

8. de schûlerän
   de fénsterkukerän.

9. de farerän
   de schâdenheoćherän.

10. de gebauerän
    fléiszich arbed'rän."

Diese Relation ist offenbar matter als die im Text aufgeführten.
49. Dem Vorigen parallel. B soll eine schöne Melodie haben, die mir wie die fehlenden Strophen unzugänglich geblieben ist.
50. Bruchstück — gehört in dieselbe Reihe.

Die Bauernknechte.

51. Aus Wittstock's Sag. und L. aus dem N. G. Wie in den vorangehenden Liedern der Bauernstand den andern Ständen gegenüber in helleres Licht gestellt wird, so werden hier die Bauernburschen vor den Handwerksburschen herausgestrichen. Durch dieses darin niedergelegte Bauernselbstgefühl kennzeichnen sich alle diese Stücke als Bauerndichtung.

Gut Mann.

52. Scheint ein unvollständiges Spottlied zu sein.

Tanzreime.

53. Aehnliche Anklänge in Neidharts Liedern.
54. Parodie zu Nro. 29 dieses Buches; vergl. die dortige Anm.

Die Knechte.

Die drei Stücke von 57 bis 59 habe ich von andern Liedern abgelöst, mit denen sie unorganisch verknüpft waren. Es sind Spinnstubenneckereien, mit denen die Mägde den Knechten zusetzen. Ich habe mich darüber ausgesprochen in der Anmerkung zu Nro. 6 des ersten Buchs.

Johann.

60. Wahrscheinlich ein Scherzlied, das zur Belustigung auf Hochzeiten vorgetragen wurde, wie die sogen. „Hochzeitpredigten."

Jungfrauentagslieder.

61. Ursprünglich vielleicht ein Spottlied, das übrigens in einigen Stellen an Nro. 5 und Nro. 64 dieses Buches anklingt. Später scheint es wie andere Lieder die Bestimmung erhalten zu haben, Neuvermählten als bloszer Scherz von Freunden und Bekannten gesungen zu werden wahrscheinlich vor dem Fenster oder wie jene Rockenlieder im Vorhaus. Erst seit das Lied in dieser Weise in Gebrauch kam, konnte die letzte Strophe angehängt werden, die wie gewöhnlich mit einer Anspielung auf Bewirthung schlieszen muszte. Ein „Stritzel, ein Braten und ein Eimer Wein" sind auch gewöhnliche Gebühr für die Musiker, welche bei der Trauung in der Kirche die Musik aufführen; hier also könnte die Anführung dieser Gebühr auch für Parodie gelten. Die zweite, eingeklammerte Relation der ersten Strophe hat mehr Sinn, und deutet auf die Armseligkeit, dasz selbst der Geiger auf der Hochzeit fehlt, und Unken seine Stelle vertreten. Der deutsche (und sächs.) Refrain begegnet auch in andern Liedern. Hier ist er von ironischer Wirkung. In einigen Relationen fehlt er, scheint also nicht ursprünglich zum Liede gehörig. Ein ähnliches Spottlied siehe bei Uhland Nro. 277. Gleiche Aufgaben scheinen die beiden folgenden Stücke 62 und 63 zu haben.

Hochzeitsreden.

Zu den vielen Gebräuchen bei Hochzeiten gehören auch die sogenannten Hochzeitpredigten oder Hochzeitreden. Ueber die Art

ihres Vortrags siehe Mätz in dem mehrerwähnten Schäszb. Schul-
programm. Zum erstenmal wurde eine solche Rede veröffentlicht
in dem Satelliten der Kronstädter Zeitung. Was „Ursus und Com-
pagnie" damals dagegen einwendeten, konnte mich nicht abhalten
dieselbe an dem passenden Ort auch in meine Sammlung aufzu-
nehmen; vielmehr halte ich es für Pflicht hier durch einige Be-
merkungen wo möglich eine richtigere Auffassung dieser Art von
Volksdichtung zu vermitteln. Sicherlich haben sich diese Hochzeit-
reden aus uralten Gebräuchen herausgeschält, und wohl nur nach
der Reformation die Form der Predigt angenommen. Seit dieser
Zeit nur mögen auch Schulmeister und Cantoren auf ihre Abfas-
sung wie auf die Fastnachtsprüche Einflusz genommen haben, doch
stammen durchaus nicht alle oder auch nur der gröszere Theil
dieser Dichtungen aus solcher Quelle. Alle diese Stücke haben
miteinander gemein:

1. Die äuszere Form und Gliederung einer Predigt.
2. Eine Aufzählung von Gegenständen der Mitgift voll komischer
   Einfälle.
3. Eine Erzählung, worin Zoten nie ganz fehlen.

Solcher Form und solchen Inhaltes wegen sind diese Reden
meistens angegriffen worden. Ohne sie nun in jeder Erscheinung
und bis in den kleinsten Zug vertheidigen zu wollen, musz ich die-
selben doch gegen Miszverständnisz und übertriebenen Standeseifer
in Schutz nehmen. Dasz sie die äuszere Form der Predigt parodiren,
ist noch kein Verbrechen; auch liegt ihnen in der That nicht die
entfernteste Absicht zu Grunde, hiemit die Predigt selbst oder das
Bibelwort und dessen Verkündiger zu verspotten; eine solche Ab-
sicht stände im geradesten Widerspruch mit dem frommen religiö-
sen Sinn unseres Volkes. Wer Schiller's Glocke parodirt, will
weder Schiller noch dessen Werk verspotten, und ebensowenig hat
Hans Sachs eine Blasphemie im Sinne, wenn er in seiner „Comoe-
dia", die ungleichen Kinder Evä &c., das „Vater unser" und den
Glauben in komischer Weise also von Kain und seinen Genossen
verderben läszt:

> „O Vatter himmel unser
> lasz uns allhie dein reich geschehen
> in himmel und in erden sehen,
> gib uns schuld, und täglich viel brodt,
> und alles übel, angst und not. Amen."

und weiter:

> „Ich glaube an Gott himmel und erden,
> und auch des samens weib musz werden,
> und auch des heiligen Geistes Namen
> die sünde, fleisch und leben. Amen."

Selbst ein schalkischer Seitenblick auf den oft unerträglichen Schwulst, die Salbung, den Nimbus, das falsche Pathos mancher Geistlichen — wie berechtigt er auch ist — tritt nur selten — wie in Nro. 66 — unverkennbar in den Vordergrund. In der Regel verlacht der parodirende Redner nur sich selbst, oder neckt seine Zuhörer, indem er sie mit plötzlichen unerwarteten Wendungen Schlag auf Schlag überrascht. Diese Absicht haben namentlich die parodirten Perikopen und das Vater Unser; die Zuhörer sollen durch täuschende Anklänge immer wieder in den Wahn versetzt werden, sie würden das wirkliche Bibelwort zu hören bekommen, und sich immer wieder in dieser Erwartung betrogen sehen. — Die komische, echthumoristische Aufzählung der Mitgift kann nur belustigen, nicht stören. Die Zoten möchte man allerdings lieber entbehren, doch ist für allzuzelotische Eiferer zu bemerken, dasz eine starke Komik selten vor solchen Derbheiten zurückscheut, dasz namentlich die Hochzeitsgebräuche vieler Völker gerade Derbheiten dieser Art lieben. Mätz führt in dieser Hinsicht sehr passend an, was Wachsmuth „Geschichte der deutschen Nationalität" über ähnliche Gebräuche in Holstein, Oldenburg, Westphalen sagt: „Die Färbung ist nicht selten stark cynisch, dennoch nicht von lüsterner Geilheit, sondern von einer naturwüchsigen, um conventionelle Hülle unbekümmerten Nacktheit. Etwaigem Rückschlusz von dieser auf sittliche Verderbtheit steht entgegen, dasz dergleichen Kraft und Saft gerade in Landschaften, wo jene nicht um sich gegriffen hatte, vorzugsweise zu Hause gewesen sind." Unsere „Hochzeitreden" verdanken ihre Existenz derselben Richtung des menschlichen Geistes, welche die Bauernspiele der Griechen und Latiner das Athenische Satyrspiel, die Derbheiten des Aristophanes und Shakespeare, das römische Eselsfest, die Fastnachtspiele und Aehnliches erzeugte. Man darf wünschen, dasz fortschreitende Cultur und sittliches Zartgefühl ihre Derbheiten mildere, ihren oft köstlichen Humor aber mögen sie uns unangetastet lassen.

64. Aus dem Satelliten zur Kronst. Zeitung Nro. 47 und 48, 1857, wo das Stück verhochdeutscht erschien.

65. Aus einer Hochzeitrede aus Marpod ausgehoben.

66. Aus einer Hochzeitrede aus Marpod ausgehoben. Daselbst pflegen auch vor und nach diesen Hochzeitreden von sogenannten Quartiermachern gereimte Vor- und Nachreden gehalten zu werden. Die letzten 4 Zeilen sind Bruchstücke eines Lügenliedes.

Guckuk.

67. Ich habe in der Anmerkung zu Nro. 4 des ersten Buches angedeutet, dasz der Guckuk im Mittelalter als Bastard und Verführer galt. Vergleiche die parallelen Lieder Nro. 120 bei Simrock und in Wunderh. I. 353.

Spinnerin.

68. Dasz dieses Lied aus Deutschland eingeführt, und hier aus wenig umgedichtet worden ist, zeigt ein Vergleich mit Nro. 266 bei Simrock sogleich. Aehnliche Lieder haben Wunderh., Erk, Kretzschmar u. a. Dasz uns andrerseits der Stoff selbst altbekannt und eigen sei, zeigt Haltrich's Märchen Nro. 68 von der Frau ohne Hemd und die darin vorkommenden, eigenthümlich sächs. Verse:

1. Kåstenåschô se špän doch,
   te höszt nor în hêmt nôch!
   „Åch nåi, motter nåi!
   dèsen ôwent schlôfe gôn
   mårn frå åfstôn,
   fil špäne, fil špänen!“

2. Kåstenåschô afstôn,
   špäno gôn!
   „Åch nåi moter, nåi!
   dèse mårje låzen,
   enzôwent säzen,
   fil špäne, fil špänen!“

3. Kåstenåschô špäno gôn,
   e rîn hêmt špänen,
   dich fräinjdern!
   „Åch nåi moter nåi!
   z'îrst fräinjdern
   dernô špänen!“

und zuletzt, wenn sie zum Spinnen gezwungen wird:

Kástennschö!

nea hälft nor det schlön;

ai hât ij ed înder gedòn!

nèd enzöwent špänen,

nèt mâre špänen,

glèch špänen!

Schnur und Schwieger.

69. Auch dieses Lied ist ziemlich spät ans Deutschland eingeführt worden. Der Stoff ist ziemlich alt; die in Uhland's Sammlung Nro. 276 stehende Parallele hat vor 1570 existirt. Auch bei Simrock Nro. 236 und sonst finden sich Parallelen.

Das Essen.

70. Vergleiche Uhland's Sammlung Nro. 281.

Der Pfaffe im Keller.

71. Das Lied ist nicht gut erhalten. Seitenstücke finden sich allenthalben, doch ist mir keines mit genau gleichem Stoff bekannt.

Noch einen Tanz.

72. Man erkennt sogleich, dasz dies Lied in allerjüngster Zeit aus Deutschland eingeführt ist. Ein solches muszte aufgenommen werden, um die Geschichte des sächsischen Volksliedes bis auf unsere Tage herab klar zu legen. Die Originale finden sich bei Erlach Bd. III. 92, bei Firmenich Bd. II. 801 aus Niederösterreich, mit dem wir sonst wenig Liedergemeinschaft haben. Ob die in unserm Liede vorkommenden Abweichungen — wie die Reime anzudeuten scheinen — sächsische Umdichtung sind, oder auf einer andern Urquelle beruhen, lasse ich unentschieden. Durch die Mischung des Sächsischen mit (verdorbenem) Hochdeutsch ist übrigens in unserem Liede eine eigenthümliche und vortheilhafte Wirkung erreicht worden.

Todtenklagen.

Leichenklagen waren früher im Sachsenlande — wie bei vielen Völkern — allgemeine Sitte. Noch jetzt sind sie nicht an allen

Orten abgekommen, und es wäre angemessen auch in dieser Rich-
tung zu sammeln. Wenn die Verwandten des Todten sich nicht
zur Klage begabt fühlen, lassen sie sich durch ein „Klageweib"
vertreten. Manche von diesen „Klageweibern oder Klagfrauen"
können in der That „schön klagen", und nehmen in ihren halb-
singend recitirten Reden zuweilen höchst überraschende und rührende
Wendungen. Situation, Lage, Familienverhältnisse werden dabei
auf das beste ausgebeutet. Z. B. Ein Kind wird zum „Friedhof"
getragen; der Zug kommt an dem Hause der Groszeltern vorüber,
wo es so oft hingegangen, gespielt, Geschenke erhalten hat. Das
Klageweib erhebt plötzlich mit gesteigertem, heftigerem Affect seine
herzzerreiszende Stimme: „Steh still, Maio! steh still! du bist ja
niemals bei deiner Groszmutter Hause vorübergegangen. O! komm
herein! komm herein! sie gibt dir Milch, sie gibt dir Obst; sie
hat dich ja niemals unbeschenkt gelassen. Warum willst du nicht
mehr zu deiner Groszmutter (grîszo) kommen? Was hat sie dir
„zu Leids gethan? Kehr um, kehr um! u. s. w." Weitere Ein-
blicke in die Stoffsphäre dieser Todtenklagen gestatten zwei durch
den Schäszburger Gymnasiallehrer Georg Schuller an mich gelangte
Lieder aus Rosenau bei Kronstadt, also in einer leider in meiner
Sammlung so wenig vertretenen Mundart. In den Text konnten
sie als Kunstdichtungen nicht aufgenommen werden. Da aber der
Verfasser (Johann Stoof, Mädchenlehrer in Rosenau) dem Volk
durch Leben und Beruf sehr nahe steht, seine Schöpfungen über-
dies ganz auf volksmäsziger Grundlage beruhen und nur der Form
nach sich an die Kunstpoesie anlehnen, verdienten sie in den An-
merkungen eine vorzügliche Stelle:

I.

Klage einer Mutter am Sarg ihres Kindes.

1. Aćh dä meinj leiwet kändj fum harze mir geräszen,
   als wei en blom fum wändj; bält wird em netj mî wäszen,
   dat dä was af der iert.
   Nor mir bleifst tå äteits wiert
   kändj meinj ä meinjem bârzen!

2. Schaz meinj, meinj inzéch blom, meinj frait, meinj stûlz, meinj
   schînhît,
   dei mir der Härgot nom än deinjes härzens rinhît,

zem trûszt fu Got beschiert,
wôr êch nètj dêinjer wiert.
kändj mèinj ä mèinjem härzen!

3. Schaz mèinj, mèinj oinjeltschen   for ächteftrzich ätönden
    Rit wei on äpeltschen   na blîj und föler wônden,
    schaz mèinj, ed äsz folbruoĉht,
    ade ze göder nuoĉht,
    kändj mèinj ä mèinjem härzen!

4. Schaz mèinj, wört Got der här   sêch meinjer oĉh erbarmen,
    dat meinj oint wäir nètj für   unt dad êch bâld än armen
    dêch häit und u mêĉh drükt,
    wéi wêr meinj härz enzäkt,
    kändj mèinj ä mèinjèm härzen!

5. Schaz mèinj, en göden daĉh   entbäiden êch der grûszeą,
    dei for em gôr oĉh daĉh   äm sarch bekrünzt mät rûsen.
    Bäs af de goinsten daĉh
    rôu wuol on ûgemaĉh,
    kändj mèinj ä mèinjem härzen!

II.

Klage einer Wittwe am Sarg des Gatten.

1. Schazijer, göder moun!   wol balt huod âs geschîden
    der bater duot, faszt koun   êch dêch zem gräf gelîden.
    Der schmärz äsz grûsz for mêĉh.
    Aĉh hür erbarem dêch!
    Wat sal nä iusz mir wûrden.

2. Schazijer göder wirt! ätond af, nètj blîf do läien! —
    Ed äs änsonzt hî hîrt unt sètj nètj mî mèihj schräien.
    Schaz mèinj, dèinj hônd äsz kalt
    unt blîch dèinj gonz geätalt,
    dèinj ougen sèinj geschlöszen.

3. Schazijer wirt! wier wit   hinfaurt âs wisen mäihen,
    wèlj dich der duot schun nit,   wier wid âs lônt besäien
    unt broinen hîm de fruĉht,
    wier wit dés wisen zuĉht
    und oĉh do wirtschaft lîren?

4. Schazijer wirt, mèinj ätäz   sol dèinj ätuork lîf schun räszten?
    äsz hî ze näszt mî näz   als nor de würm ze mâszten?
    Sol éj, en öländj wîf

mät mèinjem &ronke ltf
dèsz wirtscheft nå beåtrèiden?

5. De wärelt äsz gor bìsz,   se wid åsz nor feruoêhten,
af munchen uord unt wîsz   zo åsem schaden truoêhten.
Mèinj krûn äsz nä dohin;
èch åtòn nä gonz elîn
mät mèinjen uorme wîsen.

6. Schazijer moun, am dèch   wäl èch nor drôn åpuorz klèder
unt hinfuort sol em mèch   nei frîlich 'seinj mî wèder.
Ade, mèinj lèiwer moun!
bäs èch bei dèch ku koun,
wäl èch dir åtoits trai blîwen.

7. Wai trailech dîlde mir   det güd und oêh ded iwel!
Dad et nä wûlgît dir   duorun äsz nichen zwîfel.
Dü huoszt mèch nei bedrèift.
Nor dèch hun èch gelèift;
mèinj leif zo dir blift îwech.

8. En grousz fu mèinjer sètj   un åsz lèif kändj Katrèntchen,
det åtuorf for kurzer zètj!   grèis oêh mèinj säszter Äntchen!
O wörd ed bolt geschènj,
dat mir åsz wèder sèinj!
Wol wörde mir åsz fräien!

9. Unt nä, mèinj hârzensfrèndj,   do lèzte kasz beim schîden!
Kut her, mèinj uorem kändj,   unt wäntscht em nä de friden,
unt åprècht: Adè schaz mèioj
bäsz mir asz wèder sènj,
röu woul, harzleifster fuoter!

Aehnlichen Stoff enthalten die Todtenklagen aus *Kuneschâu* und *Beneschâu* bei K. J. Schröer: Versuch einer Darstellung der deutschen Mundarten des ungrischen Berglandes &c. S. 157 und 180.

Freilich sind viele dieser Klagen, wie es in der Natur der Sache liegt, auch Typen, und damit ist für den Humor die Veranlassuug zur Parodie gegeben. Eine solche ist Nro.

73. das die Klage eines treulosen Weibes um ihren Mann erzählt, und

74. worin das Komische durch die Erwähnung kleinlicher und alltäglicher Begebenheiten aus dem Leben des Verstorbenen bewirkt wird.

Rückkehr.

75. Ein Original der jüngsten Zeit. Andere Relationen enthalten stärkere Derbheiten. Auch sind verschiedene Melodien im Gebrauch.

Der Reiter.

76. Aus J. K. Schuller's Gedichten in Siebenb. sächs. Mundart. Hstdt. 1840. Parallelen in Simrock's Kinderbuch Seite 52, 53, 54. Schuller erwähnt ein gleiches aus Reinh. Liederspielen mitgetheiltes in der Transilvania von 1840, Nro. 85.

Rathsherren.

77. Soll jetzt als Spottlied gebraucht werden, ist aber offenbar einer Zauberformel entnommen.
78. Bruchstück eines Spottliedes.

Michelsberger.

79. Eine locale Spötterei. Die Michelsberger einerseits als Leute von derbem Witz bekannt, sind doch andrerseits auch wie die Ramser, Böleschdörfer u. A. vielfach Stichblatt des Witzes.

Drei Mitnationen.

80. Nationale (übrigens ziemlich harmlose) Spötterei, wie dergleichen bei allen Völkern vorzukommen pflegen. Ein von deutschen Handwerksburschen im Lande gedichtetes, dann von Soldaten nach eigenem Bedürfnisz umgeändertes Lied läszt sich über die drei Hauptnationen Siebenbürgens also aus:

> 1. Kommt Brüder, dasz wir ausmarschiren
>   aus dem Siebenbürgen aus
>   denn beim Ungarn und Walachen
>   ist wahrhaftig nichts zu machen,
>   und beim Sachsen auch nicht viel.

> 2. Kommt man ins Quartier zum Ungarn
>   da ist auch der „bizony nints"

„bizony ninta“ ist alle Tage
„nem lehet“ nur einmal sage: ·
ai! du diznópásztor du!

3. Kommt man ins Quartier zum Wlachen,
da sieht der Hunger zum Fenster heraus:
Seine Speis ist Momelige,
in der Fasten Kisselize
und am Feiertag Malai.

4. Kommt man in's Quartier zum Sachsen
da gehts noch am besten zu;
mit der Wirthin ist gut leben:
Frau Mutter wird euch bäflisch geben
und ein Glas Krampampuli.

[5. Bräder Mächel, bräder Honesz,
bräder Tiz und bräder Tumesz!
laszt uns eure Weiber matzen,
denn das dient euch ja zur Ehr —
denn das dient euch ja zur Ehr.]

Die letzte Strophe, schon an sich leicht als Zusatz und Er-
zeugnisz soldatischen Uebermuthes kenntlich, fehlt dem Hand-
werksburschenliede, das auch andern Anfang hat, gänzlich.

———

Nicht selten haben gelegenheitlich entstandene Scherzreime in
sächs. Mundart durch Zufälle oder ansprechende Melodie be-
günstigt fast die Verbreitung eines Volksliedes gefunden; ich
habe dergleichen jedoch nicht in meine Sammlung aufnehmen
zu sollen gemeint.

Drittes Buch.
(Sprichwörter.)

Die Sprichwörtersammlungen von *Wagner*, *Körte*, *Eiselein*, *Simrock's Volksbuch*: „*die deutschen Sprichwörter*", die erst kürzlich erschienenen „deutschen Sprichwörter" von Zingerle und noch mehr *Wander's* „*deutsches Sprüchwörterlexikon*" — wenn es vollständig vorläge — wären bei diesem Buch am bequemsten zur Vergleichung zu benützen; auch standen mir mehrere alte Sammlungen, namentlich aus dem 16. Jahrhundert zu Gebote. Ich, habe mich indessen hier nicht auf Vergleichung eingelassen, weil sie doch nur von geringem Nutzen sein würde. Wer auf diesem Gebiet einigermaszen heimisch geworden, weisz, dasz vielleicht kein Erzeugnisz der Volksdichtung so sehr Gemeingut der Völker geworden ist, als das Sprichwort. In der That ist auch keines so sehr geeignet, in alle Welt verschleppt zu werden. Aus gemeinsamenem Besitz von Sprichwörtern auf nähere Verwandtschaft zweier Volksstämme schlieszen zu wollen, wäre grundfalsch, und ebensowenig liesze sich eine andere ähnliche Behauptung darauf gründen. Wir können aus den Gegenden um Köln stammen; nur darf man das durchaus nicht folgern aus dem Umstand, dasz viele unserer Sprichwörter in jenen Gegenden gangbar sind — ebensowenig als man uns wird zu Walachen machen können, weil in *J. K. Schuller's*: „*aus der Walachei*" so manches walachische Sprichwort den unsrigen parallel ist, oder zu Juden, Römern, Griechen, weil sich unser Volk manchen biblischen, lateinischen, griechischen Sinnspruch mundgerecht gemacht hat, indem es gleichsam vergrabenes Gold in gangbare Münze umprägte. Wer *Firmenich's* Werk durchgeht, wird unter den vielen darin aufbewahrten Sprichwörtern aus allen Gegenden Deutschlands manches zum zehntenmal zu lesen bekommen. Auf viele tagtäglich gehörte stöezt man bei *Agricola*, *Frank*, *Fischart*, im *Reinecke* und in *älteren Werken*. Dagegen habe ich in den altniederländischen, welche *Hoffmann v. Fallersleben* in seinen: „*horae belgicae*" herausgegeben, verhältniszmäszig weniger Verwandtes gefunden, da doch auch unser Zusammenhang mit den Niederlanden nicht in Zweifel gezogen wird. Ein Gesammtsammelwerk, wie es Wander's Sprichwörterlexikon zu werden verspricht, mag sich auf Vergleichung einlassen. Bei der Masse des Stoffes reiht sich dort Verwandtes schon im Texte vielfach in ganzen Spalten und Blättern aneinander; aber wohin müszte bei einer Specialsammlung wie mein Buch sie bietet, die Vergleichung führen, wenn erwogen wird, dasz schon die Sprichwörter der Germanen auf 100.000 geschätzt werden, und dasz hier mit bloszen Citaten von Nummern anderer Bücher nicht viel genützt würde, vielmehr wörtlich angeführt werden müszte, was zur Vergleichung angezogen wird.

Was ich in dieses Buch aufgenommen habe, zählt zu den reinen Sprichwörtern. Jedes Stück muszte mir an und für sich einen klaren, verständlichen, lehrhaften Sinn enthalten, also ein unabhängiges, in sich abgeschlossenes, kleines Kunstwerk sein. Sprichwörtliche Redensarten und gebräuchliche Tropen der Volkssprache suche man bei mir nicht! Was mir dagegen an wirklichen Sprichwörtern zugänglich geworden, habe ich ohne alle Bedenken aufgenommen. Dasz Volkssprichwörter zuweilen derb sind, weisz man; gerade in dieser Derbheit liegt oft der Kern und das Treffende. Ich durfte dergleichen in einer historischen Sammlung nicht übergehen, und habe mir auch nicht durch Gedankenstriche darüber hinweghelfen wollen.

Die Ueberschriften, unter denen ich die einzelnen Stücke gruppenweise gesammelt habe, sollen nur die Uebersicht erleichtern; eine strenge Sonderung sollte damit nicht bezweckt werden, da Sprichwörter so vielfacher Beziehungen fähig sind, und, die Bauernregeln ausgenommen, die meisten nach Umständen unter mehrere Abtheilungen gesetzt werden könnten. In Wander's Weise die Sammlung lexikalisch zu ordnen, konnte ich mich nicht entschlieszen, einerseits eben wegen jener Vieldeutigkeit des Sprichworts, andererseits weil bei solcher Anordnung vielmal das Gleichartige getrennt, das Ungleichartige in nächste Nachbarschaft gesetzt werden muszte. Die zahlreichen, und ihrem Wesen nach ganz kurzen Nummern Stück für Stück in den Anmerkungen zu begleiten, war nicht geboten; es genügt das Bedeutendste herauszuheben, wodurch dem Leser schon mancher Schlusz auf das Uebrige ermöglicht wird.

Bauernregeln.

Die meisten dieser Stücke sind allbekannt; nur wenige, wie fast durchgängig die auf die Traubengattungen bezüglichen, scheinen uns ausschlieszlich zu eignen.

19. Mariä Verkündigung ist gemeint.

21. Mariä Reinigung ist gemeint.

22. Auch hier Mariä Reinigung. Das Stück ist einem alten Kalender entnommen, und gehört in dieser Form wahrscheinlich der Kunstdichtung an.

28. Lirenz in A ist St. Laurentiustag; auf ihn bezieht sich auch der Hirsch (hirą) in B, weil der Hirsch Attribut des Heiligen ist. Jetzt ist diese Beziehung — in Folge der Reformation — im Volk vergessen.

38 bis 40 gehören ihrem Inhalt nach an eine frühere Stelle, und sind aus Versehen an diese zu stehen gekommen.

44. Bezieht sich auf den Regen.

49. Der „schiel wdinjkel" ist der südwestliche Theil des Mühlbächer Horizontes — die Himmelsgegend, aus welcher die Gewitter fast ausschlieszlich zu kommen pflegen.

53. Es gibt mehrere Grasarten, deren Saamen, wenn sie sich häufig in der Frucht finden, wie dies besonders in regenreichen, üppigfruchtbaren Jahren der Fall zu sein pflegt, dem Mehl eine bläuliche Farbe verleihen; darauf bezieht sich das Sprichwort.

62. Ueber die von 62 bis 70 charakterisirten Traubengattungen siehe *Johann Fabinis* Aufsatz im Medwischer Gymnasialprogramm für 1860.

78. „Ierij uschlôn" d. i. Erdoche durch Maueranschlag zum Verkauf anbieten.

84. Bezieht sich auf das Mästen der Schweine.

86. Der „blę Elias" in A und der „Ilie" in B bezeichnen den Eliastag nach dem Julianischen Kalender, der noch in der orientalischen Kirche im Gebrauch ist. Man erwartet an diesem Tage mit Sicherheit ein Gewitter. Den Walachen ist Elias an Stelle eines heidnischen Donnergottes getreten.

Thiere.

Der gröszte Theil der unter dieser Ueberschrift gesammelten Sprichwörter ist Haltrich's Aufsätzen in dem Schäszburger Schulprogramm für 1854—5 entnommen. Viele Stücke reichen in das höchste Alterthum zurück.

96. Ist unter den verschiedensten Nationen verbreitet, insbesondere bei den Walachen sehr gebraucht.

98. Als Warnung bei schönem Spätherbst.

102. In dieser Form ganz sächsisch; doch finden sich sehr ähnliche Stücke in Deutschland. „Statuten" heiszt in gewöhnlicher Abkürzung des Titels das zum Theil aus gesammelten Gewohnheitsrechten zusammengestellte, seit dem Jahre 1583 in Kraft bestandene, jetzt nicht mehr geltende Gesetzbuch der Sachsen in Siebenbürgen.

113. Bezieht sich auf eine Wolfssage.

115. Wahrscheinlich aus ähnlichem Stoff hervorgegangen.

117. Alle drei Stücke beziehen sich auf Märchen oder Anekdoten.

124. Bezieht sich auf eine noch nicht entdeckte Fuchssage. In der gegenwärtig bekannten Thiersage hat der Wolf das Miszgeschick, worauf in unserm Sprichwort angespielt wird.

138. Die von J. Grimm D. Myth. S. 46 in Zweifel gezogenen Hundeopfer sind durch dieses Sprichwort (das in seiner Beweiskraft auch durch andere Quellen unterstützt wird) mindestens für Wassergötter als bezeugt anzusehen, zumal wenn B, das mehr Gebot des Aberglaubens als Sprichwort ist, nicht auszer Acht gelassen wird. Es ist wirklich eine abergläubische Sitte, die Erstlinge einer Hündin ins Wasser zu werfen. Den Wassergöttern wurden sie geopfert, die sich sonst rächten, indem sie, wie B sagt, die verweigerten Opfer wüthend (wasserscheu) machten; denn die Nixe sind tückisch und grimmig (grasnäkich) wie das Element, dem sie angehören. Wassergott und Wasserscheu in Beziehung zu bringen lag nahe, und hätte auch die Hundswuth — wie bei uns — nicht den Namen „Wasserscheu" geführt, so war doch die Erscheinung der letzteren da, und wird von dem Volke immer am meisten hervorgehoben. Weiter habe ich mich hierüber in meinen Mythentrümmern im Abschnitt von den *Elbischen Wesen* verbreitet.

157. Spielt auf die Geschichte des verlorenen Sohnes an.

164. Die Thiersage, auf die sich dieses weitverbreitete Sprichwort bezieht, ist noch unbekannt.

180. Scheint sich auch auf eine verlorene Volksdichtung zu beziehen.

181. Bezieht sich auf eine bekannte Anekdote: Ein Agnethler (in Agnethlen werden viele Pferde geschunden, und mit den Häuten Handel getrieben), erbost über sein Pferd, das ihm beim Striegeln einen Schlag versetzt hatte, erschlug dasselbe, zog ihm die Haut ab, und hing sie zum Trocknen auf den Dachboden. Als er eines Tages hier Geschäfte hatte, stiesz er mit dem Kopf an die hartgetrocknete Haut, so dasz er eine Beule davontrug, und brach ärgerlich in die Worte aus: „dem Pferde soll man nicht einmal auf dem Ueberboden trauen!"

182. Bezieht sich wahrscheinlich auf folgende Sage: Eine scheintodt begrabene Frau, erwacht in der Gruft, kehrt um Mitternacht nach Hause, klopft an's Thor, und ruft ihren Mann bei Namen. Dieser erkennt ihre Stimme, glaubt aber, es sei ihr Geist da, und will nicht öffnen. Als sie ihm wiederholt versichert, sie sei seine lebendige Frau, sagt er ungläubig: „Eher will ich, glauben, dasz mein Pferd aus dem Stalle geht, und die Treppe heraufsteigt, als dasz meine Frau lebendig aus dem Grabe wiederkehrt." Augenblicklich hört er das Getrappel des Pferdes auf der Treppe &c.

183. Vergleiche 181 und die Anmerkung dazu.

186. Meist mit Beziehung auf erwachsene Mädchen gebraucht in dem Sinne: Ehrsame Mädchen laufen nicht auf der Gasse herum, oder: Liebenswürdige Mädchen werden auch zu Hause ihren Freier finden.

188. Bezieht sich wahrscheinlich auf ein bekanntes, im 2. Buch, Nro. 76 mitgetheiltes Spottlied.

201. Wenn Jemand unter nichtigem Vorwand einen unerwarteten Besuch macht.

225. Von weitester Verbreitung und schon den Römern bekannt.

Ueber die mythische Bedeutung der vorkommenden Thiere, besonders Wolf, Bär, Fuchs, auch Pferd siehe Grimm's D. Myth. Cap. III. und XXXV. und meine Mythentrümmer, über ihre Beziehung zum Thierepos J. Grimm's Reinh. Fuchs und Haltrich's Aufsätze in dem erwähnten Schäszburger Schulprogramm.

Essen und Trinken.

259. Aus dem Kuckuksrufe pflegt man bekanntlich auch die noch übrigen Lebensjahre zu berechnen; doch musz sich das Sprichwort nicht auf diesen Aberglauben beziehen.

279. „Wir arme Husaren essen das Fleisch auch ohne Brot"soll ein Krieger geantwortet haben, als man ihm bei Tische Brot zum Braten anbot.

281. Beim Trinken.

282. Auch ungrisch wörtlich gleich: Darótzi kenjér,
Disznódi káposzta,
Mirkwásari szalona,
Bogátsi bór,
Segesvári menyetske —
Aval lehet élni.

283. Populäre Diätregel für Gicht und Hämorrhoiden.

Schlemmer und Verschwender.

Die Sprichwörter dieses Abschnittes schlieszen sich an die des vorangehenden zum Theil so nahe an, dasz sie unmittelbar unter derselben Ueberschrift hätten angereiht werden können.

315. Siehe Nro. 69, Strophe 4 des zweiten Buchs.

322. Man erzählt von Schmarotzern, dasz sie Messer und Gabel bei sich tragend, schon früh morgens auf die Gasse herausgehen, und sehen, wo die Schornsteine stark rauchen. An diesem Zeichen erkennen sie, in welchem Hause ein tüchtiges Frühstück bereitet wird, und wenden sich dann dahin, um den Bewohnern einen guten Morgen zu wünschen.

324. Kränze an Stangen vor der Thüre aufgesteckt dienen den gewöhnlichen Weinschenken statt eines Aushängeschildes.

330. Vielfach verbreitet; scheint übrigens bei uns aus Deutschland eingeschleppt.

331. Anspielung auf eine Kinderpredigt; will hier sagen: „auf deine Warnungen gebe ich nichts", und wird in den mannigfachsten Beziehungen verwendet.

Weib und Ehe.

334. Schmeichelt den Brünetten.

335. Von derselben Bedeutung wie das vorangehende. Deutsch: Auf schwarzem Acker wächst der Weizen wacker, oder Braune

Aecker die besten u. s. w. Ungrisch: A fekete földben teren.
a jô buza. Auch mehrfach in romanischen Sprachen.

341. Bezieht sich auf eine bekannte, bei Städtern herschende Sitte,
ihre Töchter besonders für die Faschingszeit in andere Städte
zu schicken, um sie an den Mann zu bringen.

345. Auch in Räthselform bekannt.

355. Wird auch vielfach mit andern Beziehungen gebraucht.

359. Wenn unter prunkenden Oberkleidern schmutzige oder zerrissene
Unterkleider getragen werden.

360. Wenn die Unterkleider hervorhängend sichtbar werden.

361 und 362 haben vielfache Parallelen in Deutschland.

363 scheint aus Deutschland eingeschleppt, da das Reimwort: wëkt
in dieser Verbindung im Sächsischen ungebräuchlich ist.

364. Will sagen: fleizige Mädchen ergehen sich nur zur Feierabend-
zeit, sie blühen also für die Welt wie die Kürbisse abends.

386. Vergl. 336.

399. Auch vielfach in andern Beziehungen gebraucht.

406. Siehe über „bäschmoter“ meinen „Woden“ im Mühlbacher
Schulprogramm 1855—6 S. 26 und folg. und meine Mythen-
trümmer am entsprechenden Orte.

Haus, häusliche Sorge und Arbeit.

Die Sprichwörter dieses Abschnittes sind wieder vielfach ver-
wandt und berühren sich mit jenen unter der Ueberschrift: weise
Beschränkung und Bescheidenheit.

409. geschlöän housz, d. i. ein Haus von Erde gestampft.

414. Uralt, schon Griechen und Römern bekannt und vielleicht nur
eingeschleppt.

417. Mit Bezug auf Dienstboten.

430. Der Sinn ist: zu früh gemachte Pläne miszlingen.

441. Sonst wird den Rothköpfen gerade Schlauheit zugeschrieben.

458. Auch: Et kid énem näszt äm drüm.

463 bis 483. Viele Parallelen in Wander's Sprichwörter-Lexikon.

Handwerk, Stände und Klassen.

510. Nach einer weitverbreiteten Sage sind die Soldaten durch
einen Fluch des Petrus zu diesem Schicksal verdammt. Ueber
Ursprung und Bedeutung des Wortes: „muoser“ hat J. K.
Schuller an verschiedenen Orten gesprochen.

513. Will eigentlich sagen: im Himmel sind alle gleich; wird aber auch in anderm Sinne gebraucht.

516. Unter den Sachsen gab es ursprünglich wohl auch einen Adel, der indessen sammt seinen Besitzungen allmählich im Ungerthum aufgegangen ist. Auf eigentlichem Sachsenboden gab es nie volles Adelsrecht. Das Sprichwort spiegelt den Unwillen des bei aller Bescheidenheit stolzen, auf seine Freiheit und Gleichheit eifersüchtigen Volkes gegen diejenigen von seinen Söhnen, welche adelige Vorrechte oder Titel anstrebten. Es hat zu allen Zeiten solche Bestrebungen gegeben, die hier wie anderwärts zum Theil lange und bittere Kämpfe zur Folge hatten. Siehe hierüber Teutsch: Geschichte der Sachsen in Siebenbürgen; Kronstadt bei Gött von 1852 bis 1858.

521. Wortspiel mit „Räpesz" Ortsname und „räpsen" $=$ Aufstoszen des Magens.

524. Wenn man Landleute aus der Umgegend von Bistritz, dem „Nösner Gelände" nach ihrer Heimath fragt, pflegen sie zu sagen: „aich bä fu ze Nis'n." Diese sonst im Sächsischen ungebräuchliche Ausdrucksweise verspottet das Sprichwort. Vergleiche das mhd. z'en Burgonden, diu waß zo Sauten genant! u. s. w.

525. Draas (urkundlich Daraus) liegt am östlichen Ende der alten Sachsencolonie.

530. Will sagen: waren gleiche Verwüster unseres Landes.

Alter und Kindheit.

540. Ist ironisch gemeint.

542. Bezieht sich auf die geilen Leidenschaften, die zuweilen bei Greisen neu zu erwachen pflegen.

544 und 546 haben dieselbe Beziehung.

552. Nur wenig veränderter Bibelspruch.

553. Kecke Deutung der gleichen Worte Jesu.

589. Bezieht sich auf die Romanze vom hungernden Kind im ersten Buch.

592. Bezieht sich auf einen weitverbreiteten Aberglauben, der wohl aus dem Heidenthum stammen musz. Die Götter sehen göttliche Kräfte nicht gern bei Sterblichen.

Gott.

604. Wie Wodan und alle Göttterväter wird Gott von dem Volke als alter Mann gedacht. Die Vorstellung musz nicht eben dem Heidenthum entnommen sein, wenn sie auch einem idealen Christenthum fremd ist.

626. Das Eingeklammerte ist eine ironische Zugabe, die nicht immer dem Uebrigen folgt.

627. Plastischer sagt das walachische Sprichwort: „Ach! ach! wie weit ist der Himmel! von der Hölle trennt uns nur ein Zaun.

Tugend und Ehrlichkeit.

654. Vergleiche 336 und 337.

670. Das Sprichwort steht hier, weil es auch in der Bedeutung gebraucht wird: „Gebt dem Armen auch Etwas von eurer Mahlzeit!" Doch pflegt es auch scherzend bei der Mahlzeit gesprochen zu werden, wenn man einem der Dienstboten oder einem Kinde, das nicht bei der Tafel sitzt, ja einem Hunde oder einer Katze Etwas von der Tafel reicht, oder auch indem man ein abgegessenes Bein wegwirft. Der Bedeutung der Worte ist man sich dabei nicht bewuszt. Bartesch ist aller Wahrscheinlichkeit nach ein Hauskobold und der ursprüngliche Sinn des Sprichwortes bezieht sich auf das Opfer, das man ihm einst von jeder Mahlzeit zu bringen gewohnt war. Auf einen Hausgeist deutet namentlich auch die Geringfügigkeit des Opfers. Das hindert indessen nicht sich, wie J. K. Schuller bei diesem Bartesch an Bertha, die Führerin des wilden Heeres zu erinnern, und zu vermuthen, dasz er einst in höherem Range, vielleicht als ein männlicher alter idem jener Bertha an der Spitze des wilden Heeres gestanden sei.

673. Sáp d. i. Hosentasche, wohl aus dem Ungrischen entlehnt. Am sáp knáren ist bildliche Redensart für: hinterrücks reden oder: weit vom Kampfplatz Muth zeigen.

Schicksal und Weltlauf.

700. Noch gebrauchter im Walachischen, woher es entlehnt sein könnte.

709. Mit mehreren andern Stücken aus Haltrich's „Plan zu einem Idiotikon &c." — Aehnliches schon im Lateinischen.

731. Vergleiche mit diesem und den folgenden Stücken bis 735 die Stücke 796, 797 und 799.

745. Die Welt an Hals nehmen heiszt 1. Fliehen vom Hause, aus der Heimat in die Welt. 2. Fliehen aus der Welt und mithin aus dem Leben, also auch 3. Selbstmord.

764 bis 766. Haben mythischen Grund: Loki und nach ihm der Teufel, sein christlicher Abklatsch haben rothes Haar, aber auch der ägyptische Typhon und andere Götter. Auch das Epos vieler Völker gibt seinen bösen oder feigen Personen gern rothes Haar. Einen andern Grund hat es, wenn nach der Ansicht des Volkes Rothhaarige in der Regel gutmüthig, wenn auch jähzornig sein sollen. Das erinnert an den Charakter Thors, dem wenigstens rother Bart zukommt.

767. Will sagen, man möge sich vor Leuten, die einen Naturfehler oder körperlichen Mangel haben, hüten. Die Erfahrung lehrt, dasz Bucklige und Krüppel in der Regel misztrauisch und nicht selten auch bösartig zu sein pflegen. Das Sprichwort knüpft indessen nicht an diese an sich erklärbare Erscheinung, sondern an die Geschichte Kains in der Genesis an.

769. Bezieht sich auf eine bekannte Anekdote: Ein Bauer besuchte seinen Sohn, der Soldat war. Als er nach ihm forschte, und man ihn dabei fragte, „was denn sein Sohn sei" (welche Charge er bekleide) antwortete er: „Hie äs äszt- griszet, griszet; ich wis âwer nêt, äsz 'e jenerâl âwer korperâl, genag um oinjt rold et sich."

772. Sonst pflegt das Volk diese Gedanken in die Seele der Aerzte zu verlegen.

773. „Latèinjesch kächen," weil die Recepte lateinisch geschrieben.

782. Ironisch als Verspottung gegen Leute, die immer über ihr hartes Schicksal jammern.

788. Aus einem Hausbuch von 1740 — scheint deutscher Kunstposie entnommen.

819 bis 823. Drücken die Nothwendigkeit des Todes aus. Ich hätte noch eine ganze Reihe ganz synonymer Ausdrücke anreihen können, die indessen meist nicht in Sprichwörterform, sondern als bildliche Ausdrücke für „sterben" in verschiedenen Gegenden des Sachsenlandes in Umlauf sind. Ich verweise in dieser Hinsicht auf Georg Schuller's leider seither nicht fortgesetzte Abhandlung im Schäszburger Schulprogramm für

1862—63 Seite 13 und folgende, wo mehr als hundert solcher Ausdrücke gesammelt sind.

Weise Beschränkung und Bescheidenheit.

829 und 830. Siehe Nro. 69 Strophe 2 und 3 des zweiten Buchs.

837. Will sagen: Wenn man sich aufputzt wie eine Rose — wird man bald nackt gehen müssen.

873. „duor de brokt säsz" d. i. auf den Hintern — kommt auch in Räthselform vor.

900. „en tröf ze fil än der stuf" bildliche Redensart für: es ist Jemand im Zimmer, der nicht hören sollte, was gesprochen wird, z. B. ein Kind.

901. „schäingeln af em dåch" hat denselben Sinn wie: en tröf ze fil än der stuf: Siehe Nro. 902.

947. Bezieht sich auf das Märchen von der *Büffelkuh und dem Fischlein* bei Haltrich S. 328.

948. Bezieht sich auf ein Lügenmärchen.

957. Antwort für Leute, die unfläthige Reden zu führen gewohnt sind.

Klugheit und Eigennutz.

974. Unglück soll lieber einem Andern als mir begegnen.

975. Ein Vortheil soll lieber mir als Andern zukommen.

980. Gegenstück zu dem Sprichwort: „Îr äsz mî wå büflisch."

987. Die letzte Zeile zeigt, dasz die vorausgehende Ironie und das Ganze Verhöhnung eines geizigen Wirthes ist.

1019. Eigentlich von Blähungen — doch wird das Sprichwort fast immer in bildlicher Bedeutung gebraucht.

1060. Uralt ist die Redensart: „Gras wachsen hören." Nach der Edda hört Heimdallr das Gras wachsen und die Wolle auf dem Vliesz der Lämmer. Das Sprichwort verspottet die Ueberklugen.

1071. Scheint auf einem Märchen oder einer Anekdote zu beruhen, die mir unbekannt ist.

Als Nachtrag führe ich zu dieser Abtheilung an das mir später zugekommene Stück:

„Brûder hälf mer läjen,
ech hälfen der bedräjen."

Muth und Uebermuth.

Diese Sprichwörterreihe enthält nicht nur den Ausdruck des Muthes und des Uebermuthes, sondern auch Urtheile über beide und herausfordernden Spott.

1106. Ist fast buchstäblich wahr. Betteln theilweise auch Raufen gilt überhaupt den Sachsen Siebenbürgens für Schande.

1117. Hat vielfache Parallelen auch im Sächsischen selbst. Z. B. De mäinjtsche sé guor fun énem drèszler gedrèszelt" oder mit Bezug auf. die einstige Auflösung: „De mäinjtsche sé guor madesâk."

1118. Auch dieses Stück hat synonyme Parallelen, z. B. Ed huod esz guor î mîszter gemâcht oder : ed âs î· mîszter, dier esz gemâcht huot, auch wohl bitterer: „mer sé guor mädenânder nichen mîsterstäk u. s. w.

1122. Geht auf die Müller und wäre besser in dem Abschnitt: „Handwerk und Stände" zu stehen gekommen, wo es aus Versehen ausgeblieben ist.

1124. Gegen schnüffelnde Kinder angewendet.

1126. Wird verspottend verwendet gegen Leute, welche ein zu häufiges : und (Wortspiel mit unt = wal. Butter) in ihre Reden einflechten, doch hat es auch die Bedeutung, „das ist einerlei, ist mir gleichviel" und ist dann synonym mit den nächstfolgenden vier Stücken.

1129. Dieses Stück, obgleich Ausdruck des Uebermuthes, hat doch nicht Sinn und Absicht einer Blasphemie. Es will nur sagen: ob man auch dem Ding verschiedene Namen gibt, es bleibt doch immer dasselbe.

Viertes Buch.

Erste Abtheilung.

(Räthsel.)

Diese Abtheilung kann gewisz noch sehr vermehrt werden; mir selbst lag noch eine Anzahl hieher zählender Stücke vor; theils ihres zweideutigen Inhaltes wegen, theils weil ihre Volksthümlichkeit zweifelhaft war, habe ich sie lieber nicht aufgenommen. Andere sind mir zu spät zugekommen, um noch in der Sammlung Platz zu finden, ohne dasz ich dieses ganze Buch nochmals hätte umschreiben müssen. Proben liegen von jeder Gattung vor. Einer schalkischen Mehrdeutigkeit geht auf diesem Gebiete nicht nur unsere Volksdichtung nach; die meisten Volksräthsel sind darauf angelegt, zu falscher Deutung zu verführen, und viele würden ohne Fingerzeig gar nicht zu lösen sein. Die Lösung habe ich darum überall unter die Stücke geschrieben, mit Ausnahme zweier Fälle, wo sie mir selbst unbekannt war.

Auf die Vergleichung im Einzelnen will ich mich auch hier nicht einlassen. Nur Weniges ist uns ausschlieszlich eigen; das Meiste kommt auch in Deutschland, Manches bei Walachen, Slaven, Ungarn, Lithauern, Finnen, bei Neugriechen und bei den romanischen Völkern vor, ohne dasz sich über dessen wahre Zuständigkeit endgiltig aburtheilen liesze. Für die Vergleichung mit den Räthseln der deutschen Stämme bieten Simrock's Räthselbuch und Kinderbuch sehr reichlichen Stoff. Ich kenne keine andere Sammlung von gleicher Fülle.

1. Uralter Räthselstoff.
3. Könnte den Walachen entlehnt sein; wenigstens gibt es ein walachisches Märchen, dem es entwachsen sein möchte.
8. Oefter als Sprichwort gebraucht.
12 und 13 sind auch unter den Bauernregeln aufgeführt.

14. Dieses merkwürdige Räthsel, entnommen einem Hausbuch vom Jahre 1740 und durch mündliche Mittheilung hinlänglich beglaubigt, stammt vielleicht aus Deutschland, und könnte der Kunstpoesie angehören. Mir ist es in keiner Sammlung aufgestoszen.

17 und 18 sind in aller Welt verbreitet.

26. Im Walachischen sehr verbreitet.

48. Bis nach Finnland bekannt.

56 bis 75. Diese Stücke sind fast durchgängig entnommen Haltrich's Aufsatz im Schäszburger Schulprogramm für 1854—5.

89. In Deutschland sehr verbreitet.

100. Ist auf ein allbekanntes Lügenmärchen basirt.

101. Aus Haltrich's Märchen von der klugen Tochter des Burghüters in seiner, Berlin 1856 bei Jul. Springer erschienenen Märchensammlung.

102. Gleiche Räthsellieder in Deutschland lassen spätere Einschleppung vermuthen; absprechen läszt sich hierüber nicht. Vergl. auch Uhland's Volksliedersammlung Nr. 1 und 2, die sehr alten Stoff enthalten!

103. Aus Haltrich's Märchenwerke S. 183. Das Stück scheint in sehr corrumpirter Gestalt auf uns gekommen zu sein. Ursprünglich eignete ihm wohl rhythmische Form. Die Antwort auf die fünfte Frage erscheint unbefriedigend und ist wohl nur aus der vorausgehenden erwachsen. Auch die sechste Frage ist nur halbbefriedigend beantwortet, und ist vielleicht an Stelle der Aecker anderes Gut zu vermuthen. Von den mir nachträglich durch die Herren Josephi (Vater und Sohn) zugekommenen Volksräthselfragen seien hier noch die folgenden angeführt:

1. Wat huet de mîszt ânleget mäd em halwe ströhalm?

(Die andere Hälfte.)

2. Wä fil fli gôn än en ramp?

(Keiner, denn sie springen fort.)

3. Wier äsz geštorwen, und äsz nit begruowen?

(Lots Weib.)

4. Woräm schrif Paulus un de Rîmer?

(Weil er nicht bei ihnen war.)

5. Woräm sekt sich der huas äm, wun en de heangt ferfoljen?

(Weil er hinten keine Augen hat.)

6. Wad äsz det bieszt un der fli?

(Dasz er keine Hundswuth hat.)

7. Krimpa, krampa, wuor gîszt ta?
 Gebalbîrt woräm frôéhst ta?
 Won ij uch balbîrt bän, bän ich dénich nét gefrîren.

(Wiese und Bach.)

8. Woräm mâéht der kokesch de ûgen zû, wun o krêt?

(Weil er's auswendig kann.)

9. Wad äs en hântfieszt lijen?

(Wenn man Einem einen Stieglitz in die
Hand gibt, und sagt, es sei eine Büffelkuh.)

10. Wad äs um bieszten um zérltîch?

(Dasz er sich beugt.)

11. Mät wat dräkt der heangt séinj frâd öusz?

(Mit dem Schwanz.)

12. Wat wid äinjde grészer, wun em derfu nit?

(Das Loch.)

13. Wî kit zem îrâten ân de kirch?

(Der Zweite.)

14. Wî äsz gebiuren unt nét geätorwen,
 wî äsz geätorwen unt nét gebiûren?

(Wir sind geboren und noch nicht ge-
storben, Adam und Eva sind gestorben
und nicht geboren.)

15. Wô huoszt te um bieszte geschlôfen, unt huoszt näszt ge-
 waszt?

(In der Wiege.)

16. Wî riet um alermîszte fu séch?

(Der Guckuck.)

17. Wô kun ale sâk zesumen?

(In der Nath.)

18. Wad äsz gûd ân de ûgen?

(Nichts.)

19. Woni sén de käinjd um fromsten?

(Wenn sie schlafen.)

Ferner ist mir nachträglich noch das folgende Stück zugekommen.

20. Et sâs en kénengän af em trîn; se wôr esi bedrüft; se
 wakelt mät dem hîft unt dêt esi trourich, dad ale lékt ze-
 sume kâmen.

(Die Glocke, welche zur Leiche läutet.)

Zweite Abtheilung.

(Segen- und Zauberformeln.)

Dasz die Segen- und Zauberformeln hier so zahlreich erscheinen,
wie kaum in irgend einer Sammlung deutscher Volksdichtungen,
ist ermöglicht worden durch verschiedene günstige Zufälle, nament-
lich aber durch zwei glückliche und ungemein ergiebige Funde des
Directors, jetzt Pfarrers Dr. Teutsch, denen der gröszere Theil der
Sammlung zu danken ist, wie sich aus der Angabe der Quellen soll
ersehen lassen. Diese sind:

1. *Mündliche Ueberlieferung.* Ihr danke ich aus Mühlbach die Num-
   mern 104, 105, 106, 107, 109, 110, 112, 113, 115, 141, 142,
   144, 183, 185, 187, 192, 193, aus Groszschenk 108, aus Deutsch-
   pien 111, aus Bistritz 114, 143, 191, aus Broos 116, aus Bol-
   kesch 127, aus Marpod 155, aus Nadesch 188, aus Pruden 189.
   Mit welchen Schwierigkeiten der Sammler auf diesem Gebiete
   mehr als auf jedem andern zu ringen hat, ist bekannt. Die
   Kundigen scheuen sich ihr Wissen mitzutheilen, theils weil sie
   verlacht zu werden fürchten, theils weil sie glauben, dasz der
   Spruch durch offene Mittheilung seine Kraft verliere. Muszte
   man sich doch, um einer der schönsten unter diesen Formeln
   habhaft zu werden, krank stellen, förmlich ins Bett legen, und
   besprechen lassen. Trotz solcher Schwierigkeiten könnte die
   schon ansehnliche Sammlung aus der Quelle mündlicher Ueber-
   lieferung gewisz noch ansehnlich vermehrt werden, wenn sich
   Mehrere mit Eifer und Einsicht der Sache annehmen wollten.

2. Das Album: „Aus Siebenbürgens Vorzeit und Gegenwart &c."
   herausgegeben von J. K. Schuller. Diesem sind entnommen
   die Nummern 128, 154, 190 (ursprünglich aus Nadesch und Mall-
   dorf stammend).

3. Müller's „Beitrag zur Geschichte des Hexenglaubens und Hexen-
   processes in Siebenbürg." Braunschweig bei Schwetschke und
   Sohn, woher ich die Nummern 118, 119, 123, 125, 182 ent-
   lehnt habe.

4. Eine von Teutsch in dem Archiv des Vereins für Siebenb.
   Landesk. 1858 und auch in besonderem Abdruck — Kronstadt
   bei Gött — veröffentlichte Archivarbeit enthaltend Kirchenvisi-
   tationsberichte aus den Jahren 1650 und 51. Aus dieser Quelle

stammen die Nummern 129, 130, 131, 153, 161, 162, 163, 166, 167, 171, 174, 175, 179, 180, 196, 197, 198, 199.

5. Ein mir als Manuscript von Dr. Teutsch mitgetheilter Auszug aus Kirchenvisitationsberichten ebenfalls der Jahre 1650 bis 52. Dieser Quelle danke ich die Nummern 120, 121, 122, 124, 126, 132, 133, 134, 135, 136, 137, 138, 139, 140, 145, 146, 147, 148, 149, 150, 151, 152, 156, 157, 158, 159, 160, 164, 165, 169, 170, 172, 173, 176, 177, 178, 186, 194. Wir sind den Geistlichen jener Zeit Dank schuldig für den Schatz, den sie uns aufbewahrt haben, und bedauern, dasz sie nicht alles aufgezeichnet haben, was ihnen damals noch in Fülle zu Gebote gestanden zu sein scheint. Teutsch hat seine Funde im Superintendentialarchiv gemacht. Weitere Nachforschungen auch in Capitularchiven würden wohl noch zu weiteren Entdeckungen aus Kirchenvisitationsprotokollen derselben oder wenig abliegender Jahre führen. Um diese Zeit waren die Kirchenvisitationen von neuem anbefohlen worden, und, wie es scheint, mit besonderem Hinblick auf das Zauberwesen, da auch die Hexenprocesse um diese Zeit in ihrer Blüthe stehen oder ihr entgegengehen. Ueber die Gestalt der meisten damals gangbaren Zauberformeln läszt sich indessen schon aus den bisher von Teutsch gemachten Entdeckungen ein ziemlich sicherer Schlusz gewinnen; ich sage der meisten, denn dasz einige von Müller in seiner Abhandlung über den Hexenprocesz mitgetheilte Stücke einen andern, sichtbar heidnischern Geist, athmen, fällt sogleich auf. Den Grund dieses Unterschiedes glaube ich nur in dem sehr bedeutenden Einflusz suchen zu müssen, welchen auf die Gestaltung der von Teutsch entdeckten Formeln (wenigstens der meisten) die katholische Geistlichkeit vor der Reformation genommen hat, auch hier der Zeit und den Umständen sich accommodirend, während andere Formeln, darunter natürlich jene gewaltigen Hexensegen, die das Müller'sche Werk enthält, sich ihrem Einflusz entziehen, und ursprünglicher bleiben konnten. Es ist auffallend, wie gerade in den Teutschischen Formeln fast überall Maria, Christus, die Apostel oder St. Martin erscheinen; wie sehr gerade diese Stücke bei aller Breite zerstört und verderbt sind; wie oft mehrere Formeln verschmolzen erscheinen in der Weise, dasz die erste gerade da abgebrochen wird, wo sie die wichtigsten mythischen Reste enthalten zu haben scheint, und ohne allen Zusammenhang eine andere angeknüpft wird, worin

der christliche Heilige auftritt, oder so, dasz ganz unpassend eine Erzählung von Maria oder Christus oder einem Heiligen anhebt, plötzlich abbricht, und wieder ohne Zusammenhang die gewöhnliche Bannformel der Krankheiten abschlieszt. Solche und ähnliche Erscheinungen, auf die ich bei Besprechung der einzelnen Stücke kommen werde, lassen, wie mich dünkt, eine bestimmte Absicht kaum verkennen. Auch die Sprache dieser Formeln verräth den Einflusz der Geistlichen. Teutsch in dem angeführten Werkchen Anm. 44 sagt, die Formeln seien von den Visitatoren aus dem Sächsischen in Schriftdeutsch übertragen worden. Das ist nun allerdings sehr wahrscheinlich, ja ich zweifle durchaus nicht daran, dasz die Inquirirten ihre Sprüche sächsisch hersagten; dennoch müssen schon damals fast in jedem derselben Stellen vorgekommen sein, die nicht recht sächsisch klangen, und es auch jetzt höchst gewagt erscheinen lassen, dieselben ins Sächsische rückübersetzen zu wollen. Das liesze sich nun nur in zweierlei Weise erklären; entweder indem man annimmt, die katholischen Geistlichen hätten die ursprünglich vom Volke überkommenen Formeln bei der Umdichtung ins Deutsche übertragen, und wenn sie sie gebrauchten — *was ich unbedingt voraussetze* — deutsch hergesagt, oder indem man sich die Recitation schon bei den Geistlichen sächsisch denkt, wobei man dann annehmen musz, dasz dieselben gewisse Stücke aus der Legende und dem Ritus ohne viel Bedenklichkeit ins Sächsische zwangen, wie es eben ging, oder gar unverändert in die Formeln aufnahmen (was doch am unwahrscheinlichsten ist) und so beide Idiome darin vermischten. Die vielen Saxonismen lassen sich auch bei der Annahme, dasz die Geistlichen deutsch redigirten, auf mehr als eine Art erklären. Einmal erhielten die Geistlichen, welche nach meiner Ansicht die Zauberformeln umbildeten, dieselben wohl aus dem Munde des Volkes, also sächsisch, und konnten bei der Umschmelzung manchen Saxonismen um so weniger entgehen. Dann können überhaupt Saxonismen in dem Deutsch von Geistlichen des 15. und 16. Jahrhunderts (und die Umdichtung der Formeln geschah wohl noch früher) ebensowenig befremden als in deutschen Urkunden der Sachsen aus jener Zeit, ebensowenig als die Provinzialismen mitteldeutscher und niederd. Dichter des Mittelalters, die im schwäbischen Dialect dichteten, oder selbst die Helvecismen eines Haller im Anfange des 18. Jahrh. Wenn übrigens auch einge der vorkommenden Saxonismen nicht aus der Redaction der Geistlichen stammten, wie leicht konnten sie im Lauf der Zeit hinzukommen. Wie anders übrigens diese Formeln lauten müszten, wenn uns sie die Geistlichen unangetastet gelassen hätten, wird kaum einem Kundigen entgehen können; dasz ich ihnen die Redaction — so sehr sie von dem Standpuncte meines Werks bedauert werden musz — nicht als Vergehen anrechnen will, bedarf kaum der Erwähnung. Die Orthographie — nicht die Interpunction — der Visitatoren habe ich wie Teutsch beibehalten.

6. Vereinzelte schriftliche Aufzeichnungen — so Nr. 117 und 181. Charakteristisch an allen unsern Zauberformeln ist:

1. Die erzählende Form der meisten. Die Krankheit, welche geheilt werden soll, wird nur selten unmittelbar gebannt, sondern es wird erzählt, wie Gott, Christus, Heilige oder Frauen, dieselbe bannten. In dieser erzählenden Form liegt mit ein Zeugnisz für das durch andere Gründe noch sicherer gestellte Alter der Sprüche, die dadurch in die Zeit des Epos zurückversetzt werden.

2. Die Form des Zwiegesprächs mit der immer persönlich gedachten Krankheit. Diese Form verbindet sich meistens mit der erzählenden.

3. Die Zweizahl, noch mehr die geheiligte Dreizahl begegnet sehr oft. Christus und Petrus oder St. Martin, drei Ritter, drei Nonnen, drei Butterfrauen &c. sind die Heilspersonen. Das ist von hoher Bedeutung in mythologischer Beziehung, und musz ausführlich besprochen werden.

4. Die Formeln schlieszen oft mit einer Verwünschung, einem Fluch, denen das Heidenthum grosze Bannkraft zuschrieb. Vielfach zeugen hiefür auch die Märchen des Volks. Wenn am Ende die christlichen Weihworte: „im Namen Gottes des Vaters u. s. w. abschlieszen, so sind sie entweder an Stelle einer heidnischen Beschwörung getreten oder willkührliche spätere Zugabe.

5. Die Art, wie diese Formeln fortgepflanzt werden, ist verschieden; sie sind Geheimnisz und dürfen nicht ohne weiters mitgetheilt werden. Entweder der „Reder" oder „Beszer" oder „Kundige" murmelt seine Worte leis' für sich hin, wer sie versteht und behält, ist glücklich, er mag sie mit gleichem Erfolg gebrauchen ohne Nachtheil für den ersten Besitzer; oder der Kundige theilt sie zwar ohne weiters mit, aber nur einem Jüngern, weil sie sonst für ihn selbst ihre Wirkung gänzlich verlieren würden; oder endlich die Formel musz dem, der sie erwerben will, „von

einem alten Weibe *zur linken Hand eingeimpft* und nachher *behutsam gebraucht werden.*" In welcher Weise die Einimpfung geschieht, habe ich nicht ermitteln können. Ueber den Gebrauch der linken Hand siehe mein Schulprogramm für 1855—6 S. 26! er deutet auf die Hülfe infernalischer, den Himmelsgöttern entgegengesetzter Gewalten, was übereinstimmt mit dem Geist jener Formeln, von welchen mir diese Art der Mittheilung überliefert wurde. Bekannt ist die *hohe mythische Bedeutsamkeit* dieser Formeln, welche bei Besprechung der einzelnen Stücke mit in Betracht kommen wird, wenn auch das völlige Ausbeuten in dieser Richtung einem andern Werke überlassen bleibt. Auch ganze Gruppen haben, wie schon hier hervorgehoben werden soll, gewisse mythische Grundlagen gemein. *Christus, Maria, Christus und Maria* begegnen wir am öftesten — in etwa 30 Stücken — sehr oft auch *Christus und den Jüngern* oder *Heiligen, Satan* zweimal, mehrmals *dreien Frauen, drei Herren, Gott* oder *einem alten Mann. Maria* ist wohl meist an die Stelle einer *heidnischen Göttin* getreten, gewisz aber *auch oft* ganz willkührlich und unorganisch von den Geistlichen *eingeschoben* worden. Fast ebenso wird es sich mit *Christus* verhalten, *der in der Regel, aber nicht immer eines alten Gottes Stellvertreter geworden* sein musz. Wo die *Jünger in ihrer Gesammtheit* auftreten, können sie die *Aseneversammlung* vorstellen. Wo *Christus in Begleitung eines oder zweier Jünger* oder *Heiligen* auftritt, ist mit aller Wahrscheinlichkeit an *heidnische Wandergottheiten* zu denken. So müssen "drei Herren, Ritter" &c. auch eine *Göttertrias* vertreten und "drei Frauen, Nonnen &c." sind entweder *Nornen* oder *Walkyren* oder *weise Frauen.* Für welchen Gott *Satan* eintritt, ist schwer zu entscheiden, *der alte Mann* dagegen ist unzweifelhaft *Woden* und in der Regel ist *Gott* auch auf diesen zurückzuführen.

Auffallend wird in etwa einem Dutzend dieser Zaubersprüche die Krankheit in den "tiefen Wald" geschickt oder gebannt, und mit einem Fluch in den dort befindlichen Brunnen verwünscht. Das ist ein äuszerst werthvoller Mythenrest: Die *Krankheiten sind persönlich gedachte Wesen der Unterwelt, Diener der Todesgöttin Hel* (siehe den Abschnitt Hel in meinen Mythentrümmern), *aus deren Brunnen* (tief im Walde, wo ihr Reich ist) *sie steigen* "das Gebein der Menschen zu strecken, ihr Blut zu lecken u. s. w." Durch den Fluch der Formel werden nun die Unholden zurückgebannt in den "dunkeln Wald" der "Bäschmotter", wo der

Helbrunnen sich befindet, der den Eingang zur Tiefe der Unterwelt bildet. „Dort — heiszt es gewöhnlich — mögen sie trinken, und hundert Kluftern tief (die Edda würde „Rasten" sagen) versinken in jenes Gebiet, wo ihre Heimat ist.

Die Vergleichung schränke ich auch in diesem Abschnitt auf das Auffallendste ein. Noch existirt keine grosze Sammlung, worauf der Leser bequem hingewiesen werden könnte, und was Einschlägiges gedruckt ist, befindet sich zerstreut in Zeitschriften und Sammelwerken, besonders reichhaltig in Grimm's d. Myth. S. 1180 bis 1197 der 2. Ausgabe, dann bei Müllenhof S. 509 bis 520, in Haupt's, Hoffmann's, Pfeifer's, Frommann's, Wolf's Zeitschriften, in Kuhns, Schwarz, Meiers Sammlungen und an andern Orten. Seit in diesen Formeln christliche Mythe die heidnische verdrängt hat, sind sie sich bei den meisten Nationen Europa's sehr ähnlich geworden. Immer stehen sich natürlich einige näher, andere ferner; die Nummern 127, 181, 188, 189 kommen fast wörtlich, einige andere nur wenig abweichend in Deutschland vor.

Gegen Hexen, Zauberer und Zauberwerk.

104. „Trudegèjer" ist der Hexengeiger, hier der Hexenmeister, der nicht nur die Hexen versammelt, sonder auch anderes Zauberwerk treibt, in beiden Functionen führt er zuletzt wahrscheinlich auf Woden zurück.

105. „Trudefosz" ist bekanntlich das Pentogramm, das — wenn es in *Einem* Zuge verzeichnet wird — gegen Zauberei schützen soll. Hier wird keine Zeichnung vorausgesetzt, sondern der blosze Name als *zauberstörendes Zauberwort* gebraucht.

106. Die Worte „Höxefuoter! häxemotter!" werden hier wie „trudefosz" in Nro. 106 gebraucht. Eine Erklärung vermag ich darüber nicht zu geben.

Allerlei Zauber.

108. Kröten und Unken, besonders Hausunken zählen zu den elbischen Wesen.

Gegen das Wiesel.

112. Das Wiesel hat in der Vorstellung des Volkes etwas Dämoni-
sches und zählt ebenfalls zu den elbischen Wesen (siehe den
Abschnitt elb. W. in meinen Mythentr.). Auch Griechen und
Römern war es übelberufen. S. Grimm D. Myth. 1081. Rocken,
Spindel, Dreschflegel sind geheiligte, den Göttern des Landbaues
und der Viehzucht geweihte Geräthschaften, und sollen in dieser
Eigenschaft das Vieh vor dem Aussaugen und vor dem Bisz
des Wiesels schützen.

Gegen Vogelfrasz auf dem Felde.

113. Nach einem andern Aberglauben wird nach Sonnenuntergang
gesäet, wenn die Vögel schon schlafen; haben sie das Aus-
streuen des Samens nicht gesehen, so fressen sie auch nicht
von der reifen Saat.

Gegen Maden.

114 und 116 vergl. Müllenh. S. 513, 17. *Brennessel* und *Attich* sind
dem Alterthum heilige Heilpflanzen; der Attich wird noch heute
vielfach vom Volk als Heilmittel gebraucht.

Bienensegen.

117. Von dem Deckel eines Buches in der Schäszburger Gymnasial-
bibliothek, mitgetheilt in dem schon unter den Quellen ange-
führten Schriftchen von Dr. Teutsch. Die Schriftzüge sollen
dem 16. Jahrhundert angehören. Dieser Bienensegen ist um so
bedeutungsvoller als J. Grimm D. Mytth. S. 1190 keinen deut-
schen Bienensegen angetroffen zu haben erklärt.

Feldzauber.

118 und 119. Deutsch bei Müller, in dessen bei den Quellen er-
wähntem Werke über das Hexenwesen. Dasz ich die Formeln,
die wohl nur durch das Hexengericht in deutscher Ueber-
setzung in die Acten aufgenommen wurden, wieder ins Sächsi-
sche zurück übersetzt habe, wird man nicht beanstanden. Auch
die Trennung des in Müller's Werkchen als nur Ein Ganzes
erscheinenden Spruches in zwei Stücke ist gerechtfertigt, da
beide Stücke befriedigenden Anfang und Schlusz haben, und

die Erscneinung, dasz zwei oder mehrere verwandte Formeln in Eine verschmolzen wurden, noch oft wiederkehrt. Bei der alterthümlichen Kraft, die in den beiden Sprüchen waltet, musz der Mangel an rythmischer Gliederung wundern, der doch nicht ursprünglich sein kann, wie der hie und da noch deutlich genug durchschlagende Vers beweist.

Gegen das Wetter.

120. Zwischen der ersten und zweiten Zeile fehlt der Zusammenhang, überhaupt musz der Spruch starke Verluste erlitten haben
121. Ist ebenfalls sehr zerstört.
122. Gott als Wetterführer ist wahrscheinlich an die Stelle Wodens getreten. Vergl. Nro. 56 A und B des fünften Buchs.

Friedreis oder Schutzsegen.

123. Deutsch und in Ein Stück verschmolzen mit Nro. 126 bei Müller in dessen Hexenprocesz S. 61. Die beiden von mir getrennten Stücke wird schon die Angeklagte als Ein Ganzes gebraucht haben; indessen beweist — abgesehen von offen liegenden innern Gründen — schon die von Teutsch aus den Kirchenvisitationen mitgetheilte mit Nro. 123 völlig parallele Nro. 124, wie berechtigt die von mir gemachte Theilung ist.
124. Die eingeklammerten Schluszverse scheinen fremdartiger Zusatz aus einer andern Formel.
125. Siehe die Anmerkung zu Nro. 124. Ob die letzte Zeile noch zur Formel gehöre, kann nicht mit Sicherheit bejaht werden; sie könnte auch eine Handlung bezeichnen, und irrthümlich in die Formel gerathen sein. Die beiden andern eingeklammerten Zeilen sind Conjecturen von mir zur Verbesserung der vorausgehenden offenbar verderbten Verse. Bei der Art, wie besonders Zaubersprüche fortgepflanzt wurden, können verderbte und dunkelgewordene, zum Theil aber leicht auszubessernde Stellen, weniger als bei andern Stücken der Volksdichtung auffallen. Dasz der alte Mann „Woden" und das Friedreis die Wünschelruthe sei, hat schon Müller angemerkt

Hofbann.

126. Das äuszerst verderbte und trümmerhafte Stück ist gerade in dieser Hinsicht sehr lehrreich. Es scheint aus allerlei Bruch-

stücken zusammengestellt. Die vier Anfangsverse bilden den
ersten — unvollständigen Theil — in welchem Maria un-
organisch eingeschoben, Christus wahrscheinlich an Woden's
Stelle getreten sein mag. Dann folgen vier ohne Zweifel einer
andern Formel entlehnte Zeilen, die durch Verluste und durch
Auflösung des Zusammenhangs sehr unverständlich geworden
sind; namentlich ist sehr zu bedauern, dasz man nicht erfährt,
was der Sprecher „nach den heiligen vier Enden des Himmels
herkehrt und wendet." Der letzte von der 9. Zeile beginnende
Theil ist nächst den gewöhnlichen innern Ursachen wohl auch
durch die undeutliche und verlöschte Schrift des Orginals eben-
falls sehr dunkel.

Zum Einschläfern der Kinder.

127. Die drei Nonnen sind wohl unverkennbar Nornen, die dem
schlummernden Kinde sein Schicksal bestimmen. In unsern
Ueberlieferungen ist dem *Namen* nach nur die Norne Wurt
bezeugt. Zu vergleichen ist die Anmerkung zu Nro. 156
dieses Buches.

Gegen das Berufen.

Der Aberglaube des Volkes nimmt an, Kinder würden, wenn
sie mit auffallendem Wohlgefallen von Erwachsenen angesehen oder
gelobt worden, krank, und nennt solchen Vorgang: *„das Berufen,"*
in Deutschland *„falschen Blick"*, in der ältern Sprache *„entsehen"*
u. s. w. Solcher Aberglaube ist weit und breit bei alten und neuen
Völkern verbreitet. Vergleiche hierüber Grimm D. Myth. S. 1053.

128 bis 135. Die grosze Uebereinstimmung dieser Formeln, von
denen die erste in unsern Tagen, die andere vor mehr als zwei
Jahrhunderten an verschiedenen Orten aufgezeichnet worden,
gehört mit zu den vielen Zeugen für die zähe Dauer volks-
thümlicher Ueberlieferung; zugleich läszt uns die Vergleichung
in dem Schlusz von Nro. 135 von der 8. Zeile an einen wahr-
scheinlichen Zusatz erkennen. Die christliche Dreifaltigkeit,
welche in diesen Formeln nicht blos unorganisch dem Schlusze
angehängt erscheint, dürfte an Stelle einer heidnischen Trias
getreten sein.

136. Die Formel begleitete natürlich die entsprechende Handlung.

137. Dieser unrythmische Spruch ist wahrscheinlich ganz die Schö-

pfung eines Geistlichen. Vergl. die Anmerkung zu Nro. 200 dieses Buchs.

138. Leider ein Bruchstück.

139. Nur im Eingang dem vorausgehenden Stück parallel.

140. Scheint aus zwei Stücken zusammengeschweiszt.

Gegen Schlucken.

141. Nach dem Aberglauben des Volkes schluckt man, wenn Jemand von einem spricht; fällt einem der Name des Sprechers ein, so hört das Schlucken auf.

Gegen Zahnschmerz.

142. Es existirt auch eine auffallend ähnliche, walachische Formel gegen Zahnschmerz.

Gegen Wanzen.

143 und 144. Aermliche Stücke. Es gibt viel bedeutungsvollere und inhaltsreichere Formeln gegen Wanzen, deren ich leider nicht habhaft werden konnte.

Gegen Gicht.

145. Diese Formel ist ohne Zweifel durch Verwachsen verschiedener Elemente entstanden — voll Widerspruch und Verwirrung.

Gegen Freisam, Ferch und Beermutter.

Freisam, wie die Visitatoren meist zu schreiben pflegen, oder Frilsam, soll wohl sächsisches „freisem" übersetzen. Noch unrichtiger schreiben sie Frisen, das sächsischem „frösen" d. i. Fieber entspricht. Die richtige Verdeutschung wäre „fraiszsam" gewesen, worüber Schmeller's B. Wörterb. Bd. I. S. 617 und 618 Aufschlusz gibt. Hiernach ist „fraiszsam" = fallende Sucht, Frais. Da Frais auch Schrecken, Gegenstand des Schreckens bedeutet, so vermuthet Schmeller Zusammenhang mit eise (von agis, egese, Schrecken, Furcht, womit das sächsische „isern" zusammenhängt).

Mit Ferch ist das sächsische „fiarich, fierich" übersetzt. Hierüber Schmeller Bd. I., S. 559 des B. Wörterb.: „das Ferch" (nach Michaelis in Tyrol) die rothe Ruhr. Henisch erklärt das Wort: 1. als „ein Hupffen, Fiperu, palpitatio, qualis in membris interdum sentitur et saepe in pulpebris vita in musculis; 2. als „*Herzblat!*, *diaphragma*." An „fricht" = „fergicht" ist nicht zu denken.

Die *Beermutter* ist nach Schmeller Bd. I., S. 188, „2. die Mutterkrankheit, Hysterik, malum hystericum. Bei mehreren sogenannten wunderthätigen Gnadenbildern sieht man unter andern wächsernen ex voto aufgehängten Gestalten von Händen, Füszen und andern leidenden Gliedern hie und da eine krebs- oder krötenähnliche Gestalt, unter welcher diese Krankheit verstanden wird, vermuthlich, weil sie sich wie das Hin- und Herkriechen einer Kröte u. dgl. empfinden läszt." Dieser Erklärung Schmeller's füge ich bei, was schon früher erwähnt worden, dasz Krankheiten persönlich gedachte, dämonische Wesen sind, und Kröten gleichfalls. Zuweilen soll mit der *Beermutter* auch blosz das Bauchgrimmen bezeichnet werden.

146. Nach den drei ersten Zeilen wird der Zusammenhang unterbrochen, und folgt fremdartiger Anwuchs.

147. Hat sichtlich Verluste erfahren.

148. Die nahe Verwandtschaft dieses mit allen folgenden Stücken dieser Reihe bis Nro. 155 trotz dem mehr als zweihundertjährigen Zeitraum, der zum Theil zwischen den verschiedenen Aufzeichnungen liegt, ist sehr zu betonen. Allen gemeinsam ist das Zwiegespräch mit der nahenden Krankheit, die einem Menschen „Beinbrechen, Herz abstechen, Blut lecken" will; die Mahnung an Messe und Evangelium hat nur Nro. 148 und 153, dagegen fehlt die Verbannung in den Wald oder Brunnen nur in Nro. 153. In 148 fehlt der vollständige Schlusz, wofür die eingeklammerten, fremdartigen Zeilen keinen Ersatz bieten.

149. Zwischen der einleitenden Erzählung und dem Gespräch ist eine fehlende Zeile im Texte angedeutet.

Gegen das Verheiszen.

155. „Verheiszen" sächs. „ferhiszen" ist Bauchgrimmen und Kolik. Der Spruch ist nahe verwandt mit der ganzen vorausgehenden Reihe und auch mit Nro. 156. Vergl. Müllenhof S. 511, 21, b.

Gegen das Feuer.

„*Feuer*" kann hier von sehr verschiedener Bedeutung sein und bezeichnen:

1. *Natürliches Feuer* (ignis, incendium), worauf wirklich eine der nachfolgenden Formeln zu gehen scheint.

2. Eine Art plötzlich erscheinenden und ebenso schnell wieder verschwindenden, stark juckenden, an Farbe rothen Ausschlags, der sächsisch. „*lůfåfēier*" d. i. „laufendes Feuer" genannt wird.

3. *Den Brand an Wunden.*

4. *Eine Magenkrankheit.* Schmeller B. Wörterb. I. 553 führt an: „hellisch Feuer" = Magensiechtumb.

156. Schliesst sich eng an die vorhergehenden Stücke von 148 bis 155 und steht in keiner Verwandtschaft mit den unter gleicher Aufschrift vereinigten. Einer tiefern Untersuchung werth sind die drei „*Wenken*" genannten weiblichen Wesen. Das sächsische Wort musz wohl „*wäinjken*" gelautet haben. Nach Dr. J. F. Vonbun „Beiträge zur d. Mythol. gesammelt in Churrhätien. Chur 1862" bezeichnet der Ausdruck „*Fänken*" dort alle Arten elbischer Wesen. Wären unsere Wenken damit identisch, woran kaum zu zweifeln, so hätte man in dieser Formel nur an Dunkelelbe zu denken. Die drei Brunnen sind auch höchst bedeutungsvoll, und müssen an einem andern Orte ausführlich besprochen werden (siehe meine Mythentrümmer). Schade dasz in der Formel der dritte Brunnen gar nicht näher bezeichnet ist. Wäre der „hongy" oder „*hönj*" der *Riesenbrunnen* „*Mimirsbrunn*"?

157. Die nahe Verwandtschaft dieser mit allen folgenden Stücken bis Nro. 162 ist hervorzuheben.

160 ist zu vergleichen auch mit Nro. 163.

161. Vergl. Müllenhof S. 517, 31.

163. Das Bannen aus den „Knochen in das Fleisch, aus dem Fleisch in den Wind" wie hier oder „aus den Knochen in das Mark, aus dem Mark in das Blut, aus dem Blut in das Fleisch, aus dem Fleisch in den Wind" u. ähnl. ist typisch und kehrt in deutschen Heilsformeln vielmal wieder.

Gegen den Schaul.

164. „Schaul" soll vielleicht das sächsische schuol übersetzen, und könnte die häutige Bräune bezeichnen.

Gegen Kehlweh.

165. Ist ein Bruchstück.

166. Die eingeklammerte Zeile gehört einer andern Relation an; beide Relationen sind indessen an dieser Stelle so verderbt,

dasz man keine Conjectur zu ihrer Verbesserung wagen kann. Das Verständnisz war auch bei den „Kundigen schon verloren," als sie von den Visitatoren ausgefragt wurden.

167. Ist auch übel mitgenommen. Drogen und draugen (je nach verschiedenen Relationen) bezeichnen wohl eine Kehlentzündung. Drogen heiszt auf sächsisch der Kehlkopf. Das in der Formel beigefügte Epitheton ohnreicher (oder ohnrechter) gehört wohl mit zur Bezeichnung der Krankheit. Vielleicht hängt es zusammen mit ônen (von Hanf) oder soll es beiszen: ohmichter?

168. Eine schlecht erhaltene, und augenscheinlich spät entstandene Formel ohne mythischen Gehalt.

Gegen den Ohm.

„Ôm" bedeutet 1. ein Geschwür, 2. häufiger den dicken, gelben Eiter verschiedener Geschwüre.

169. Die kurze Formel faszt auch den „Ôm" ganz persönlich auf.

170. Die rein christlichen Grundlagen bezeugen späte Entstehung.

171. Manches in diesem schönen Stück ist dunkel; die befragte Person verstand auch in diesem Falle wohl selbst nicht, was sie sagte. Was heiszt Huiprichberg? steht es pleonastisch für Huiprich? ist das Wort gleichbedeutig mit dem sächs. Familiennamen Hoprich? Ist dieser Berg localer oder mythischer Name? Ferner was heiszt „Meszôm?" Hinsichtlich der drei „heiligen Frauen" ist zu vergleichen 156 und 127 und 191 dieses Buchs.

Gegen Gelbsucht und Kopfschmerzen.

172. Hat auch nur rein christliche Grundlagen. Die 21. und 22. Zeile sind unklar und scheinen verderbt. Der von Zeile 23 beginnende Schlusz, der ähnlich auch in andern, heidnischer Grundlage baren Formeln erscheint, weist deutlicher noch als das Uebrige auf Schöpfung der Geistlichen.

173. Siehe das in der Anmerkung zu Nro. 172 Gesagte!

174. Bei „Weth" erinnert Teutsch in einer Anmerkung an weten ahd. binden, womit auch witu Holz, zu vergleichen ist, das sich zu weten verhält wie lignum zu ligare; daraus ist cuniowidi des Merseburger Zauberspruchs gebildet. Man könnte in dem Wort auch blosz einen Saxonismus sehen: Wegd, oder Wêt = Weide (desselben Stammes mit witu) und der Sinn ist

dann: Wie die Weide (Bindweide), womit man Jesum band, so
sollst du vergehen! Ob dabei auf irgend eine Legende ange-
spielt sei, darf man dahingestellt sein lassen. Fesseln und
Stricke aus Reisig waren ehedem gebräuchlicher.

175. Siehe die Anmerkung zu Nro. 163 dieses Buchs.

Gegen Flecken im Auge.

176. Ueber diesen Spruch gilt das in der Anmerkung zu Nro. 172
dieses Buchs Gesagte.

177. Hat heidnischen Beigeschmack. St. Lukas und Christus sind
Vertreter heidnischer Wandergötter.

178. „*Duidelgh*" ist wohl nur verderbt, entweder durch die Schreiber
oder durch die „*Sprecher*." Die Legende kennt unter den
Heiligen nur eine blindgeborne Ottilie. Der „*marmeline Stein*"
ist ein Typus, der mehrmals in Heilsprüchen wiederkehrt.

179. Die Dunkelheit und Zusammenhangslosigkeit auch dieses
Spruches kann am besten aus der Einwirkung der Pfaffen er-
klärt werden. Dasz der Schlusz ein sonsther genommenes,
hier blosz angeflicktes Bruchstück, der Anfang aber ursprüng-
lich nicht zum Gebrauch gegen „Flecken im Auge" bestimmt
gewesen, ist ziemlich klar. In diesem Anfang sind, glaube
ich, *die zwölf Jünger Jesu an die Stelle der Asen oder Götter
getreten, die berathend beisammen sitzen.* Der „Acker Jesu,"
von dem sonst überall nur allegorisch gesprochen wird, so
zwar, dasz er die Seelen der Menschen oder überhaupt — wie
anderwärts das „Himmelreich" ein geistiges Gebiet der Wirk-
samkeit, nicht aber ein Sinnlichwirkliches bezeichnet, gibt
in dem Zusammenhang, worin er in der Formel erscheint,
keinen rechten Sinn, und musz als Nothbehelf angesehen werden.
Wie, wenn man dafür „*Idafeld*" oder eine ähnliche Richt- und
Rathstätte substituiren dürfte? Ganz gut liesze sichs lesen:

„Die Asen (Götter) auf Idafelde saszen."

Das Uebrige ist freilich zu verderbt, als dasz sich daran restau-
riren liesze. Ob Lukas, Markus und der Herr Jesu Christ, der
Täufer und die Maria unmotivirt eingeschoben, oder für heidni-
sche Götternamen eingetreten sind, läszt sich nicht entscheiden.
Unklar bleibt, wer der Fragende ist. Die *Trauer der Jünger,
die da sitzen und weinen,* und die Bücher (was ursprünglich?)
auf ihren Knieen wiegen, gemahnt sehr an die *bei dem Tode*

Baldurs oder dem Versinken Idhunas rathlosen Götter. Man vergleiche „Hrafnagaldr Odhins und die Erzählung der jüngern Edda von Baldurs Tod. Nach Allem scheint unsere Formel eingeleitet durch die Erzählung von einer Versammlung der Asen, die ob einer traurigen Veranlassung zu Rathe sitzen.

180. Klingt ganz mythisch. Die drei Herren, die am See sitzen, wie die *Söhne Börs*, als sie Menschen schufen, sind eine Göttertrias. Vergleiche in dieser Hinsicht auch 189 dieses Buchs. Nach der 8. Zeile ist eine Lücke.

181. Aus dem Groszschenker Kirchenbuch von 1749.

Gegen Blatter auf der Zunge.

182. Nach dem Aberglauben des Volkes bekommt derjenige, von dem übel gesprochen wird, Blattern auf der Zungenspitze.

Gegen Geschwulst am Augenlid.

Auch an diese Heilsformeln hängt sich der Humor des Volkes. Es wird in dieser Hinsicht folgende Anekdote erzählt. Flüchtig vor den Unruhen in seinem Vaterlande gelangte ein Bojar der Walachei in ein sächsisches Dorf. Unterwegs hatte er die bekannte Geschwulst am Auge bekommen, und erkundigte sich eifrig nach einem „Sprecher.“ Es fand sich ein junger Mann, der dem des Sächsischen Unkundigen sein Uebel also besprach:

„Tä ferdamder Bojär!

wun der nor uch ded änder uch geschwole wär!“

Die Geschwulst verging nach kurzer Zeit, wie es immer mit diesem Uebel zu geschehen pflegt, und der Bojar belohnte den „Sprecher“ mit drei Dukaten.

Gegen den Wurm.

185. Ist mit den Badenischen Einwanderern nach Mühlbach eingeschleppt worden.

Gegen das „Gebrech.“

„*Gebrech*“ heiszt im Sächsischen die Heiserkeit (Brustkatharr) der neugeborenen Kinder.

186. Der Kopf dieser Formel in den fünf ersten Zeilen ist heidnisch und ist hinsichtlich der drei Frauen damit zu vergleichen

Nro. 189, 191, 127 und 156 dieses Buches. Der Rumpf von der 6. Zeile an ist christlich-kirchlicher Zusatz, der gewaltsam an das Uebrige geknüoft wurde.

187. Hühner waren Woden und Hel, vielleicht auch anderen Gottheiten heilig. In Märchen und Kinderspielen hat sich Woden selbst in Gestalt eines Hahnes erhalten.

188. Die drei Ritter eine Göttertrias: Zu vergleichen ist Nro. 181 dieses Buches und die Anmerkung dazu.

189. Vergleiche Nro. 191, 127 und 156 dieses Buches.

190. Derbheiten gelten für sehr wirksam bei Verwünschungen in Heilsformeln.

Zum Blut stillen.

191. Bei dem Buttern wurde gezaubert; Butterfrauen sind Zauberfrauen, in weiterm Rückblick weise Frauen, oder Nornen. Vergl. Müllenhof S. 516, 27.

192. Vergl. Müllenhof S. 511, 11 und J. Grimm D. Myth. 2. Aufl. S. 1195.

193. Vergl. Nro. 56 A und B des fünften Buchs.

Gegen das „Ueberritten.“

„Ueberritten“ = Uebermüdung des Reitrosses.

194. Rein christlichkirchlich und schon sehr protestantisch nüchtern, eigentlich kaum noch Formel zu nennen.

195. Der Anfang erinnert an die auf Wolken daherreitenden Walkyren und Wettermacherinen. Nach der 4. Zeile scheint eine Lücke zu sein.

Gegen das „Verinken.“

Die unter dieser Ueberschrift folgenden drei Formeln Nro. 196, 197 und 198 sind von höchstem Werth und groszer Bedeutsamkeit. Wie ähnlich lautet die berühmte Merseburger Formel:

> „Phol ende Waden vuorun zi holza,
> dô wart demo Balderes volon sin vuoz birenkit;
> dô biguolen Sinthgunt, Sunná era suister,
> dô biguolen Frûa, Follá era suister,
> dô biguolen Wódan, sô he wola conda,
> sôse bênrenki, sôse bluotrenki,

sôse lidirenki . . . .
bên zi bêna, bluot zi bluoda
lid zi geliden, sôse gelimida sin.

Die Hauptpersonen dieser Formel sind Balder und Woden. Mit Recht ist zu schlieszen, dasz in ähnlichen Sprüchen aus späterer Zeit, die im Ganzen dieselbe Anlage zeigen, obgleich jetzt Christus und Heilige darin auftreten, in Zeiten, wo es auch keinen Anstosz fand, an deren Stelle auch die alten Heidengötter ausgesprochen wurden. So schliesst J. Grimm von dergleichen Sprüchen aus Schweden, Norwegen, Schottland, worin die heidnischen Gottheiten schon fehlen, dasz der Mythus, worauf der Merseburgische Spruch anspielt, trotzdem er sonst nirgends bezeugt ist, weitverbreitet gewesen sein müsse. Unsere Formeln sind viel näherstehende Parallelen des Merseb. Spruches. Wie sehr sie auch offenbar verderbt sind, sie stimmen in ihren Anfängen so auffalend mit ihm überein, dasz es fast nur der Vertauschung von Christus und Petrus, Christus und Martinus bedarf, um eine völlige Identität — wenn auch nicht der Worte, so doch des Inhaltes herzustellen. Bei jenen von Grimm verglichenen schottischen und skandinavischen Sprüchen liegt die Uebereinstimmung mehr in den Schluszzeilen, die in den unsrigen abweichen. Gerade dieser Schlusz unserer Sprüche scheint aber — trotz der alten Heiligkeit des darin verwendeten Salzes — die bedeutendsten Veränderungen erlitten zu haben. Ueber den Grund habe ich mich oben ausgesprochen; die Formeln sind von den Pfaffen gewaltsam verändert worden, um von ihnen selbst verwendet werden zu können. Dies tritt zuweilen besonders deutlich zu Tage. Wenn einer unserer Sprüche anfängt:

„So wahr ich das Vater Unser beten,
Zwischen der Mess das Evangelium lesen &c."

so kann doch namentlich die zweite Zeile nur ein Geistlicher sagen. Wenn nun unsere drei Sprüche sichtlich Parallelen jenes Merseb. sind, so müssen wir in *Christus Woden*, in *St. Petrus* und *St. Martin Balder* sehen. Am bedeutendsten ist Nro. 197, worin Christus und St. Martin *reiten* und *das Pferd* des letztern *erlahmt*. In den beiden andern reisen Christus und St. Petrus übereinstimmend mit dem gewöhnlichen Berichte der Legenden zu Fusz, und da muszte dann Petrus statt des Pferdes die Verrenkung auf sich nehmen. Eingeschleppt sind unsere Sprüche nicht; denn in Deutschland wurden sie bisher nicht wieder aufgefunden, während wir sie in drei Relationen besitzen, von denen wenigstens die eine Nro. 197 von den beiden andern unabhängig ist. *Wir besitzen also in diesen Formeln ein Zeugnisz und zwar das einzig sichere für den Balderkultus unter unsere Vorfahren.*

Gegen alle Krankheiten.

199. Scheint ein von einem protestantischen Geistlichen bei Kranken gehaltenes Gebet, das auf irgend eine Weise seinen Weg in's Volk fand. Gewisz würde kein Geistlicher Anstand genommen haben, ein ähnliches an einem Krankenbette zu beten, und wären alle Heilsformeln dieser Art gewesen, die Visitatoren hätten kaum sehr dagegen eifern dürfen. Weitab steht diese von jenen heidnischen und halbheidnischen Formeln.

Fünftes Buch.

(Kinderdichtung.)

In einer umfassenden Sammlung unserer Volksdichtungen durfte die Kinderdichtung nicht fehlen, die in mehr als Einer Rücksicht den übrigen Aesten des groszen Stammes ebenbürtig zur Seite steht. An Alter wenigstens wird sie von keinem übertroffen; der vielfach mythische Inhalt rückt sie hoch in die Anfänge des Mittelalters hinauf, und seit ein ahd. Wiegenlied in der k. k. Akademie der Wissenschaften in Wien besprochen worden, ist es erwiesen, dasz selbst die Form durch die Länge der Zeit nur wenig Veränderungen erlitten haben kann. Der deutsche Volksgeist hat sich wie in den übrigen Dichtungsarten auch in dieser treu niedergeschlagen, und wer diese Kinderpoesie mit Kinderaugen anzuschauen, mit kindlichem Gemüth zu erfassen vermag, dem hat sie nächst dem historischen auch einen selbstständigen, innern Werth. Dasz indessen ich bei meiner Sammlung vorzugsweise den historischen Standpunkt eingehalten habe, bedarf kaum einer nochmaligen Erwähnung.

Während früher Kinderdichtungen nur einzeln und zufällig in Druckschriften unter Anderm unterliefen, wurden sie zuerst in Volksliedersammlungen einigermaszen mitberücksichtigt. So finden sich einige Stücke im Wunderhorn. Einzelnes bei Erlach und Andern. Reich vertreten ist die Kinderdichtung bei Firmenich; auch Müllenhof hat sie nicht vergessen. Einiges speciell hieher Einschlägige hat Haltrich an verschiedenen Orten veröffentlicht; Mannhardt hat zuerst die Kinderdichtung in umfassender Weise mythologisch *auszubeuten* versucht. Die reichhaltigste Sammlung von Kinderdichtungen enthält das *„Kinderbuch"* von Simrock, der alles früher Gedruckte benützte und vermehrte. Durch sein 1857 in Frankfurt am Main bei Heinr. Ludw. Brönner erschienenes Werk ist uns für die Vergleichung mit den Erzeugnissen Deutschlands in diesem Gebiete ein groszer Vortheil gewonnen. Für den Herausgeber, wie für den Leser vereinfacht sich damit die Arbeit ungemein. Kein

Volk hat meines Wissens bis jetzt ein ähnliches Werk dieser Art.
Wäre es nicht mehr für den practischen Hausgebrauch als für die
historische Forschung geschrieben, wären die von hier und dort
gesammelten Stücke immer unübersetzt und unangetastet geblieben,
wäre jedem sein Heimathsschein mitgegeben worden, diese Sammlung
würde für die Kinderdichtung fast das sein, was Uhland's Samm-
lung für das Volkslied ist. Man darf indessen nicht vergessen,
dasz, was einerseits ein Nachtheil, andererseits ein Vortheil und
zwar gerade der vom Herausgeber angestrebte Vortheil ist; und
auch so bleibt uns Simrock's Arbeit noch nutzbar genug. Ihr habe
ich auch fast die ganze Eintheilung und die Ueberschriften der ein-
zelnen Abtheilungen entlehnt. Eine werthvolle Sammlung auf engem
Gebiet ist die Mayerische. Ernst Ludw. Rochholz hat uns in seinem
„Alemanischen Kinderlied und Kinderspiel aus der Schweiz. Leipzig
1857" ein treffliches Buch geliefert; nur hat das überreiche Ver-
gleichsmaterial nicht überall so geordnet werden können, dasz die
Uebersicht leicht und vollständig wäre. Hätte ich in meinen Anmer.
kungen überall so ausführlich sein wollen wie Rochholz, ich hätte
mich auf mehrere Bände ausdehnen müssen. Uebrigens verdanke
ich seinem Werke manche höchst schätzbare Erkenntnisz.

Bei der Taufe.

1. Das Stück ist entnommen dem Ablbum „aus Siebenb. Vorzeit
und Gegenwart", aus dem S. 24 beginnenden schönen Aufsatz:
„Eine Kindstaufe in den dreizehn Dörfern", dem ich auch mehrere
Heilsformeln verdanke.

Wiegenlieder und Ammenscherze.

Das obenerwähnte ahd. Wiegen- oder Schlummerlied auf einem
Handschriftenrest des 10. Jahrh von Zappert entdeckt und in der k. k.
Akademie besprochen wurde im Band XXIX., Heft II. der Sitzungs.
berichte der philos. hist. Klasse gedruckt und gehört zu den merk-
würdigsten Funden auf germanistischem Gebiet, da es wie die Mer-
seburger Sprüche durch seinen Inhalt bis in das Heidenthum zurück-
reicht und zum Theil nur genuthmaszte Gottheiten bestättigt. Trotz
diesem hohen Alter hat es noch alle Hauptzüge mit unsern jetzigen
Wiegenliedern gemein. Ich führe es zur Vergleichung an:

Točha slaslumo weinon farlasez
triwa werit craftllicho theino wolfa wrgiantheino

slafes unza morgane manes trut sunilo
ostra stelit chinde honac egir suoziu
hera prichit chinde pluomun plohun, rotin
zanfana sentit morgane weiziu scaf cleiniu
unta einouga herra hurt horska oska, harta.

Auch hier wird dem Kind zuerst mit Diminutiven geschmeichelt
und dasselbe zum Schlafen aufgefordert, wofür ihm dann Ver-
sprechungen an Blumen, Honig, Eiern und weiszen Lämmern (wie
bei uns an Kuchen und Lämmchen), aber freilich im Geiste jener
Zeit auch an Waffen gemacht werden. Wiegenlieder enthält Sim-
rock's etwas anders geordnetes Kinderbuch von Seite 59 bis 76,
Ammenscherze von Seite 1 bis 24.

2. Vergl. Simr. K. B. Nro. 217, 218, 221, 223, 224.
3. Die fünfte Zeile kommt auch in Tanzreimen mehrmals vor.
4. Weitbekannter Refrain.
5. Vergl. Simr. K. B. Nro. 222.
6. Entfernte Aehnlichkeit hat K. B. 243.
7. A hat Simrock mit mehreren andern Stücken durch Haltrich er-
halten und K. B. Nro. 34 in Uebersetzung aufgenommen.
8. Dasselbe K. B. Nro. 36.
10. Dasselbe bei Simrock K. B. Nro. 20.
11. Dasselbe bei Simrock K. B. Nro. 35. Vergl. aber auch K. B.
Nro. 23 bis 33.
12. Aehnliche, aber nicht dasselbe bei Simr. K. B. Nro. 1 bis 5.
12. Entfernt ähnliche Stücke bei Simr. K. B. 38 bis 43.

Für Knieritter und Stubenläufer.

Im Ganzen ist mit diesem Abschnitt zu vergleichen Simr. K.
B. Seite 24 bis 56, doch finden sich sehr wenig Parallelen.

19. Vergl. Simr. K. B. Nro. 134. Die Leiden, welche Siebenbürgen
durch Türken und Tataren durch Jahrhunderte erduldet hat,
sind bekannt. Das Sachsenland und die Sachsen haben sie mehr
als alle andere Theile des Landes fühlen müssen. Aber immer
bleibt es auffallend, dasz von allen Volksliedern nur einige kurze
Kinderliedchen und ein Denkspruch die Erinnerung an den
alten Erbfeind bewahrt haben. Die Abhandlungen werden sich
dieser Frage nochmals zuwenden. Vergleiche übrigens auch
Nro. 68 dieses Buches.
21. Nur der Anfang ist gleich in Simrock's K. B Nro. 44:

> „Patsche, Patsche! Küchelchen;
> Mir und dir ein Kügelchen &c."

und in Nro. 45:

> „Patsche, Patsche Peter!
> Hinterm Ofen steht er &c."

22. Vergl. Nro. 20 des ersten Buchs, das fast wörtlich entspricht, und sich wohl auch aus einem Kinderliede gebildet hat.

23. Ein Kind bettelt bei einem essenden Kameraden.

25. Vergl. zu B. die vier letzten Zeilen von Nro. 43, C, des ersten Buches.

27. Vergl. Simr. K. B. Nro. 336 und 337.

> Hans Piter, nimm mich!
> Wacker Mädchen bin ich,
> Kann kochen, kann flecken u. s. w.

oder:

> Wacker Mädchen bin ich ja,
> Rothe Strümpflein hab ich a
> Kann stricken, kann nähen,
> Kann Haspel gut drehen u. s. w.

Unser Lied ist neckischer und schnippischer.

28. Dasselbe, aber am Schlusz mit Wiederholung der ersten Zeile findet sich bei Simr. Nro. 51 verdeutscht, ist ihm aber wohl auch aus Siebenbürgen zugekommen.

29. Weithin bekannt, wenn auch mit kleinen Abweichungen.

30. Vergl. Nro. 6, A und B des ersten Buches und Simrock's deutsche Volkslieder Nro. 112 und 113, zwischen welchen der Schlusz unseres Kinderliedes ein vermittelndes Glied bildet. Zum Mühlrad das Muskat und Nägelein, Sonne und Mond mahlt, vergleiche man Nro. 41, A und B des ersten Buches und die Anmerkung dazu. Auch erinnere ich an „Frodes frieden."

31. Auf den ersten Anblick erscheinen Kinderdichtungen leicht sinnlos, da es doch bei näherem Hinschau keine gut erhaltene wirklich ist. Freilich darf man nicht eine Logik darin suchen, wie sie einer Kanzelrede zugemuthet wird; kann man sich aber in die rechte Situation versetzen, sich dazu die einfache Erziehungsmethode der liebreichen Mutter vergegenwärtigen, die selbst viel mehr Kind zu sein vermag, als der Vater, so klären sich die meisten Dunkelheiten auf. Es wäre anziehend den Gedankenzusammenhang in einer Reihe von Kinderliedern zu entwickeln; da dies aber weit über meine Aufgabe hinausgehen würde, so wähle ich

32*

dieses Eine Stück, weil es eben zu den dunkleren gehört, als Beispiel, wie ich mir den Weg zum Verständnisz dieser Dichtungen denke.

Die Mutter ist im Garten oder Weingarten beschäftigt, etwa Krautköpfe abzublatten, und möchte nicht von dem Kinde gestört werden, musz ihm also Beschäftigung geben. Sie lehrt das Kind, dem sie auch einige Blätter in den Schoosz gibt, das Sprüchlein, zeigt ihm die an den Weintrauben pickenden Sperlinge, und geht an ihre Arbeit. Das Kind in ihrer Nähe spielt mit den Blättern,.und scheucht mit dem Rufe „häsch mäsch! &c." die Sperlinge, und sagt sich seinen Spruch. So ist das Kind gleichsam in seiner eigenen Huth, und musz sichs mit den Worten seines Liedchens „schöfken hat sëinj irche gehât" (die voll schalkischen Humors sind) unbewuszt selbt sagen, dasz es gleichsam überlistet worden. Es glaubte die Weinstöcke vor den „mäschkern" (Sperlingen) zu hüthen, und hat sich selber gehüthet.

Der Ausdruck „âtîgleât" bleibt freilich noch dunkel. Die Jungfer „mit dem rothen Rock und gelben Zopf" — eine Type — könnte das Mädchen selbst sein.

34. Vergleiche Nro. 12 des ersten Buchs.

37. Trommellieder, aber in anderer Form, finden sich in Deutschland.

Wunsch und Grusz.

Nur entfernt Aehnliches findet sich an andern Orten.

Lehre und Strafe.

46. Die in Klammer gesetzte erste Zeile ist dunkel und in keinem Zusammenhang mit dem Uebrigen. *Aprinkö* als Name eines Kindes ist noch auffallender als Tarkö im ersten Buch; doch pflegen ähnliche Namen in Märchen vorzukommen, und aus einem, freilich uns unbekannten Märchen stammt vielleicht diese Zeile; ja das Stück könnte überhaupt Theil eines gröszeren, verlorenen Ganzen sein. Mit der zweiten und dritten Zeile vergleiche Nro. 31 d. B., woher die dritte vielleicht nur entlehnt ist. Nur entfernte Aehnlichkeit hat Nro. 338 in Simr. K. B.

47. Eine stark abweichende Relation von Nro. 46.

50. Indem man das Sprüchlein sagt, wird eine Ruthe geschwungen, dasz sie pfeift.

54. „*Bobeloz*" führt wohl auf dieselbe Wurzel, aus welcher pélewélles entsprossen ist, hat jedoch jetzt verschiedene Bedeutung, da es ein elbisches, die Kinder schreckendes Wesen bezeichnet, während pélewélles uns einen knorrigen Knittel bedeutet. Beide leiten indessen auf pilwiz (siehe J. Grimm D. Myth. 2. Aufl. S. 441 und f.) wie *grumpes*, das nun auch in die Bedeutung eines Holzblocks übergegangen ist, auf grampus — worauf zuerst J. K. Schuller hingewiesen hat. Die eingeklammerten letzten Zeilen scheinen mir nicht volksmäszig; überhaupt hat das Ganze junges Gepräge.

55. Siehe zu „*bätschmotter*" meine Mythentr. Abschnitt: Hel und die Nornen oder mein Schulprogr. für 1855—6 S. 24 u. f. Hier scheint der Ausdruck eine böse Stiefmutter zu bezeichnen, wie wohl auch sonst geschieht.

Verkehr mit der Natur.

Dieser Abschnitt enthält einige der ältesten und mythisch bedeutsamsten Stücke.

56. Ganz gleichlautend (nur ohne die letzte Zeile) mit A ist Nro. 500 in Simr. K. B., wohin es seinen Weg aus Siebenbürgen gefunden hat. Gott ist an die Stelle Wodens oder Donners getreten. Vergl. die Nummern 121, 122, 123 des vierten Buchs.

57. Aehnliches im K. B. Nro. 506.

58. Aehnliches im K. B. Nro. 511. Nach dem Volksglauben wachsen die Kinder, wenn sie mit bloszem Haupt beregnet werden.

59. Vergl. Nro. 196 des vierten Buchs und die Anm. dazu.

60. Vergl. Nro. 56 dieses Buchs und Nro. 15 des vierten Buchs.

61. Vergl. Nro. 59 dieses und Nro. 196 des vierten Buchs.

66. A ist — ins Schriftdeutsche übersetzt — in Simr. K. B. Nr. 527 übergegangen. Grosze Aehnlichkeit hat Nro. 3, S. 509 bei Müllenhof, entferntere einige andere Stücke bei Simrock. Eine derbe Fortsetzung, die man zuweilen am Schlusze von A mit in Kauf bekommt, ist sicherlich später, ganz unpassender Zusatz, und darum von mir nicht berücksichtigt.

67. Auch zornige Kinder werden oft mit diesen Reimen geneckt.

69. Vergleiche in Beziehung auf historische Erinnerung Nro. 19 dieses Buchs und die Anm. dazu, und so die Erinnerungen an die Schweden in den Nummern 109 bis 111 in Simr. K. B. Zu vergleichen sind mit diesem und dem folgenden Stück im All-

gemeinen die Nummern 541 bis 558 aus Simr. K. B. Härgod
iszken (= Herrgottsöchslein) ist das Marienkäferchen. Tschûka
(aus dem Ungrischen tsóka) die Dohle, Tipeszken in einigen
Ortschaften des Sachsenlandes der Maikäfer, Zaiku eine Specht-
art. Tataren und Türken sind ohne Zweifel unmittelbar zu
jener Zeit in diese Kinderreime gekommen, als man sich nicht
einmal seiner Kinder einen Augenblick freuen konnte, ohne das
furchtbare Schreckbild jener Landplagen vor sich zu haben.
Die Liedchen sind übrigens weit älter als Türken und Tataren
und haben mit den im Ganzen abgeschwächtern Stücken, die
ich aus S. K. B. angezogen habe, einerlei Grundlage. In den
„*stangen*“ und dem „*hangen*“ in C, D, G klingt auch jenes
berühmte:

> „Hermen!
> sla dermen,
> sla pîpen, sla trummen!
> de kaiser wil kummen
> met hammer un stangen,
> wil Hermen uphangen“

durch, das von Einigen auf Arminius den Cherusker, von J.
Grimm aber (D. Myth. S. 329) auf einen Gott Irmin bezogen
wird. Teufel, Guckuck und Bär sind gleichmäszig berechtigt in
nachheidnischer Zeit an die Stelle einer germanischen Gottheit
zu treten. Für uns ist noch hervorzuheben, dasz jene Hermen-
reime im nordwestlichen Deutschland an der Diemel, im Pader-
bornischen, Ravensburgischen, Münsterischen, im Bisthum Minden,
im Herzogthum Westphalen also in lauter sächsischen Land-
schaften fortleben.

69. Im Allgemeinen sind die zu Nro. 68 angezogenen Stücke des
K. B. auch hier zu vergleichen.

70. Die Guckucksorakel sind weitverbreitet. Vergl. Müllenh. S. 509,
4 und Simr. K. B. Nro. 610 bis 612.

71. Vergl. im Allgemeinen Simr. K. B. Nro. 591 bis 598.

72. Vergl. Simr. K. B. 570 bis 571.

73. Die Nummern 633 u. f. des K. B., die von der Katze handeln,
stimmen nicht mit diesem Stücke überein.

74 bis 77. Nur Nro. 585 des K. B. hat einige Aehnlichkeit.

Nachahmungen.

Fast Alles in diesem Abschnitte ist entnommen Haltrich's Abhandl. „der Sinn für Poesie unter dem Volke" in dem mehrmals angeführten Album „aus Siebenb. Vorzeit und Gegenwart." Was sich Gleiches in Simrock's Kinderbuch von Seite 163 bis 178 findet, stammt ebenfalls aus Haltrich's Mittheilung. Ueber die sinnige Auffassung der Naturlaute in diesen Nachahmungen hat Haltrich in der angeführten Abhandlung und an andern Orten treffende Bemerkungen beigebracht.

82. Vergl. Nro. 49, C, Strophe 1 des zweiten Buchs.

107. Von der Wachtel ist das: „fürchte Gott!" aus Deutschland bekannt. Von ihr und dem Wachtelkönig kennt die Walachische Volksüberlieferung ebenfalls Lautnachahmungen, die durch kleine Erzählungen erläutert werden.

114. Eine lange Elegie könnte kaum ergreifender sein.

Neckerei und Spott.

Wie die Kinder an diesen Kinderdichtungen fortwährend mitdichten, zeigt sich nirgends mehr als in diesem Abschnitt, der selbstverständlich bei Simrock fehlt, obwohl im Einzelnen Aehnliches vorkommt. Wenn es bis zu einem gewissen Grade wahr ist, was der etwas begeisterungstrunkene Vorredner zu Simrock's Kinderbuch sagt, dasz eine Sammlung solcher Kinderdichtungen ein Compendium der Kinderweltgeschichte ist, so kann es nur noch wahrer werden durch Aufnahme auch dieses Abschnittes in die Sammlung. Die Nummern 115 bis 127 enthalten mehr allgemeine Neckereien, von da an knüpft sich der Spott besonders an Namen; eine gewisse Derbheit kann hier weniger als sonst auffallen

123. „Bisakesz" hat J. K. Schuller sehr scharfsinnig mit Aki in Verbindung gebracht, und darin den finstern (bösen) Meergott Oegir (Uogi) gesehen. So sehr mich diese Deutung anfangs überrascht hat, so ist mir ihre Richtigkeit durch mehrere Erwägungen doch zweifelhaft geworden (siehe hierüber meine Mythentr. „Verschiedene Gottheiten" III.). Da indessen das Wort unzweifelhaft der Mythe angehört, so muszte eine andere Deutung desselben versucht werden. Nach den Diensten nun, die in unserm Kinderliedchen der „Bisakesz" leistet, darf man vermuthen, dasz damit irgend ein leicht reizbarer Hauskobold gemeint sei. Mit dieser Erklärung steht die sonstige Anwen-

dung des Wortes auf wilde, rumorende Knaben nicht in Widerspruch, zumal es nie in heftigem Zorn, sondern fast noch in milderem Sinn als das deutsche *„Thunichtgut"* gebraucht wird.

125 wird gegen Zornige gebraucht.

146. Vergl. drittes Buch Nro. 413.

147. Vergl. Nro. 413 des dritten Buchs.

Kindergebete.

Gehören zu den schönsten Stücken unsererer Volksdichtung.

148 und 149. Vergl. Simr. K. B. 261.

150. A aus Bistritz, B aus Mühlbach, doch sind alle diese Gebete durch den gröszten Theil des Sachsenlandes verbreitet. Vergl. Simr. K. B. Nro. 257; findet sich übrigens schon in des Knaben Wunderh. Zu bemerken ist, dasz in diesen Relationen überall 14 Engel erscheinen, während unsere nur 7 kennen.

152. Vergl. Simr. K. B. Nro. 265 und 266. Unserm Stücke gebe ich vor beiden den Vorzug.

153. Dasselbe übersetzt in Simr. K. B. Nro. 262; der Gebetform entwuchert ist Nro. 278.

154. Ist durch Haltrich auch an Simr. gekommen und findet sich übersetzt in dessen K. B. Nro. 258.

157. Eine wundersame Feiertagsstimmung weht aus diesem schönen Stück. A ist deutsch in Simr. K. B. Nro. 274 aufgenommen worden. B, C, D (B und D stark verstümmelt) gehören zwar sehr abweichenden, aber doch denselben Stoff behandelnden Relationen. C und D sind sich am nächsten.

158 stammt aus einem Hausbuch von 1749.

Kinderpredigten.

159. Ein Stück bei Müllenh. S. 477 und Nro. 281 in Simr. K. B. haben entfernte Aehnlichkeit.

160 und 161 unschuldige Parodien des V. U.

162. Vergl. K. B. Nro. 280

Neckmärchen, Lügenmärchen und Reimspiele.

165. *Des armen Mannes Wirthschaft.* Aus J. K. Schuller's „Gedichten in siebenb. sächs. Mundart." Schuller bemerkt dazu:

Aehnliche Lieder, in denen — um mit Herder zu reden —
der Reim die Gedankentrommel ist, sind bekannt genug. Diese
Bemerkung paszt mehr auf Stücke wie Nro. 26 des zweiten
und Nro. 178 des fünften Buchs und ähnl., in denen die Vers-
zeilen wirklich gleichsam aus dem vorhergehenden Reim her-
auswachsen; dagegen ist die in der Kinderdichtung sehr be-
liebte Form dieses Stückes von jenen Reimspielen verschieden,
und mit einem heitern, oft sehr sinnigen Inhalt erfüllt. Seiten-
stücke sind in allen Volkspoesien anzutreffen. Aus der deut-
schen führt Schuller an: „Als ich ein armes Weib war &c."
aus Erlach Bd. IV., S. 425, das sich auch in Simr. K. B.
Nro 946 (Druckfehler für 947) findet Noch näher steht unserm
Liede „het hinneken" bei Willems S. 527 namentlich durch die
vorkommenden Thiere und deren Reihenfolge. So heiszt auch
der Hahn unserm „Kikeriki" ähnlich: „Koekeloere". Zu ver-
gleichen sind auch die bei *E. L. Rochholz* — „Alem. K. Lied
und K. Spiel" — S. 156 bis 170 aufgeführten Lieder. Endlich
ist zu erwähnen ein *Walachisches Lied*, das Aehnlichkeit mit
dem unsrigen hat: ich gebe die ersten Strophen in Uebersetzung:

1. Komm Gevatter, komm zu Markt
    (oder: komm mit Besen, komm zu Markt)
        Gevatter! (oder mit Besen &c.)
    Lasz uns kaufen ein Hühnelein
        Gevatter!
    Das Hühnlein machet: kirz! kirz! kirz!
        Gevatter — kirz! kirz!

2. Komm, Gevatter, komm zu Markt,
        Gevatter!
    Lasz uns kaufen ein Entelein
        Gevatter!
    Das Entlein machet: raz! raz! raz!
    Das Hühnlein machet: kirz! kirz! kirz!
        Gevatter, kirz! kirz!

So kaufen sie weiter ein Gänselein, das macht gi! ga! ga!
ein Schweinchen u. s. w. und zuletzt hört man das ganze Concert.

In der 4. Strophe unseres Liedes, wo Schuller „Ziłs du barbe"
hat, ist statt dessen aus einer Relation das verständlichere:
„Ziłz de Barbra" von mir aufgenommen worden; du barbe gibt
nur Sinn, wenn man es in „ku bârbe" (walachisch = mit dem

Bart) verändert. Im „*nouveau Renart*“ heiszt die Ziege: „*Barbue*“, was mit unserm „Barbra“ wenigstens dem Laute nach übereinstimmt — sonst auch Metze. Zäz hängt zusammen mit *zükeltchen* = Zicklein, das von zicken = stoszen herzuleiten ist. Prutsch kommt vielleicht — wie Schuller anführt — von brueschen = brüllen.

166. *Hühnchen's Tod.* Dasselbe in Haltrich's Märchen Nro. 75 nach einer sehr wenig abweichenden Relation. Sehr abgekürzt und mit „Hühnchens Tod“ verbunden, bei Simr. K. B. Nro. 935, dagegen reich und schön bei Müllenh. S. 470.

167. Nach einer mündlichen Relation aus Mühlbach, die mit dem Erscheinen des Fuchses und dem Begräbnisz endete. Ich habe das Stück aus Haltrich's Märchen ergänzt. Simr. Relation — als Fortsetzung von „Hühnebens Tod“ ist mager, bei Müllenb. fehlt es auffallender Weise ganz.

168. *Schnatterentleins Reise.* Nach Haltrich's Märchen Nro. 77.

169. *Günschens Reise.* Aus mündlicher Ueberlieferung. Ein Seitenstück zum vorhergehenden, doch minder lebendig.

170. *Bitschki.* Aus mündlicher Mittheil. Zu vergleichen ist Simr. K. B. Nro. 947, 948, 949. Die beiden letzten sind durch ganz Deutschland verbreitet; aus dem Dessauischen hat es Firmenich. Unser Lied hat in Anfang und Schlusz eine eigenthümliche Wendung genommen, und dadurch ein neues Motiv und eine neue Moral gewonnen. — Vergl. auch E. L. Rochholz: Alem. K. L. und K. Sp. S. 149 u. f. Daselbst ist ein ähnliches chaldäisches, in jüdischen Synagogen zu gottesdienstlichen Zwecken gesungenes Lied, wahrscheinlich aus J. St. Kittangel nachgewiesen und mitgetheilt. Nach einer Relation aus Arkeden hatte eine alte Frau ein „bitchen pèlsen“ in dem „käler schâuz“ und sendet darnach *Hund, Stock, Feuer, Wasser, Ochs, Wolf* und zuletzt den *Jäger* aus; im Uebrigen ist der Bau des Liedes ähnlich.

171. Vergl. 948, 949 des K. B. Das Lied steht den deutschen Seitenstücken weit näher als Nro. 170.

172. Ueberall im Sachsenlande verbreitet und auch in Haltrich's März. Nro. 69 aufgenommen.

173. Solche Mengung zweier Sprachen ist in der Volksdichtung nicht selten; war sie doch vor nicht gar langer Zeit selbst im Kirchenliede gebräuchlich.

174. Das einzige Lügenlied, das ich vollständig habe erhalten können.

Aehnliche, doch nicht übereinstimmende bei Uhland Nro. 4, dann 240 und 241, die auch in andern Sammlungen erscheinen; bei Müllenh. S. 474, bei Simr. K. B. Nro. 469; in Nro. 907 ist der Refrain dem unsern ähnlich:

„Gottes Wunder, lieber Bu,
Geh, horch ein wenig zu!“

Die 5. Strophe mit dem in diesem Zusammenhang unverständlichen „lazen“ scheint verderbt.

175. Bruchstücke eines Lügenliedes, das werthvoller zu sein scheint als das vorausgehende.

176. Vergl. Nro. 43 des ersten Buchs, das hier theilweise parodirt erscheint.

177 Vergl. Nro. 4 des ersten und Nro. 67 des zweiten Buchs nebst den Anm. dazu. Aehnliche Lieder sind auch sonst bekannt. In B ist die letzte Strophe ausgewuchert.

178. A und B Reimspiele.

179. Vielleicht ein Spottlied.

180 und 181 vergl. Nro. 75 des zweiten Buchs.

182. A und C sind Bruchstücke. A habe ich aus mehreren Relationen zusammengestellt, C hat J. K. Schuller in seinen mythologischen Untersuchungen in der Transilvania angeführt. Auch B ist sehr trümmerhaft auf uns gekommen, und hat viele Dunkelheiten. Nur durch die fünf Anfangszeilen scheint es sich an A zu schliessen, und gerade dieser Anfang scheint in beiden Stücken fremdartiger Zusatz. Die fünfte Zeile von B ist vielleicht auch willkührlich aus einem Tanzliede hiehergesetzt. Anstatt der siebenten Zeile hat eine andere Relation die eingeklammerte 8., wohl nur weil das dunkle domenäen nicht verstanden wurde. Fr. Müller versucht die Worte aus domina zu erklären. J. K. Schuller (Trans. 6, 1855) hat darin vielleicht richtig ein Land der Zwerge erkannt. „Domlenk“ und „Dommenhanz“ sind Gattungsnamen für Zwerg, und wohl nur deshalb im Gebrauch seltener geworden, weil Einer derselben als „domelänk Hanz“ zum Helden eines Märchens geworden ist, worin er allerlei fremde Züge, namentlich von Thorr und Siegfried angenommen, und allmählich seine Genossen verdunkelt hat. Die „Domenäen“ wären also ein Gebiet der Däumlinge oder Elbe, ein Elbenparadies, wie sich es die Germanen bald im Innern der Berge oder der Erde, bald hoch auf Gebirgen, immer aber menschlichem Zugange entrückt, und

nur einzelnen Begünstigten zu gewissen Zeiten eröffnet dachten. Das Lied ist zu verderbt, um — trotzdem es in verschiedenen Relationen erscheint — wieder hergestellt werden zu können. Im Allgemeinen mag der Sinn desselben etwa folgender sein: „Es wird ein vergeblicher Ritt (natürlich auf dem Knie) gemacht ins Land der Elbe, entweder um für den kleinen Reiter dort eine passende (kleine) Braut zu suchen, und zwar wahrscheinlich eine Prinzessin, oder (auch dies könnte der dunkle Sinn des Liedes sein) um des Königs Hochzeit zu sehen. Der Elbenkönig „Domelänk" (wenn man so in der offenbar verderbten 9. Zeile das unverständliche „domenä" bessern darf) ist entweder nicht zu Hause oder läszt nicht vor sich treten, weil er Hochzeit hält. Ziege, Katze, Hund (Vieh und Hausthiere der Elbe, wie sie auch sonst bezeugt sind) liegen ruhig vor und in der Vorhalle. Das Hausgesinde — denn daran musz man in der nächsten Zeile denken — offenbart seine neckische Elbenatur, indem Einige den Ankömmling ruhig angrinsen, ihn weder vor den König führen, noch ihm sagen wollen, wer die Braut sei, oder welche als Bräute zu vergeben seien (?), während Andere mit harmloser Schadenfreude um ihn springen und singen, aus den Kannen trinken, trommeln und lärmen" (aus den Mythentrümmern). — Die letzten 4 Zeilen aus A entsprechen einer solchen Erklärung vollkommen. *Wiesel* und *Maus* sind wie Unke und anderes Gethier elbische Gestalten (vergl. Nro. 113 des vierten Buchs) und wenn ihnen im Liede die Reinigung des Hauses aufgetragen wird, so sind sie damit als elbisches Hausgesinde bezeichnet.

Abzählen und Spiele.

Unsere Abzählreime sind nicht so schön als manche der in Simr. K. B. von S. 178 bis 195 mitgetheilten. — Von den Spielen verdanke ich die meisten Haltrich's mehrerwähntem Schulprogramm von 1854—5.

199. Die Biene wird hier als (elbischer?) Reiter aufgefaszt, der sich mit Milch — für den Reiter — und Haber — für das Rosz — auf die Reise versieht.

201. Das „Raiu, maiu" oder „Maiu, raiu" in 202 B ist wohl Reihen oder Reigen und Maien zu erklären. Ein ähnliches Spiel bei Müllenh. S. 484, 1.

203 und 204 sind ähnliche Spiele. Der „Pimerbüsch" ist wohl localer Name einer Waldung.

207. Die „Branefrae" ist Frau Holla.

209. Das Blindekuhspiel in Simr. K. B. Nro. 859 hat mehr Reime, und wird anders gespielt.

210. „Schampelän" ist mir unverständlich. Das Spiel hat wohl mythischen Hintergrund.

211. Aus Haltrich's Programm ist dies Spiel sammt den Reimen auch in Simr. K. B. Nro. 854 übergegangen. Es gründet sich wohl auf eine Erzählung, die der Sage vom Wolf und den Zicklein sehr ähnlich ist. Verwandtes hat Müllenh. S. 487, Nro. 8.

213. Ein ähnliches Spiel bei Müllenh. S. 488, Nro. 9.

Kinder-Canon.

216. Ob dieser Canon im Lande entstanden ist, kann ich nicht bestimmen. Wie der folgende trägt er das Gepräge hohen Alters.

217. Vergl. Nro. 5, C des ersten Buchs.

Sprechübungen.

Lieszen 'sich wohl stark vermehren. Solche Zungenübungen trifft man bei allen Völkern; so ähnlich sind sich auch die geistigen Bedürfnisse der Menschen.

Nachträge.

247. Aus Haltrich's Plan zu Vorarbeiten für ein Idiotikon der siebenb. sächs. Volkssprache.

250. Vergleiche Nro. 165 und die Anmerkung dazu. Das dort angeführte Lied aus Willens oft erwähntem Werke S. 527 beginnt:

Des avonds in den reine, rein
Des ochtends achter 't hoveken
Des morgens als ik was zoo rijk —
                                           en

Dat ik had en hinneken:
Alle lieden vraegden mij
Hoe da 'k dat hinneken heeten zou?
„Kriep!" zei mijn hinneken.

und schlieszt mit der Strophe:

Dat ik had een wijveken:
Alle lieden vraegden my
Hoe da 'k dat wijveken heeten zou?
Kleinbedrijf hiet mijn wijf,
Langsteert hiet mijn peerd,
Nijp — gat — toe hiet mijn koe,
Kort trapken hiet mijn schaepken,
Steertje ront hiet mijn hond,
Langhals hiet mijn zwane,
Koekeloere! zei mijn hone,
Kriep! zei mijn hinneken.

Abhandlungen.

I.

Den deutschen Volksstamm, von dessen Dichtungen ich einen
guten Theil hier dargeboten ihm selbst und seinen Brüdern in
Deutschland, die er nicht vergessen hat, und von denen er nicht
vergessen sein möchte, nennt man seit mehreren Jahrhunderten
„Siebenbürger Sachsen." Ueber den Namen und die Abstammung
dieser Colonisten, der treuesten, die je vom deutschen Volke aus-
gegangen, ist bis in die neueste Zeit herab viel geschrieben und
gestritten worden. Heute sind die Acten über diesen Gegenstand
dem Schlusz nahe. Sprache, Ortsbenennungen, Gebräuche und
Sitten, häusliche Einrichtungen, mancherlei Ueberlieferungen haben
die meisten neueren Forscher die Heimat unserer Voreltern am
Niederrhein, wo sich Franken und Sachsen berührten, und haupt-
sächlich in der Gegend von Köln suchen lassen. Wenn man sie
für einen nicht unbedeutenden Theil noch tiefer in das eigentliche
Westfalen rückt, einen andern Theil aus Flandern einwandern läszt,
so werden die Untersuchungen der Folgezeit die Ergebnisse unserer
heutigen Forschungen wohl nur noch zu bestättigen, nicht zu berich-
tigen haben. Die Hauptgründe jener Ansicht hat J. K. Schuller
zusammengestellt in dem kleinen Schriftchen: zur Frage über die
Herkunft der Sachsen in Siebenbürgen (Hermannst. bei Th. Stein-
hausen 1856), wo auch Vieles aus der einschlägigen Litteratur ange-
zogen ist. Seine Gründe würden sich schon jetzt unschwer ver-
mehren lassen. Damit ist den alturkundlichen Namen „Flandrenses"
und „Saxones" ihre Berechtigung nicht genommen; vielmehr nöthigen
eben diese urkundlichen, gewisz nicht zufällig entstandenen Namen
mindestens einen groszen Theil der *ersten* Einwanderer aus Flan-
dern, und wohl gleich die nächstfolgenden aus Sachsen — wenn
auch nur dem Westfälischen herzuleiten. Es nöthigen hiezu auch
andere Umstände. Für Flandern sprechen Schlözer's gewichtige
Gründe und manche noch immer nicht ganz vergessene Ueber-
lieferungen; für Sachsen viele Sagen, Märchen, vorzüglich aber

33

unsre Mythenreste, die in auffallender Weise *fast ohne Ausnahme tief in den Nord-Westen Deutschlands weisen;* wohl auch Ortsnamen wie *Medwesch* (= Medovàge), *Hülzmäinjen* (= Holtesmenne), *Duolmen* (= Dülmenne, Dülmen), Schuogen (= Schagen), Kälenk (= Kellink) und ähnliche, denen allerdings eine gröszere Menge niederrheinischer, mit Siebenb. sächsischen überstimmender Ortsnamen gegenüber gestellt werden kann. Meine Aufgabe ist nicht hier diese Fragen endgiltig zu entscheiden; ich wollte nur hinweisen auf das Ziel, dem in dieser Hinsicht alle unsere Forschungen sich werden nähern müssen. Eines Umstandes denke ich doch noch erwähnen zu müssen, der ob zwar nicht entscheidend, doch einer gröszeren Beachtung werth erscheint, als ihm bisher zu Theil geworden. Das zweite um 1370 entstandene Nationalsiegel der Sachsen (dies allein kommt hier in Betracht, da das erste nur die ehrenvolle Bestimmung der Einwanderer versinnlicht, das letzte mit den sieben Burgen den Namen des Landes oder besser des Sachsengaues zu deuten sucht) weiset mit seinen drei Seeblumenblättern in ein *Küstenland* (Flandern). Sieben Seeblummenblätter hatten die Friesen, Nachbaren der Flanderer in ihrer Fahne; — sieben und drei beides sind uralt heilige Zahlen. Bedeutsam *vereinigt sogar das Hermannstädter Wappen* (also das des Vorortes) *Flandrer* und *Sachsen*, indem es in das *Seeblumendreieck* die gekreuzten *sächsischen Schwerter* einrahmt.

Auch aus sprachlichen Gründen darf man den Ursitz wenigstens eines Theiles unserer Vorfahren etwas weiter nördlich rücken, als bisher geschehen ist. Unsere Sprache, wie wir sie fast nur aus ihrer heutigen Erscheinung kennen, ist weder flandrisch noch sächsisch; aber doch hat sie noch jetzt, besonders in einigen Mundarten (*voraus die Schäszburger*) entschieden mehr sächsischen Gehalt als etwa die von Köln oder Düsseldorf, wovon man sich um so leichter überzeugen kann, je mehr man auch den Vocalismus, nicht, wie bisher fast ausschlieszlich geschehen ist, nur den allerdings wichtigeren Consonantismus in Erwägung zieht. *) Das musz früher noch

---

*) Die Verwandtschaft der Zipser Mundarten mit unsern siebenbürgisch-sächsischen findet Schröer in dem schätzbaren Werke „Versuch einer Darstellung der deutschen Mundarten des ungrischen Berglandes" doch zu grosz, wenn er S. 8 behauptet, dasz „dieser Dialect durch gewisse Hauptzüge und eine Anzahl von Wörtern dem der Siebenbürger Sachsens näher als irgend einem andern stehe. In der That enthalten unsere Mundarten weit mehr niederdeutsche Elemente als die des ungr. Berglandes.

unzweifelhafter gewesen sein. Wer die Mundarten der Städte Hermannstadt, Mühlbach, Broos vergleicht mit der gangbaren Sprache der sie umgebenden Dörfer, dem musz schon auffallen, wie sehr die Sprache in den Städten zersetzt und abgeschliffen worden durch Einwirkung der hochdeutschen Schriftsprache. Aber auch das Idiom der Dörfer hat sich seit Jahrhunderten diesem Einflusz nicht entziehen können, wie schon die grosze Menge unsächsisch gebildeter Wörter beweist und die Erwägung der historischen Verhältnisse erwarten läszt. Schon zur Zeit der ersten Einwanderung war die Vormacht der oberdeutschen Dialecte, besonders des schwäbischen in Deutschland fühlbar; ein halbes Jahrhundert später wurde sie durch die Blüthe der mhd. Dichtkunst eine entschiedene. Das konnte auch auf die Einwanderer, die erst vor so kurzer Zeit die Heimath verlassen hatten, und gewisz noch im lebendigsten Zusammenhange mit dem Stammlande waren, nicht ohne Einflusz bleiben. In Deutschland selbst scheinen um diese Zeit — wohl gerade durch die Einwanderung — das Land und die Verhältnisse Siebenbürgens zu klarerer Kunde gekommen zu sein, wie die Erwähnung des Landes im Nibelungenlied und die Klingsorsage beweisen. Letztere reicht freilich mit ihren tiefsten Wurzeln weit zurück in den Wodansmythus, in der Gestalt aber, wie sie im Wartburgkriege erscheint, hat sie sich um diese Zeit zu bilden begonnen. — Sollte der Minnesang nach Siebenbürgen gedrungen sein, woran ich nicht zweifle, so konnte es nur in dem schwäbischen Dialect geschehen sein; sollte je in Siebenbürgen die höfische Dichtkunst von *Inländern* geübt worden sein, was doch nur höchst selten geschehen sein kann, so war's zweifellos auch in diesem Dialect. Einen fortwährend engen Zusammenhang der Colonisten mit dem Mutterlande erhielt der besonders unter den Anjouern mächtig erblühende Handel derselben, und wieder ist es vorzugsweise der Süden Deutschlands, der dabei in Betracht kommt. So kamen auch in späterer Zeit die kleineren Nachwanderungen vorzugsweise von Handwerkern, aber auch einzelner nachmals im Lande bedeutend gewordener Persönlichkeiten zumeist aus den gewerb- und kunstreichen Städten Ober- und Mitteldeutschlands. Der Handwerksbursche liesz sich entweder unter den Brüdern nieder, oder er kehrte nach einigen Jahren wieder in sein Nürnberg, Augsburg, Straszburg, Frankfurt u. s. w. zurück. Niemals wohl in jener liederreichen Zeit war er ohne Lieder gekommen, hatte wohl zuweilen auch ein oder das andere fliegende Blatt mitgebracht, und Beides

33*.

schlug — wie zu geschehen pflegt — sogleich in dem neuen Boden
Wurzel. Diese Lieder waren natürlich oberdeutsche — wie denn
überhaupt um diese Zeit mehr noch als in späterer der deutsche
Süden weit liederreicher war, als der zum Theil nicht langeher
neugermanisirte Norden, der sich dafür von jeher einer gröszeren
Mythenfülle erfreute — und blieben selbst bei allmähliger Umdich-
tung, ja gerade durch dieselbe nicht ohne Einwirkung auf die Sprache,
in welche sie umgedichtet wurden. Zum Theil schon während der
ersten Türkenkriege (z. B unter Hunyadi), häufig aber während
der oft wiederholten Kämpfe Oesterreichs um den Besitz Sieben-
bürgens kamen auch deutsche Söldner — wieder zumeist Süd-
deutsche — in das Land, wie andrerseits vielfach sächsische Wander-
bursche nach Deutschland zogen und dorther Sitte, Lied und son-
stige Gewohnheiten mitbrachten. Unberechenbar sind dergleichen
Einflüsze, seit Siebenbürgen dauernd unter Oesterreichs Herrschaft
gelangte.

Aber die wichtigsten Momente in dieser Hinsicht sind nun
erst zu erwägen. Die *Siebenb. sächsische Sprache* ist *nur in aller-
letzter Zeit geschrieben* worden. In der ersten Zeit nach der Ein-
wanderung wurden nicht nur alle Urkunden, sondern selbst chroni-
stische Aufzeichnungen, Rechnungen u. dgl. — wie es im Geist
und dem Culturzustande des Zeitalters lag — in lateinischer Sprache
geschrieben. Noch Jahrhunderte später, als man schon vielfach im
Lande deutsche Memoiren schrieb, begegnet es oft, dasz der Ver-
fasser gerade da, wo er sein Gefühl sprechen lassen und einmal
breiter ausladen will, plötzlich ins Lateinische übergeht. Als man
anfing deutsch zu schreiben, war es wieder, wenn auch mit vielen
Saxonismen durchspickt, das Oberdeutsche, dessen man sich be-
diente; selbst Personen- und Ortsnamen gab man nicht selten in
der Schrift oberdeutsche Form. So sind oberdeutsch die einzelnen,
deutschen Bruchstücke einer Hermannstädter, sonst lateinisch ge-
schriebenen Kirchenmatrikel des 14. Jahrhunderts, herausgegeben von
Anton Kurz unter dem Titel: „Die ältesten deutschen Sprachdenk-
male und die bis jetzt bekannte älteste Handschrift der Sachsen in
Siebenb. Leipzig bei T. O. Weigel." Die Schreiber dieser Urkunde,
die sich in der Batyanischen Bibliothek in Karlsburg befindet, waren
„zur Hermannstädter Pfarre der h. Jungfrau Maria gehörige Geist-
liche" und, wie ihre Saxonismen beweisen, ohne Zweifel Sachsen.
Im 15. Jahrhundert ist schon oft, im 16. sehr reichlich besonders
in Zunfturkunden die deutsche und immer die hochdeutsche Sprache

vertreten, wie dies klar ersichtlich ist aus einem von der Wissenschaft lange geforderten Werke, das Fr. Müller erst kürzlich dem Verein für Siebenb. Landeskunde zur Herausgabe übermittelt hat. *) Unberechenbaren Einfluss auf die Zersetzung des Siebenb. sächsischen Idioms übte die Reformation. Viele deutsche Schriften der Reformatoren und ihrer Nachfolger — vor allen andern Luther's Bibelübersetzung — verbreiteten sich unter unserm Volke; es ward ferner Gebrauch sächsisch zu predigen, wobei man aber die Predigten in Lutherischem Hochdeutsch abfaszte, und nur im Vortrag übersetzte; in den Schulen pflegte man (seit wann? — eine Vorschrift hierüber kenne ich nur aus sehr später Zeit) Katechismus, Gesangbuch, Bibel sächsisch zu lesen. Deutsche Wort-, Biegungs- und Satzformen drangen damit bis in die untersten Schichten des Volkes ein.

Auf solche Weise änderte sich allmählig und fast unmerklich unsere Sprache zu Gunsten ihres hochdeutschen Elementes. Zwar ging dabei wohl nur wenig von ihrem eigentlichen ursprünglichen Charakter, dagegen aber manche Idiotismen, eigenthümliche Formen und Redewendungen verloren, wogegen fremde in Menge aufgenommen wurden. Nicht Aufgabe dieser Abhandlungen ist es, vielmehr die einer grammatischen Arbeit, an die sich doch bald eine ausreichende Kraft wagen sollte, die Gesetze dieser Sprache, wie sie bis heute geworden, erschöpfend zu entwickeln. In keiner Hinsicht ist noch so wenig Befriedigendes geleistet worden als in dieser; alle unsere Arbeiten in diesem Gebiete halten sich noch ganz auf der Oberfläche; und doch ist eine gründliche, erschöpfende die dringendste Forderung unserer heutigen Wissenschaft. Umsonst sammeln wir zu einem Idiotikon, so lange wir ein solches Werk nicht besitzen; wir werden jenes ohne dieses kaum so vollenden können, dasz es mit Ehren vor der deutschen Kritik zu bestehen vermöchte. Umsonst wollen wir eine allgemein und endgiltige sächsische Orthographie feststellen, ehe uns in der Grammatik die Möglichkeit geboten ist, dabei rationell und consequent vorzugehen; der Versuch wird eher schaden als nützen. Auf jedem Schritte in dem Gebiet national-germanistischer Forschung fühlen wir den Mangel eines solchen Werkes. Um so betrübender, da wir uns andererseits gestehen müssen, wie wenig Hoffnung wir gegenwärtig hegen dürfen, diese Lücke bald ausgefüllt zu sehen. Es gehört viel

---

*) Es ist unterdessen erschienen.

Wissen und viel Musze zu einer solchen Arbeit. Neben einer gründlichen Kenntnisz der historischen deutschen Grammatik, müszte der Verfasser eine weitreichende Bekanntschaft mit dem eigenen und den übrigen germanischen Dialecten und Mundarten besitzen, deren Wörterschatz ihm handgerecht zu Gebote stehen müszte; er müszte Musze genug haben, ununterbrochen mindestens einige Stunden täglich zu arbeiten. Nun ist aber der vorzglichste Träger unserer Wissenschaft, der Lehrstand, durch einen zeitraubenden, obwohl nicht in gleichem Masze nutzbringenden Schulmechanismus gehindert, kaum in der Lage, die Vorstudien zu einem solchen Werke zu machen und das Werk selbst zu vollenden, ehe eine Reihe von Jahren darüber vergeht. Von Andern ist ein solches Werk noch weniger zu erwarten. *)

Solche Erwägungen haben nothwendig von Einflusz sein müssen auf die Wahl meiner Orthographie in dem sächsischen Text. Wenn dieselbe nach der obigen Entwickelung keine bleibende, nur eine vorübergehende sein konnte, so muszte ich sie vorzüglich so einzurichten trachten, dasz damit die wirklichen Laute, wie sie das Ohr hört, ohne Rücksicht auf Abstammung, möglichst genau bezeichnet wurden; gerade dadurch konnte ich dem künftigen Grammatiker und Systematiker am nützlichsten werden. Könnte ich an die Dauer meiner Schreibung glauben, so wäre sie vielleicht schon jetzt in Einigem abzuändern. — Die Griechen und im Deutschen Nötker und Andere haben nach ähnlichen Grundsätzen geschrieben. Aufmerksam machen musz ich aber auf den schön ausgebildeten Consonantismus unserer Sprache, namentlich auf die sehr scharf bestimmten Auslautgesetze, die ich ebenso wie die übrigen Lautgesetze auch in der Schrift darstellen zu müssen geglaubt habe. Nicht befremden soll es, wenn man ein und dasselbe Wort an verschiedenen Stellen verschieden geschrieben findet; es hängt immer von dem Anlaut des nächstfolgendem Wortes ab, ob ein Wort sein n im Auslaut behalten oder abwerfen, ob es seine muta, tenuis oder aspirata unverändert lassen, oder umwandeln und dem folgenden Laut anähnlichen musz. Hierin weichen auch die Mundarten in Einzelnem von einander ab, z. B. die Nösner von allen Uebrigen. Gleichem Wechsel unterliegt im Inlaut der Endconsonant eines

---

*) Der Einzige, dem die Musze jetzt in ausreichendem Masze geboten wäre, J. K. Schuller, steht bereits in hohem Alter, und wird sein wissenschaftlich so thatenreiches Leben kaum mit der schwierigsten und aufreibendsten Arbeit beschlieszen wollen.

Stammes je nach den verschiedenen Bildungs- und Ableitungssylben, die ihm anwachsen.

Zur Bezeichnung der sächsischen Laute habe ich folgende Zeichen verwendet:

1. Vocale.

Lange: â, ã, Å, ê, î, ô, ŏ, û, ü.

Kurze: a, å, ä, ė (das dem i sich nähernde kurze e, wie es etwa in „recht" gesprochen wird), e (das gewöhnliche stumme e), i, o, ö, u, ü.

Die aus diesen Vocalen entstehenden Diphtongen (zuweilen auch Triphtongen) bieten keine Schwierigkeit. ei ist nie wie ai zu lesen.

2. Consonanten.

b, p, f — w.

g, ġ (aspirirtes, aus der Tiefe des Gaumens gesprochenes g), k, ch (mehr auf der Zunge als aus dem Gaumen gebildet, und einem geschärften j ähnlich lautend), ċh (aspirirt und aus dem Gaumen gesprochen wie in Rachen) — j (meist im Inlaut für erweichtes g stehend).

d, t (in den meisten Mundarten wie th gesprochen), z.

s, sch, ŝ (im Anlaute vor t und p gesprochen wie sch), ş (höchst selten — sanskritischem dscha ähnlich lautend wie in „geşader"), sz (mit dem deutschen ß identisch) und h.

r, l (vorn auf der Zunge gebildet, nicht im Hintergrund derselben wie in Deutschland), m, n.

Der gewünschten grammatischen Arbeit musz auch die Behandlung der Mundartenlehre überlassen bleiben. Ich habe gestrebt, dasz, wer sie unternimmt, ein möglichst reiches Material dazu in meiner Sammlung finde; doch ist weit weniger geboten, als ich zu bieten gewünscht und auch vermocht hätte, wenn ich von mehreren Seiten und immer mit sorgfältig geschriebenen Beiträgen wäre unterstützt worden.

Der Idiome sind eigentlich fast so viele als Ortschaften, doch lassen sie sich füglich unter fünf Hauptmundarten ordnen:

1. Die Hermannstädter,
2. die Medwischer,
3. die Schäszburger,
4. die Burzenländer,

5. die Nösner, an welche sich als ein Uebergangszweig die Regner [*] anschliesz.

Die Schäszburger Mundart enthält mehr als die andere sächsische Bestandtheile; die Hermannstädter in der hier angenommenen Ausdehnung schliesz sich in leisen Uebergängen hier an die Medwischer, dort an die Schäszburger an, dasz es schwer fällt eine scharfe Grenze ihrer Herrschaft abzumarker, und es, ehe die Grammatik endgiltig darüber entschieden hat, kaum bekämpft werden kann, wenn Einige nur drei Hauptmundarten: Hermannstädter, Nösner, Burzenländer anerkennen wollen. Der Hermannstädter, Schäszburger und Medwischer Mundart steht die Burzenländer, in diesem Buche nicht durch meine Schuld fast unvertretene, etwas ferner, und am entschiedensten entfernt sich die Nösner von allen ihren Schwestern; doch bleibt die Familienähnlichkeit immer noch so grosz, dasz sie selbst eine flüchtige Betrachtung als rechte Schwester anerkennen musz. Durch ihre Abweichungen nähert sie sich auf mehreren Punkten den deutschen Mundarten des ungrischen Berglandes.

II.

Wer der Entwickelungsgeschichte der Siebenb. sächsischem Volksdichtung nachspürt, entbehrt so mancher Quellen, die anderwärts oft reichlich zu Gebote stehen. Nicht handschriftliche Sammlungen, nicht gelegentliche Mittheilungen aus frühern Zeiten, nicht alte Drucke weisen ihm die gesuchte Fährte. Von handschriftlichen Sammlungen ist mir nie eine Spur begegnet; noch weniger bewahren alte Drucke Erzeugnisse unserer Volksdichtung, es sei denn einige Sagen; von gelegentlichen Aufzeichnungen ist mir auch nur wenig Erwerb geworden. Eine überraschend reiche Ausbeute brachten in dieser Hinsicht nur die von Teutsch ausgewertheten Kirchenvisitationen aus der Mitte des 17. Jahrhunderts, die über 60 Heilsformeln lieferten. Daneben ist uns ein historisches Lied aus dem Anfang des vorigen Jahrhunderts in einem Manuscript, einige Heilsund Zauberformeln in Hexenprocessen, auf dem Deckel eines alten Buchs, in einem ältern Kirchenprotokoll, und einige Sprüche aus einem alten Hausbuch erhalten. Wie wenig ist das im Vergleich mit dem, was in Deutschland die groszen Bibliotheken im Ueber-

---

[*] Regeu für sächs. Rön ist wahrscheinlich unrichtig; es wird schwer sein überall den richtigen deutschen Ausdruck für sächs. Ortsnamen herzustellen.

flusz darbieten. So musz sich denn unser Forscher begnügen, aus der jetzigen Gestalt und dem Inhalt der Dichtungen, wie er sie eben aus dem Munde des Volkes erhalten, seine Schlüsze zu ziehen; er mag die Geschichte des Volkes, die Ereignisse, von denen hie und da dessen Dichtungen gefärbt erscheinen, in Erwägung ziehen, und sich dabei oft bescheiden, wenn er auch nur zu einer wahrscheinlichen Hypothese gelangen kann. Der Vergleich mit der Volksdichtung anderer Nationen, vor Allem mit der nächstverwandten der Bruderstämme im deutschen Mutterlande wird ihm oft die wesentlichsten Dienste leisten, wie denn besonders für die Geschichte unseres *Volksliedes* Uhland's Sammlung und die wenigen dazu erschienenen Abhandlungen unschätzbare Hülfsmittel und Fingerzeige bieten.

So gering solche Hülfsmittel auf den ersten Anblick scheinen mögen, wir sind damit nicht so gar sehr im Nachtheil gegenüber andern Nationen, selbst im Vergleich mit unsern Brüdern in Deutschland, wo der Volksdichtung die reichsten Quellen flieszen, und dieselben am öftesten und fleiszigsten ausgebeutet wurden. Allerdings sind Quellen und Zeugnisse geeignet, das geringste, selten aber das höchstmögliche Alter und die ersten Keime und Anfänge einer Dichtung zu bestimmen; denn zu diesen reichen sie in der Regel lange nicht hinauf. Nur das Wenigste in Uhland's Sammlung kann aus Handschriften vor dem 16. Jahrh. oder gar noch älterer Zeit nachgewiesen werden, während es doch oft in seinen Anfängen weit älter ist, und vielfach über die Blüthezeit der höfischen Kunstdichtung hinausreicht, die besonders in ihren Anfängen nicht selten aus der Volksdichtung Nahrung sog, wie z. B. bei dem Kürenberger offenbar ist.

Andererseits gestatten unsere Mittel mancherlei erspriesliche Folgerungen. Es ist bei Betrachtung der Dichtungen selbst, wie sie vorliegen, zu erwägen, ob der *Stoff* alt sei, ob er im Ganzen oder Einzelnen mythischen Gehalt habe, ob er in Zusammenhang stehe mit Festen, Sitten, Gebräuchen, die an sich selbst oder durch sichere Ueberlieferungen als alt verbürgt sind, oder selbst mythische Beziehung haben; ob er noch in mehreren oder allen Hauptformen der Volksdichtung, also *Mythe, Sage, Märchen, Lied* (oder dramatische Darstellung) vorkomme, wie bei der Ballade „*Brautmörder*" des ersten Buches der Fall ist, ob in andern alten Dichtungen Anspielungen auf oder Reminiscenzen aus diesem Stoff vorkommen, oder derselbe sonst erwähnt wird; ob er nach seiner Behandlung einfach

sei in äuszerer und innerer Anlage, ob er naiv oder bereits senti
mental, ob er in strenger Kürze oder in breiterem Flusze vorge-
tragen werde, ob er besser oder schlechter erhalten sei, ob er seine
ursprüngliche Tendenz behalten oder verloren habe, ob sich Lücken
vorfinden oder Dunkelheiten in dem Zusammenhange, in den Moti-
ven und in dem Abschlusz, die mit Wahrscheinlichkeit erklärt
werden dürfen daraus, dasz die Dichtung durch die Länge der Zeit
ganz oder in einzelnen Theilen von ihrem Publikum nicht mehr
verstanden, und in Folge dessen verderbt wurde. Von minderer
Bedeutung ist bei unseren Volksdichtungen die *äuszere Form*, z. B.
ungleichmäsziges Versmasz, Beachtung oder Nichtbeachtung der
Senkungen, unverschränkte oder verschränkte Reime, völlige Reim-
losigkeit, einfachere oder ausgebildetere Strophe oder Mangel an
Strophenbildung u. s. w.

Die *Erwägung der Volksgeschichte* veranlaszt zu der Unter-
suchung, ob eine bestimmte Dichtung dem Geiste und der Stim-
mung einer besonderen Zeitperiode mehr als jeder andern entspre-
chend und angemessen sei, so, dasz sie als natürliches Erzeugnisz
derselben angesehen werden könne, ob sie von den Zeitereignissen
sichtlich getragen oder nur leicht gefärbt erscheine, ob sie etwa
deutliche Anspielungen auf dieselben enthalte, ob sie von denselben
ganz erzeugt oder nur theilweise umgeformt worden sei u. dgl.

Bei dem *Vergleich* endlich *mit andern, namentlich deutschen
Volksdichtungen* liegt uns ob zu untersuchen, aus welcher Zeit sich
die fremde Dichtung nachweisen lasse, wie weit sie in dieser oder
einer voraussetzlich andern Gestalt über die urkundlich erwiesene
Zeit zurückreichen könne; ferner ob unsere Dichtung nach allen
innern oder äuszern Gründen älter oder jünger sei als die parallele
fremde Dichtung, so wie sie vorliegt, ob sie etwa blosz einzelne
ältere Bestandtheile bewahrt habe; ob sie, wenn jünger, sich aus
der fremden Dichtung oder unabhängig von dieser aus andern,
verlorenen, älteren Formen entwickelt habe; endlich ob unsere
Dichtung als Umdichtung anzusehen sei oder nicht, wie weit die
Umdichtung fortgeschritten, ob sie nämlich zur völlig freien Be-
arbeitung des Stoffes geworden, oder noch fast blosze Uebersetzung
geblieben sei.

Nicht jedes dieser Kennzeichen ist schon einzeln genügend,
uns zu einem Schlusze zu berechtigen; die meisten bedürfen, um
rechtskräftig zu werden, gegenseitiger Unterstützung, und wollen
überhaupt mit Vorsicht und Tact gebraucht sein. Dieser ist zwar

einerseits angeboren, musz aber, wenn er zu ganzer Kraft gelangen soll, durch vielfältigen und langen Umgang mit und inniges Versenken in diese Dichtungen genährt und gepflegt werden.

Mit solchen Mitteln versuche ich es, nachdem durch die Anmerkungen schon stark vorgearbeitet worden, in diesen Abhandlungen nicht die Geschichte, nur einige Grundrisse zur Geschichte unserer Volksdichtung — namentlich so weit sie in meiner Sammlung Raum gefunden — zu entwerfen, oder — um keinem Miszverständnisz über meine Absicht Raum zu lassen — die bedeutendsten Entwickelungsphasen unserer Volksdichtung abzumarken und zu kennzeichnen. Ich darf mir das Zeugnisz geben, dasz ich es weder an innigem Einleben in diese Dichtungen binnen siebzehn Jahren fehlen liesz, noch es versäumt habe, mir den Sinn zu schärfen durch Studium und Vergleichung fast aller zugänglichen Volksliteraturen, besonders aber nach allen Richtungen der deutschen.

Als die ersten Deutschen den weiten Weg nach dem Karpathenlande antraten, das von ihnen den Namen Siebenbürgen erhalten sollte, hatten die Kreuzzüge noch nicht lange begonnen, sasz auf dem Kaiserthrone Konrad III. von Hohenstaufen, kündigte sich noch kaum die Dämmerung an jener glänzenden Morgenröthe deutscher Dichtkunst, welche mehr als ein halbes Jahrhundert später in Süddeutschland strahlend anbrechen sollte. Später noch leuchtete sie den Gegenden unserer ersten Heimath, und nur noch später, wenn es überhaupt je geschah, hätte sie auf die Volkspoesie jener Gegenden einigen Einflusz üben können.

In *Flandern* und am *Niederrhein* erzählte man sich noch mit frischer Theilnahme jene Abentheuer von *Wolf und Fuchs* neben mancher altepischen Sage, in *Westfalen* jene *Wodens-* und *Helmärchen* kräftiger noch und von mythischem Gehalt erfüllter als sie uns heute die nicht genug zu schätzende *Märchensammlung Hultrich's* lesen läszt. Daneben erklang aber auch noch manches Lied, recitirte noch manche Schauersage der bekannte Sänger oder der wandernde Blinde, wo man sich zum Reigen versammelte oder in der Rockenstube oder wo immer sich ein Haufe Hörender in einer Versammlung fand. Das sind jene halbepischen Lieder, die später unpassend den Namen „*Ballade*" erhalten haben. Auch der Tanz wurde von Reimen begleitet und bei Hochzeiten und andern hochfestlichen Gelegenheiten dramatische Spiele und mimische Darstellungen voll mythischen Gehaltes aufgeführt.

Nicht ohne Begleitung der Dichtkunst sind also unsere Vorfahren aus ihren Ursitzen im nordwestlichen Deutschland zuerst in dieses Land gekommen. Wie Pflug und Schwert, so brachten sie *Mythe*, *Sage*, *Thiersage* und *Mährchen*, aber auch *dramatische Compositionen*, *Lied* und *Spruch*, *Zauberformel* und *Räthsel* und was die Mütter als erste Geistesbrocken den Kindern vorlullen, mit. So wenig von diesen wie von Pflug und Schwert mochten, ja konnten sie sich trennen; sie gehörten ja überhaupt zu ihrem Hausrath; sie hafteten ihnen an wie die Schale der Schildkröte, und weniger fremd und wüste muszte ihnen die neue Heimath erscheinen, wenn sie gleichsam ein gut Stück der alten sogleich in dieselbe herüberpflanzten.

Freilich erlitten diese Erbtheile schon mit oder bald nach der Einwanderung manchen Verlust. Die Erzähler und Sänger vom Fach waren wohl meistens zurückgeblieben, der sang- und sagenkundige Blinde mochte sein Schicksal nicht vereinen mit dem der waghalsigen Wanderer, die in eine fremde, wilde, unbekannte, von nomadischen Horden umschwärmte Wüste zogen; die Ortssage verlor ihren Haft, und wuszte sich nur selten wie im „Wonzlenk, Wonsbäsch, Hällegröwen" einen, neuen zu finden; die Einwanderer gedachten während der ungeheuren Anstrengungen und Mühen bei der ersten Ansiedlung wohl seltener an das Lied als zu Hause; die Volkspoesie ist ohnehin beständiger Umwandlung und Umdichtung unterworfen, und kommt oft weit ab von ihren ersten Gestaltungen. Nicht Alles, was wir vor unserer Einwanderung in der altsächsischen oder rheinischen Heimath besaszen, haben wir mitgebracht; nicht Alles, ja wohl das Wenigste von dem Mitgebrachten besitzen wir noch heute; und von dem, was wir noch seit der Einwanderung besitzen, hat das Wenigste, ja Nichts seine Gestalt unverändert bis heute erhalten; nur die Stoffe, nicht ihre künstlerische Gestaltung, noch weniger die äuszern Formen sind geblieben. Abgesehen hievon ist indessen dieses alten Gutes immer noch ein schätzbarer Vorrath da.

Hieher sind zu rechnen die altmythischen Sagen in Müller's und die nach dieser Richtung noch weit gehaltreichern Märchen aus Haltrich's Sammlung, die eine wahre Fundgrube für deutsche Mythologie, eine jüngste Edda genannt werden mag. Hieher zu rechnen ist ferner mindestens *ein* dramatisches Spiel, das sich bis auf den heutigen Tag erhalten hat, und trotz aller Abschwächung, die es im Laufe wechselvoller Jahrhunderte erleiden muszte, auch in der auf uns gekommenen Gestalt noch deutlich die Züge eines Mythus erkennen läszt, der ein im übrigen Deutschland längst vergessenes Abentheuer des Donner- und Ehegottes aufbewahrt. Es ist dies der bei Hochzeiten aufgeführte sogenannte *„Röszchentanz"*, den uns Pfarrer Fronius in dem sächsischen Hausfreund von 1861 aus Arkeden mitgetheilt hat, der übrigens auch an andern Orten, wenn auch unvollständiger bekannt zu sein scheint. Wer die Zähigkeit der Volksüberlieferung zu bewundern noch nicht Gelegenheit fand, der mag staunen bei der Betrachtung dieser Dichtung, die nach einem Jahrtausend und länger auch nicht Einen Zug, nicht Eine Person des Mythus verloren hat. *)

Von den in meine Sammlung aufgenommenen Dichtungsarten zähle ich wohl mit vieler Wahrscheinlichkeit hieher:

Aus dem ersten Buche die Nummern: 1, 2, 6, 41, dann die Balladen von starkem tragischem Inhalt und einfacher Entwickelung Nro. 48 (vorzugsweise B), 50, vielleicht das Bruchstück 51, 52, 54 (vielleicht auch 53), auszerdem so manche überbliebene Type von „Scheiden und Meiden, von Liebe und Trauer" u. s. w., woraus sich später neue Lieder entwickelt haben.

Das zweite Buch enthält aus dieser ältesten Zeit vielleicht Nro. 2, 3 und 4, 10 und 11. Einiges aus den Tanzreimen, aber vor allem und zweifellos (versteht sich in der Grundlage) jene *„Rockenlieder"* (meine Sammlung enthält deren drei), die sammt der Sitte, welche sie zu begleiten bestimmt sind, uraltes Gepräge an sich tragen, in ihrem entschieden mythischen Kern vom Volke längst nicht mehr verstanden sind, mit den übrigen Hochzeitfeierlichkeiten einst ein Ganzes bildeten, und mit allem diesem Zubehör unmöglich später erfunden oder eingeschleppt und in Gebrauch gekommen sein können; vielmehr sind sie in ihrer jetzigen Erscheinung nur als letzte Reste und Ablagerungen ähnlicher dramatischer Spiele, wie sie der „Röszchentanz" anschauen läszt, zu betrachten. Die sogenannten „Hochzeitreden oder Hochzeitpredigten" (siehe Nro. 64 und folg. des zweiten Buchs) sind zwar augenscheinlich späte Schöpfungen, aber es ist sehr zu vermuthen, dasz sie auch nur an die Stelle älterer, wahrscheinlich possenhaft dramatischer Dichtungen getreten sind. Alten Zuschnitt hat auch Manches aus den Spottliedern und Einzelnes aus andern Stücken, z. B. 77.

---

*) Siehe meinen Aufsatz über diesen Gegenstand in dem Mühlbacher Schulprogramm pro 1862-3.

Von den Sprichwörtern des dritten Buchs kommen vorzugsweise die auf die Thiersage gegründeten, aber gewisz auch manche andere in Betracht. Wer mag sagen, wie viele und welche von den Räthseln schon mit unsern Ahnen eingewandert sind? einige ohne Zweifel. Gewisz Vermächtnisz aus der Zeit der Einwanderung ist der gröszte Theil dessen, was das vierte Buch in seiner zweiten Abtheilung enthält, wenn·es auch im Lauf der Zeit und unter dem Einflusz des Christenthums starke Einbusze und Umdichtung erlitten hat.· Das Stärkste, Aelteste und Besterhaltene· haben schon die Anmerkungen hervorgehoben.

Mit dem Allerältesten können die Kinderdichtungen in groszer Zahl in die Schranken treten; sie haben dessen Vieles aufzuweisen, und manche Stücke des fünften Buchs vielleicht mehr Jahre vor als nach der Einwanderung durchlebt. Die Nummern 2 und 3 nebst einzelnen Versen aus 1, dann 5, 7. 8, 9, 10, 11, 14 und ähnliche können die Einwanderer an ihrer Wiege und hernach vernommen haben. Noch unzweifelhafter ist das Alter der meisten in dem Abschnitt: „Verkehr mit der Natur" enthaltenen Stücke, die unserem Stamme mit nicht minderem Rechte eigenen als seinen Brüdern. Ferner darf hieher gerechnet werden ein Theil der „Nachahmungen" Nicht mit dem Aeltesten können sich messen die „Kindergebete", aber doch müssen die meisten schon bei der Einwanderung mitgebracht worden sein, und so auch ohne Zweifel die Nummern 165. 166, 167, 168, 169, 170 (171 ist vielleicht später eingeschleppt) 182; endlich mehrere Spiele.

Die Kriterien solchen Alters anzuführen, nachdem ihrer im Einzelnen in den Anmerkungen, im Allgemeinen im Eingang dieser Abhandlung gedacht worden, wäre an diesem Orte überflüszig gewesen. Eines wird auch der hartnäckigste Zweifler nicht bestreiten. Wo ein Stück starke mythische Grundlagen hat und aus der Zeit nach der Einwanderung unserer Vorfahren in Deutschland nicht nachweisbar ist, da fällt seine Entstehung unzweifelhaft vor die Einwanderung.

Noch könnte Manches hieher gehören, was ich njcht anzuführen gewagt habe. Das Angeführte ist indessen, wie schon früher angedeutet worden, nur ein kleiner Theil dessen, was bei der ersten Einwanderung ins Land kam. Wie Manches wird unter den Colonisten erstorben sein, schon im ersten Jahrhundert: die Alten starben aus, den Jungen im Lande Gebornen muszte schon Mehreres unverständlich sein; auch hatten sie mit äuszerer Noth gerade

genug zu schaffen, da sie zur Zeit Königs Andreas II. ihrer ur-
sprünglichen Freiheiten groszentheils verlustig (libertate, qua vocati
erant, penitus exemti) waren; und wenn auch mit den Ansiedlun-
gen der deutschen Ritter (die doch zum Theil aus dem Lande selbst
durch Anlockung früherer Colonisten bewerkstelligt wurden) im
Burzenlande manch neue Dichtung ins Land gekommen, vielleicht
auch manche ältere neu aufgefrischt worden sein mochte, so wurden
dagegen durch die wenig Jahre später erfolgende Mongolenver-
wüstung wahrscheinlich weit mehrere für immer erstickt.

Wie sich in der Folge und namentlich in der behäbigen Blüthe-
zeit der Sachsen unter den Anjouern die sächsische Volksdichtung
in Siebenbürgen fortentwickelt habe, läszt sich heute nur noch ver-
muthen. Wohl mag manches Lied durch Kaufleute schon damals
aus Deutschland eingeschleppt worden sein, manches entstand auch
im Lande, so wahrscheinlich jene gemüthlich ruhigen Nummern 3
und 5 des ersten Buches, deren Typen indessen älter sein mögen,
vielleicht Nro. 8 desselben Buchs, das recht wohl in eine Zeit des
Wohlstandes paszt, und — wohl um diese Zeit aus Deutschland ein-
geführt aber im Lande umgedichtet — das einzige Tagelied meiner
Sammlung Nro. 23, sanftere Klagen wie Nro. 24 und ähnliche.
Auch aus dem zweiten Buch ist Mehreres dieser Zeit nicht unan-
gemessen, und wenn im vierten jene von Teutsch in Kirchenvisita-
tionen des siebzehnten Jahrhunderts aufgefundenen Heilsformeln, wie
ich vermuthet, in ihrer ersten Gestalt zwar mit eingewandert, in
der auf uns gekommenen jedoch von einheimischen Pfaffen umge-
dichtet worden sind, so kann solche Umdichtung nur um diese
Zeit oder wenig später vor sich gegangen sein.

Zweier auffallender Erscheinungen in unserer Volksdichtung
ist an diesem Orte zu gedenken, des fast gänzlichen Mangels histo-
rischer Lieder und der auch ungewöhnlichen Seltenheit der Ballade.
Das historische Lied, zumal Volkslied war zur Zeit der Sachsen-
einwanderung noch kaum im ersten Entkeimen; das epische Lied
vertrat dessen Stelle. Das Lied auf den Sieg König Ludwigs III.
bei Soucourt aus dem Ende des neunten Jahrhunderts — immerhin
eine merkwürdige Erscheinung, folgt sichtlich epischen Vorbildern
und ist überdies Pfaffenpoesie; die spätern Kreuzlieder sind lyrisch;
und selbst Walther's von der Vogelweide epochemachende Gedichte
von politischer Färbung, haben eben mehr politische Ueberzeugun-
gen und Tendenzen, als Ereignisse zur Grundlage. So konnten die
Sachsen bei ihrer Einwanderung die Form des historisch-politischen

Liedes nicht mitbringen; sie hätten sie in der neuen Heimat erfinden und ausbilden müssen, *was aber nicht geschehen ist.* Um die Zeit, als sich das historisch-politische Lied bei uns hätte ausbilden sollen und nicht ausbildete, *fing* auch *die Form der Ballade* wahrscheinlich schon *an abzusterben.* Was uns in dieser Gattung übrig ist, rührt gröstentheils aus den ersten Zeiten der Einwanderung, oder ist später aus Deutschland eingeschleppt worden; die einzige mir bekannte, in meine Sammlung übergegangene Ausnahme wird im Verlauf dieser Abhandlung an ihrem Orte erwähnt werden. — Woher nun die Ursachen der einen wie der andern Erscheinung? Mich dünkt, sie sind unschwer zu errathen. Was die mythischen und halbmythischen Stoffe der Ballade betrifft, so konnten dieselben natürlich im Lauf der Zeit nur Einbusze, nicht Vermehrung erfahren; die historischen, aus der alten Heimat mitgebrachten Balladenstoffe wurden in der neuen allmählig nicht mehr verstanden, und bald vergessen, und nicht anders erging es den später etwa nachgewanderten. In der neuen Heimat erlebte man zwar *viel Groszes, viel Gewaltiges* und *Ergreifendes,* das unter andern Umständen gewisz das historische Lied erweckt oder Stoff zu Balladen geboten hätte; *aber es war nicht geeignet die nationale Dichtung anzuziehen,* da die Sachsen dabei nur leidend oder im Bunde mit andern überwiegenden Kräften betheiligt erscheinen. Das Grosze war nicht national, wenigstens nicht rein national, und das Nationale konnte nicht grosz sein, weil die Nation bei all ihrer Regsamkeit, Kraft und Zähigkeit, selbst in ihrer Blüthezeit nur ein Bruchtheil des Reiches war, von allen Seiten umgeben und angefeindet von unhomogenen Elementen. Dieser schmerzliche Zug geht durch die ganze Geschichte der Sachsen, und hat sich erkennbar für Denkende selbst dem Charakter der Einzelnen eingewachsen. Geschah auch zuweilen eine nationale That, die ob auch nicht grosz, doch gewaltig und plastisch hervortretend genug war, wie etwa die Rache Gan's des Sohnes Alard's von Salzburg, Berthold's von Kellink, oder der Aufstand Hennink's von Petersdorf, die wohl in Deutschland Stoff zu Balladen oder historischen Parteiliedern gegeben hätten; so wurde sie in der unnennbaren, Schlag auf Schlag drängenden Noth der folgenden Jahrhunderte, die jeden freudigen und kühnen Aufschwung fesselte, ja vernichtete und alle früheren Erinnerungen übertäubte, bald gänzlich vergessen, und würde ohne die Klagen der Gegner und das rettende Pergament wohl nie zu unserer Kenntnisz gelangt sein. Das ist es, was kleinen Volksbruchtheilen so

leicht Gefahr bringt, sich gröszern Nachbarstämmen anzuschlieszen
und in ihnen aufzugehen, der Mangel an einem bedeutenderen
Nationalleben, das fähig wäre, wenigstens von Zeit zu Zeit Begeiste-
rung und Stolz zu wecken und der Kunst Stoff zu geben, und das
ewiggefühlte Bedürfnisz eines solchen nach auszen geachteten Na-
tionallebens. Je mehr sich die Standpuncte vervielfältigen, von
denen aus die Geschichte der Siebenbürger Sachsen betrachtet wird,
desto bewundernswerther erscheint das bis heute gewahrte Deutsch-
thum und die Rettung so manches geistigen Erbes, die unter den un-
günstigsten Umständen doch noch gelang; desto erklärlicher wird es
andrerseits, wenn wir einen groszen Theil ihrer nationalen Volks-
dichtung von Anfang an in fortwährendem Absterben sehen.

Deutlichere Spuren als die kurze Blüthezeit der Anjouer haben
die Zeiten der Türkenkriege in unserer Volksdichtung hinterlassen.
Kein Land hat unter dieser Geiszel mehr gelitten, als Siebenbürgen,
kein Theil Siebenbürgens so viel als das Sachsenland. Noch heute
wissen die Leute zu erzählen von den Gräueln und Verwüstungen
der Türken und Tataren, zu denen sich noch überdies oft Pest
und Hungersnoth zu gesellen pflegten. Mit dem 15. Jahrhundert
beginnt diese Noth, und dauert mit kurzen Unterbrechungen fort,
bis sie in der Fürstenzeit noch durch die Kämpfe Oesterreichs um
den Besitz des Landes vermehrt wird. Nur wenig Dichtungen ver-
möchte diese ereigniszreiche Zeit hervorzubringen; es war zu viel
Noth da, eine drängte die andere, und machte die früheren ver-
gessen; die Noth war zu andauernd zu unendlich, es gab zu wenig
Erholungszeit zur Fixirung der Begebenheiten oder ihrer Eindrücke
im Lied; kaum dasz sich hie und da eine Sage bildete, wie solche
verhältniszmäszig reich in den von Wittstock herausgegebenen
„Sagen und Lied. aus dem Nösner Gel." vertreten sind. Zur Ballade
fehlte es mehr als früher an Schwung. Dennoch verdanken wir
dieser Zeit unsere eigenthümlichsten und zu den schönsten zählen-
den Dichtungen. jene zarten, überaus rührenden *Waisenlieder* und
Klagen um den Verlust von Vater, Mutter, Heimath, zu denen sich
in Deutschland keine Parallelen finden. Nur in einem Lande,
worin durch Krieg und Pest fast alljährlich so viele Wittwen und
Waisen gemacht wurden, die sich bald von Haus zu Hause bettelnd
an den Thüren der Fremden ernährten, bald die harte Behandlung
einer bösen Stiefmutter ertragen muszten, und nur · unter einem
Volke, bei dem Haus- und Familienleben eine so tiefe Innigkeit
hatten, wie bei den Sachsen, konnten diese schönen Lieder des

Leids entstehen. Es sind aus dem ersten Buch vorzugsweise die Nummern 30 (A, B, C), 31 (A, B, C. D), 32, 33, 34, 36, woran sich wohl die weniger eigenthümlichen Nro. 25 (A, B, C), 28 sammt dem verdächtigen 35 schlieszen dürften; ferner die in so vielen Relationen erhaltene, schöne kleine Romanze Nro. 43, endlich wohl 45. Alle diese Stücke dürften spätestens zu Anfang des sechszehnten Jahrhunderts entstanden sein; nur einige Zusätze und die Relation D der Romanze 43 gehören einer viel spätern Zeit an. Das Volk lebte sich so sehr ein in solche Anschauungen und Empfindungen, dasz es Refrain und Typen aus diesen Liedern häufig auch sonst und selbst am unrechten Platz — wie in der Brautrede Nro. 5 und den Rockenliedern des zweiten Buchs einschob. Auch später entstanden sein könnte der Spruch 351 des dritten Buchs. Die Kinderlieder in Nro. 68 des fünften Buchs reichen zwar über die Zeit der Einwanderung zurück in höchstes Alterthum, aber gewisz nur in der Zeit der Türkennoth haben sie jene Zurufe an den Vogel erhalten: „säch, wun de Tirke kun" oder „sö mer, wun de Tatre kun, sö mer wun de Tirke kun!" und ferner „de Tatre (Tirke) ku mät stangen" u. s. w. Es sind dies meines Wissens zugleich die einzigen Volksdichtungen jener Zeit, worin mit namentlicher Erwähnung von Türken und Tataren auf die Zeitereignisse hingedeutet wird. Wenn in einem ähnlichen Kinderreime derselben Nummer der Marienkäfer in den Himmel geschickt wird, nach der Mutter zu sehen, so kann sich das Stück vielleicht den Waisenliedern anreihen. Auch die in dieser Zeit wurzelnden Lieder und sonstigen Dichtungen können übrigens nicht alle ihr Kennzeichen an der Stirne tragen, sonst möchten wohl auch hier noch einige von den erhaltenen und in meiner Sammlung aufgenommenen aufzuzählen sein.

Die Zeit der einheimischen Fürsten läszt sich in ihren Einflüszen auf unsere Volksdichtung nicht so ganz deutlich trennen von dem ihr vorausgehenden Jahrhundert. Das Elend des äuszern Lebens setzte sich fort, ja vermehrte sich: die Nation rieb ihre immer noch ansehnlichen Kräfte in einem im Interesse Oesterreichs und aus unausgelöschter Hinneigung zum Deutschthum geführten Kampf mit der Uebermacht auf, und gelangte allmählig in jenen Zustand der Erschöpfung, in dem sie mit „Ehrengeschenken" ihre grosze Politik zu machen gezwungen war. Schmerzlich muszte auch der Verlust des Handels gefühlt werden, der in frühern Zeiten immer wieder Reichthum und Macht gegeben hatte, mit dem Eintritt dieser Periode aber andere Bahnen einzuschlagen begann. Das innere, geistige und moralische Leben hatte durch die *Reformation* einen neuen Schwung erhalten; die Errichtung einer Druckerei im Lande, die Abfassung der Statuten mochten nicht ohne Wirkung bleiben, vor Allem aber das Aufblühen der Schulen und die sich immer mehrenden Wechselbeziehungen zu Deutschland konnten in ihren Folgen nicht ohne Bedeutung bleiben. Nicht nur die Schriften der Reformatoren, auch allerlei Flugschriften und Volksbücher fanden ihren Weg in das Land und öfter als früher auch Volkslieder auf dem Wege lebendiger Mittheilung. Damals wurden auch einige dramatische Spiele, darunter das sogenannte „*Königslied*" ursprünglich auf heidnischer Grundlage (den alten Maispielen — Kampf des Sommers und Winters &c.) entstanden, aber um diese Zeit durch den Geist der Reformation in andere Form gegossen — aus Deutschland eingeschleppt, Schöpfungen, die indessen nicht ganz der Volksdichtung angehören. Dasz indessen nicht alle eigene Productivität erloschen war, beweist die etwa um die Mitte dieser Periode entstandene, schöne und kernige Ballade Nro. 56 des ersten Buchs, die einzige *unverkennbar* aus einheimischem Stoff erwachsene. In dieser Periode traten auch die sogenannten „*Hochzeitsreden*" wahrscheinlich an die Stelle älterer Dichtungen in possenhaft-dramatischer Form. In dieser Periode regte sich auch — neben dem Drang zu chronistischen und memoirenartigen Aufzeichnungen — zuerst wie es scheint die Lust, die historischen Ereignisse in poetische Form zu fassen — freilich auch nur erst bei den Gebildeten, und zwar so in lateinischer wie in deutscher Sprache. Die „ruinae panonicae" und das in Simonis Czauck „Ephemeris Libellus" aufgezeichnete in 72 vierzeiligen Strophen auf die blutigen Begebenheiten des Jahres 1594 gedichtete Lied *) sind dessen Zeugen. Die Volkspoesie kann nur aus dem Anfang der folgenden Periode ein historisches Lied aufweisen; doch ist wohl anzunehmen, dasz sie seit der Reformation angeregt durch die vielen Vorbilder aus Deutschland auch früher einzelne Stücke dieser Gattung erzeugt habe. Auch einzelne Spöttereien und Sprüchwörter tragen Spuren dieser Zeiten an sich.

Mit dem achtzehnten Jahrhundert endlich beginnt nochmals eine neue, die letzte Periode für unsere Volksdichtung. Oesterreichs

---

*) Siehe Eugen v. Trenschenfels. „Deutsche Fundgruben zur Geschichte Siebenbürgen's (Neue Folge). Kronst. bei Gött 1860. Seite 91."

dauernde Besetzung des Landes, die offen hereinströmenden Cultur
Deutschlands, der Einflusz der Schule und der Kirche und mancher-
lei anderer Verwaltungsmaszregeln haben gleichen Antheil an ihrer
Gestaltung. Die eigene Production versiegt nun immer mehr und
mehr; sie beschränkt sich fast nur noch auf Scherz- und Spott-
lieder. Aus dem Anfang dieser Periode ist uns erhalten Nro. 61
des ersten Buchs, das einzige, erhaltene, historische Lied aus
früherer Zeit in sächsischer Sprache, dem sich nur noch einige
ärmliche Reime aus dem Aufstand von 1848 anschlieszen. Die
Unbeholfenheit dieses Liedes beweist, wie ungewohnt uns dieses
Fach war, beweist besser als irgend Etwas, dasz es nie bei uns
hat festen Boden finden können. In die allerneueste Zeit, obwohl
wahrscheinlich auf den Trümmern älterer ähnlicher Schöpfungen er-
wachsen, gehören die *„Fastnachtsprüche"* meiner Sammlung. Aelter
als diese sind die Nummern 48, 49, 50, 51 des zweiten Buchs.
Neben diesen und andern ähnlichen Orginalschöpfungen wurde *viel
von auszen Empfangenes umgedichtet,* wobei man immer nachlässiger
verfuhr, und zuletzt fast nur noch übersetzte. Beispiele dieser Art
liefern die Nummern 21, 22, 59, 60 des ersten, 68, 69 und 72 des
zweiten Buchs. Endlich ward die Schriftsprache, ob auch nicht in
vollkommener Reinheit, so herrschend auf allen Gebieten des
geistigen Lebens, dasz man auch auf Umdichtung und Uebersetzung
verzichtete, und die entlehnten Lieder sang, wie man sie eben er-
hielt. Hunderte deutscher Volkslieder oder zu Volksliedern gewordener
Kunstdichtungen cursiren vorzugsweise durch Vermittelung der
Schule, des Handwerks und des Waffendienstes unter unserm Volke,
und sind zum Theil veröffentlicht worden durch Franz Obert im
deutschen Museum herausgegeben von Robert Prutz; Jahrgang 1858,
von da abgedruckt in den Blättern für Geist, Gemüth und Vater-
landskunde (Beibl. der Kronst. Zeitung), Jahrgang 1858. Viele der
alten sächsischen Volkslieder werden jetzt erst ganz oder theilweise
verloren gegangen sein; das Volk verstand in einer so ganz ver-
änderten Zeit entweder seine alten Schätze nicht mehr, oder sah
sie von den „Gebildeten" verachtet oder belächelt, schämte sich
endlich selbst ihrer, und liesz sie der Vergessenheit anheimfallen.
Ich habe keines der oft köstlichen Bruchstücke wollen bei Seite
liegen lassen; der Kenner wird sich daran mehr erfreuen, als an
manchem guterhaltenen spätern Stück, und die Verluste tief be-
klagen. So liesst der Antiquar mit Entzücken die traurigen Trüm-

mer der Antiquen auf, während er gleichgiltig an den Schöpfungen
späterer Afterkunst vorübergeht.

Wie man sich in dieser Schluszperiode auch selbst *in hoch-
deutscher Sprache dichtend versuchte*, zeigt Nro. 10 des ersten Buchs
und die ästhetisch werthlosen Lieder aus dem Aufstand von 1848,
deren drei in den Anmerkungen zum ersten Buch am Schlusz als
Probe aufgenommen sind. Im sächs. Dialect dichten heute fast nur
Gebildete zum Scherz oder wie der verstorbene Kästner mit Ten-
denz. So endet die nationale Siebenbürgisch-sächs. Volksdichtung,
indem sie in den Strom der deutschen einmündet. Ein Streben
nach dieser Richtung und ein Anlehnen an die von dorther gebote-
nen Formen ist von Anfang bemerkbar. Zu solchem Schlusze ist
schon längst in vielen Gegenden Deutschlands die Volksdichtung
gelangt. Seit die Kunstdichtung aufgehört hat Gelehrtenpoesie zu
sein, das Leben der Bürger und Bauern aber — nicht durch eigene
Schuld — immer unpoetischer wird, stirbt die Volksdichtung über-
haupt allenthalben ab, und überläszt es ihrer unter solchen Umstän-
den nothwendig überlegenen Schwester, auch Bedürfnisse zu be-
friedigen, welchen in andern Zeiten nur sie selbst gerecht zu
werden wuszte.

III.

In der vorstehenden Abhandlung ist eine Darstellung der
Lebens- und Entwickelungsgeschichte unserer Volksdichtung, ins
besondere des Volksliedes in den allgemeinsten Umrissen — wie
sie allein möglich erschien — versucht worden. Die Untersuchung
ist indessen nur der Zeit nach, nicht nach allen Richtungen zum
Abschlusz gediehen. Des einfachen und ungestörteren Fortschrittes
wegen habe ich im Frühern manche Fragen bei Seite liegen
lassen oder nur nebenbei im Fluge angestreift, auf die ich nun
zurückzukommen gedenke.

Nach den Verfassern von Volksliedern zu fragen hat man längst
als müszig erkannt. Man könnte mit derselben Hoffnung auf einen
Erfolg fragen, wer die vielen Nägel eingeschlagen habe in den
„Stock im Eisen" in Wien. Einen Verfasser freilich musz auch
jedes Volkslied haben, aber nicht wie die Kunstdichtung, worin
der Dichter in einem strengeren Sinne nach Stoff und Form

Schöpfer seines Werkes ist. Er, der Kunstdichter, erfindet seinen
Stoff entweder oder wählt und verändert ihn mit völlig freier Will-
kür. So hält er's auch in der äußern Form (in der innern kann
er über die Hauptformen der Lyrik, Epik, Dramatik auch nicht
hinaus, ohne den Boden der Poesie überhaupt mehr oder weniger
zu verlassen), er wählt dieselbe nach eigenem Geschmack und
Gutdünken; ja die mittelalterlich höfische Kunstsitte forderte gerade-
zu an den — lyrischen Dichter, dasz er sich als solcher bewähre
durch möglichst viele, immer neue, selbst erfundene Formen, was
dann freilich bald zur Afterkunst, zum Verlieren des Geistes über
dem Kleid, zum Streben nach Sprachkunststücken statt nach der
Sprachkunst, zum Virtuosenthum statt zum Künstlerthum führen
muszte, wie wir es Alles in unsern Tagen nochmals haben erleben
müssen. — Nicht so der Volksdichter. Ihm ist der Stoff gegeben
in der episch-lyrischen Dichtkunst wie in der epischen durch Geschichte,
Mythe und Sage, die ihm gleich wahr und unantastbar erscheinen,
so dasz ihm auch von den beiden letztern in bedeutendern Stücken
abzuweichen ein Vergehen dünkt. Mythe und Sage nun haben sich
ohne sein Zuthun durch Jahrhunderte aus primitiven Anschauungen
der geschichtlichen Begebenheiten und der regelmäszigen und un-
regelmäszigen, allgemeinen und localen Erscheinungen in der Natur
entwickelt. Die Mythe wird oft durch blosze Abschwächung in der
Zeit zur Sage oder zum Märchen; auch die Sage, wenn sie ihren
Halt und Haft an einer Person oder Oertlichkeit verliert, schlägt
um in das Märchen und umgekehrt dieses, sobald es einen solchen
Halt erhält, in die Sage. Auch in der lyrischen Poesie ist der
Volksdichter auf ein weit engeres Gebiet beschränkt, als der Kunst-
dichter: *für ihn gibt es nur die eine Gattung des Liedes, keine Ode,
keine Hymne, keine Elegie* (im wahren Sinne — Trauerlieder sind
nicht Elegien), anderer Aftergattungen gar nicht zu gedenken. Aber
auch sein Liederstoff ist beschränkter als jener des Kunstdichters;
er kennt kein Lied „an die Freude, an die Freiheit, an die Erinne-
rung" u. dgl.: wie alle ächte Poesie *flieht er das Abstracte*, und
erbaut sein Werk aus dem concreten Fall, aus Situation und Lage.
Diese ist im Volksleben zwar allerdings für Jeden tausendmal eine
andere, aber immer wieder ähnliche, gleiche Empfindungen anregen-
de. Die dramatische Poesie endlich ist zwar, wie wir gesehen
haben, der Volksdichtung durchaus nicht gänzlich fremd, wurzelt
vielmehr in ihren ersten Anfängen auch in diesem Boden, pflegt
sich aber demselben, sobald sie die ersten rohen Bildungen über-

wunden, für immer zu entziehen; denn dies allein ist das Gebiet, auf welchem die Kunstdichtung aller Volkspoesie zu jeder Zeit überlegen war und sein wird. — Unsere Volksdichtung hatte es, wie die übergebliebenen Reste und Spuren erkennen lassen, in ihrer Entwickelung bis zur Bildung von Gattungen in der dramatischen Sphäre gebracht; es gab ernstere und possenhafte Spiele, die indessen, wie bei Griechen und andern Völkern gleichmäszig zu Cultuszwecken verwendet worden zu sein scheinen. Dasz auch hier der Stoff ein beschränkter, namentlich durch den Zweck bedingter bleiben muszte, versteht sich.

Noch mehr gegeben als der Stoff ist dem Volksdichter die *äuszere Form*. Ursprünglich besitzt gewöhnlich die Volksdichtung überhaupt nur Eine, dem eigenthümlich rhythmischen Gefühl des Volkes entquollene und vielfach mit seinen Melodien und Tänzen verwachsene; allmählig entwickeln sich für die Lyrik mehrere, aber nie viele. In diesen hergebrachten Formen bewegt sich der Volkssänger, und nur in späterer Zeit pflegen einzelne von den einfachern Formen der Kunstdichtung auch in die Volksdichtung überzugehen. Stoff und Form der Volksdichtung sind dem gesammten Volke bekannt und geläufig; wo es nicht mehr der Fall ist, mag es als „sicheres Kennzeichen ihres erfolgten oder nahen Todes angesehen werden.

Sinkt nun durch solche Betrachtungen das eigentliche *Schaffen* des Volksdichters schon bedeutend herab, so wird es noch vermindert durch Erwägung der fortwährenden *Umdichtung*. Das Volkslied wird nur in später Zeit, auch da nur eines Theils erhalten und verbreitet durch Schrift und Druck; seiner eigensten Natur nach kommt ihm zu, dasz es von lebendiger mündlicher Ueberlieferung fortgetragen werde durch *Raum* und *Zeit*. Raum und Zeit aber und die durch beide bedingten Verschiedenheiten der Bildung, der Sitten, der Anschauungen unterwerfen es einer fortwährenden Metamorphose. Mit welchem Rechte könnte man nun Den oder Jenen den Verfasser eines Volksliedes nennen, gesetzt auch man wüszte, wer es vor Jahrhunderten zuerst gesungen hat, wenn man weisz, dasz der Stoff um noch viele Jahrhunderte älter die Form längst nicht mehr die ursprüngliche ist, und dasz Vielhunderte es vielhundertmal gesungen, umgedichtet, erweitert, verengert, getheilt oder verschmolzen haben?

Irrig wäre indessen die Ansicht, dasz jeder Einzelne im Volke seinen Antheil an der Volksdichtung habe. Dichtung und Umdich-

tung bedingen denn doch eine eigene Naturbegabung, die freilich
in der Periode und Sphäre der Volksdichtung *allgemeiner* als in
jener der Kunstdichtung, aber doch nicht *allgemein* ist. Unter allen
Völkern ist das anerkannt, überall hat es besondere *Kreise, Geschlech-
ter*, ja *Schulen* gegeben, in denen sich *Dichter* oder auch nur
Sänger, Erzähler, Recitanten vorbildeten. *Auch die Volksdichtung*
war eben und ist *eine Kunst*. Die Griechen haben ihre Rhapsoden,
vielleicht ihre Homeriden, die Kelten ihre Barden, Normannen ihre
Skalden u. s. w. Als sich in spätern Zeiten Volks- und Kunst-
dichtung trennten, suchte zwar jene — verdrängt aus den Kreisen
der sogenannten Bildung — bei Bürgern, Kriegern, Bauern eine
Unterkunft, aber in dieser Sphäre galt doch immer der Eine oder
der Andere, galten überhaupt Einzelne als besonders und vor Andern
begabte Sänger, wenn sich auch gelegentlich und bei gewissen
Gattungen (Kinderdichtung, Sprüchwort, Tanzreime &c.) Jeder am
Dichten betheiligte. Der Blinde vererbte seine Kunst auf den be-
gleitenden, leitenden Knaben; die wandernden Bänkelsänger erhiel-
ten noch immer eine Art Schule, wie weit sie auch abstehen mochten
von den Homeriden und ihresgleichen.

Es fragt sich demnach hinsichtlich *unserer* Volksdichtung:

1. Welches ist vorzugsweise ihr Stoffkreis?
2. Welche sind ihre innern und äuszern Formen?
3. In welchen Kreisen sind vorzugsweise ihre Dichter zu
   suchen?
4. In welcher Weise wurde sie erhalten und verbreitet?
5. In welcher Weise fand die Umdichtung statt?

Wollte ich mich über den Stoffkreis unserer gesammten Volks-
poesie, wie sie auszer den in meine Sammlung aufgenommenen
Gattungen noch in Mythe, Märchen, Sage, dramatischen Spielen
und allerlei humoristischen Erzählungen vertreten ist, ausbreiten,
so würde das mich nothwendig weiter führen, als sich mit meiner
Absicht an diesem Orte vereinigen läszt. Von den Mythen wird
ein von mir dem ersten Wurfe nach bereits vollendetes Werk:
„Deutsche Mythentrümmer aus dem Sachsenlande in Siebenbürgen"
ausführlich handeln; hinsichtlich der Sagen läszt sich aus Fried-
Müller's sehr übersichtlich geordneter und mit trefflichen Anmerkun-
gen begleiteter Sammlung die rechte Erkenntnisz erlangen; über
die Märchen wird der sehnlichst erwartete zweite Band des Haltrich-
schen Werks den gewünschten Aufschlusz bringen; und die drama-
tischen Spiele so wie die Volksschwänke mag uns ein künftiger

Herausgeber illustriren. Der Stoffkreis derjenigen Gattungen unserer
Volksdichtung hingegen, die in diesem Buche Aufnahme gefunden,
läszt sich aus meiner Sammlung selbst bequem übersehen, da sie
eben zu diesem Zwecke nach Stoffen geordnet ist, so dasz hinsicht-
lich des dritten, vierten und fünften Buches die Bemerkung genügen
mag, was sie enthalten, fülle ungefähr denselben Stoffkreis — natür-
lich bei nur verhältniszmäszigem, also weit geringerem Reichthum
an einzelnen Exemplaren — aus, der in den gleichen Dichtungs-
gattungen Deutschlands zu finden ist. Im Nachtheil steht aber bei
solcher Vergleichung der wichtigere Theil meiner Sammlung im
ersten und zweiten Buch, der einer besondern Betrachtung bedarf.
Voran stehen die Lieder mit lyrischem Gehalt, wenn auch oft —
nach Weise aller Volkslieder — stark ins Epische streifender Dar-
stellung, zuerst die einfachsten, noch halbkindlichen Naturlaute,
Zwiegespräche mit Vögeln, wie sie in Nro. 1 bis 5 des ersten Buchs
erscheinen. *Nachtigal, Guckuck, Schwalbe* treten darin auf, aller-
dings schon persönlich aber nicht blosz allegorisch gefaszt, was in
den Anmerkungen im Einzelnen besprochen worden ist. Allegorisch,
als blosze Maske treffen wir sie nur in spätern, meist satyrischen
Liedern, bei uns ausschlieszlich den Guckuck. *Liebe mit ihren
Freuden und Leiden* schlieszt sich nun an, wie sie sich mehr oder
weniger schon durch jene Naturlaute als Grundsaite der Stimmung
durchhören liesz. *Scheiden und Meiden* hängt damit unmittelbar
zusammen, und eine besondere Seite dieses Kreises bilden die
schönen *Klagen um den Verlust von Eltern, Haus und Heimath*.
Einige kleinere Lieder beklagen — zum Theil mit Humor — die
unpassende Wahl des Lebensgefährten, und mit dem *Tod des Gelieb-
ten* schlieszt Alles ab. Das ist der einfache, einen höchst engen
Kreis erfüllende Stoff unserer eigentlich und *strenglyrischen Dichtung*.
Dieser Kreis erweitert sich durch die *Gelegenheits-, Scherz-* und
Spottlieder des zweiten Buchs, wozu aber häufig andere, jeder be-
sondern Gelegenheit ursprünglich ganz fremde Lieder mehr oder
weniger unpassend verwendet erscheinen. Vorzüglich bietet sich,
was auch die Anmerkungen hervorheben, bei dem wichtigsten
Lebensakte, der *Vermählung* mannigfache Veranlassung zu *Gesang*
und *Rede*. Sie erzeugte uns jene *Morgenlieder* der Gehilfen bei
der Vorbereitung des Mahles, jene *Brautlieder* beim Ankleiden der
Braut, die *Reckenlieder*, die *Brautrede* und die *Hochzeitspredigt*
und Aehnliches. Andere *jährlich wiederkehrende Festtage*, wie *Martins-
tag, Johannistag, Fastnacht* haben auch ihre Lieder, und der *Neu-*

jahrstag seinen *Glückwunsch*. Von Lied und *Rundreim* ist *Schmaus* und *Trinkgelag* begleitet, von kleinern Liedchen aus wenig Reimzeilen der *Tanz*. *Scherz* und *Spott* verfolgen *Stände*. *Sitten* und *Gebräuche* und *Nationen*, wobei einigemal auch die *Parodie* auftaucht. An *epischlyrischen* Stoffen ist unsere Volksdichtung — wie schon bemerkt — arm. Was sie davon aufweiset, ist, wie es scheint, mit einer einzigen Ausnahme *sagenhaft mit starkmythischen Anklängen*. *Auffallend ist die Aehnlichkeit vieler dieser Stoffe* untereinander: ein *Mord* — der Braut, Schwiegertochter, Gemahlin, Schwiegereltern — bildet bei den meisten den Hintergrund oder Vordergrund. Nach den wenigen vorliegenden Beispielen *liebte unsere Ballade starke, tragische Stoffe*.

Wie mancherlei Stoff nach dieser Uebersicht unserer Volkspoesie abgehe, zeigt ein Vergleich mit der verwandten deutschen, wie sie vollständiger als irgendwo in Uhland's Sammlung vorliegt. Wohl *muszte uns Vieles abgehen*, was in Deutschland erst später entstand auf Grundlagen, die bei uns nicht gegeben waren; Manches ist aber gewisz durch die Uebersiedelung, das Meiste durch Ungunst der Zeiten verloren gegangen. Diese hat Manches im ersten Keime erstickt, das dann nicht weiter entwickelt worden. Was dagegen uns eigenthümlich ist an Stoffen — es ist dessen nicht viel — habe ich bereits in der vorangehenden Abhandlung erwähnt.

Dargestellt sind nun diese Stoffe in einer ganz *anspruchlosen* gerade *durch ihre Einfachheit* zuweilen unwiderstehlich *rührenden* Sprache, und so durchgängig in *straffer* oft *herber*, oft aber auch *gewaltig ergreifender Kürze*, dasz solche Weise als charakteristisch für unser Volkslied angesehen werden musz. — Sowohl *diese Stoffe* als auch *diese Darstellungsweise* unserer Volksdichtung *zeugen* einerseits *für das hohe Alter* derselben, andererseits für die *alterthümliche Stufe*, auf welcher sie auch in ihren Erzeugnissen späterer Zeit stehen geblieben ist. Mit solchem Stillstand muszte fast nothwendig Verkümmerung verbunden sein.

Nicht minder alterthümlich ist *die äuszere*, auch höchst einfache *Form* unserer Volkslieder. Je zwei Zeilen werden paarweise durch den Reim (und das Versmaasz) verbunden, und bilden so auch oft schon eine Strophe mit abgeschlossenem Sinn; zuweilen schliesz sich solchen Strophen — falls dies nicht aus Verderbnisz und Verlust zu erklären sein sollte — eine dritte Zeile unorganisch an. Sonst wird die Strophe durch je vier Zeilen mit unverschränkten Reimen gebildet, und nur in selteneren Fällen schliesz sich noch

eine fünfte Zeile an, die doch gewöhnlich nur aus dem wiederkehren-
den Refrain zu erwachsen pflegt, wie in Nro. 8, 9 (durch doppelten
Refrain sind hier sechszeilige Strophen entstanden), 24, und dem
entlehnten 46 des ersten, und Nro. 48 und 49 des zweiten Buchs.
Mehrzeilige Strophen wie in Nro. 21 und 23 des zweiten, (die beide
sechszeilige) und 27 des ersten Buchs (8zeilig, lassen sich jedoch
auf vierzeilige zurückführen) sind in echten Liedern eine Seltenheit,
erscheinen dagegen nebst verschränkten Reimen in entlehnten öfter
so in Nro. 68, 69 (wo indessen wieder der Refrain von Einflusz
war) und 72 des zweiten Buchs. Der *Reim* ist so wenig Bedürf-
nisz, dasz er oft und zwar auch in ganzen Liedern vollkommen
fehlt, Assonanz und zwar Consonant- wie Vocalassonanz gelten
gleichmäszig als Reim; dem unverwöhnten Ohr des Volks genügt
auch dieser leisere Gleichklang. Auch die einfachere Strophenab-
theilung in je zwei (mit Refrain drei) und je vier Zeilen ist nicht
allgemein durchgeführt; doch nicht überall, wo sie jetzt fehlt, darf
man auf ursprünglichen Mangel derselben schlieszen, vielmehr ist
sie in vielen Fällen sichtlich nur durch Verderbnisz und entstandene
Lücken verloren gegangen, so in Nro. 5 B, C und Nro. 50 des
ersten Buchs, von denen 5 B sich wohl jetzt noch strophisch her-
stellen liesze. Bei den *Fastnachtsprüchen* und *Tanzreimen* ist
Strophenlosigkeit Regel. Dasz bei Zauberformeln, Räthseln und in
der Regel bei Kinderliedern kein Strophenbau erscheint, ist natür-
lich und hierin unsere Volksdichtung nicht nur der deutschen, son-
dern allen andern gleich. Ebensowenig stehen wir allein mit unsern
bald gereimten, bald nicht gereimten Sprüchen und Sprichwörtern;
doch sind nur wenige ganz ohne allen Rhythmus. Die *Versmessung*
nimmt im Allgemeinen nach altdeutscher Weise wenig Rücksicht
auf Senkungen, und betont und zählt nur die Hebungen mit, wenig-
stens in strophischen Liedern, ziemlich genauer Sorgfalt. Einzelne
Lieder wie Nro. 1 und 56 (auch 27 wenn ihm vierzeilige Strophen
geeignet werden) des ersten Buchs zeigen unbezweifelbare *Versein-
schnitte*. Der *Refrain* ist nicht selten und erzielt zuweilen durch
hochdeutsche Schriftsprache eine eigenthümliche, offenbar *gewollte*
Wirkung.

Solche und sogar noch gröszere Einfachheit der äuszern Form
zeigt die Volksdichtung vieler Völker; wo sie — wie in Deutsch-
land, Italien und sonst — eine reichere Fülle entfaltete, ist der
Einflusz der Kunstdichtung nicht zu verkennen.

Auch die wenigen Melodien, deren ich habhaft werden konnte, zeigen grosze Einfachheit, und besonders denen zu Nro. 3 und 6 des zweiten Buches muthe ich hohes Alter zu, wogegen mir andere hinsichtlich ihrer Aechtheit verdächtig sind. Die Einfachheit solch alter Melodien mag, als sie neben dem einschmeichelnderen Reiz später erlernter Weisen nicht mehr befriedigen konnten, mit Ursache gewesen sein am Untergange manches Liedes. Die Scham vieler Liederkundigen diese Melodien vor „Gebildeten“ zu singen, hat mich übrigens um die Vollständigkeit manches Stückes gebracht; denn singen mochten sie nicht, und ohne Gesang versagte sich das Gedächtnisz.

Suchen wir nach den Kreisen, in welchen die Dichter unserer Volkspoesie zu Hause sind, so stehen uns auch hier wieder nur die zu Anfang der zweiten Abhandlung angeführten Hülfsmittel zu Gebote. Die besten Fingerzeige geben die Dichtungen selbst. In der Blüthezeit und während der alleinigen, unbestrittenen Herrschaft der Volkspoesie war wohl das Dichten vorzugsweise eigens dazu Gebildeten und Berufenen überlassen. Je mehr sich 'ein Unterschied zwischen Volks- und Kunstdichtung festsetzte, je mehr letztere alle Berechtigung für sich allein in Anspruch nahm, und ihre Schwester aus den höhern Kreisen des Volkes verdrängte, desto mehr hörte dieses Verhältnisz auf. Bänkelsänger waren nur ein schwacher Abglanz alter Sänger. Bei uns zeigen sich indessen auch von einem Bänkelsängerthum nur schwache, zweifelhafte Spuren. Die Ballade Nro. 56 des ersten Buches könnte nach ihrem Ton ein Product desselben sein. Wie anderwärts, so mögen denn auch hier *Krieger, Handwerksbursche, Bürger* als *Verfasser oder Umdichter* vieler Stücke anzusehen sein; städtischer Bildung entstammt vielleicht Nro. 43 ohne allen Zweifel aber die Relation D dieses Stückes, ferner 44 des ersten Buchs, so Nro. 79 des zweiten Buchs und Manches aus den Kinderdichtungen. Wer aber meine Sammlung auch nur flüchtig durchläuft, musz sich überzeugen, dasz unsere Volksdichtung weit überwiegend *Bauernpoesie* ist. Nicht nur jene Nummern 48 und 49 mit ihrem köstlichen Bauernhumor, fast alle Lieder des ersten und zweiten Buchs und viele von den Räthseln lassen ihren Ursprung aus bäuerlichen Kreisen deutlich erkennen. Auf Tanzplätzen der Dörfer entstanden offenbar die *Tanzreime*, in den Spinnstuben die Räthsel, so fern sie nicht längst hergebracht waren, hier auch jene *Neckereien der Mädchen*, von denen ich in den Anmerkungen gesprochen habe. *Mädchen* mag man auch die

meisten *Liebeslieder* und *Scheidelieder, Burschen* die *Tanzreime* zu-
schreiben, während die Räthse beiden zu gleichen Theilen eigenen
können. *Zauberformeln* und *Heilssprüche* stammen in ihren ersten
Anfängen aus uraltem Heidenthum und wurden vorzugsweise von
Priestern und *weisen Frauen geschaffen;* Andere scheinen indessen
nicht von dieser Dichtungsart ausgeschlossen; die sich ihrer vielfach
bedienten, werden wohl auch eigene Schöpfungen in dieser Gattung
zu bilden gestrebt haben. Ich habe vermuthet — und ich glaube
mit groszer Wahrscheinlichkeit — dasz viele von diesen Formeln
später von christlichen *Pfaffen* umgedichtet wurden. An *Braut-
reden, Brautliedern* u. dgl können auch *Geistliche* und *Lehrer* Theil
haben, wie denn viele der bei festlichen Gelegenheiten üblichen
Reden gewisz ihnen die erste Grundlage jener Gestalt verdanken,
in welcher wir sie heute kennen. An der Conception der humori-
stischen „*Hochzeitspredigten*" scheinen sich vorzugsweise *Dorfs-
Cantoren* zu betheiligen, welche wohl dieser Gattung zuerst *diese*
Gestalt gegeben haben mögen. Von den *Fastnachtsprüchen* wissen
wir ohnehin mit Gewiszheit, dasz *Schulmeister* ihre Schöpfer sind.
Auffallend ist, dasz weder *Dichter* noch *Umdichter* unserer Volks-
lieder jemals sich oder ihren Stand zu nennen pflegen, wie doch
im deutschen Volkslied — gewöhnlich am Schlusz — so häufig als
Sitte erscheint, indem in einer Strophe gemeldet wird, wer das
Lied „*gesungen*" oder „*von neuem gesungen*" (d. i. umgedichtet) hat.

*Wo unsere Volksdichtung entstanden, da und von da aus ver-
breitete sie sich auch* zum Theil durch die Dichter selbst, wandernde
Bursche, Soldaten, Bauern u. s. w., wobei nicht zu vergessen ist,
dasz die Bildung und die Sitten früherer Zeit noch weit weniger
als jetzt geschieden auch weit weniger geeignet waren Scheidewände
zu ziehen, und so die Verbreitung durch alle Stände weit leichter
vermittelt wurde als später. In den Vorstädten der Städte gab es
überall auch ein Bauernleben, Tracht, Sitte, Tanz, Freuden waren
sich viel ähnlicher, ja selbst die Schulen der Städte und der Dörfer
und der Geschmack nach jeder Richtung gingen weniger ausein-
ander als jetzt, und das Volkslied muszte überhaupt vor der Blüthe-
zeit der deutschen Litteratur willkommener sein als in unsern Tagen.
Nur die poesielose Strenge der protestantischen Geistlichkeit mochte
sich nie recht damit befreunden wollen. Die Privatbibliotheken
derselben bis zur Mitte des achtzehnten Jahrhunderts zeigen über-
haupt keinen Sinn für Poesie; man findet fast nur exegetische,
dogmatische und reformatorische Controversschriften darinnen; ein

Opitz. Lohenstein. Hoffmannswaldau ist eine wahre Seltenheit. Wer das Bedürfnisz nach poetischem Genusz fühlte, griff zu den lateinischen Dichtern. So erklärt sich denn auch der *Widerwille gegen Tanzplätze und Rockenstuben.* Wohl mag namentlich in den Rockenstuben nicht selten *Unfug* geschehen sein, aber dennoch haben sie *von geistlichen und weltlichen Herren* und deren nicht immer ganz reinem Eifer *allzustarke Verfolgungen* zu erdulden gehabt. Und Tanzplatz und Rockenstube waren es vorzüglich, wo sich Lied, Räthsel, Märchen, Sage schnell Vielen mittheilte. *Die Mädchen scheinen von jeher liederkundiger gewesen zu sein als die Bursche, heute sind sie es ohne allen Zweifel. Zauberformeln* und *Sagen* gingen *von Eingeweihten auf Eingeweihte* über — in welcher Weise, sagen die Anmerkungen zu dieser Abtheilung des vierten Buchs — oder wurden von Wiszbegierigen durch allerlei List abgelauscht. Das *Sprichwort* wird verbreitet durch das tägliche Leben und dessen mannigfache Beziehungen, denen es seinen Ursprung verdankt; unausrottbar wächst es sich der Sprache ein, unbewuszt wird es oft vernommen, bleibt kleben, wird weit fortgetragen und faszt wieder Wurzel wie der winzige Same der Pflanzen. So klingt ein griechischer oder lateinischer Denkspruch aus dem Munde des sächsischen Bauern, so wachsen Uralische Disteln vor den Thoren von Paris. Wer die *Kinderdichtung* schuf, pflegt sie auch zu verbreiten, *Mütter* und *Kinder, Ammen* und *Wärterinnen.*

Dasz im Allgemeinen unsere Volksdichtung sich einst eines *sehr starken Austausches* und *lebendigen Fluszes* erfreut haben müsse, beweisen die vielfachen mehr und weniger von einander abweichenden Varietäten einzelner Lieder, die an näheren und ferneren Orten gleich häufig auftauchen. Diesen lebendigen Flusz unserer Volksdichtung, dann aber auch die Weise der *Umdichtung* klar zu legen, habe ich in den meisten Fällen fast alle Relationen eines Liedes, die mir eben zu Gebote standen, auch abgesehen von ihrem sonstigen, besonders für den Fachgenossen nicht zu unterschätzenden Werth in meine Sammlung aufnehmen zu müssen gedacht.

Noch ist nun übrig der in diesem Buche vielerwähnten *Umdichtung* eingehender zu gedenken. Wohl keines unserer Lieder besitzen wir in seiner ursprünglichen Gestalt, alle sind vielfach verändert, *umgedichtet* worden, und so auf uns gekommen, die ältesten am meisten und oft so sehr, dasz wir die Urgestalt auch nicht einmal annäherungsweise zu bestimmen vermögen. *In welcher Weise pflegt nun solche Umdichtung zu geschehen?*

In der Antwort ist vor Allem hervorzuheben, dasz sie fast nie ohne Bedürfnisz eintritt. Eine *Veränderung des Grundgedankens* bedingen veränderte Anschauungen, verändertes sittliches und religiöses Bewusztsein des Zeitalters, einen *Umgusz der Form* veraltete Formen einerseits, neuaufgekommene andererseits. So wurde der Grundgedanken der Nibelungensage in der „Nibelunge not" ein anderer als er's gewesen war in den auf älterer Grundlage entstandenen Eddaliedern, so wurde in dem Volkslied von Hildebrand Form und Geist des altdeutschen Hildebrandliedes aufgegeben. Schon eine mit dem Grundgedanken einer Dichtung *im Widerspruch stehende Stimmung,* ja! eine Laune des Einzelnen kann Veränderungen oder auch nur Zusätze veranlassen, die oft durch den Gegensatz, in dem sie zur ursprünglichen Dichtung stehen, einen Anstrich von Humor erhalten, oder auch wirklich und absichtlich humoristisch sind. Einen solchen Zusatz bildet zum 24. Liede des ersten Buchs die fünfte Strophe. Andererseits kann eine im Liede nur *leise angedeutete Empfindung,* ein nur *leicht ausgeprägter Gedanke besonders gefallen,* und wird von dem Befähigten in einigen *eingeschalteten Strophen* weiter ausgeführt oder *aus andern Liedern* durch *Reminiscenz* ergänzt. Beispiele hiezu liefern Nro. 1 Strophe 5, Nro. 30 B 6. bis 8. Strophe, Nr. 31 C, 1. bis 2. Strophe, Nr. 48 C 6. bis 8. Strophe und D, Strophe 16 und 17 des ersten Buchs, Nro. 4 Strophe 9 nebst Stellen aus Nro. 3, 4, 5 des ersten Buchs, nebst manchen andern Stücken, bei denen es theils durch den Text, theils durch die Anmerkungen angedeutet worden ist. Ebenso werden einzelne oder mehrere Strophen, wenn sie *nicht mehr verstandene Gedanken, Anspielungen u. dgl.* enthalten, ohne weiters fallen gelassen und vergessen. Dem Volke sind seine Lieder nicht unantastbar; es betrachtet sie als sein volles Eigenthum und schaltet damit nach Belieben, und mehr noch als *Verlängerung* liebt unsere sächsische Volksdichtung *Verkürzung* des Empfangenen. Nicht selten ist ferner der Fall, dasz *mehrere Dichtungen* oft nicht einmal ähnlichen Inhaltes *verschmelzen in Eine.* Oft trugen sie die Spuren ihrer Verbindung noch so deutlich an sich, dasz ich einige Stücke dieser Art ohne Bedenken wieder in ihre Bestandtheile zerlegen durfte. Umgekehrt *entstehen auch aus einer Dichtung* zuweilen *zwei oder mehrere* oder es entwickeln sich *aus bloszen Typen* und *Bruchstücken* älterer Lieder neue. Auch erscheinen alte Refrains und Typen in mehreren Liedern bald passend verbunden, bald lösbar angefügt

oder vorgesetzt. Die beliebtesten und gebrauchtesten sind die Typen
von Scheiden und Meiden:

> Ich més ewêj, ich mész derfun;
> wîsz Got wunî ich wéder kun!
> wun de schwarz ruowe wéisz fädern hun
> dernô wärden ich wéder kun.

oder:

> wun alle rît rîse wéisz blomen drôn

oder:

> wun âsz birebûm rîse bräinjt —
> ach rîse bräinjt hie némermî
> hie bräinjt nor blémtcher wéisz wâ schnî

und:

> Ai schîden, ai schîde wier huot dij erdôcht,
> dat tâ mer meinj härz än trouren huoszt brôcht?
> Ai trouren, ai trourc wund niszt tâ en äinjt?
> wun âsz birebûm rît rîse bräinjt,
> ai rîse rît, ai lélje blô!
> éch had en härzgeläfte,
> nor Got wîsz, wô,
> ai lélje blô, ai rîse rît!
> éch had en härzgeläfte,
> dier äsz na dît &c.

ferner:

> von der Linde „oben breit und unten schmal,"
> darauf sitzt „Frau Nachtigall," endlich

die vielen Typen in Tanzreimen, Fastnachtssprüchen und besonders
in Zauberformeln.

Oft auch schlagen einzelne Dichtungen aus einer Gattung in
die andern um, das Märchen wird zur Sage, die Sage zum Märchen
oder Lied, das Lied hinwieder kehrt durch Zerstörung seiner äuszern
Form wieder in die Gestalt der Sage, des Märchens zurück; Sprich-
wörter werden in Räthsel umgebildet, Lieder degeneriren und sin-
ken zum Kinderreim herab. Fast immer ist mit der Umdichtung
aus einer Gattung in die andere nothwendig eine mehr oder weniger
tiefgehende Umbildung des Stoffes verbunden. *Manche Stoffe* kom-
men zugleich in *mehreren Dichtungsarten* vor. Vielmal wiederholt
sich in unserer Volkspoesie der Fall, dasz ein Lied oder einzelne
Stücke desselben mit geringen Veränderungen *einem Zwecke gerecht
gemacht* werden, *zu dem sie ursprünglich keine Beziehungen haben;*

dergleichen Beispiele liefern vorzüglich die Gelegenheitslieder des zweiten Buchs. *Entlehnte Dichtungen* erleiden bei der Umdichtung *grösztentheils Verkürzung*, wenn sie nicht, wie in den spätern Zeiten gewöhnlich geschieht, blosz übersetzt werden. Verlorenes Verständniss bringt bei der Umdichtung zuweilen mancherlei Widersprüche in ein Lied; in Nro. 54 des ersten Buchs werden Rhein und Thorenburg ganz nahe aneinandergerückt.

Am anziehendsten ist die Frage, welche innere und äuszere Kunstform die aus der Urheimath mitgebrachten Stücke unserer Volksdichtung zur Zeit der Einwanderung gehabt haben mögen. Die Frage ist für die gesammte deutsche Volksdichtung, über deren Geschichte in keiner anderen Periode ein so tiefes Dunkel schwebt, von hoher Bedeutung. Wenn es aber auch nicht zu gewagt erschiene von hieraus eine Beantwortung zu versuchen, wenn es mir auch möglich scheint durch breite und vielfache Untersuchungen in dieser Hinsicht mindestens zu einigen Resultaten zu gelangen, so ist hier doch nicht der Ort solche Untersuchungen vorzunehmen

Die in dem Vorausgehenden entwickelten Eigenthümlichkeiten der Umdichtung sind nicht etwa blosz unserer Volksdichtung eigen, sondern finden sich alle oder groszentheils in den Poesien aller Völker; sind sie doch, wie bemerkt worden, an groszen Epen erkennbar. *Ein ewiges Schaffen, Zerstören und Wiederausbessern ist aller Volksdichtung wie allem Leben eigen.* Die Kunstdichtung ist vorzüglich durch den Druck, die überwachende Kritik und die Bildung der Kreise, für welche sie bestimmt ist, vor solchen Umgestaltungen gesichert. Dafür bleibt sie aber nicht selten hinter dem Fortschritt der Zeit zurück, und verfällt dem Staub und der Vergessenheit. Wo sie hingegen ihren Weg in das Volk und die lebendige Rede gefunden, ist ihr nicht anders mitgespielt worden als der Volksdichtung, und wunderlich nehmen sich oft für den Kenner Hölty'sche, Bürger'sche, Claudius'sche und anderer deutscher Kunstdichter Lieder im Gesang des Volkes aus.

IV.

Ueber den Werth von Volksdichtungen mich auszusprechen könnte, wenn meine Sammlung nicht besondere Veranlassung dazu böte, von unserm heutigen Standpunkt aus als überflüszig erscheinen. Ueberwunden wohl für immer sind die Anschauungen, die einen Nikolai bestimmen konnten, Herder ob Herausgabe der „Stimmen der Völker" zu verspotten. Herder's im Grunde noch in sehr engem Raume gefaszter Arbeit (mit Mühe vermochte er einige Blätter mit *deutschen* Volksliedern anzufüllen) folgten bald mehrere, reichere Sammlungen nach, denen gegenüber nur als Probe erschien, was er geboten hatte. Einzelne fanden nun genug Arbeit bei Eines Volkes Dichtung. Die romantische Schule cultivirte in ihrer Weise auch den Volksliederenthusiasmus bis über seinen Höhepunkt hinaus. Noch war ihr's nur um den ästhetischen Werth und Reiz zu thun. Die Herausgeber des berühmten „Knaben Wunderhorn" nahmen keinen Anstand an den aufgenommenen Dichtungen zu ändern, zu kürzen, zu verlängern; es lag nicht in ihrer Absicht eine historische noch eine kritische Sammlung zu veranstalten; sie verfuhren mit der Volksdichtung eben wie das Volk selbst, nur nicht mit derselben Berehtigung. Es folgte indessen Sammlung auf Sammlung und endlich auch kritische, deren Krone ohne Zweifel die Uhland'sche geworden ist. Aller Nationen Volksdichtung wurde von den allsammelnden und allübersetzenden Deutschen allmählig auf den Büchermarkt gebracht. An Nachahmungen der Kunstdichter fehlte es nicht. Der gröszte Theil der modernen deutschen Lyriker — mindestens seit Heine gerechnet — fuszt bewuszt oder unbewuszt auf dem Volkslied, dessen Vorzüge sie sich indessen weniger als seine Mängel anzueignen gewuszt haben. Man fühlte wohl, was man in sich nicht hatte; aber man wuszte die gebotene Arzenei nicht zu nützen; die Kranken schliefen neben dem Gesunden, aber sie blieben krank. Mit Entlehnung einiger Typen und Wendungen (sieh z. B. Heines drei Grenadire) hilft man einer innerlich siechen Poesie nicht auf. Heute steht es um die Sache so, dasz das Volkslied zu viel bewundert und zu wenig verstanden ist.

Der *ästhetische Werth* der Volksdichtung (nach diesem fragt man bei jeder Dichtung billig zuerst) darf nicht überschätzt werden. Zwar in ihrer Blüthezeit darf sie den Vergleich wagen mit dem Gröszten und Schönsten, was der Kunst überhaupt gelungen ist.

Homerische Gesänge sind durch keine Kunstdichtung überragt.
Aber ein solches Zeitalter gibt es für die Volksdichtung immer nur
einmal. Damals hatte die Volkspoesie keine Nebenbuhlerin, sie
war zugleich Kunstpoesie, war — wie wir zu sagen pflegen — Alles
in Allem. Den Nibelungenliedern fühlt man schon an, dasz neben
dieser Kunst des Volks eine andere höfische Kunst bestand, der
die Sonne der Gunst wärmer strahlte. Weit tiefer steht die spätere
Volksdichtung, und je weitere Schranken Cultur und Aftercultur
unter den Menschen ziehen, desto tiefer, immer tiefer sinkt sie.
Nur mit den spätern Erzeugnissen der Volksdichtung oder, was
dasselbe ist, mit ihren spätern Gestaltungen — obgleich nicht ihren
spätesten Ausartungen — haben wir es hier zu thun. Diesen nun
gebricht es nicht nur an Weite des Ideenkreises — das würde dem
poetischen Werth im Einzelnen noch nicht Eintrag thun — es
gebricht ihnen auch sehr oft an *gleichmäsziem Flusz* in der Dar-
stellung, sie überspringen nicht nur das Unpoetische, Unbedeutende,
sondern auch das, wozu die Kraft des Dichters nicht ausreichte.
Die *geschilderten Empfindungen* sind zwar immer wirkliche und
wahre, *nicht immer klare, bewuszte. Noch weniger klar ist oft der
Ausdruck;* den Dichtern steht die Sprache nicht jedesmal aus-
reichend zu Gebot, hier wird sie stammelnd, matt, dort leiht sie
ihm eine *schiefe,* nur halbzutreffende *Bezeichnung,* und der eigent-
liche Sinn musz oft errathen werden. *Am unvollkommensten* ist in
der Regel *die äuszere Form,* die oft *roh* und *unbeholfen* niemals auch
in ihren schönsten Werken und in der besten Zeit der Volksdich-
tung an die herrlichen Prachtbauten der Kunstdichtung empor-
reichen kann.

Diesen Mängeln gegenüber hat die Volksdichtung grosze, und
oft mehr als aufwiegende *Vorzüge* in die Wagschale zu legen. Vor
allem hervorzuheben ist die *Unmittelbarkeit, Wahrheit* und *Stärke
der Empfindung,* die *Einfachheit* und *Grösze* wie die *befriedigende
Abrundung* der in langsamem Bilden geschaffenen *Stoffe, die Ruhe*
und *das Masz* in der Darstellung, und oft der *gesunde Humor.*
Die Form der Zerrissenheit oder gar Blasirtheit bleibt ihr ewig
fremd. Vielfach hat die Kunstdichtung die von der Schwester vor-
gebildeten Stoffe benützt. Ich habe im Mühlbacher Schulprogramm
für 1857—8 der glücklichen Griffe *Shakespeares* und *Güthes* gedacht.
Die dort angeführten Stoffe „König Lear, Hamlet, Faust‟ sind nicht
die einzigen, die zu erwähnen gewesen wären; sie wurden gewählt,
weil sie durch die gelungene Ausführung über viele andere hinaus-

35*

ragen. Von der Faustsage ward auch Lessing angezogen. Auch
Schiller's „Jungfrau von Orleans und Wilhelm Tell" sind durch
das Schaffen der Sage in helleres Licht gerückt worden. Nicht
nur den Stoff, die ganze Gattung der „Ballade" verdankt die Kunst-
dichtung der Volksdichtung; um die Hälfte ihrer schönsten Er-
zeugnisse wären wir ärmer, dürfte sie nicht Stoff nehmen aus die-
ser, wozu sie freilich ein gutes Recht hat.

Vom *sittlichen Standpunkt* betrachtet, steht die Volkspoesie
wenigstens in keinem Fall im Nachtheil gegen die Kunstdichtung.
Einzelne Ausdrücke, an denen man Anstosz nehmen könnte in
Kreisen, wo man viele Dinge nicht bei ihrem Namen zu nennen
gewohnt ist, darf man ihr nicht hoch anrechnen. Die Tendenz
macht eine Dichtung unsittlich, nicht einzelne Worte, die doch
einem Wörterbuch auch nie zum Vorwurf gemacht werden. Ver-
steckte Anspielungen, faunisches Hervorlugen unter halber Ver-
hüllung, wie es in Wieland's Compositionen nicht selten augetroffen
wird, verdient Tadel, nicht naive, harmlose Nacktheit. Grosze
Kunstdichter aller Zeiten haben starke Ausdrücke am rechten Orte
nie vermieden. Aristophanes treibt es wohl zuweilen etwas arg —
aber die *griechischen Tragiker, Shakespeare, Göthe* und der *hochsitt-
liche Schiller* sind mit ganzem Recht als Beispiele anzuführen. Dem
Humor und der Komik musz natürlich immer mehr erlaubt sein
als andern Richtungen. In der Tendenz ist die Volkspoesie im
Allgemeinen und speciell die deutsche rein; gegen Eines ihrer Ver-
gehen wären leicht hunderte aus der Kunstpoesie anzuführen. Offen
und augenfällig liegt in Sagen und noch mehr in Märchen die *poe-
tische Gerechtigkeit* zu Tage; der Tugend, der verfolgten Unschuld
wird zuletzt fast immer ihr Lohn, den Hilflosen ihr Retter; der
Verbrecher entgeht der verdienten Strafe, der Lügner und Betrüger
der Entlarvung nicht, seine Pläne werden zu Schanden. Nur in der
Thiersage und hie und da in gewissen Märchen zeigt sich eine
Parteinahme für den Schlauen und Listigen, sonst hält sich die
Dichtung in der Regel mit ihren Sympathien auf der Seite des
Gerechten. Auch die *Kinderdichtung* — ob wir gleich nicht ganz
in das überschwengliche Lob einstimmen können, das ihr der Vor-
redner zu Simrock's Kinderbuch ertheilt, so schön und ganz auf-
gehend in den Geist dieser Dichtung er übrigens geschrieben hat
— zeigt im Allgemeinen nur sittliche Tendenzen. In den *Sprüchen*
und *Sprichwörtern* besitzt das Volk einen *unversiegbaren Schatz von
Tugend-, Weisheits-* und *Klugheitslehren* und wird daneben Moral-

systeme und dicke Bände über den Umgang mit Menschen noch
lange Zeit ohne Nahtheil entbehren. Alles in Allem ist die Volks-
dichtung die rechte Milch und das rechte Brot für das Volk,
gesunde, nahrhafte Kost, die es auch verdauen kann, und die ihm
weder Eckel verursacht noch Magen und Blut verdirbt. Hier ist
ihm die rechte Sprache gefunden, hier findet es den treuen Beglei-
ter durch das Leben, der ihm allezeit verständlich entgegentritt,
und die ihm diesen ererbten Besitz verleiden möchten, um ihm da-
für an Modewaaren Geschmack beizubringen, mögen bedenken, dasz
sie damit ein sündhaftes Zerstörungswerk beginnen!

Auch einen *historischen* Werth hat die Dichtung des Volkes.
In ihren Zauberformeln und Segen, in ihren Kinderreimen, Sagen,
Märchen, Balladen und zerstreut in andern Gattungen ist eine reiche
Fundgrube alten Glaubens und Rechtes, alter Sitten und Gebräuche
erhalten. Historische Sagen und Lieder sind geradezu geschicht-
liche Urkunden, allerdings nicht ersten Ranges, auch nicht alle von
gleichem Werthe, aber immerhin alle Berücksichtigung verdienend.
Sie sind Zeugen vergangener Freuden und Leiden, Anschauungen
und Leidenschaften, Strebungen und Kämpfe, Siege und Nieder-
lagen. *Volksdichtungen* endlich sind als *treuester Abglanz des
Volksgeistes* und *Volksgemüthes* vorwiegend berufen deren innerste
Eigenheit aufzudecken, und zur rechten Erkenntnisz des Volks-
charakters zu führen Jeden, dem daran gelegen ist, an dieses Ziel
zu gelangen.

Von dem Gesagten auf *unsere* Volksdichtung übergehend, ist
vorerst Ausdruck zu geben dem Bedauern, dasz uns nicht mehr
von derselben und nicht in besserem Zustand überliefert ist. Um
so theurer müssen uns die noch geretteten Reste sein. Hätten
unsere Väter unter den furchtbaren Drangsalen, denen sie fast er-
legen, kurz vor oder nach der Reformation Zeit und Lust gehabt
uns ihre Volksdichtungen aufzuzeichnen, und uns so noch einen
bedeutenden Theil ihres geistigen Gutes zu vererben, oder hätte
auch nur vor hundert Jahren Jemand unter uns den Sinn gehabt
sie zu sammeln, so würden wir heute mit einem andern Schatze
auftreten können, und der Werth unserer Volksdichtungen müszte
weit höher anzuschlagen sein. Im Allgemeinen zwar zeigt sie die-
selben Vorzüge und Mängel wie die verwandte Deutschlands; in
der zerrütteten Gestalt aber, in welcher sie uns vorliegt — an
welcher unser Volk keine Schuld trägt — sind der Vorzüge weniger,
er Mängel mehr. Die ästhetischen Schönheiten sind weniger als

bei deutschen Volksliedern über ganze Stücke ausgebreitet, und
müssen in ihrer Vereinzelung sorgsam und mit Kenneraugen wie
Perlen aus dem Meeresgrunde heraufgeholt werden. Solcher Perlen
sind indessen so manche, und oft kommen die köstlichsten der-
selben in Bruchstücken vor, die schon deshalb meiner Sammlung
nicht entzogen werden durften. Zwar ohne Zweifel wird es Leser
geben, die fragen: „wozu diese Trümmer?" Solchen mangelt über-
haupt poetischer Sinn. Der Kenner wird den Werth solcher Bruch-
stücke zu schätzen wissen, und nicht selten das Fehlende aus
eigener Phantasie zu ergänzen vermögen, wie der Baukundige aus
einer Ruine den Styl des Gebäudes zu erkennen, im Geiste das
Ganze zu überschauen, dessen Eindruck zu empfinden und zu ge-
nieszen vermag. Der eigenthümlichen *Zartheit und Innigkeit gewisser
Stücke, der Naturwahrheit und Wärme der Empfindung der einfachen
Grösze und tragischen Anlage einzelner Stoffe, der Kürze der Dar-
stellung*, die theilweise allzuherb und unbefriedigend, oft aber auch
ergreifend und voll Mark erscheint, und den Eindruck des Erhabe-
nen macht, ist schon sonst gedacht worden.

Zu den schönsten Stücken zähle ich:

Aus dem ersten Buch die Nummern: 1 bis 5, 24, 25, 31, 43,
44, 45, 48, 54, 56, wobei ich natürlich die besten Relationen im
Auge habe. Recht artig sind auch die Nummern 16, 17, 34, 35,
36, 37 (B), 41. Die Nummern 52 und 53 sind herb aber kräftig,
und 50 hat einen wohlgerundeten Stoff und einzelne guterhaltene
Motive. Einzelne Wendungen und Motive wären auch aus andern
Stücken herauszuheben.

Aus dem zweiten Buch ist Nro. 2 schmucklos anmuthig. Ein-
zelne Schönheiten haben Nro. 3, 6 (ohne den Anhang) und 7 (eben-
falls ohne die Zusätze) und einige Tanzreime. Treffenden Humor
enthält Nro. 48 (das ihm ähnliche Nro. 49 ist schon prosaischer)
und Einzelnes in Nummern 64, 65, 66.

Ein groszer Theil der reichlichen Spruchdichtung ist werthvoll,
und mehrere von den Heilsformeln sind dämonisch erhaben. Die
Kinderdichtung im fünften Buche ist zwar mit Kinderaugen anzu-
schauen, und mit dem Maszstabe eines Mutter- und Kindergemüthes
zu messen, erfüllt aber auch dessen Anforderungen fast in dem-
selben Grade wie die Deutschlands; und schwerlich dürfte ein Volk
eine schönere, herzlichere Kinderpoesie besitzen als das deutsche.

Freilich erfreut man sich fast nirgends eines ungestörten zu-
sammenhängenden Genuszes, weil wir so wenig Guterhaltenes be-

sitzen, weil Alles in so trümmerhaftem Zustande ist. Wenn übrigens unsere Volksdichtung einerseits zertrümmert, andererseits dagegen unentwickelt erscheint, so mögen es zum Theil diejenigen verantworten, die dem Volke die Freude an seinem Gut verderben und ihm gerne geschmacklose Bissen reichen, die es wohl kauen aber kaum verdauen wird.

In sittlichem Betracht ist unserer Volkspoesie ebensowenig und wohl noch weniger ein Vorwurf zu machen als derjenigen Deutschlands. Dieselbe poetische Gerechtigkeit, dieselbe mackellose Tendenz. Ueber die sogenannten humoristischen Hochzeitpredigten habe ich mich in den Anmerkungen (zu den Nummern 64, 65, 66) in dieser Hinsicht ausgesprochen. Ohne sie bis ins Einzelne vertheidigen zu wollen, glaubte ich sie doch gegen den Eifer von Zeloten, denen es nicht um wirkliche Güter, sondern um den Nimbus bange ist, in Schutz nehmen, und namentlich ihre Tendenz für harmlos erklären zu müssen. Mag man hierin meiner Meinung sein oder nicht, das Eine wird man mir nicht läugnen, dasz Beispiele dieser Gattung in einer Sammlung, wie die meine ihrer ganzen Anlage nach ist, nicht fehlen durften. Vielleicht finden Einige auch bei der Räthseldichtung hie und da Anstosz. Sie liebt es, den, dem sie ihre Aufgaben stellt, durch eine Doppelsinnigkeit zu necken, die uns nicht schicklich erscheinen mag. Zwar die wirkliche Bedeutung des Räthsels ist immer ohne Tadel, aber die Absicht ist nicht zu verkennen, den Rather auf schlüpfrige Abwege zu verführen, um ihm das Rathen zu erschweren; denn nicht nur entgeh ihm dadurch der wahre Sinn, er wagt es auch nicht den geahnten auszusprechen. Es liegt ein schalkhafter Humor hierin, den ich doch nicht in Schutz nehmen will. Nur ein kleinerer Theil unserer Räthsel ist dieser Art. Sie sind wohl von den Burschen erfunden die Mädchen in der Rockenstube damit in Verlegenheit zu bringen. Ich habe ihnen, auszer einigen wieder vom Standpunkt meiner Sammlung gebotenen *Proben*, nicht in meinem Buche Raum gegeben. Uebrigens zeigt alle Volksräthseldichtung, so weit sie mir bekannt ist, diese Natur.

Weder zu überwiegend ästhetischen noch speciell sittlichen Zwecken habe ich übrigens meine Sammlung veranstaltet, und nicht für sie, für unsere Volksdichtung bin ich in dem Vorausgehenden eingetreten. Mein Ziel war hauptsächlich ein historisches; mein Buch sollte Müller's Sagen und Haltrich's Märchen ergänzend zunächst den Vorrath unserer Volksdichtung zugänglich und handgerecht machen; es sollte die Samm-

lung durch sich selbst den Entwickelungsgang und die Lebensgesetze
wenigstens eines Theils dieser Volksdichtung erkennen lassen und er-
kennen lehren; sie sollte nach Möglichkeit den Stand unserer Sprache
und ihrer Mundarten darstellen helfen, was freilich nur in unvoll-
kommener Weise geschehen konnte; sie sollte auch unsern „Gebildeten"
Gelegenheit bieten, des Volkes Sinn und Weise erkennen und würdigen
zu lernen; sie sollte die Geistes- und Gemüthsrichtung unseres Volkes
beleuchten, seine Freuden und Leiden, sein Hassen und Lieben, sein
stilles geistiges Schaffen und Dichten in ihrem unmittelbarsten Aus-
druck vorführen; sie sollte dem Sittenforscher und Mythologen ein
schätzbares Material liefern, wenn sie auch dem eigentlich sogenannten
politischen Historiker keine Urkunden zu bieten hatte; sie sollte mit
Einem Wort ein gut Stück Culturgeschichte unseres Volkes darbringen
und damit Zeugnisz ablegen dafür, wie treu der Sachse dem aus der
Heimath mitgebrachten Geist und der mitgebrachten Sitte auch im
fernen Siebenbürgen geblieben, wie er diesen Geist in derselben Weise
fortgebildet, als es dort in Deutschland geschah, nach dem er seit
Jahrhunderten blickt, das er heute mit ganzem Bewusztsein seine Mutter
nennt; sie sollte den Brüdern in diesem unvergeszlichen Deutschland
eine Mahnung sein, auch nicht zu vergessen des fernen Sendlings,
wenn sie auch auf ihrem Wege nach einer immer näherherantretenden
Zukunft voll groszer Geschicke noch von mancher andern Sorge in
Anspruch genommen werden.

Daneben war es mir allerdings angenehm, dem Volke, noch ehe
es ganz zu spät ist, einen Theil seines letzten, geistigen Erbes in die-
sem Fache retten und in dem Geretteten Manches bieten zu können,
was Anspruch auch auf ästhetischen Werth hatte, die Volksgenossen
erfreuen, dem vaterländischen Dichter zu lebensvollen Schöpfungen
Stoff und Anregung geben konnte.

Druckfehlerverzeichnisz.

(Fehlende Interpunctionszeichen wie auch das grundsätzlich im sächs. Text von mir nicht gebrauchte, von den Setzern aber mehrmals für sz gesetzte ss und die überflüszigen Geminationen möge der Leser selbst berichtigen. Bei Angabe der Zeilenzahl in dem folgenden Verzeichnisz sind die Ueberschriften nicht mitgezählt.)

Seite	Zeile von oben			
10	2		biemtche	lies boimtche
14	20		daä	„ dåė
15	11	und 12	litenk	„ lilenk
18	9	und 12	bräutchen	„ bräntchen
23	8		aćh	„ ućh
23	16		kan	„ kun
23	18		iniget	„ inijet
26	10		huest	„ hucszt
35	28		er	„ en

39 ist am Ende der ersten und dritten Notenzeile, oder im 4. und 10. Tact ein überflüsziger Tactstrich

44	9		mig	lies mij
46	28		woal	„ woul
50	7		letehefhéusz	„ letcbefhèusz
51	1	und 21	Den	„ Deu
52	14		nöszt	„ näszt
53	6		Et	„ E
56	17		öszt	„ äszt
56	18		mig	„ mij
56	19		nöszt	„ näszt
56	25		bei	„ hei
57	8		såln	„ sål
58	24		blôt	„ blåt
58	24		förn	„ fårn

554

Seite	Zeile von oben			
58	36	duosz	lies	diesz
82	32	iun	„	fun
85	6	travden	„	tranden
86	14	gärne	„	gäre
86	33	Nen	„	Neu
92	2	eräusz	„	eröusz
92	7	hürzgeläftchen	„	härzgeläftchen
99	21	mor	„	nor
100	3	unzt	„	önzt
100	3	zesömen	„	zesumen
102	5	trita	„	tritu
103	14	es	„	et
109	17	tétke	„	léfke
113	29	lêmkniederän	„	lîmkniederän
116	15	tan	„	tau
116	32	ai	„	af
128	29	däs	„	däʒ
131	18	gatsche	„	gatche
132	4	alo	„	ale
133	10	Aldouszsuf	„	Âld ouszsuf
133	20	zwât '	„	zwêt
137	8	heszelnäsz	„	haszelnäsz
139	2	sch	„	schisz
139	4 und 5	kronk	„	kránk
143	11	flaisich	„	flaiszich
147	9	'em	„	um
148	1	misten	„	miszten
149	9	kraode	„	kruode
151	8	hunt	„	hun
151	21	häldo	„	häld
155	6	biesten	„	bieszten
156	1 und 4	Jerich	„	Ierich
156	14	fräszt detz	„	fräszt det rósz '
167	14	sad	„	sâd
169	6	bäfelkä	„	bäfekâ
169	7	gris	„	grisz
171	10	Jeszen	„	Ieszen
172	17	äintchen	„	Äintchen
178	11	Ons	„	Ousz
179	16	ous	„	ousz
183	7	bädlerin	„	bädlerän
183	18	Gied	„	Gield
188	7	der him	„	derhîm
192	1	gild	„	gield
200	6	troft	„	träft
200	7	Alt	„	Âlt
202	14	djangen	„	de jangen

Seite	Zeile von oben			
203	4		Solamo	lies Salamo
204	12		ärzîren	„ är zîren
211	10		säem	„ säl em
223	1	.	geziehenden	„ gezîchenden
227	14		Â	„ Â
255	5		Ziehst	„ Zichszt
258	1		kierselrêch	„ kierschelrêch
269	3		hångt	„ heangt
272	12		gäldäret	„ gäldänet
272	13		dire	„ dir e
276	12		bäs	„ bäş
277	1		garśtig	„ garśtij
280	14		äsert	„ äser
284	21		ierich (?)	„ ieriĉh
287	17		Ierd	„ ierd
288	5		uotch	„ uotch
288	10		ig	„ ij
290	17		son	„ san
296	23 und 24		gottes	„ Gotesz
307	20		gesehauen	„ gehauen
322	9		de	„ der
356	11		än't : risebåt	„ än't risebåt
366	9		Awor	„ Awer
367	38		schagen	„ schage
368	16		drifiunt dr'f	„ drif unt drif
369	30		rîrmäs	„ rîrmäş
371	1		Gänzchens	„ Gänschens
372	10		śtasz	„ śtusz
386	11		Äinjel	„ Äinjel
390	19		„wie" hat ganz auszufallen		
391	in der Ueberschrift zu Nro. 208 lies Herrliche fur Herliche			
398	5		äszdebidiehän lies äszdebidichän		
401	20		di	„ die
404	8		är jaz	„ jår az
416	32		unverlobten	„ neuverlobten
416	35		Geli	„ Gel:
422	22		denen	„ deren
429	7		Verlus	„ Verlust
447	23		mitgetheilt worden lies veröffentlicht wurden.		
483	23		Pentogramm lies Pentagramm		
483	28		106	„ 105
485	12		126	„ 125
485	24		„Die beiden andern eingeklammerten Zeilen &c.		

485 24 soll heiszen: „An Stelle der beiden andern ein-
geklammerten Zeilen sind Conjecturen von mir
zur Verbesserung der offenbar verderbten Verse
in den Text aufgenommen worden.

Seite Zeile von oben

493	27	Waden	lies	Woda
495	3	unsere	„	unseren
499	22	wob	„	wol
499	32	Hinschau	„	Hinschaun
505	22	oder mit	„	oder: mit
531	34	Sprüchwörter	„	Sprichwörter
536	15	Sprüchwort	„	Sprichwort
541	2	Räthse	„	Räthsel
544	15	wund	„	wuni.